DICTIONNAIRE
AMOUREUX
DE MARCEL PROUST

JEAN-PAUL et RAPHAËL ENTHOVEN

DICTIONNAIRE
AMOUREUX
DE MARCEL PROUST

Dessins d'Alain Bouldouyre

Plon/Grasset
www.plon.fr

COLLECTION DIRIGÉE
PAR JEAN-CLAUDE SIMOËN

Alphabet extrait de *Fancy Alphabet*,
édité par The Pepin Press
www.pepinpress.com

© Éditions Grasset
© Éditions Plon, un département d'Édi8, 2013
12, avenue d'Italie
75013 Paris
Tél. : 01 44 16 09 00
Fax : 01 44 16 09 01
www.plon.fr

ISBN : 978-2-259-21110-9

S'il est admis que Proust, dans sa grande querelle *Contre Sainte-Beuve*, entendait que l'on jugeât l'œuvre d'un écrivain sans se soucier de la vie de son auteur, il serait charitable de le plaindre – tant il est devenu la victime exemplaire de la méthode critique qu'il avait entrepris de disqualifier... À croire que Sainte-Beuve, ce complice des indiscrets, s'est vengé depuis son outre-tombe en bénissant par avance la *proustologie*, devenue un genre en soi, qui lâche chaque jour ses meutes savantes ou policières sur les secrets d'un artiste dont les sept volumes d'*À la recherche du temps perdu* se promettaient d'être le somptueux paravent.

Désormais, de l'Université aux salons, l'usage exige que l'on inspecte sous tous les angles les plaisirs et les jours du pauvre Marcel. Partout, on interroge ses pelisses, ses fumigations, sa correspondance, ses amitiés, son asthme, ses ambitions. Et partout, on radiographie ses goûts picturaux, sexuels, musicaux, gastronomiques, floraux, littéraires. Face aux hordes de critiques, de mondains, de médiévistes, d'architectes, de talmudistes, de mythologues, de sémiologues, d'historiens de la mode, de l'héraldique ou de la verrerie en cristal de Bohême, qui plantent leur bivouac à l'entour d'une œuvre assez vaste pour accueillir des campements disparates, souvenons-nous que celle-ci ne briguait que l'honneur d'être elle-même et de prendre une belle revanche sur le temps qui passe. Au final, celui que Jeanne Proust appelait « *petit loup* » s'est laissé dépecer avec une complaisance suspecte. Et la traque fétichiste à laquelle ses fidèles, de Tokyo à Princeton, se livrent à ses dépens prouve que, à un écrivain de génie, quelles que soient ses précautions, il ne suffit pas de mourir pour être en paix. Ce n'est donc pas sans gêne, ni sans une avidité intacte, que cet ouvrage prendra sa part, fût-elle modeste, à une curée si riche d'admiration.

Qu'aurait pensé Proust d'une telle curiosité ? À coup sûr, sa vanité (qui n'était pas inexistante) en eût été comblée. Mais on l'imaginera tout de même pouffant, dissimulant son « moi profond » d'une main gantée, agitant son « moi social » comme un éventail, ou plissant ses yeux « *couleur de laque* » au spectacle fou des dévots acharnés à le comprendre *in vivo*.

Car nul ne sait, après tout, comment il convient d'évoquer Proust, de l'aimer, de l'écouter. Certains de ses contemporains n'ont vu, dans sa folle entreprise, qu'une autobiographie aménagée ou des *Mille et Une Nuits* « rédigées depuis une loge de portier » (Barrès). D'autres, plus lucides, ont deviné sur-le-champ que cette œuvre renouvelait l'art du roman. Qu'aurait préféré Marcel ? Nul ne le sait. Disons, en guise d'excuse préalable, que les deux auteurs de ce livre ont pris, contre les expertises autorisées, le parti du caprice et de la simplicité. Intimidés par les centaines d'études consacrées à un écrivain qu'ils fréquentent par habitude et passion, accablés par les tsunamis de nouveaux commentaires que leur champion suscite quotidiennement, il leur est apparu que l'un des travers les plus fréquents de la liturgie proustolâtre consiste à diluer, sous une forme absconse et souvent vaine, ce que Proust a lui-même détaillé sur le mode de la clarté, de la drôlerie et de l'intelligence. C'est dire qu'on ne trouvera pas dans les pages qui suivent (sinon pour en rire) les extravagances pittoresques qui fleurissent dans certains cénacles accrédités. Proust est limpide. L'obscurcir serait une mauvaise manière de l'honorer. L'attrister par un surcroît de décryptages amphigouriques serait indigne de la jubilation qu'il procure.

De plus, la *Recherche* est une œuvre que tout proustien respectable doit lire au moins quatre fois dans son existence. D'abord, et par bribes, à l'adolescence, quand il n'a que l'intuition des vérités que ce livre recèle. Puis, si la littérature devient sa grande affaire, afin de satisfaire aux exigences d'un *cursus*. Quand, par la suite, survient son premier chagrin d'amour, il trouvera dans la jalousie de Swann, la décrépitude de Charlus, ou le cycle d'Albertine une profondeur, une puissance consolatrice, que les deux premières lectures ne lui avaient guère permis d'entrevoir. La quatrième lecture enfin, celle du dernier âge de la vie, sera, pour qui y consent, la plus décisive puisque tout, au crépuscule, se dépouille des petits enjeux de vanité ou de conquête.

Les deux auteurs de cet ouvrage, malgré leur différence d'âge, en sont, ensemble, à l'avant-dernière étape de ce processus. Et ils se réjouissent à l'idée de devoir croiser leur cher Marcel Proust encore une fois – demain ? Tout à l'heure ? Plus tard ? Ils savent déjà, en tout cas, que la *Recherche* est un livre qui se transforme à chaque rendez-vous. Et que, relisant ses pages familières, ils liront sans cesse un livre nouveau et modelé sur l'état d'esprit mobile de qui s'y aventure. Ce privilège, glorieusement unique, assure à ce chef-d'œuvre une perpétuelle virginité qui autorise en retour qu'on s'en croie, à chaque assaut, le premier conquérant.

Alors, *Contre Sainte-Beuve* ? Ou pour Sainte-Beuve ? Ou encore, comme il est désormais prescrit, *Tout contre Sainte-Beuve* ? Les deux auteurs ont, à ce sujet, des sensibilités distinctes : l'un (se réglant en cela sur le bon sens) croit, malgré tout, que l'œuvre de Proust est utilement éclairée par sa biographie. L'autre (plus intègre, sinon plus moderne) tient pour acquis que celle-ci est, au contraire, irréductible aux péripéties qui l'ont vue naître, et que ce qu'il y a de plus intéressant chez Proust, c'est *À la recherche du temps perdu*. Il va de soi que celui-là n'a pas tort tandis que celui-ci ne saurait être démenti. Chacun, du coup, s'est fait un devoir de prendre son complice en défaut même si, par chance, la moindre des convictions avancées n'excluait jamais la conviction inverse qui lui était opposée. Au fond, ils n'ignorent pas, l'un et l'autre, qu'avec Marcel, l'illusion biographique est aussi vaine que l'illusion textuelle. Le grand écrivain s'est beaucoup diverti en jouant sa création sur les deux claviers de son orgue : il serait injuste de le contraindre, pour mieux l'entendre, à n'en choisir qu'un...

Ces deux auteurs, de surcroît père et fils, se sont donc bien amusés à se donner raison, puis tort, à mesure qu'ils se promenaient, ensemble ou séparément, au hasard d'une œuvre qu'ils vénèrent depuis longtemps. D'où ce « Dictionnaire » – partial, incomplet, désinvolte, sérieux, moqueur, *amoureux* – qui s'abritera volontiers, en maints endroits, sous l'étendard de leurs joyeux désaccords.

Agonie

Commencer par ses derniers jours, ses derniers mots, ses dernières nuits ? Telle est, paradoxale, l'exigence de l'alphabet qui, en la circonstance, coïncide avec les stratégies de résurrection proustienne : n'est-ce pas à l'épilogue du *Temps perdu* que le *Temps retrouvé* reprend ses droits ? Et vers les dernières pages de son livre qu'un Narrateur, enfin lucide et réconcilié, s'avise qu'il mourra moins en devenant un écrivain ?

Pourtant, ses derniers instants dans l'appartement sans chauffage de la rue Hamelin furent un supplice. Là, en ce novembre qui fut le mois de la mort de son père, entre Céleste, son frère et le docteur Bize (dont le patronyme glace le sang, et qui aurait dû se nommer « Bise » afin d'offrir une émouvante symétrie au baiser du soir qui ouvre la *Recherche*), Marcel survit à peine à l'intérieur de son pauvre corps. Lui qui a commencé tant de lettres par un « *je viens d'être mourant* » (c'est ainsi qu'il s'excusait, à l'occasion, quand il tardait à répondre à un courrier) l'est véritablement. Ses bronches ne sont plus que du « *caoutchouc cuit* », la fièvre va et vient, on lui apporte de l'essence de café et quelques compotes qu'il repousse avec lassitude. De temps à autre, Odilon Albaret se précipite au Ritz pour y chercher des bières glacées qui seront l'ultime plaisir, l'ultime caprice, de Proust en ce monde.

Un matin, le malade demande une sole (qu'il ne mangera pas) pour faire plaisir à son frère qui le veille avec un dévouement admirable. Puis on lui fait, malgré sa phobie des seringues, une injection de camphre qui exige que l'on soulève les draps de son lit. Céleste hésite, ose, elle voit les jambes nues de « Monsieur » pour la première fois, et conservera longtemps la honte d'avoir consenti à ce sacrilège. Dans un moment de brève lucidité, Marcel ordonne que l'on envoie, toutes affaires cessantes, deux gerbes de fleurs : l'une pour Léon Daudet ; l'autre pour ce docteur Bize qui est absent à cet instant. On songera peut-être au coq que Socrate, avant de mourir, fait adresser à Esculape – même si le geste de Socrate visait à régler une dette (n'était-il pas guéri de cette maladie qu'il affectait de confondre avec la vie ?), tandis que celui de Proust n'est que l'expression d'une courtoisie pleine de remords : il a été odieux avec son médecin, et tient à s'excuser avant de mourir.

Encore une fois, il veut reprendre son livre, n'y parvient pas, écrit un dernier mot, un dernier nom (« *Forcheville* »), puis pose définitivement sa plume. À 3 h 30 du matin, son abcès au poumon se déchire, déclenchant aussitôt une septicémie. D'après Céleste, le délire le prend alors : Proust voit une « *grosse femme noire* » dans sa chambre – la mort, sans doute. Ou sa mère, qui ne quittait pas la tenue de deuil depuis la disparition de son époux, et qui, sur la célèbre photographie où elle pose entre ses deux fils, ressemble effectivement à cette

« *grosse femme noire* » avec mâchoire brutale et regard éteint. Ou – ce qui reviendrait au même – cette femme « *aux yeux tristes, dans ses voiles noirs* » que Marcel avait admirée dans la *Sainte Ursule* de Carpaccio, et dont il confessa tardivement qu'« *il ne lui eût pas été indifférent* » que cette femme en deuil eût été sa mère. Très curieuse, tout de même, cette « *grosse femme noire* », car on eût imaginé une figure moins grossière à cet instant, mais Proust insiste : qu'on la chasse de sa chambre, cette intruse ! Céleste lui promet de monter la garde et Marcel, comme toujours, voudrait lui faire confiance. Il insiste cependant : « *Non, non, Céleste, ne touchez pas à cette grosse femme... Elle est très grosse et très noire... Elle me fait peur... Nul ne peut la toucher...* » Le reste de ses mots est inaudible. Ce qui est certain, c'est que l'agonisant, convoquant ses dernières forces, tire la couverture de son lit comme s'il voulait s'en recouvrir. Céleste a compris : dans son « pays », une antique sagesse dit que les mourants, avant de partir, « ramassent »... D'ailleurs, Proust meurt peu après. Les témoins sont formels : il n'a jamais dit « maman » avant de s'éteindre.

En revanche, il s'est adressé à son frère Robert qui s'excusait de devoir le faire souffrir en le déplaçant dans son lit : « Je te remue beaucoup, mon cher petit, je te fais souffrir ? » Et Proust de répondre : « Oh ! oui, mon cher Robert... » – puis de se taire à jamais. La légende, qui surveille la scène, aurait préféré des *ultima verba* de meilleure tenue, mais c'est ainsi : la mort ne fait pas de littérature. Elle se contente des mots qui passent à sa portée.

Dans un ouvrage remarquable, *Maman*, Michel Schneider a longuement médité sur cette dernière syllabe – « er » – qui, si on veut bien l'entendre, désigne ce qui fit défaut, durant toute sa vie, à l'asthmatique qui prit congé en cette nuit de novembre 1922 : l'air.

Cette syllabe, on la retrouve, comme par hasard, dans la plupart des noms des personnages proustiens, et par deux fois (Rech*er*che… p*er*du) dans le titre de l'œuvre où ils naissent et meurent : Rob*er*t, Alb*er*tine, Gu*er*mantes, B*er*gotte, V*er*durin, Vaugoub*er*t, B*er*ma, Cambrem*er*, Gilb*er*te… Nul ne prêtera, sans ridicule, une signification décisive à cette bizarrerie phonétique pourtant trop systématique pour être vraiment hasardeuse. Proust écrivit-il la *Recherche* pour mieux respirer ? La belle aff*aire*…

→ « *Albumine mentale* », *Forcheville (Comte de), Frère, Mort à jamais ?*

Agostinelli (Alfred)

C'est un bellâtre rêveur et intelligent, moustachu selon l'époque, toujours affublé d'un casque de cuir semblable à celui des pilotes d'alors. Sur les photos, il bombe un torse qui, sous la livrée du « mécanicien »

– c'est ainsi que l'on nommait alors les chauffeurs –, évoque la carapace de l'insecte. Il se tient droit. Le genre d'individu à qui on ne la fait pas. Qui revendique son affinité avec l'huile de moteur, la graisse, le goudron qui noircit les ongles, et répand sur le corps une odeur de machine.

Impossible – vu ce que l'on ne peut ignorer – de ne pas guetter ce qui, dans cette virile présence, s'est infléchi, lors de la complexe métamorphose d'Alfred en Albertine, vers les joues géranium, les dents de porcelaine, les lèvres duveteuses d'une jeune fille en fleur mentionnée 2 360 fois dans la *Recherche*...

Si tel est bien le cas, deux caractéristiques, seulement deux, auront été conservées lors du changement de sexe subtilement orchestré : la première lettre d'un prénom, qu'Agostinelli partage toutefois avec Albert Nahmias, l'un des secrétaires de Proust ; et le statut de « prisonnier » assigné au sarcophage du boulevard Haussmann... C'est peu pour avancer des certitudes, ou pour établir sans conteste ce qui, d'ailleurs, n'a pas à l'être. Alfred Agostinelli a beaucoup compté dans la vie de Marcel Proust – qui lui prêtait les « *dons intellectuels les plus extraordinaires* » qu'il ait connus –, il faudra se contenter de ce fait. Qu'Alfred soit loué, et même béni, si c'est véritablement à lui que l'on doit le cycle d'Albertine. Pour le reste...

Au départ, aucun mystère : Alfred est un chauffeur employé par la compagnie de taxis de Jacques Bizet. Il partage ses saisons entre l'hiver de Monte-Carlo et l'été de la Côte normande. C'est là, non loin de la fameuse « digue », qu'Odilon Albaret, employé par la même compagnie, l'a repéré, puis introduit chez « Monsieur Proust » qui est, surtout la nuit, un grand utilisateur de cochers et de messagers. Car Alfred est un *maestro* du volant, il sait rester discret, s'acquitte si bien des tâches proustiennes (fleurs, bières glacées, missives urgentes…) qu'on finit par installer ce chauffeur à domicile avec son épouse, Anna, dont chacun se plaît à rappeler qu'elle était particulièrement laide. Très vite, Agostinelli voulut s'élever – ce qui le conduisit fatalement vers les aéroplanes qui commençaient à envahir le ciel. « Monsieur » lui offre une machine à écrire dans l'espoir d'en faire son secrétaire. Et, surtout, des cours de pilotage à l'aérodrome de Buc, près de Versailles.

La suite de l'histoire est bien connue : Alfred s'enfuit, s'inscrit sous le nom de « Marcel Swann » (les sainte-beuviens, toujours attentifs à l'entrelacement de l'œuvre et de la vie, jubilent…) dans le club d'aviation d'Antibes. Il s'élance dans son appareil au-dessus de la baie de Juan-les-Pins, fait une mauvaise manœuvre, s'écrase en mer. Étrange : son corps ne remonte pas tout de suite, comme il est d'usage chez les noyés. Proust est obligé de solliciter les marins-scaphandriers de la base de Toulon qui finiront par le retrouver, une semaine plus tard (le 30 mai 1914). Les poissons ont dévoré les yeux d'Alfred. Des médisants prétendront qu'il avait, en bandoulière, une sacoche contenant l'argenterie dérobée chez son employeur avant de filer comme un voleur. Son larcin l'a plombé. Proust recevra, plus tard, une lettre d'Alfred postée avant l'accident. Larmes, chute de cheval, « *Mademoiselle Albertine est partie* », la Vivonne plutôt que la Méditerranée… Les écrivains s'y entendent pour tout chambouler. C'est leur privilège.

La tombe d'Alfred se trouve encore dans le cimetière de Caucade, à l'ouest de Nice, non loin de l'aéroport. Il a fallu toute la diligence d'une pieuse cohorte pour empêcher la municipalité locale de détruire ce haut lieu de mémoire proustienne.

Pour Céleste, qui était tout de même bien informée, Alfred n'était pas Albertine. Certes, il était tendre avec « Monsieur », et dévoué, et « prisonnier » – mais qui ne l'était pas dans le huis clos du boulevard Haussmann ? Odilon, son époux, l'était aussi bien, et nul n'a jamais songé à en faire le modèle d'une jeune fille. Telle est Céleste : on lui met des fleurs du mal sous les yeux, et elle ne voit que des aubépines.

→ **Albertine, Anges et aéroplanes, « Précaution inutile », Trois détails (concédés aux partisans de Sainte-Beuve)**

Agrigente (Prince d')

Toutes les déceptions de la *Recherche* ne sont pas des catastrophes, ni des recommencements. Le Narrateur sait aussi être déçu *de bon cœur*, voire en riant.

Sa première rencontre, par exemple, avec le prince d'Agrigente est l'un des passages les plus drôles du livre : le prince qui, en vertu des syllabes enchantées de son patronyme, lui était, jusqu'ici, toujours apparu « *comme une transparente verrerie, sous laquelle* (il voyait), *frappés au bord de la mer violette par les rayons obliques d'un soleil d'or, les cubes roses d'une cité antique* », n'est en réalité qu'un « *vulgaire hanneton* » auquel « *il ne* (reste) *plus un atome de charme à retirer* », aussi distinct de son titre « *que d'une œuvre d'art qu'il eût possédée, sans porter sur soi aucun reflet d'elle, sans peut-être l'avoir jamais regardée* ». De qui, ou de quoi, le prince d'Agrigente est-il le nom ? D'un tout petit homme. Un masque, un paillasson, un avare sans imagination, une boule en extase devant la grâce qu'elle met à tourner sur elle-même. Qu'est-ce que le prince d'Agrigente ? Une double grisaille (« *Gri-gri* »), un nom de brochure, du miel pour les snobs, les Cottard et les Bontemps, qui se disputent une place à sa droite.

Et si c'était dans la *Recherche*, dont elle était une lectrice assidue, devant cet homme qui « *se trouvait à la fois le seul homme au monde qui fût prince d'Agrigente et peut-être l'homme au monde qui l'était le moins* », que Hannah Arendt avait puisé l'intuition de la « banalité du mal » selon laquelle, de même que les plus beaux patronymes habillent parfois des crapauds, les monstres et les affreux ont rarement, à l'inverse, la tête de l'emploi ?

→ ***Déception, Naître (prince ou duc), Onomastique***

Albertine

Jeune fille en fleur, défunte prématurée, orpheline, grande perturbatrice de la *Recherche* – qui ne se doute pas, à son commencement, des métastases vertueuses ou vénéneuses qu'elle va y injecter –, Albertine Simonet sera si souvent présente dans cet ouvrage que l'on se dispensera d'en proposer, tout de suite, un portrait définitif. Laissons-la venir comme dans le récit qui, soudain, se jette à ses pieds. Et permettons à cette *Colombe poignardée* (puisque tel fut, un instant, le titre retenu par Proust pour l'ensemble de son œuvre) de placer ses pas comme bon lui semble.

Disons cependant, et sans attendre, qu'elle est, après Swann et « maman », le personnage le plus souvent mentionné, le plus mobile, le plus insaisissable, l'« *être de fuite* » par excellence. À elle revient le privilège exclusif de parcourir la *Recherche* et d'y prendre ses aises dans une dépendance en deux volumes : *La Prisonnière* et *La Fugitive* – dont Proust ne verra pas la publication. Si Albertine ne s'était pas imposée avec aplomb, Proust aurait certainement eu le temps de corriger lui-même ses manuscrits imparfaits, d'en établir l'architecture et les césures définitives, en lieu de quoi il laissa à son éditeur Jacques Rivière (secondé par Robert Proust) un vrac de paperoles et de carnets dont les marges s'encombrent d'angoissants « *à dire mieux* », « *à vérifier* » ou « *peut-être placer ailleurs* ».

C'est donc elle, et elle seule qui, comme la mort dont elle est l'instrument bien-aimé, empêche le grand livre proustien de se boucler dans sa perfection d'ensemble. Proust décide de lui accorder une importance démesurée à l'instant même où il croit en avoir fini avec son livre. Imprudence absolue – dont personne, bien sûr, si ce n'est son créateur, ne songera à se plaindre. Proust pressentait sans doute cet ultime charivari, qui décrivit son héroïne comme « *l'enveloppe close d'un être qui par l'intérieur accédait à l'infini* » – ne serait-ce pas une bonne définition de la *Recherche* elle-même ?

Ce que l'on sait de façon certaine : le personnage d'Albertine est né (à dix-huit ans) en 1914. Aujourd'hui, cette jeune fille serait centenaire.

→ **Agostinelli (Alfred), Anges et aéroplanes, Du bon usage (de l'antisémitisme d'Albertine), Fin, « Précaution inutile », Simonet (Albertine)**

« Albumine mentale »

La plupart des médecins de la *Recherche* sont des imbéciles que le choix de la science porte à la rudesse, au mépris, à la méchanceté.

On en dénombre au moins trois : l'importun « *professeur E...* » qui agrippe le Narrateur pour lui parler de sa grand-mère morte lors d'une soirée chez les Guermantes, le truculent docteur Percepied « *à qui sa grosse voix et ses gros sourcils permettaient de tenir tant qu'il voulait le rôle de perfide dont il n'avait pas le physique, sans compromettre en rien sa réputation inébranlable et imméritée de bourru bienfaisant* », enfin l'odieux docteur Cottard qui est peut-être le plus fourbe d'entre eux.

Pourtant il existe aussi, loin des fumigations et du sadisme des sommités, un médecin qui sort du rang : le merveilleux docteur du Boulbon.

Spécialiste des maladies nerveuses (à qui Charcot lui-même, avant de mourir, avait prédit qu'il régnerait sur la neurologie et la psychiatrie), le médecin de Balbec est un homme supérieur, d'une « *intelligence inventive et profonde* », que son nez cassé, ses paupières congestionnées et le « *gras de joue* » envahi par les « *premiers poils des favoris* » font ressembler au Tintoret lui-même – ce qui ne gâte rien. Admirateur de Bergotte dont, comme le Narrateur, il aime les « *flux mélodiques* » et les expressions anciennes, son seul égoïsme est de faire parfois attendre ses malades pour finir la lecture d'un livre. Mais c'est un grand médecin qui sait « *charmer les pluies* », seul capable de trouver des traitements adaptés à la singularité des caractères et des intelligences, et « *à qui* (l'on ne peut) *parler de la moindre démangeaison sans qu'il vous* (indique) *aussitôt, dans une formule complexe, la pommade, lotion ou lini-ment* » qui convient. La maladie, pour lui, est une question d'existence plus que de savoir ; aucun traitement n'est séparable, à ses yeux, de l'accord entre les sensations du malade et l'intuition du médecin. « *Pour une affection que les médecins guérissent avec des médicaments*, dit-il, *ils en produisent dix chez des sujets bien portants, en leur inoculant cet agent pathogène, plus virulent mille fois que tous les microbes, l'idée qu'on est malade.* » Tout en lui contredit l'adage positiviste selon lequel « ce qu'il y a de moins important dans la maladie, c'est l'homme ». La médecine n'est pas une science exacte. Avec le professeur du Boulbon, c'est un art..

« *Ce n'est pas un médecin*, dit le docteur Cottard qui ne lui pardonne pas de guérir les intoxications mieux que lui. *Il fait de la médecine littéraire, c'est de la thérapeutique fantaisiste, du charlatanisme.* » Quelle meilleure preuve du génie de cet homme que le mépris d'un confrère si misérable ? « *Au fond de mon esprit*, confesse le Narrateur, *je faisais bénéficier le docteur du Boulbon de cette confiance sans limites que nous inspire celui qui d'un œil plus profond qu'un autre perçoit la vérité.* » C'est lui, tout naturellement, qu'en désespoir de cause la famille appelle au chevet de la grand-mère Bathilde qui, sous les mauvais conseils de Cottard, ne sort plus de chez elle et ne se lève guère. « *J'ai un peu d'albumine* », lui dit la malade. « *Vous ne devriez pas le savoir*, lui répond génialement cet ancêtre des philosophies du soin. *Vous avez ce que j'ai décrit sous le nom d'albumine mentale. Nous avons tous eu, au cours d'une indisposition, notre petite crise d'albumine que notre médecin s'est empressé de rendre durable en nous la signalant.* »

→ **Asthme, Nerfs (et pastiches), Nez**

Ambassadrice de Turquie

Au sommet de la hiérarchie des êtres qu'il est hilarant de contempler mais désagréable de subir, se trouvent les mondains qui se trompent tout le temps sans jamais douter d'être dans le vrai. En tête de leur cortège, telle l'imbécillité guidant le Gotha, voici l'exaspérante « *ambassadrice de Turquie* »...

C'est une dinde. Une volaille invisible et sonore qui, comme une mauvaise odeur, apparaît sans qu'on s'y attende, disparaît avant qu'on ne s'en souvienne, et que seul un *sourire de la mémoire* préserve de l'oubli complet. Elle est instruite, pourtant, et « *douée d'une réelle intelligence assimilatrice* » qui lui permet d'apprendre « *avec la même facilité l'histoire de la retraite des Dix mille ou la perversion sexuelle chez les oiseaux* ». Mais on peut être incollable en vésanies, en onanisme, en philosophie d'Épicure et même en économie politique tout en étant la femme la plus bête du monde : « *perpétuellement dans l'erreur, elle vous désignait comme des femmes ultra-légères d'irréprochables vertus, vous mettait en garde contre un monsieur animé des intentions les plus pures, et racontait de ces histoires qui semblent sortir d'un livre, non à cause de leur sérieux, mais de leur invraisemblance* ».

Niaise et malveillante, l'ambassadrice garantit par exemple au Narrateur que le duc de Guermantes préfère les garçons, ce qui, à l'en croire, désespère son frère, le baron de Charlus (qu'elle s'entête à appeler « Mémé » alors qu'un tel surnom est le privilège exclusif de la famille du baron). Les relations qu'elle brandit à l'entrée des raouts comme autant de passeports ou de diplômes ne sont même pas des cousins de la duchesse de Guermantes (qui en compte pourtant quelques centaines), et l'ostensible sympathie qu'elle témoigne à la princesse de Guermantes remonte à l'exacte seconde où cette dernière l'a conviée à l'une de ses soirées. C'est d'ailleurs en cela, précisément, que l'ambassadrice est intéressante. Le Narrateur, prenant le cas de la Turque pour une généralité, comprend grâce à elle qu'il n'est pas nécessaire, « *pour expliquer les trois quarts des opinions qu'on porte sur les gens, d'aller jusqu'au dépit amoureux (...). Le jugement reste incertain : une invitation refusée ou reçue le détermine* ». Ainsi, l'ambassadrice palinodique est-elle sincère quand elle fait l'éloge de la princesse : les opinions qui, dépendant des circonstances, évoluent avec la situation, n'en sont pas moins successivement honnêtes, sinon authentiques.

Enfin, l'ambassadrice de Turquie remplit à merveille le rôle de luminaire dans des salons désertés par les étoiles. Les mondaines dont elle est l'éminence exotique « *sont les figurantes sur qui on peut toujours compter, ardentes à ne jamais manquer une fête* ». Certains meubles sont moins importants qu'elles. C'est déjà ça.

→ **Maladresses**

Amour

Si l'on excepte sa variante familiale (et surtout maternelle ou grand-maternelle), l'amour est, paradoxalement, le sentiment le moins réputé, quoique le plus mentionné, chez Proust. C'est un reliquat de l'angoisse « *qui a émigré (...) et se confond avec lui* », un affect sans valeur propre qui ne s'éprouve que par défaut, puisque l'on souffre seulement de son absence, comme s'il n'était que la conséquence de son « *ombre* » grandiose, la jalousie. L'existence de l'amour proustien se déduit alors par ricochet ou en creux (« *on aime les gens parce qu'on ne peut pas faire autrement...* »). Ses seules vertus ? Il prouve le « *peu qu'est la réalité pour nous* ». Et il attache à la vie en lui procurant son relief, sa profondeur, sa noble complexité.

Sans l'amour de Swann, la rue La Pérouse (où habite Odette de Crécy) ne serait qu'une rue parmi d'autres, et le petit tortillard de Balbec ne serait qu'un tortillard et non le prétexte d'un voyage enchanteur. Proust voulait être un « bouddhiste de l'amour » (c'est l'expression d'Emmanuel Berl) mais il n'y parvint pas toujours car, bien que suspectant l'amour, il ne put s'empêcher de vouloir être aimé. Si un Dictionnaire des idées reçues proustien devait voir le jour, la définition de cette pathologie serait brève : *Amour : y entrer par la porte de l'illusion. En sortir par celle de la lassitude...*

Se souvenir, à ce sujet, de la cruelle et drolatique querelle de Proust avec le jeune Berl : quand celui-ci lui demanda quelle différence il faisait entre l'amour, tel qu'il le concevait, et l'onanisme, Proust le chassa à grands coups de pantoufle. Mais ne répondit jamais.

Tout compte fait, et hormis quelques transports pas-
sagers, on ne rencontre qu'un seul amour, terne mais
véritable, dans toute la *Recherche* : celui, indéfectible,
qui unit la marquise de Villeparisis et M. de Norpois.
Ces deux-là demandèrent si peu à leur sentiment qu'ils
furent comblés.

Les autres, tous les autres, souffrent, trahissent,
jalousent, s'enfuient... Et l'amour proustien est toujours associé, dans la *Recherche*, à un lexique violent,
criminel ou torve. Ses mots les plus proches : « *capturer* », « *espionner* », « *posséder* », « *surprendre* »,
« *torturer* », « *tuer* », « *séquestrer* »... Avec l'amour
proustien, les humains deviennent des insectes. Et leur
psychologie relève davantage d'un traité d'entomologie que d'un poème élégiaque.

→ **Berl (Emmanuel), Insecte, Jalousie (neuf théorèmes)**

Anagrammes

Il y aurait beaucoup à dire, et à déduire, de la
manie marcellienne qui consiste à s'aventurer, dès
qu'un patronyme se présente, sur les territoires souvent scabreux du calembour ou du contrepet. Ce
goût pour l'inversion des phonèmes trouve (d'après
Christian Gury, expert en *calembourologie* et auteur
d'un ouvrage délirant sur *Le Mariage raté de Marcel
Proust et ses conséquences littéraires*) son point de
départ officiel dans l'épisode qui mit l'auteur d'*À la
recherche du temps perdu* en présence d'un futur...
maréchal de France.

Rappelons les faits, qui ne manquent pas de pittoresque : entre 1888 et 1892, Proust fréquenta assidûment, à Paris et à Cabourg, le salon des Baignères où le jeune officier Hubert Lyautey faisait également ses premiers pas mondains. Les Baignères, qui tenaient à « marier » Marcel, organisèrent une croisière en Manche afin que leur protégé puisse courtiser celle qu'on lui destinait alors, et qui se nommait Inès de Bourgoing, veuve Fortoul. La croisière fut un désastre à cause des intempéries, Proust ne quitta pas sa cabine, le mariage fut oublié. Or, quelques années plus tard, Hubert Lyautey, coureur de dot et homosexuel notoire, fut invité par les Baignères à une autre croisière, en Méditerranée celle-là, et finit, lui, par épouser la fameuse veuve Fortoul dont le « sac » (c'est ainsi qu'on désignait la dot des femmes en quête d'un époux) convenait à ses ambitions.

On pourrait s'arrêter là, et méditer sur ce curieux croisement de destins : la femme qui aurait pu partager la vie d'un écrivain génial devint l'épouse d'un héros militaire – mais les choses ne font que commencer...

En effet, cet épisode, somme toute anecdotique, dut impressionner durablement Proust qui ne cessa, par la suite, d'y faire des allusions cryptées. Il est vrai que le patronyme du militaire s'y prêtait : Lyautey = *lit ôté* – ce qui est la moindre des évidences pour un époux qui, vu ses mœurs, n'a guère l'intention de consommer son union. Mais Proust n'en resta pas là : la veuve Fortoul (*Forte Houle*) offrit bientôt la plupart de ses traits à la marquise de Cambremer (*Mer Cambrée*) tandis qu'Hannibal de Bréauté assuma vertement ses *braies ôtées* (les « braies » étant ces pantalons pincés à la taille et aux chevilles qui feront l'uniforme des spahis commandés par Lyautey en Afrique du

Nord). Si l'on ajoute à cela que Legrandin, frère de la marquise de Forte Houle, s'entend *le Grand Un*, transposition du *Haut Té* de Lyautey, et que Vaugoubert, diplomate attentif aux mignons du roi Théodose, est celui qui a les *goûts d'Hubert* – allusion transparente à la cour d'éphèbes dont Lyautey s'entoura lors de son protectorat de Rabat – on mesure l'ampleur du déferlement de calembours auxquels Proust se livra par facétie vengeresse. D'une manière générale, Lyautey prêta nombre de ses attitudes au baron de Charlus – qu'on aurait tort de ne percevoir qu'à travers ce que l'on sait de Robert de Montesquiou –, et le faubourg Saint-Germain, comparé dans la *Recherche* à « *l'oasis de Figuig* », emprunta sans cesse à un Maroc d'imagerie (sinon, pourquoi un minaret et deux palmiers sur le paillasson des Guermantes ?), d'autant que la pacification qu'y mena Lyautey se fit, précisément, à partir de l'oasis de Figuig. Ainsi, de Lyautey au thé au lit de tante Léonie, et de Swann (de l'anglais *to swim*, nager, en référence à la famille Baignères) à Guermantes – où l'on retrouve, en souvenir de la croisière, les lettres chahutées d'une *mer* (qui) *tangue* –, Proust ne se lasse pas de bousculer les syllabes jaillies de son mariage raté.

Tout cela a-t-il un sens ? Certainement pas. Mais l'inconscient étant structuré-comme-un-langage, rien n'interdit d'y débusquer un début de trame onomastique qui ne manquera pas de divertir les cryptologues…

→ *Inversion, Lièvre, Onomastique, Swann (Charles)*

Andrée

Pour qui aurait la manie des explications biographiques, il serait tentant d'observer que la meilleure amie d'Albertine, Andrée, que le Narrateur caresse de guerre lasse après des années de deuil, se nomme (du grec *andros*) « homme ».

Mais ce serait là trop sérieux et trop vrai pour ne pas être de ces informations qui, n'appelant aucune question, dépérissent une fois qu'on en dispose – alors qu'il est autrement fécond, quand on se contente de lire la *Recherche*, d'observer qu'Andrée, la « *grande Andrée* », le « *dandy femelle* », est un *alter ego* du Narrateur :

« *À ce moment je m'aperçus dans la glace ; je fus frappé d'une certaine ressemblance entre moi et Andrée. Si je n'avais pas cessé depuis longtemps de me raser et que je n'eusse eu qu'une ombre de moustache, cette ressemblance eût été presque complète...* »

Cérébrale mais intuitive, Andrée est la seule des jeunes filles en fleurs à préférer la compagnie du Narrateur aux parties de golf et aux tours de valse. C'est elle qui, devinant l'extrême sensibilité de Marcel, le laisse causer un instant avec le buisson d'aubépines défleuries qui lui rappelle son enfance et le visage de Gilberte. S'il ne tombe jamais amoureux d'elle, c'est qu'Andrée, qu'il croit d'abord dionysiaque, saine, primitive, et qui, au contraire, révèle progressivement la nature frêle et souffrante d'un être cherchant la santé, lui paraît « *trop intellectuelle, trop nerveuse, trop maladive* », en un mot trop semblable à lui.

« *Comment, vous ne le saviez pas ?* lui dit Albertine, *nous en plaisantions pourtant entre nous. Du reste, vous n'avez pas remarqué qu'elle s'était mise à*

prendre vos manières de parler, de raisonner ? Surtout quand elle venait de vous quitter, c'était frap-
pant. Elle n'avait pas besoin de nous dire si elle vous
avait vu. Quand elle arrivait, si elle venait d'auprès
de vous, cela se voyait à la première seconde. Nous
nous regardions entre nous et nous riions. Elle était
comme un charbonnier qui voudrait faire croire qu'il
n'est pas charbonnier. Il est tout noir. »

D'ailleurs, aussi riche qu'Albertine est pauvre et
orpheline, Andrée se conduit avec son amie comme
un second protecteur. Qui sait si ce n'est pas la vraie
raison pour laquelle, un soir, les yeux fermés, dans
un demi-sommeil imprudent, Albertine appelle tendrement le Narrateur « *Andrée* » ? « *"Tu rêves, je ne
suis pas Andrée", lui dis-je en riant. Elle sourit aussi :
"Mais non, je voulais te demander ce que t'avait dit
tantôt Andrée. – J'aurais cru plutôt que tu avais été
couchée comme cela près d'elle. – Mais non, jamais",
dit-elle. Seulement, avant de me répondre cela, elle
avait un instant caché sa figure dans ses mains.* »
Cette identité mimétique jette un jour spécial sur le
fait que le Narrateur, si jaloux (mais qui, lui-même,
ne pénètre jamais Albertine), choisisse *in fine* de ne
jamais savoir (malgré les dénégations puis les aveux
d'Andrée) si les deux femmes ont bien « *fait le mal
ensemble* » : est-ce, en réalité, de lui-même, de lui en
elle ou *d'elle en lui*, qu'il parle ?

→ **Gomorrhe (sous le regard de Natalie Clifford
Barney)**

Anges et aéroplanes

Au premier rang des expériences fondamentales de la *Recherche*, se côtoient la ligne d'un clocher, la saveur d'une madeleine et la « *grandeur dans le bruit lointain d'un aéroplane* ». Quelle idée ? Pourquoi offrir une telle place aux machines volantes ? De quoi ces « *étoiles humaines et filantes* » sont-elles la métaphore ? De la vie rêvée des anges…

De fait, les machines volantes de la *Recherche* parcourent le ciel comme leurs homologues célestes : cédant « *à l'attraction inverse de la pesanteur* », elles se perdent dans l'azur au milieu de « *toutes les routes de l'espace* » ; de leur côté, tels des avions, les anges de Giotto fondent vers le sol la tête en bas « *à grand renfort d'ailes qui leur permettent de se maintenir dans des conditions contraires aux lois de la pesanteur* » et « *font des loopings* » au cœur du bleu comme de jeunes élèves de Garros. Est-ce l'ange ou l'aviateur dont parle le Narrateur quand il évoque des « *personnages célestes qui ne sont pas ailés* » ? C'est délibérément indécis.

Entre l'ange et l'aéroplane, Albertine fait la navette. Elle qui raffole de « *la vie incessante des départs et des arrivées qui donnent tant de charme aux flâneries autour d'un centre d'aviation* » et que rien n'émeut davantage que l'envol d'un aéroplane allant « *d'une vitesse horizontale* » au vertige d'une « *majestueuse et verticale ascension* » s'attache aussi, quand elle s'essaie à la peinture, à représenter les anges qui ornent la façade de l'église de Quetteholme (en « *tâchant d'obéir au noble rythme qui faisait, lui avait dit Elstir, ces anges-là si différents de tous ceux qu'il connaissait* »). C'est Albertine encore qui repère l'aéroplane invisible sous le bourdonnement d'une guêpe, et donne ainsi à voir les minuscules ailes brunes et brillantes fronçant le bleu du ciel. C'est Albertine enfin qui, à en croire le rapport d'Aimé (envoyé à Balbec après la mort de la jeune fille pour enquêter sur ses mœurs et ses habitudes), aime à mordre de plaisir une petite blanchisseuse et lui dire en pâmoison « *tu me mets aux anges* ».

On pourrait penser que les aéroplanes qui piquent vers le ciel comme on retourne à sa patrie et les anges que Dieu dépêche à Sodome ou à Gomorrhe pour avérer les péchés dont la clameur monte au ciel sont, les uns et les autres, des « symboles de résurrection » – or il y a mieux : l'enjeu n'est pas de plaider en faveur d'une hypothétique immortalité de l'âme, mais de faire une œuvre d'art. Ce qui, en langage proustien, peut se dire : transformer l'élévation en énergie.

→ **Agostinelli (Alfred), Enterrement**

Angleterre

Pour Marcel, l'Angleterre est toujours chic. C'est une île enchantée où règnent les bonnes manières, l'allure, la pâleur, la politesse, le dandysme, l'allusion. Et ces prestiges imaginés le hantent d'autant mieux qu'il maîtrise à peine la langue d'un pays dont il célèbre, par principe, peintres et artistes. Sa bonne connaissance de Hardy, de Kipling ou de George Eliot (« *deux pages du Moulin sur la Floss me font pleurer...* »), voire ses « traductions » de Ruskin – qu'il n'aurait pu entreprendre sans la complicité de sa mère et de Marie Nordlinger, la cousine de Reynaldo Hahn – sont finalement des péripéties au regard de ce que l'Angleterre mythologique symbolise pour lui : une patrie qui désinfecte et purifie ceux qui ont besoin de l'être.

Ainsi des anglicismes perpétuels d'Odette qui « *livrée, presque enfant, à un riche Anglais* », se comporte sans cesse en « fausse Anglaise ». Ne prétend-elle pas se régler en tout sur « *nos bons voisins de la Tamise* », « *nos loyaux alliés* », entre « *five o'clock* », « *royalties* », « *nurses* » et « *catleyas* » (baptisés, précisément, par l'horticulteur britannique William Cattley) ? L'Angleterre, avec ses mots suaves, est devenue l'élixir sonore qui enveloppe son passé de cocotte et le relègue dans une bienfaisante zone d'amnésie sociale. De même avec Swann, l'ami du prince de Galles, le Juif du Jockey-Club, qui doit peut-être son admission dans le monde à ce patronyme d'outre-Manche. Là encore, l'Angleterre nettoie l'origine, purifie le judaïsme, et rend invisible le moindre défaut de naissance. À cet égard, Albert Bloch a tort de croire qu'on peut dissimuler son origine derrière le paravent d'un patronyme ridiculement français (« *du Rozier* ») puisque seule l'Angleterre, dont il écorche les mots, autorise ce genre d'escamotage.

Sur ce dernier point, il faut noter que l'un des modèles de Bloch, le dramaturge de boulevard Francis de Croisset, *alias* Franz Wiener, fut plus malin que son avatar romanesque car, anglais par sa mère, il n'eut aucun mal à devenir académicien et gendre de la comtesse de Chevigné (*aka* duchesse de Guermantes…).

Signalons enfin qu'en dédiant *Les Plaisirs et les Jours*, son premier livre, à Willie Heath – ce prototype de dandy anglais, dont on sait peu de choses, et que Marcel fréquenta brièvement en 1913 –, Proust ne manqua pas de surprendre la plupart de ses intimes, qui s'étonnaient qu'une vague relation pût ainsi obtenir le statut flatteur de dédicataire. Mais il fallait, à l'évidence, qu'une dose d'Angleterre fût déposée au seuil de l'œuvre à venir. Un peu comme on accroche des gousses d'ail au seuil des maisons qui veulent éconduire les vampires.

→ *Joyce (James), Lièvre, Modèle, Particule élémentaire, Swann (Charles), Tissot (James)*

Antisémitisme (de Charlus)

Au cours d'une tirade insensée dont le seul but est de connaître l'adresse de Bloch, et tout en refusant de « *condamner en bloc, puisque Bloch il y a, une nation qui compte Spinoza parmi ses enfants illustres* », le baron de Charlus s'indigne : pourquoi les Juifs fortunés profanent-ils des domaines antiques ? Et pourquoi, sinon par goût du sacrilège, au lieu de demeurer dans des ghettos homogènes pleins de « *caractères hébreux sur les boutiques* », de « *fabriques de pains azymes* » et de « *boucheries juives* », les fils de Sion choisissent-ils d'élire domicile dans des lieux dits « le Prieuré », « l'Abbaye », « le Monastère », « la Maison-Dieu », voire « Pont-l'Évêque » ? N'est-ce pas par là, ajoute-t-il, que « *demeurait un étrange Juif qui avait fait bouillir des hosties, après quoi je pense qu'on le fit bouillir lui-même, ce qui est plus étrange encore puisque cela a l'air de signifier que le corps d'un Juif peut valoir autant que le corps du Bon Dieu* » ?

L'antisémitisme patrimonial du vieil aristocrate atteint les cimes de la folie quand, serrant à le rompre le bras du Narrateur, il le prie de demander à Bloch de le faire assister à « *quelque belle fête au temple, à une circoncision, à des chants juifs* », de lui offrir un divertissement biblique au cours duquel le fils blesserait son père comme David Goliath – ce qui plonge aussitôt le Narrateur, qui n'ignore pas la bonté du baron de Charlus, dans une méditation profonde sur la coexistence du Bien et du Mal chez un même individu.

→ **Judaïsme, Montjouvain (Première vision de), Profanation**

Antisémitisme (dreyfusard)

Il n'y a pas de Juifs antidreyfusards dans la *Recherche*, alors qu'on y trouve d'irréprochables antisémites qui sont partisans de la révision. Est-il donc plus facile de penser contre soi-même quand on est antisémite que quand on est juif ? Ou l'innocence de Dreyfus est-elle, à l'époque de la *Recherche*, une vérité si éclatante que chacun, antisémite ou non, devrait y adhérer ?

Ainsi, l'antisémitisme intermittent du duc de Guermantes supporte des revirements radicaux quoique uniquement dictés par les circonstances : il lui suffit, par exemple, de perdre l'élection à la présidence du

Jockey-Club à cause de l'amitié qui lie sa femme au Juif Swann pour devenir un antidreyfusard forcené (« *ce crime affreux n'est pas simplement une cause juive, mais bel et bien une immense affaire nationale qui peut amener les plus effroyables conséquences pour la France d'où on devrait expulser tous les Juifs* »...) et de se lier, aux eaux, à trois élégantes partisanes de la révision pour changer d'avis (« *Hé bien, le procès sera révisé et il sera acquitté ; on ne peut pas condamner un homme contre lequel il n'y a rien* »)...

Mais les trois cas les plus étonnants d'antisémitisme dreyfusard sont indéniablement le baron de Charlus, Mme Verdurin et l'étrange Mme Sazerat.

C'est, paradoxalement, par antisémitisme que Charlus s'étonne qu'on accuse Dreyfus de trahison puisque à ses yeux les Juifs sont des étrangers : Dreyfus aurait, dit-il, « *commis un crime contre sa patrie s'il avait trahi la Judée, mais qu'est-ce qu'il a à voir avec la France ?... Votre Dreyfus pourrait plutôt être condamné pour infraction aux règles de l'hospitalité* ». Et puis le baron déteste cette affaire qui « *détruit la société* » par l'afflux des membres de la Ligue de la Patrie française que reçoivent ses cousines, « *comme si une opinion politique donnait droit à une qualification sociale* ».

C'est à son radicalisme farouche (ainsi qu'à la mauvaise humeur que lui inspirent les cercles patriotes plus prestigieux que le sien) que Mme Verdurin, dont l'antisémitisme ordinaire n'est pas entamé par l'Affaire, doit de défendre en toutes circonstances l'innocence du bagnard, et de trouver idiots les gens du monde antirévisionnistes qu'un salon dreyfusien laisse aussi perplexes que l'aurait fait, à une autre époque, un salon communard.

Enfin, sans raison, contre toute attente, Mme Sazerat (une relation de Combray) est passionnément attachée à la cause de Dreyfus – au point d'en devenir impolie... C'est d'un salut glacé, « *forcé par la politesse envers quelqu'un qui est coupable d'une mauvaise action* », qu'elle reçut un jour le père du Narrateur, lui-même convaincu de la culpabilité de Dreyfus. Ce dernier lui rendait pourtant une visite de charité à la demande de son épouse, à qui Mme Sazerat refusa également de serrer la main avant de lui sourire « *d'un air vague et triste comme à une personne avec qui on a joué dans son enfance, mais avec qui on a cessé depuis lors toutes relations parce qu'elle a mené une vie de débauches* »... Plus étonnant : alors qu'elle s'indignait jadis, à Combray, que les parents du Narrateur reçussent le jeune Juif Bloch, Mme Sazerat devint l'amie du père de Bloch (lequel trouvait dans l'antisémitisme de cette dame la « *preuve de la sincérité de sa foi et de la vérité de ses opinions dreyfusardes* », allant jusqu'à lui pardonner de dire « *M. Drumont a la prétention de mettre les révisionnistes dans le même sac que les protestants et les juifs. C'est charmant cette promiscuité !* »), ce qui, lui donnant l'occasion d'être aimable avec un Juif en particulier tout en disant du mal des Juifs en général, lui permet d'être blessante sans être grossière.

→ **Bloch (Albert), Haine juive de soi**

Aquarium

Être du même monde, c'est se placer hors du monde. Les jeunes aristocrates qui ne prennent leur repas qu'ensemble (car rien ne leur serait plus insupportable qu'une vie partagée avec des non-initiés) et qui repèrent à quelques signes infimes (une interjection ou une robe charmante revêtue pour un poker) l'appartenance à leur tribu, vivent enveloppés d'habitudes qui les préservent du « *mystère de la vie ambiante* » : « *Pendant de longs après-midi, la mer n'était suspendue en face d'eux que comme une toile d'une couleur agréable accrochée dans le boudoir d'un riche célibataire, et ce n'était que dans l'intervalle des coups qu'un des joueurs, n'ayant rien de mieux à faire, levait les yeux vers elle pour en tirer une indication sur le beau temps ou sur l'heure, et rappeler aux autres que le goûter attendait.* » Combien de temps l'existence en apesanteur de ces animaux de luxe saura-t-elle les préserver des hordes émerveillées (mais voraces) de pêcheurs, d'ouvriers et de petits-bourgeois qui, la nuit venue, se pressent au vitrage de la salle à manger du Grand Hôtel de Balbec « *pour apercevoir, lentement balancée dans des remous d'or, la vie luxueuse de ces gens, aussi extraordinaire pour les pauvres que celle de poissons et de mollusques étranges* » ? Et le Narrateur d'ajouter : « *Une grande question sociale (est) de savoir si la paroi de verre protégera toujours le festin des bêtes merveilleuses et si les gens obscurs qui regardent avidement dans la nuit ne viendront pas les cueillir dans leur aquarium et les manger.* »

Les proustiens de gauche se sont empressés de réduire ce face-à-face entre deux univers à la seule dynamique de la lutte des classes, alors que le texte est beaucoup plus intéressant (et révolutionnaire) que cela. Car les poissons riches du Grand Hôtel ont moins à craindre de la foule « *arrêtée et confondue* » qui les dévore des yeux que de l'écrivain qui s'y trouve peut-être, l'« *amateur d'ichtyologie humaine qui, regardant les mâchoires de vieux monstres féminins se refermer sur un morceau de nourriture engloutie* », et les classe « *par race, par caractères innés et aussi par ces caractères acquis qui font qu'une vieille dame serbe dont l'appendice buccal est d'un grand poisson de mer, parce que depuis son enfance elle vit dans les eaux douces du faubourg Saint-Germain, mange la salade comme une La Rochefoucauld* ».

La vraie subversion n'est pas de remplacer les estomacs de riches par des estomacs de pauvres – lesquels seront à leur tour sacrifiés à ceux qu'ils auront dépouillés pour occuper la place qu'ils envient –, mais de regarder chacun comme un animal distinct, repu ou dangereux, de tenir chaque chose pour un phénomène esthétique, au lieu d'évaluer son intérêt au taux de misère, de richesse ou de vertu qu'elle recèle, « *le génie consistant dans le pouvoir réfléchissant et non dans la qualité intrinsèque du spectacle reflété* ».

→ **Lutte des classes, Malaparte (Curzio)**

Arcade (11, rue de l')

C'est, dans le quartier de la Madeleine, à Paris, l'adresse de l'hôtel Marigny, le claque d'Albert Le Cuziat, *alias* Jupien. Aujourd'hui encore, s'y dresse un hôtel dont on suppose qu'il n'est plus, comme jadis, le « paradis du vice et des turpitudes » qui enchanta (horrifia ?) Proust, Walter Benjamin, Jouhandeau, Maurice Sachs et quelques autres lettrés invertis. Grâce à ses relations, Le Cuziat, ce « *Gotha vivant* » (*dixit* Marcel), ce « prince sérénissime des Enfers » (selon Maurice Sachs) y avait établi un bordel, aussi réputé que ses concurrents, les prestigieux hôtel du Mont-Blanc ou hôtel de Madrid, et réservé à ceux qui, lassés de leur propre importance, prenaient plaisir à y mettre en scène des penchants inavouables en société.

De jeunes garçons, des « apaches », permissionnaires ou désargentés, s'y offraient volontiers à des bourgeois, des industriels, des hommes politiques, des aristocrates, excités par l'anonymat qu'on leur y proposait. « Je suis entré et je suis sorti, moi aussi, par cette petite porte étroite, écrit le très catholique Marcel Jouhandeau (dans *Érotologie, un algèbre des valeurs morales*), et parce que j'ai fermé les yeux je ne sais qui m'a vu (...) tout le monde a pu me voir franchir le seuil de ma propre honte... Sur un lit de laine rose au terne baldaquin sans mémoire de rien de pareil ai-je communié à la beauté sous d'anonymes espèces ou davantage à l'anonyme sous le couvert de la beauté. Je ne sais… » Un député conservateur y vient aussi, entre une séance à la Chambre et le mariage de sa fille. Un prince s'y fait fouetter, un autre joue aux cartes avec des garçons bouchers. Marcel Proust fit beaucoup pour « installer » dignement Le Cuziat – lequel, en retour, lui offrit quelques spectacles de choix.

Sur la volupté particulière que procure ce genre d'anonymat, on se reportera, en enjambant un siècle, à ce qu'en disait Michel Foucault (« Le gai savoir », entretien avec Jean Le Bitoux, *La Revue H*, n° 2) : « Les intensités du plaisir sont bien liées au fait qu'on se désassujettit, que l'on cesse d'être un sujet, une identité. Comme une affirmation de la non-identité (…) il est important de savoir que n'importe où, dans n'importe quelle ville, il y a toujours une sorte de grand sous-sol, ouvert à qui veut, au moment où l'on veut, un escalier qu'il suffit de descendre, bref un endroit merveilleux où l'on se fabrique pendant le temps que l'on veut, le plaisir que l'on veut… »

Proust fréquenta l'hôtel Marigny afin d'y voir « *ce qu'il* (lui) *était impossible d'imaginer* ». Il faut se dire que la littérature en tira grand profit – même si Marcel, lui, n'en tira pas forcément grand plaisir.

→ **Fiche de police, Le Cuziat (Albert), Rats (L'homme aux)**

forcément (m.) = action de forcer
(a)

forcément (adv.) = par une conséqu- -ence inévitable

Art véritable

Qu'est-ce que désirer la gloire au-delà de la mort sinon rêver, à mots couverts, d'être encore concerné par ce qui ne nous regarde plus ? « *Est-il beaucoup plus ridicule, en somme, de regretter qu'une femme qui n'est plus rien ignore que nous ayons appris ce qu'elle faisait il y a six ans que de désirer que de nous-même, qui serons mort, le public parle encore avec faveur dans un siècle ? S'il y a plus de fondement réel dans le second cas que dans le premier, les regrets de ma jalousie rétrospective n'en procédaient pas moins de la même erreur d'optique que chez les autres hommes le désir de la gloire posthume.* »

Comme la crainte de mourir, quand elle ne pousse pas au suicide, sépare la force de ce qu'elle peut et prive les hommes de vivre tout à fait, le désir de se survivre, même sous la forme d'un hommage, ampute le talent de l'absence à soi qu'il requiert pour s'épanouir. Ceux qui sacrifient le privilège d'être incompris au désir de briller, l'auteur médiocre qui sculpte son livre en pensant à l'avenir, le singe de lettres qui, de son vivant, songe à la publication posthume de sa correspondance, bref tous ceux qui s'abîment les ailes parce qu'ils redoutent de tomber dans l'oubli se conduisent comme des grenouilles qui croiraient voler en sautant. « *L'art véritable n'a que faire de tant de proclamations et s'accomplit dans le silence* », prévient le Narrateur enfin sûr de son talent. Les grandes œuvres sont des tortues que rien n'arrête. Les autres sont du verre brisé qui scintille au gré des heures. « *Dans la Sonate de Vinteuil, les beautés qu'on découvre le plus tôt sont aussi celles dont on se fatigue le plus vite et pour la même raison sans doute (...). Mais quand celles-là se sont éloignées, il nous reste à aimer telle phrase que son ordre trop nouveau pour offrir à notre esprit rien que confusion nous avait rendue indiscernable et gardée intacte ; alors elle devant qui nous passions tous les jours sans le savoir et qui s'était réservée, qui pour le pouvoir de sa seule beauté était devenue invisible et restée inconnue, elle vient à nous la dernière. Mais nous la quitterons aussi en dernier. Et nous l'aimerons plus longtemps que les autres, parce que nous aurons mis plus longtemps à l'aimer.* »

Asperge

L'*asparagus officinalis* est le légume le plus assidu des menus proustiens. Sa prestance évocatrice ravit le Narrateur qui sait apprécier son « *épi finement pignoché de mauve et d'azur* ». On le retrouve sur la table de cuisine de Combray lorsque Françoise inflige à une servante allergique le supplice de leur épluchage afin qu'elle donne au plus vite son congé. Et, tel un monarque gastronomique, l'asperge inaugure les repas de la Raspelière ou du café Weber. Swann, Odette, Brichot, Norpois en raffolent, tandis qu'Elstir leur fait l'honneur de ses compositions. De plus, son motif, aussi phallique que gourmand, promet des attendrissements nocturnes à Marcel quand il constate que les asperges changent son « *pot de chambre en un vase de parfum* » – ce qui, plus tard, fraya la voie à Aragon qui, lancé sur cette piste odorante, devina que la Bérénice d'*Aurélien*, sortant des toilettes d'un restaurant, venait de s'en régaler. Cette métamorphose du légume en parfum, si magique aux yeux d'un être attentif à la transmutation des substances, fit croire à certains que Proust était un adepte de l'ondinisme – ce que rien, au demeurant, ne permet d'affirmer.

Précisons également que les asperges d'Elstir sont, bien sûr, celles de Manet. Quand Swann conseille au duc de Guermantes d'acheter ce tableau (pour 300 francs), le duc se récrie : « *Trois cents francs une botte d'asperges ! Un louis, voilà ce que ça vaut, même en primeurs !* » Ce bon mot, Proust le tenait de Charles Ephrussi qui acheta son tableau à Manet – qui en voulait 800 francs. Ephrussi, finalement, donna

1 000 francs à Manet. Quelques mois plus tard, le collectionneur reçut un petit tableau représentant une seule asperge avec ce mot charmant du peintre : « Il en manquait une. » Cette asperge solitaire se trouve aujourd'hui au musée d'Orsay, non loin du *Déjeuner sur l'herbe* dont elle semble s'être échappée.

Asperge (*bis*)

Mais *pourquoi*, les asperges ? D'où vient ce privilège de l'*asparagus* ? Plusieurs hypothèses méritent ici d'être, sinon examinées, du moins consignées.

Hypothèse 1 : Donnant une odeur caractéristique à l'urine et aux excréments, les asperges sont les artisans naturels, donc évidents, d'une synesthésie proustienne entre la couleur et le parfum, qui est le premier stade de la métaphore.

Hypothèse 2 : Les asperges sont des verges qu'on « *pignoche* », autrement dit qu'on masturbe. Pourquoi pas ?

Hypothèse 3 : Peindre des asperges, c'est un peu comme peindre des pinceaux. Or, peindre un pinceau est une façon de dépouiller un objet de son utilité, c'est-à-dire de réaliser l'expérience chère à Merleau-Ponty par laquelle « le sujet touchant passe au rang de touché, descend dans les choses, de sorte que le toucher se fait du milieu du monde et comme en elles ».

Hypothèse 4 : Les asperges sont allongées entre deux cuisines. Celle de Françoise (qui « *les met à toutes les sauces* », comme dit Mme Octave) et celle d'Elstir (qui en fait des « *croûtes* », comme dit le duc de Guermantes). Ou entre deux mondes : celui d'Elstir et celui de Manet. Cette dernière hypothèse, quoique exagérément paralléliste, est pourtant accréditée par le savoureux mélange de littérature et d'histoire de l'art au terme duquel l'étude de Zola sur Manet devient, dans la bouche de la duchesse, une « *étude* de Zola *sur Elstir* ».

Hypothèse 5 : Comme elles jouent sur les deux tableaux, les asperges sont une perche tendue aux imbéciles qui évaluent la qualité d'une œuvre à la noblesse ou à la grâce du modèle qu'elle se donne. Ainsi, le duc de Guermantes, qui devient idiot dès qu'il essaie d'avoir du bon sens ou de l'esprit, compare précisément les asperges d'Elstir à celles que le Narrateur est « *en train d'avaler* » avant d'ajouter qu'il a su, lui, ne pas « *avaler les asperges de M. Elstir* ». Ce qu'ignore le duc (à force de tenir la culture pour un ornement, l'œuvre d'art pour un sujet de discussion et les esthètes pour des marchands de « *croûtons* »), c'est que l'art, comme la philosophie, s'occupe de manière autant que de matière, et que les motifs les plus ordinaires sont aussi riches de chefs-d'œuvre que les objets les plus rares.

→ *Cuisine nouvelle, Menu*

Asthme

Cette pathologie du souffle, ce « *mal sacré* » – que les médecins d'autrefois nommaient *meditatio mortis* : la préparation à la mort –, fut la grande affaire de la vie de Marcel, bien que le Narrateur de la *Recherche* n'en soit, par provocation antibeuvienne (ou par superstition ?), que modérément affecté. À l'exception marginale des personnages de *L'Indifférent* et de *La Fin de la jalousie*, on ne croise, dans toute l'œuvre de Proust, qu'une seule créature officiellement asthmatique : la fille de cuisine enceinte de Combray, que Swann compare à *La Charité* de Giotto à cause de son visage « *énergique et vulgaire* ». Cette malheureuse, suffoquant à la manière de l'écrivain qui lui donne vie, est-elle affublée de la maladie de son créateur afin de suggérer quelque similitude entre l'écriture et l'enfantement ? On l'a prétendu...

Plus sérieusement : l'asthme de Marcel, si présent dans sa correspondance, et qu'il baptise, comme le médecin de sa grand-mère, « *albumine mentale* », est d'abord, pour lui, une figure du destin : c'est ainsi, semble dire le Marcel insomniaque et asphyxié qui sait, mieux que personne, que « *demander pitié à son corps, c'est discourir devant une pieuvre* ».

Certes, Proust n'est pas le seul asthmatique de la littérature, mais il est celui qui, d'instinct, a le mieux établi ce qui se joue entre la « suffocation » et le manque ou l'abandon affectif. Et il n'a pas attendu la cohorte de limiers freudiens lancés à sa poursuite pour deviner que son souffle défaillant – dont les premiers symptômes coïncident avec l'entrée de son frère dans l'âge de raison – était une autre façon d'implorer « maman », de vérifier la qualité de la préférence qu'elle lui témoigne, de lui demander un nouveau baiser du soir : « *Car j'aime mieux avoir des crises et te plaire que te déplaire et n'en pas avoir...* » Cet asthme, en tout cas, gouverne si radicalement la vie de Marcel, et dicte tant de ses manières, qu'on serait tenté d'en dire ce qu'il dit lui-même d'une parente de Robert de Flers : « *Elle se rendait si malade à se soigner qu'elle aurait peut-être mieux fait de prendre*

*simplement le parti si compliqué d'être bien por-
tante.* » Cela dit, notons que l'asthme, aujourd'hui,
se soigne mieux par de la cortisone que par la psychanalyse – ce qui frappe d'une certaine caducité les
verbeuses, quoique fort amusantes, interprétations
œdipiennes des crises dont Proust souffrit.

Plus intéressant, plus énigmatique, est l'interminable
débat sur les rapports entre l'asthme de Marcel et son
style. Sans remonter à la *disputatio* entre Étiemble
et Georges Rivanne (donc : entre un grammairien
qui n'entendait rien à la médecine et un médecin qui
ignore tout de la grammaire) dont le fracas battit son
plein à la fin des années 1950, remarquons que Proust,
qui a le souffle court, écrit long. Et que l'*inspiration*,
défaillante là, se rattrape ici. Il n'est que de compter
les si nombreux « *mais* » ou les « *soit que* » qui sacca-
dent son style, et suggèrent que son souffle veut aller
plus loin, comme la brasse épuisée du presque noyé
qui tente d'atteindre une impossible rive...

Devrait-on en conclure que l'écrivain qui respire mal
demande à son style de lui offrir le surcroît de souffle
et d'ampleur qui manque à ses poumons ? Ce n'est
pas exclu. Encore faudrait-il constater, à l'inverse,
que les écrivains aux poumons d'acier (Hemingway,
Maupassant, etc.) ont, de leur côté, la manie d'écrire
des phrases courtes – ce qui, à propos de ces deux-là,
n'est pas inexact. À suivre...

Reste que rien n'est plus émouvant que Marcel
aux prises avec son mal. Et plus terrible que de le
voir jongler avec ses perles de nitrite d'amyle, ses
pilules de Trousseau, ses iodures, sa belladone, son
eucalyptus, son adrénaline inhalée au moyen d'une
poire en caoutchouc. Ou de le suivre, à travers sa
correspondance, dans cette géographie respiratoire

(« *y a-t-il plus d'asthmatiques autour du parc Monceau que de la gare Saint-Lazare ?* »… « *Comment respire-t-on rue de Rivoli ?* »… « *Est-il conseillé de prendre un train au printemps ?* ») qui, plus encore que les deux côtés de Combray, structure sa perception de l'espace.

De fait, l'asthme – et la mémoire immunologique dont il est porteur – a dilaté l'attention proustienne au monde extérieur. Il l'a obligé à suspecter les parfums et les odeurs de cuisine, à distinguer la qualité des poussières et des bruits qui les annoncent. En ce sens, l'asthme fut pour Marcel – et comme la jalousie dont il procède – une sorte de muse bienfaisante, une prodigieuse école de sensation, de police – et, partant, de pédagogie romanesque. Lucide, fils et frère de médecins, grand lecteur d'innombrables traités sur les bronches et les pollens, Proust se demandait même, parfois, si l'asthme ne l'avait pas protégé contre des maux plus périlleux – et tellement moins intéressants.

→ *Agonie, « Constantinopolitain », Datura, Fleur, Frère, Nez, Olfaction (et émotion)*

Astrologie

Né à Paris le 10 juillet 1871, à 23 h 30, Marcel appartenait au signe du Cancer – qui, selon la *doxa* astrologique, est le signe le plus féminin du zodiaque, et fait la part belle aux « natures impressionnables », aux « fixations infantiles », aux « sensibilités exacerbées ». Le Cancer, dit-on, promet à ses résidents un imaginaire en ébullition et des émotions dont l'intensité passe parfois pour de l'excentricité.

Par chance, Neptune – qui est l'une des dominantes planétaires du thème de Marcel – vient nuancer et adoucir ce que le Cancer risquerait d'accentuer en lui : d'où son aptitude à l'intuition, à la passion contemplative, à l'idéalisme. Nageant dans la complexité humaine comme un poisson dans l'eau, le « Cancéreux neptunien » – tel est, du moins, son portrait officiel – peut, à l'occasion, se lancer à l'assaut d'horizons chimériques, comme un Don Quichotte en mauvais termes avec le réel.

Il convient enfin de signaler que l'ascendant de Proust était Bélier – ce qui lui permit, dit-on, de développer son courage et son énergie. Il est à noter que l'ascendant, par tradition céleste, l'emporte sur le signe à mesure que le sujet avance en âge. C'est donc grâce à sa part Bélier que Proust a pu, et su, s'obstiner sur son grand œuvre et l'emporter au final sur la désinvolture de ses premiers âges.

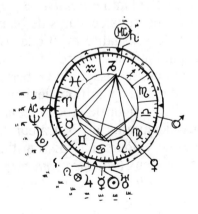

Est-il besoin de préciser que ce qui précède n'a aucun sens ? Que ces informations délicieusement surnaturelles ne valent qu'à titre rétrospectif ? Et que nombre d'individus, nés ce 10 juillet 1871 à 23 h 30, n'ont pas écrit *À la recherche du temps perdu* ? Gageons cependant que ce scepticisme de mauvais aloi sera sans effet sur les dévots du ciel, des influences, des ondes mystérieuses – à l'attention exclusive desquels ces quelques lignes ont été rédigées.

Aubépine

Les détectives de l'inconscient ne manqueront pas d'observer que la fleur préférée d'un écrivain insomniaque contient dans ses syllabes la douleur d'un réveil matinal (« Aube-épine »), mais il y a plus intéressant : l'aubépine proustienne est d'abord une fleur céleste d'où s'échappe une odeur d'amande et dont, à la différence de l'églantine « *naïve et paysanne* », la chair rose et les boutons éclatants de blancheur colorent la nature de sensualité mystique. D'où la haie d'aubépines qui, longeant le parc de Swann, dissimule tout en le dévoilant le visage de Gilberte – laquelle, par le miracle de cette apparition, devient la toute première jeune fille en fleur de la *Recherche*.

Les adieux déchirants du Narrateur frisé, coiffé, peigné, revêtu de velours, au buisson d'aubépines et à ses apprêts pompeux (« *Ô mes pauvres petites aubépines, disais-je en pleurant, ce n'est pas vous qui voudriez me faire du chagrin, me forcer à partir. Vous, vous ne m'avez jamais fait de peine ! Aussi je vous aimerai toujours* ») seraient mièvres si le lecteur, ainsi averti, ne comprenait d'instinct qu'en réalité c'est à Gilberte qu'il s'adresse. Mais comme la Petite Madeleine, les arbres d'Hudimesnil, les clochers de Martinville et le geste grossier que Gilberte adresse au Narrateur (qui ne le comprend pas davantage que le regard qui l'accompagne), les aubépines sont des hiéroglyphes qui ne laissent pas (encore) approfondir le charme de leur surgissement, et demeurent à la surface de sa conscience « *comme ces mélodies qu'on rejoue cent fois de suite sans descendre plus avant dans leur secret* ».

Le Narrateur a beau les respirer, se détourner d'elles un moment, traquer à force de désinvolture le mystère que seule une intuition permettrait de résoudre, son intelligence ne sait que faire de cette épiphanie sensuelle et sans suite : « *je revenais devant les aubépines comme devant ces chefs-d'œuvre dont on croit qu'on saura mieux les voir quand on a cessé un moment de les regarder, mais j'avais beau me faire un écran de mes mains pour n'avoir qu'elles sous les yeux, le sentiment qu'elles éveillaient en moi restait obscur et vague, cherchant en vain à se dégager, à venir adhérer à leurs fleurs* ».

C'est la grande énigme : l'enfance des émotions, le rêve d'un langage adapté aux sentiments les plus simples qu'un réveil transforme en souvenir lui-même bientôt noyé dans le quotidien... Quand le Narrateur retrouve les aubépines, elles ont perdu la jeunesse qu'il n'a pas su y saisir : « *Tout d'un coup dans le petit chemin creux, je m'arrêtai touché au cœur par un doux souvenir d'enfance : je venais de reconnaître, aux feuilles découpées et brillantes qui s'avançaient sur le seuil, un buisson d'aubépines défleuries, hélas, depuis la fin du printemps. Autour de moi flottait une atmosphère d'anciens mois de Marie, d'après-midi du dimanche, de croyances, d'erreurs oubliées.* » Seule Françoise, peut-être, saura comprendre un tel chagrin : « *Quand est-ce que je pourrai passer toute la sainte journée sous tes aubépines et nos pauvres lilas en écoutant les pinsons et la Vivonne qui fait comme le murmure de quelqu'un qui chuchoterait,* se plaint-elle, *au lieu d'entendre cette misérable sonnette de notre jeune maître qui ne reste jamais une demi-heure sans me faire courir le long de ce satané couloir... Hélas ! pauvre Combray ! peut-être que je ne te reverrai que morte, quand on me jettera comme une pierre dans le trou de la tombe. Alors, je ne les sentirai plus tes belles aubépines toutes blanches. Mais dans le sommeil de la mort, je crois que j'entendrai encore ces trois coups de la sonnette qui m'auront déjà damnée dans ma vie.* »

→ **Catleya, Fleurs**

« Au passage »

Il n'est pas étonnant qu'un roman dont le tour de force est de restituer le mouvement sans le figer, de tenir l'avenir dans le présent, le présent dans le passé, et de restituer leur chaleur aux souvenirs et la surprise aux perceptions, fasse grand cas de l'expression « *au passage* ».

Car tout est dit par ces deux mots : le carrefour et le cheminement, la phrase et la ponctuation.

« *Au passage* » désigne le branle indéfini, le mouvement continu, descendant puis ascensionnel, des gammes de la voix de Charlus que ses propres modulations émerveillent ; ou bien des gouttelettes du jet d'eau d'Hubert Robert qui croisent leurs « *sœurs montantes* » avant d'être chavirées dans le bassin.

Mais « *au passage* » décrit également l'instant de grâce, le clin d'œil du hasard, l'étrangeté d'une rencontre (im)prévue, la fraîcheur d'une jeune fille à la chair de magnolia qui entre dans le compartiment d'un tortillard, les scrupules de « maman » qui, lisant à haute voix *François le Champi*, amortit « *au passage* », d'un ton cordial, « *toute crudité dans les temps des verbes, donnant à l'imparfait et au passé défini la douceur qu'il y a dans la bonté, la mélancolie qu'il y a dans la tendresse* » ; ou l'audace de sa grand-mère, envoyée « *en éclaireur* » jusqu'aux grilles du jardin pour vérifier que c'est bien Swann qui a sonné, et qui en profite « *pour arracher subrepticement au passage quelques tuteurs de rosiers afin de rendre aux roses un peu de naturel* »… Autant de souvenirs, de traces de l'infini dans le fini dont un écrivain, quand il a du génie, conserve la vitalité dans un livre conçu comme un tombeau ouvert.

Dès lors, le syntagme « *au passage* » qui est le Saint-Esprit du roman, le formol cristallin d'une vie maintenue malgré sa mise en mots, donne à entendre séparément les syllabes qui le composent : *pas sage*. « *Au pas sage* » est le point de rendez-vous des séquences où le réel abjure la sagesse, des lieux où le monde se laisse aller parce qu'un sujet se convertit à l'indulgence (ou s'arrange pour voir sans être vu) – bref, « *au passage* » est le *sot-l'y-laisse* de la vie.

Il s'agit, pour le meilleur, d'attraper un papillon sans lui couper les ailes ; pour le pire, d'envoyer un baiser quand l'autre a déjà le dos tourné. « *Au passage* », c'est la version fugace de l'irréversible, le vent qu'on embrasse, l'effroi qu'on caresse, la constante possibilité d'un deuil, la présence réelle dans la séparation effective (expérience du téléphone), le frôlement d'une vision indistincte, le silence qui suit immédiatement la fin d'un concert, les mélodies dont on baise « *au passage le corps harmonieux et fuyant* »...

C'est, enfin, le syndrome d'Eurydice : « *Bien souvent, écoutant de la sorte, sans voir celle qui me parlait de si loin, il m'a semblé que cette voix clamait des profondeurs d'où l'on ne remonte pas, et j'ai connu l'anxiété qui allait m'étreindre un jour, quand une voix reviendrait ainsi (seule et ne tenant plus à un corps que je ne devais jamais revoir) murmurer à mon oreille des paroles que j'aurais voulu embrasser au passage sur des lèvres à jamais en poussière.* »

Autoportrait

À l'époque du lycée Condorcet, Marcel adressa à son ami Robert Dreyfus une lettre singulière où, bien avant d'être représenté par Jacques-Émile Blanche, il se peint lui-même tel qu'il se voit – tel qu'il est ?

« *Connaissez-vous M.P. ? Je vous avouerai pour moi qu'il me déplaît un peu, avec ses grands élans perpétuels, son air affairé, ses grandes passions et ses adjectifs. Surtout, il me paraît très fou ou très faux. Jugez-en. C'est ce que j'appellerai un homme à déclaration. Au bout de huit jours il vous laisse entendre qu'il a pour vous une affection considérable et sous prétexte d'aimer un camarade comme un père, il l'aime comme une femme. Il va le voir, crie partout sa grande affection, ne le perd pas un instant de vue. Les causeries sont trop peu. Il lui faut le mystère de la régularité des rendez-vous. Il vous écrit des lettres... fiévreuses. Sous couleur de se moquer, de faire des phrases, des pastiches, il vous laisse entendre que vos yeux sont divins et que vos lèvres le tentent. Le fâcheux (...) c'est qu'en quittant B qu'il a choyé, il va cajoler D, qu'il laisse bientôt pour se mettre aux pieds de E et tout de suite après sur les genoux de F. Est-ce une p..., est-ce un fou, est-ce un fumiste, est-ce un imbécile ? M'est avis que nous n'en saurons jamais rien.* »

Avenir (Double de l')

« *Jadis je songeais sans cesse à l'avenir incertain qui était déployé devant nous, j'essayais d'y lire. Et maintenant ce qui était en avant de moi, comme un double de l'avenir – aussi préoccupant qu'un avenir puisqu'il était aussi incertain, aussi difficile à déchiffrer, aussi mystérieux ; plus cruel encore parce que je n'avais pas comme pour l'avenir la possibilité ou l'illusion d'agir sur lui, et aussi parce qu'il se déroulerait aussi long que ma vie elle-même, sans que ma compagne fût là pour calmer les souffrances qu'il me causait, – ce n'était plus l'Avenir d'Albertine, c'était son Passé.* »

Baiser (du soir)

C'est l'ouverture absolue…

Marcel, dont le nom du soir est « *petit loup* », implore le baiser de « maman ». Elle est au salon avec les invités, n'ose pas les quitter, puis les quitte tout de même pour aller câliner son chéri sous les yeux d'un père tonitruant et distant qui, caressant sa paternelle moustache, se moque affectueusement d'un fils « *si nerveux* » et de cette épouse qui ne l'est pas moins.

Donc, le baiser. Précédé d'une lettre transmise par Françoise, et qui reste sans réponse... Enfin, « maman » est là, qui s'assoit au bord du lit. Et console, et endort le nerveux. Une lecture ? Ce sera *François le Champi*, cela va de soi – puisque c'est une histoire d'inceste bien campagnard ; et puisque, dans ce roman de George Sand, la maman se nomme Madeleine et finit par épouser son fils (adoptif)... « *Petit loup* » est content. « Maman » aussi. Chaque acteur du drame a sa feuille de route. Avec ses répliques. Et son destin.

« *Petit loup* » : il ne le sait pas, mais il n'est pas encore né. Certes, il est biologiquement né, il a été classiquement expulsé du ventre maternel – mais est-ce suffisant ? Pour naître véritablement en tant que sujet autonome, il faut un surcroît de naissance. Disons : une naissance symbolique. Et celle-ci ne s'obtient qu'au prix d'un abandon, d'un manque, d'une douleur. Il faudrait, par exemple, que « maman » dise à « *petit loup* » « je t'aime, mon chéri, mais j'aime aussi le monsieur qui a une moustache, qu'on appelle papa, qui me protège et me fait jouir de temps à autre »... Si « maman » avait dit cela, petit loup, si nerveux, aurait pleuré, il se serait senti abandonné, « maman » l'aurait enfin déçu, elle aurait accompli son travail de maman. Parfois, on fait de très beaux cadeaux à ceux auxquels on refuse ce qu'ils demandent.

« Maman » : pourquoi ne se résigne-t-elle pas à décevoir son fils ? À lui donner un petit cours d'abandon et de déception ? Tel est son rôle, pourtant, mais elle n'y arrive pas. Par amour ? C'est vite dit. Parions plutôt qu'elle ne le dit pas parce que, des deux rôles que le destin lui propose – épouse ou mère –, elle préfère désormais le second. Son mari, peut-être, la trompe déjà (en fait, oui, puisqu'il a une maîtresse) ;

son mariage, comme il se doit, n'a pas tenu toutes ses promesses ; mieux vaut, se dit-elle, choisir le rôle sacrificiel que la maternité lui propose plutôt que de s'en tenir au rôle d'épouse pour lequel on la délaisse sans doute. Calcul archaïque et spontané. Du classique.

Celui qu'on appelle papa : il se tient en retrait – et c'est son rôle. La scène se joue sous son regard, mais sans lui. De toute façon, il a d'autres soucis, peut-être pense-t-il à sa maîtresse, à ses patients, à son traité d'hygiène publique, à l'importance des rats dans la diffusion des épidémies, à son récent voyage en Perse, à sa prochaine élection à l'Institut.

À partir de là, le drame se tisse comme une intrigue : si « *petit loup* » est jeté dans un univers d'invertis, aucun problème. Il jouera avec les robes de « maman », deviendra gay avec naturel – ce qui, en certaines circonstances, peut se révéler doux à vivre.

Mais si le hasard le jette dans une société de mâles conséquents, s'il devient amateur de femmes par mimétisme, conformisme ou désir, il va lui manquer quelque chose, cette fameuse initiation à l'abandon et à la déception par exemple, et l'on peut parier qu'il sera longtemps en quête de femmes susceptibles de lui offrir ce que « maman » lui a refusé. Il va recruter ses amoureuses en les priant de lui donner des cours particuliers d'abandon. Ce genre de femmes a un nom : ce sont des capricieuses, des fatales, des cruelles, qui finissent toujours par s'en aller...

Les amours malheureuses sont, immanquablement, des demandes adressées à des créatures spécialisées dans l'abandon. On le leur reproche, après coup, et c'est injuste puisque c'est, très exactement, ce que l'on attendait d'elles.

Marcel Proust est le prototype le plus achevé d'un tel dispositif. D'autant qu'il a littérairement choisi de donner à ses amours le sexe qu'elles n'ont pas.

Albertine sera fugitive.

Peut-être n'aurait-il jamais eu besoin qu'Albertine s'en aille si « maman » avait eu le courage de ne pas venir. Ni de capituler bêtement, dans sa chambre, pour lui donner un baiser du soir.

→ ***Déception, Mariage, Sand (George)***

Balbec au Liban

Balbec n'est pas seulement le Cabourg imaginaire de la Côte fleurie, mais aussi l'homonyme de l'ancienne Héliopolis des Romains, aujourd'hui chef-lieu du district de Baalbek, au Liban, dont les 83 000 habitants sont majoritairement chiites.

L'un des deux auteurs de ce livre n'oubliera jamais le jour où une dame très parfumée qui roulait les « r » comme la princesse Sherbatoff lui confessa que, de tous les volumes de la *Recherche*, c'était *À l'ombre des jeunes filles en fleurs* qu'elle préférait. Fort d'un aveu qu'il prit au sérieux, il se crut autorisé à lui demander si elle préférait « Cabourg ou Balbec » (chef-lieu imaginaire des vacances que le Narrateur adolescent passe avec sa grand-mère sur la Côte fleurie).

Mais il déchanta (et grandit) quand elle lui répondit qu'elle n'aimait pas Cabourg mais qu'elle adorait le Liban et passait régulièrement ses vacances à Baalbek…

→ *Perse*

Barthes (Roland)

Il était, de tous nos maîtres, le plus proustien de tempérament, de mœurs, d'onctuosité tantôt incendiée par un désir soudain, tantôt dissoute dans une indicible mélancolie. Ses yeux, cernés de lassitude et de douceur, affichaient une sorte d'absence élégante, même lorsqu'il montait en chaire ou prenait de vos nouvelles avec cette courtoisie de qui se soucie peu de la réponse qui va lui être faite. Il écrivait des lettres trop flatteuses, comme celles du modèle que seule sa modestie lui interdisait de considérer comme un avatar antérieur de lui-même. Et si, dans nos cénacles, nous l'appelions Mamie, c'est sans doute en souvenir de ce Charlus dont il possédait les meilleurs traits, et que certains, dans le faubourg Saint-Germain, surnommaient la « couturière ».

Combien de fois Roland Barthes a-t-il dû se dire « Proust revit en moi... Il est moi... » – n'avait-il pas envisagé d'intituler une conférence de 1978 : *Proust et moi* ? – avant de s'aviser qu'il manquait à cette ressemblance les trois mille pages du « roman » qu'il aurait pu, et dû, écrire avant de se faire écraser par la camionnette d'une blanchisserie ?

Il avait eu sa période marxiste comme Marcel avait eu sa période mondaine, puis tout était rentré dans l'ordre à mesure que le mercure de l'époque passait du *Degré zéro* à des températures moins réfrigérantes. Schumann, la littérature, maman, la photographie, les décryptages de toutes sortes, le désir d'écrire et de compenser une perte par l'écriture, leur avaient composé une idiosyncrasie de même nature qui donna aux contemporains du second l'impression, inactuelle entre toutes, d'avoir été contemporains du premier.

Malgré – ou à cause – de si nombreuses similitudes, Roland Barthes n'écrivit jamais un ouvrage expressément consacré à Proust, comme il le fit pour Michelet ou Balzac. Et pourtant : Marcel Proust infuse toute son œuvre, et s'y manifeste moins dans des textes spécifiques – comme *Proust et les noms* (1972), *Le Discours de Charlus* (1977), *Longtemps, je me suis couché de bonne heure* – que dans des ouvrages comme *Roland Barthes par lui-même* et *La Chambre claire* – où l'essence du proustisme se voit convoquée, après la mort de la mère de R.B., au chevet d'une résurrection qui lui procura, faute de mieux, sa plus forte dose de temps retrouvé.

→ *Photographie*

Bel et bien

Pourquoi le syntagme « bel et bien », que le duc de Guermantes n'emploie dans aucune autre circonstance, fait-il son apparition dans la bouche du « *Jupiter tonnant* » chaque fois qu'il est question de l'affaire Dreyfus ? Le Narrateur s'en émerveille sans y répondre : « *Cinq ans pouvaient passer sans qu'on entendît "bel et bien" si, pendant ce temps, on ne parlait pas de l'affaire Dreyfus, mais si, les cinq ans passés, le nom de Dreyfus revenait, aussitôt "bel et bien" arrivait automatiquement.* »

Rappelons que l'affaire Dreyfus n'eut pas seulement pour effet de provoquer une véritable guerre civile dans la France du début du XXe siècle, mais aussi (et surtout) d'empêcher l'élection du duc de Guermantes à la présidence du Jockey-Club car son adversaire, Chaussepierre, fin tacticien, fit campagne contre le philosémitisme imaginaire du grand seigneur dont la femme était notoirement l'amie du Juif Swann : « *Certes, être président du Jockey ne représente pas grand'chose à des princes de premier rang comme étaient les Guermantes. Mais ne pas l'être quand c'est votre tour, se voir préférer un Chaussepierre, à la femme de qui Oriane, non seulement ne rendait pas son salut deux ans auparavant,* » *mais allait jusqu'à se montrer offensée d'être saluée par cette chauve-souris inconnue, c'était dur pour le duc. Il prétendait être au-dessus de cet échec, assurant, d'ailleurs, que c'était à sa vieille amitié pour Swann qu'il le devait. En réalité, il ne décolérait pas.* »

Le symptôme de la rage ducale après un échec d'autant plus humiliant que le duc avait négligé de faire campagne est donc l'emploi intempestif de « bel et bien » : « *ce crime affreux n'est pas simplement une cause juive*, explique le duc, *mais bel et bien une immense affaire nationale* »... C'est incompréhensible, et l'on ne peut à cet égard que proposer des hypothèses – ce que le Narrateur lui-même omet, pour une fois, de faire :

Première hypothèse : « bel et bien » enrobe d'évidence une opinion qui, sans cela, n'aurait aucun poids. Dire « bel et bien », c'est donner le sentiment qu'on enfonce une porte ouverte en prononçant des paroles qui, pourtant, ne persuadent que celui qui les prononce. En cela, « bel et bien » n'est bel et bien qu'une manière aristocratique de passer à la hussarde, d'éviter le débat, d'enjamber la discussion pour imposer sa vision du monde. Le duc est coutumier de ces coups de force, qui regarde souvent ses interlocuteurs dans les yeux non pour lire dans leurs pensées mais pour les influencer : « *"Je crois que c'est un Vélasquez et de la plus belle époque", me dit le duc en me regardant dans les yeux, soit pour connaître mon impression, soit pour l'accroître.* »

Seconde hypothèse (car on s'en tiendra là) : « bel et bien » est une reprise de l'idiome « bel et bon » (*kalos kagathos*) qui, de Hérodote jusqu'à la décadence d'Athènes, composa l'idéal esthétique de la

Grèce antique – soit le crédit de belle gueule. Être beau, c'est être bon. La beauté étant, comme la bonté, une affaire d'harmonie, il est naturel qu'elle en soit le signe. Nous n'entrerons pas ici davantage dans ce débat, sinon pour observer que « bel et bon » protège tout aristocrate d'un univers démocratique où la beauté fait figure d'injustice et où l'équivalence des droits culmine dans l'équivalence des vertus. « Bel et bien » est peut-être, en ce sens et à l'insu même de son locuteur, la douloureuse protestation d'un duc égaré dans un univers dont l'égalitarisme croissant met à mal les privilèges de la naissance.

Bergson (Henri)

Proust se défendait d'avoir lu Bergson – dont il était pourtant le petit-cousin par alliance. Et le Narrateur lui-même n'évoque qu'une fois l'œuvre du philosophe (à l'occasion d'une discussion sur les hypnotiques). Marcel craignait-il qu'on ne l'y réduisît et que son œuvre, indûment perçue comme théorique, n'apparût « *comme un objet sur lequel on laisse la marque du prix* » ?

Quoi de plus bergsonien, pourtant, qu'un tel refus d'être assigné à une doctrine ?

N'est-ce pas Bergson lui-même qui déclarait, pour s'en plaindre, que nous ne voyons pas les choses mêmes mais « seulement les étiquettes » posées sur elles ?

Bergson et Proust ne sont-ils pas d'accord pour dire que « *nous possédons tous nos souvenirs, sinon la faculté de nous les rappeler* » ?

Quand le Narrateur célèbre une beauté sans artifice et hermétique à l'entendement, ne dénonce-t-il pas implicitement l'« incompréhension naturelle de la vie » que Bergson reproche à l'intelligence ?

Et puis, quelle différence entre le temps continu et le temps retrouvé ? Entre l'indécomposable durée (chère à Bergson), seule substance des choses, et l'« *autre vie* », la vie du sommeil « *sur le seuil duquel l'intelligence et la volonté momentanément paralysées* » ne peuvent plus disputer le Narrateur à la cruauté de ses impressions véritables ?

Quand le Narrateur trébuche sur le pavé mal équarri de la cour de l'hôtel de Guermantes, les doutes qu'il éprouve sur son talent s'estompent comme un morceau de sucre dans l'eau, « la complication diminue, dit Bergson, puis les parties entrent les unes dans les autres. Enfin tout se ramasse en un point unique, dont nous sentons qu'on pourrait se rapprocher de plus en plus quoiqu'il faille désespérer d'y atteindre ». Certes, il suffit à l'écrivain de trébucher sur un pavé tandis qu'il faut au philosophe de longues années d'intuitions, d'atermoiements et d'imprégnation graduelle pour que le monde retrouve ses couleurs, mais l'un et l'autre ont en commun d'opposer le temps réel (ou retrouvé) au temps perdu (de l'action ou de l'habitude). L'essentiel est d'en finir avec les complications imaginaires, de retrouver le mouvement continu sous les saccades du kinétoscope, de préférer les noms propres aux noms communs, bref de faire simple, une fois pour toutes : « Je ne dis pas, écrit Bergson, que le travail de comparaison auquel nous nous étions livrés d'abord ait été *du temps perdu* »…

Certains disent que Proust et Bergson ne parlent pas du même temps, que Bergson veut retrouver le *passage* alors que Proust part en quête du *passé* ; que Bergson se satisfait, pour retrouver la mémoire, d'un effort méthodique et délibéré, tandis qu'il faut à Proust l'immédiation du souvenir involontaire pour saisir « *un peu de temps à l'état pur* ». Peut-être.

Mais quand Proust (et non Bergson) en appelle à un « *retour sincère à la racine même de l'impression* », il ne fait que traduire en littérature l'ambition bergsonienne d'entrer « en communication immédiate avec les choses et avec nous-mêmes ». Et quand Bergson raconte qu'il est stupéfait par la réunion dont le décor et les participants lui sont pourtant familiers, il décrit exactement le sentiment du Narrateur proustien dont le souvenir lui fait « *tout à coup respirer un air nouveau, précisément parce que c'est un air qu'on a respiré autrefois* ». En d'autres termes, l'un et l'autre savent être surpris par l'arrivée de ce qu'ils attendent, désemparés par ce qu'ils reconnaissent et reconnaissants d'être désemparés.

→ *Héraclite, Insomnie (avec Bergson)*

Berl (Emmanuel)

Par chance, ce merveilleux « homme-reflet » (l'expression est de Pierre Nora), cet inconséquent et bienveillant touche-à-tout (de Pétain à Jean d'Ormesson, de Bergson à Françoise Hardy, du Palais-Royal à *Couchés dans le foin...*) lisait la préface de *Sésame et les lys* lorsqu'il fut frappé par les éclats d'un shrapnel. Aussitôt alerté par Marie Duclaux, Proust fut bouleversé à l'idée qu'un jeune soldat, comme lui citoyen du « ghetto mondain » de la Plaine Monceau, ait frôlé la mort en le lisant, et désira rencontrer le lettré qui avait des lectures si raffinées dans la boue des tranchées. C'est ainsi qu'Emmanuel Berl, futur grand écrivain mineur, futur Juif munichois et, plus glorieusement, futur Montaigne de la rue de Montpensier, obtint son galon de *Visiteur du soir* dans l'armée proustienne qui commençait ses grandes manœuvres.

Ce fut un visiteur dissipé, turbulent, intellectuellement agile, mais d'emblée perdu pour la conception marcellienne du monde. Qu'on en juge : le futur auteur de *Rachel et autres grâces* croyait à l'amour et au sentiment – ce qui, à la lettre, était irrecevable pour le vizir du boulevard Haussmann. Le malentendu était inévitable, avec la fâcherie, et même la violence, si l'on en croit les récits détaillés après coup...

Berl s'était pourtant bien défendu, lors de sa dernière visite, en demandant à Proust quelle différence il pouvait bien faire entre l'onanisme et l'accouplement dès lors que l'amour, selon lui, n'était qu'une illusion. Il aggrava son cas en lui citant l'exemple de Marcellin Berthelot qui, octogénaire, avait préféré mourir que de survivre à son épouse. Proust ne répondit pas, et chassa ce rebelle en l'insultant (« *vous êtes plus stupide que Léon Blum...* ») avant de lui jeter une pantoufle.

Plus tard, Berl se consola en traversant sa longue vie avec plaisir. À cet hédoniste voltairien, on doit une belle évocation de cette soirée difficile qui devint, ajoutée à son talent charmeur et si particulier, l'un des tremplins de sa réputation.

→ *Amour, Contemporains (du temps perdu)*

Bestiaire

Bien qu'il n'y ait guère, officiellement, d'animaux domestiques dans la *Recherche*, il s'en trouve cependant, ici et là, nichés dans des métaphores destinées à mieux cerner les humains : méduses, têtards, sangsues, boas, guêpes, bourdons, salamandres abondent ; ainsi que plusieurs dizaines de mammifères, du rat à la baleine, convoqués sèchement et sans ce sentimentalisme gluant qui caractérise d'ordinaire les écrivains-amis-des-bêtes. Si l'on excepte la tendresse que Proust témoigna, hors *Recherche*, à Zadig, le chien de Reynaldo Hahn, Marcel n'aima pas les animaux « *qui ne pensent à rien* ». Françoise est complaisamment décrite par son créateur lorsqu'elle tranche la tête des « *sales bêtes* » promises aux menus de Combray… En revanche, les humains de Proust sont sournoisement animalisés : ils sont poissons dans les baignoires de l'Opéra ou oiseaux, ou insectes, selon le vice ou les manies de chacun. Lecteur de Darwin et de Fabre, le Proust zoologue transforme en « *aquarium* » la salle de restaurant de Balbec et en ménagerie le « Bal de têtes » du *Temps retrouvé*. Quant au Narrateur, il se réserve naturellement le rôle de l'oiseau de Minerve qui, selon la tradition, ne prend son envol qu'à la tombée de la nuit : « *attendant que la mort le délivre, il vit les volets clos, ne sait rien du monde, reste immobile comme un hibou, et, comme celui-ci, ne voit un peu clair que dans les ténèbres* ».

→ ***Aquarium, Hahn (Reynaldo), Loup, Modèle, Tante Léonie***

Bestiaire (*bis*)

L'autre auteur de ce dictionnaire refuse de se satisfaire des approximations qui précèdent, et tient à préciser, n'en déplaise à son compère, que si le Narrateur décrit complaisamment la « *pacifique, mais cruelle* » Françoise en train de décapiter des poulets, c'est parce qu'il s'en indigne : « *Je remontai tout tremblant ;*

*j'aurais voulu qu'on mît Françoise tout de suite à la
porte. Mais qui m'eût fait des boules aussi chaudes,
du café aussi parfumé, et même... ces poulets ?... »*
Là est la question, en effet. Non seulement parce que
le Narrateur constate, à cette occasion, qu'un égoïsme
ordinaire dissout aisément la douleur d'autrui dans le
calcul d'un plaisir, mais surtout parce que le travail
de Françoise (« *le Michel-Ange de notre cuisine* »)
consiste, comme tout créateur, à se saisir des douleurs et du sang pour les transformer en cathédrales
de gelée. Françoise est tellement écrivain d'ailleurs
que, tel un artiste attaché à percevoir tous les petits
bruits du silence, elle soutient *mordicus* au Narrateur
(qui lui avait fait promettre de ne pas trop faire souffrir le lapin qu'elle destinait à la casserole) que les
lapins crient « *autant que les poulets. Ils ont même la
voix bien plus forte* ».

→ *« Style (et gastronomie) »*

Blanche (Jacques-Émile)

Le très raffiné Jacques-Émile Blanche (1861-1942) se doutait-il, en faisant le portrait de Marcel Proust, que la postérité ne retiendrait, de son œuvre considérable, que ce seul tableau ? Par une malédiction supplémentaire, il se trouve que Blanche, peintre fortuné et lettré (il écrivit une trentaine d'assez bons livres), vivait dans le même décor mondain que l'auteur de la *Recherche* – qui, par rancune passagère (il n'était pas du même bord que Proust pendant l'affaire Dreyfus) préféra, dans *Jean Santeuil*, attribuer à Antonio de La Gandara, peintre non fictif (puisqu'il vécut de 1861 à 1917), des œuvres qui sont de Blanche. Du coup, par un effet rétrospectif du génie proustien, chacune de ses toiles n'est désormais perçue que comme l'illustration d'un univers ressuscité par des mots plus forts que des pigments. Ainsi de son portrait de Marguerite de Saint-Marceaux, qui n'intrigue que parce qu'il propose l'un des visages de Mme Verdurin ; ou celui de Robert de Montesquiou, qui sera pour l'éternité celui du baron de Charlus. Cas passionnant, et fort cruel,

d'absorption d'une œuvre par une autre... Or, rien
n'est plus malvenu que cette ingratitude posthume et
tenace. Blanche ou l'oubli ?

Prenons l'exemple du fameux tableau de Proust
où, jeune dandy aux « yeux d'amandes fraîches », le
futur écrivain affiche son visage d'ivoire et porte un
gardénia (et non une orchidée, ni un camélia, comme
on l'affirme souvent...) à sa boutonnière : si ce portrait accompagna son modèle au fil de ses pérégrina-
tions parisiennes, et si la *Recherche* fut entièrement
écrite sous son regard – ce qui suffirait, pour les fétichistes, à le hisser au rang de relique majeure –, c'est
parce que Marcel, qui y entendait vibrer son âme et
sa jeunesse enfuie, en avait fait, en inversant la fable
d'Oscar Wilde, son *Portrait de Dorian Gray* intime :
le modèle vieillissait, tandis que son image ne prenait pas une ride... Car telle était bien la manière de
Blanche : exactitude absolue des traits et captation
du moi profond ; ressemblance méticuleuse et spiritualité intacte. Élève de Degas et de Gervex, Blanche
maîtrisait admirablement le dessin ; fils d'un aliéniste
fameux – dont la clinique abrita les démences de

Maupassant et de Nerval –, il pensait, à raison, avoir hérité de ce don qui permet d'aller chercher la part insaisissable des êtres. C'est pourquoi ses portraits de Gide, de Cocteau (si jeune, chevelu, pas du tout hippocampe ni fouine…), de Pierre Louÿs, de Barrès, de Claudel, de Stravinsky ou de Mauriac disent l'essentiel et sont, à la lettre, extraordinaires. Ils prennent aujourd'hui l'allure de fantômes civilisés avec lesquels on va converser, comme jadis au café Weber ou dans une villégiature de la Côte normande.

Bien entendu, la photographie a condamné ce genre de peinture. Et la Grande Guerre a englouti sans ménagement les saisons de bals et de connivences élitistes dont l'œuvre de Blanche porte témoignage. On est là devant la matière même d'un temps perdu, avec l'élégance défunte des manières, des poses, des costumes. Antidreyfusard, puis maurrassien après 1918, de tempérament acariâtre, Blanche n'eut même pas les opinions qui permettent de survivre, et ses modèles parlent d'une Belle Époque qui n'existe plus. Il faut les contempler cependant comme on emprunterait une mémoire. À la façon d'une *Recherche* sur huile, ils composent désormais, tel un livre d'images, ce « *grand cimetière où sur la plupart des tombes on ne peut plus lire les noms effacés* ».

→*Wilde (Oscar)*

Blanchisseuse

Érotisme régressif ? Attirance pour une couleur qui n'était pas son genre ? Nostalgie du sein maternel et de ses extases lactées ? Toujours est-il que Marcel ne rate pas une occasion de s'émouvoir devant des figures de femmes dont le tempérament ou la profession trafique de la blancheur. Lingères, crémières, blanchisseuses se rencontrent ainsi, en nombre significatif, dans sa prose pourtant inspirée par des noirceurs tenaces. Signalons, en confondant à dessein la biographie de Marcel avec les aventures de son Narrateur…

1/ La « *petite blanchisseuse de Touraine* » qui, d'après Aimé, le maître d'hôtel qui enquête sur la vie perverse d'Albertine, aurait « *mis aux anges* » la fugitive.

2/ Les « *deux petites blanchisseuses* » qui, après la fuite d'Albertine, prodiguent dans une maison de passe de savantes étreintes au Narrateur.

3/ La crémière, « *belle comme Salammbô* » à laquelle Marcel, en sortant du lycée Condorcet, offre des fleurs et demande quelques faveurs précises en retour.

4/ La « *jeune fille vendant du lait* » qu'il remarque sur le quai d'une gare de campagne alors qu'il se trouve dans le train de Balbec, dont le visage semble surgir « *à travers un vitrail illuminé* » et qui lui rappelle *La Laitière* de Vermeer (comment, sur ce point, ne pas entendre *Vers mère*, d'autant que Proust orthographiait le nom du peintre en deux mots : Ver Meer ?).

5/ Sans oublier Madeleine *Blanchet*, cette Jocaste de *François le Champi*…

Proust, qui se sait plutôt « noir » (soit : « arménien », « vizir », « persan », juif, inverti…), ne choisit jamais ses couleurs au hasard. Et sa native culpabilité lui enjoint de se blanchir dès que l'occasion se présente. Rappelons enfin, pour mémoire, que son portraitiste officiel se nommait… Blanche.

→ *Aubépine, Baiser (du soir), Blanche (Jacques-Émile), Eucharistie, Sand (George)*

Bleu et noir

Pourquoi Gilberte et Albertine se ressemblent-elles un peu ? Est-ce parce que les goûts du Narrateur changent moins vite que ses désirs ? Ou parce que, indifférent aux différences, il contemple la même personne sous des identités disparates ? Doit-il de les trouver jumelles à la fixité de son tempérament ou à la cécité de son amour ?

Qu'elle soit objective ou bien seulement l'affaire d'un point de vue, la ressemblance de Gilberte et Albertine dépend d'abord du regard : « *Les premiers regards d'Albertine qui m'avaient fait rêver n'étaient pas absolument différents des premiers regards de Gilberte. Je pouvais presque croire que l'obscure personnalité, la sensualité, la nature volontaire et rusée de Gilberte étaient revenues me tenter, incarnées cette fois dans le corps d'Albertine, tout autre et non pourtant sans analogies.* »

Chaque fois que le Narrateur pense au jour où il rencontra Gilberte, le souvenir des yeux noirs de la jeune fille se présente paradoxalement à sa conscience « *comme celui d'un vif azur* ». Or, les yeux d'Albertine changent aussi, à plusieurs reprises, de couleur. La première fois qu'il croise son regard, la figure de la jeune fille lui paraît « *un gâteau où on eût réservé de la place pour un peu de ciel* ». Puis les yeux, soudain, changent de teinte pour adopter un noir qui, accru par l'ombre d'une toque, obombre les jours d'été. Mais

ils bleuissent de nouveau, cent pages plus tard, au
point de transformer leurs paupières en rideaux « *qui
empêche*(nt) *de voir la mer* ». Pourtant le Narrateur,
amnésique ou fou, éprouve alors le besoin de préciser
que les yeux n'ont pas changé de couleur mais seulement de forme, qu'ils se sont métamorphosés tout en
gardant la même nuance : « *ils avaient bien la même
couleur, mais semblaient être passés à l'état liquide* ».
Erreur ? Mensonge ? Qui sait…

Comment se fait-il que les yeux de Gilberte restent noirs mais lui donnent l'impression de changer
de couleur, alors que les yeux d'Albertine passent
effectivement du noir au bleu mais paraissent n'avoir
changé que d'aspect ? Est-ce parce que Gilberte est
blonde, tandis qu'Albertine est brune jusqu'à la pointe
des fleurs dont elle se fait une couronne ? Comment
se fait-il que ces deux femmes que tout distingue
(Gilberte est grande, rousse, juive, riche et blonde,
Albertine est brune, grosse, pauvre, antisémite et
petite) aient en partage « *un regard dont on saisissait
difficilement la signification* » ? Pourquoi le Narrateur
en vient-il (après avoir, quoiqu'il s'en défende, repeint
les yeux de sa maîtresse) à déclarer qu'au-dessus du
regard souriant d'une jeune fille, rien n'est plus beau
qu'une « *couronne bouclée de violettes noires* » ?

Certains diront que, quand l'amour s'en tient au
rêve, les yeux donnent le sentiment de changer de
teinte, alors que, quand l'amour est vécu, l'altéra-
tion mentale du rêveur s'efface devant l'erreur de
l'amant distrait. La réponse est ailleurs peut-être, et
plus simple que cela ; les fausses jumelles n'ont en
commun que la racine de leur prénom : « Berte ».
Et Berthe est aussi le prénom de la fille de Madame
Bovary qu'une vieille tante, à la fin du livre, envoie

travailler dans une filature de coton. Or les yeux de Madame Bovary ont, sous l'œil de son mari, l'étrange propriété d'être « noirs à l'ombre » et « bleu foncé au grand jour ». Si Gilberte et Albertine ont un air de famille, c'est tout simplement qu'elles sont les filles littéraires d'une femme au regard bicolore.

Bloch (Albert)

> « *Bloch était mal élevé, névropathe, snob, et, appartenant à une famille peu estimée, supportait comme au fond des mers les incalculables pressions que faisaient peser sur lui, non seulement les chrétiens de la surface, mais les couches superposées des castes juives supérieures à la sienne, chacune accablant de son mépris celle qui lui était immédiatement inférieure. Percer jusqu'à l'air libre en s'élevant de famille juive en famille juive eût demandé à Bloch plusieurs milliers d'années. Il valait mieux chercher à se frayer une issue d'un autre côté.* »

Le personnage de Bloch est un chef-d'œuvre de médiocrité. Mondain mais certain de racheter le snobisme par l'insolence, il met son point d'honneur à saluer les ducs d'une voix qui se moque d'elle-même. À l'image des imbéciles qui croient dissimuler leurs défauts sous la théorie qui les condamne, Bloch exhibe sa culture en tutoyant les dieux ou en donnant aux destinataires de ses cartes les épithètes qu'Homère réserve à ses héros. La franchise dont il fait profession permet à ce Pécuchet du dandysme de dénoncer les manières des gens du monde tant qu'elles ne lui sont pas adressées – et surtout d'être lui-même en représentation permanente.

Ainsi, parce qu'il croit que c'est élégant, Bloch fait mine de ne pas savoir le temps qu'il fait (« *Je vis si résolument en dehors des contingences physiques que mes sens ne prennent pas la peine de me les notifier* ») et parce qu'il trouve ça beau, Bloch feint de pleurer quand la grand-mère du Narrateur (qu'il connaît à peine) lui dit qu'elle est un peu souffrante. De même qu'il boit volontiers le champagne que les autres commandent, Bloch excelle à repérer autour de lui les vices qui sont les siens : les reproches qu'il formule composent un autoportrait. Si le Narrateur lui semble « snob », c'est que Bloch l'est davantage ; s'il tient Saint-Loup pour un lâche (parce qu'il dit « *l'Empereur Guillaume* » en parlant du Kaiser), c'est qu'il est, lui, pleutre et donc fanfaron. Convaincu d'être d'une acuité supérieure alors que son esprit n'est que la dupe de ses humeurs, Bloch est évidemment belliciste tant qu'il croit que sa myopie le préserve de l'armée, et pacifiste à la seconde où, contre toute attente, il est reconnu bon pour le service. Mais qu'importe : Bloch ne se trouve à lui-même aucun défaut, pas même la vanité, et pousse l'auto-indulgence jusqu'à voir dans son propre désir de pénétrer les milieux aristocratiques non pas la marque du snobisme mais « *la preuve d'une belle curiosité* ». Enfin, quand il est vexé, soit qu'on lui signale qu'il prononce mal les mots anglais (notamment « *lift* » qu'il dit « *laïft* »), soit qu'il renverse un vase et redoute aussitôt qu'on raille sa balourdise, Bloch pousse la maladresse et la mauvaise foi jusqu'à déclarer que « *cela n'a d'ailleurs aucune importance* ». Il ressemble en cela à l'enfant fier qui répond

« même pas mal ! » à l'adulte qui le gifle, à l'enfant blessé qu'un sourire console tandis qu'il affecte, les larmes aux yeux, l'indifférence aux crachats.

Avec ce personnage qui tient pour un signe de « *pudeur sacrée* » l'inaptitude à dire du bien des gens qu'il aime, et qui, à tant d'égards, ne mérite pas davantage l'amitié du Narrateur que Morel ne mérite l'amour du baron de Charlus, se pose la question de savoir comment on peut rester proche d'un homme qui n'est pas son genre et qui jure en pleurant n'aimer que vous alors qu'on sait, d'expérience, qu'il vous trahit à la première occasion. En réalité, l'indolore fidélité que le Narrateur témoigne à ce faux frère ne renseigne pas seulement sur le peu de cas qu'il fait du sentiment d'amitié. D'abord, comme il est toujours à la hauteur de sa nullité, Bloch fait partie des gens qui ne déçoivent jamais. Et puis, le Narrateur, dont il campe un équivalent difforme, lui doit trois découvertes importantes : les livres de Bergotte (que son camarade, reprenant l'expression de son mentor, le Père Lecomte, lui présente comme « *un coco des plus subtils* »), les bordels (dont l'existence pimente et déprécie simultanément la vie du Narrateur en lui révélant que toutes les paysannes dont il voudrait qu'elles l'embrassent accepteraient de le faire contre un peu d'argent) et enfin, surtout, le vide que recouvre le sentiment de savoir. Car en se trompant systématiquement sur le sens à donner aux phénomènes (en expliquant par exemple le fait que le Narrateur ne sorte jamais de chez lui par la présence d'Albertine), Bloch montre que l'abus de la catégorie de causalité (où le complotisme trouve sa source) est le signe distinctif d'une bêtise incurable – puisque celui qui en est affecté croit qu'il en est guéri – et que le Narrateur résume en un aphorisme : « *Ceux qui apprennent sur la vie d'un autre quelque détail exact en tirent aussitôt des conséquences qui ne le sont pas et voient dans le fait nouvellement découvert l'explication de choses qui précisément n'ont aucun rapport avec lui.* »

Ce n'est donc pas à tort, paradoxalement, que cet adolescent qui ne cessera, à l'âge adulte, d'emprunter les idées du Narrateur en affirmant qu'il les a eues avant lui, se fait appeler « maître » par son camarade à l'âge où l'on croit encore « *qu'on crée ce qu'on nomme* ». Est-ce à cela que le Narrateur est fidèle ? Est-ce la raison pour laquelle l'écrivain lui-même fait à Bloch le cadeau de le présenter toujours comme une victime ? Le fait est que, bizarrement, s'il fait rire à ses dépens, ce n'est pas d'être ridicule, mais d'être juif. Bloch est un sale type, mais ses détracteurs sont pires que lui, et l'antisémitisme de la bonne société le sauve – sauf quand il s'y adonne lui-même.

→ **Du bon usage (de l'antisémitisme d'Albertine), Haine juive de soi, Judaïsme, Lièvre, Maladresses, Météo**

Bons sentiments

Les bons sentiments permettent aux sots de participer aux conversations qui leur échappent en mettant l'humour sur le terrain de la morale – car c'est la seule manière, pour eux, d'interrompre sans être contredits et d'être hors sujet sans avoir tort.

Quand Swann, qui se trompe de public, raconte à la famille du Narrateur une anecdote rapportée par

Saint-Simon au cours de laquelle le duc parvient à empêcher le grossier Maulevrier de tendre, par « *igno- rance ou panneau* », la main à ses fils, tante Céline (« *chez qui le nom de Saint-Simon avait empêché l'anesthésie complète des facultés auditives* ») en pro- fite pour s'insurger contre l'admiration que Swann porte à un homme interdisant à ses enfants de saluer des inférieurs : « *Comment ? vous admirez cela ? Eh bien ! c'est du joli ! Mais qu'est-ce que cela peut vou- loir dire ; est-ce qu'un homme n'est pas autant qu'un autre ? Qu'est-ce que cela peut faire qu'il soit duc ou cocher s'il a de l'intelligence et du cœur ? Il avait une belle manière d'élever ses enfants, votre Saint- Simon, s'il ne leur disait pas de donner la main à tous les honnêtes gens. Mais c'est abominable, tout simplement.* »

Que répondre à cela ? Comment donner tort à l'indignée sans passer aussitôt pour celui qui admet l'inadmissible ? Impuissant et navré, le grand-père du Narrateur se tourne alors vers sa fille : « *Rappelle- moi donc le vers que tu m'as appris et qui me sou- lage tant dans ces moments-là. Ah ! oui : "Seigneur, que de vertus vous nous faites haïr !" Ah ! comme c'est bien !* » Or, le vers en question… est aussi de Saint-Simon qui, détournant une citation de Corneille dans *Pompée* (« *Ô ciel, que de vertus vous me faites haïr !* »), le met dans la bouche de Ninon de l'Enclos à l'intention du comte de Choiseul (lequel, comme tante Céline, « *était la vertu même mais avait peu d'esprit* »).

Faute de contrarier les indignés, on a toujours la res- source d'en faire des personnages de roman, et d'ex- humer les *Mémoires* où d'autres savent les remettre à leur place.

Bonté

Tout cynique et désabusé qu'il fut au fil de ses démonstrations locales, Proust finit toujours par placer la gentillesse au-dessus de l'intelligence (comme la sensibilité au-dessus de l'imagination). Et il ne douta jamais, en art comme en morale, que certaines œuvres ou certains actes fussent, tout simplement, « *supérieurs* » à d'autres. Nul ne saurait le comprendre, et l'aimer, sans garder cette évidence à l'esprit : le vrai talent, voire le génie, culmine dans la bonté.

→ *Amour, Antisémitisme (de Charlus)*

Breton (André)

La scène requiert une vive imagination…

André Breton, le futur Pape terrible encore jeunot, l'ennemi juré du roman, l'incorruptible « dada », l'imminent Inquisiteur, face à Proust-le-délicat-agonisant – qui, toujours prévenant, fait venir des meringues et du champagne en l'honneur de son hôte…

Ici donc, André : il est raide, humble, pressé d'empocher le petit salaire que Jacques Rivière lui a procuré en le nommant « relecteur » des épreuves du *Côté de Guermantes* ; de l'autre, Marcel, frigorifié dans son appartement de la rue Hamelin, seulement soucieux de chasser les coquilles, de nuancer ses adjectifs, d'en ajouter, de repolir ses métaphores.

Étrange face-à-face : Breton, qui vient d'abandonner ses études de médecine, n'a pas le choix. Il a faim, il acceptera les meringues et le champagne bourgeois, et n'importe quelle besogne pourvu que celle-ci soit de bon rapport (tarif : 50 francs la séance de relecture). Quant à Proust, il exige qu'on lui lise, à haute et intelligible voix, ce troisième volume de l'œuvre qui n'en finit pas de proliférer.

Ils se diront peu de choses – mais tout de même… Breton a déjà sa belle voix timbrée. Proust le reçoit de 23 heures à l'aube. Aucune intimité entre ces deux-là. D'après Henri Béhar, biographe du relecteur, « ces séances ont laissé un bon souvenir à Breton » qui aurait été sensible aux « trésors poétiques » de ce qu'il lisait. Plus tard, devenu Pape, Breton nuancera (dans un entretien avec Madeleine Chapsal) : « La *Recherche*, en raison du milieu social qu'elle dépeint, ne me sollicitait guère… » – façon polie de dire qu'il se fiche pas mal de Proust, illustrant ainsi ce signe distinctif de la bêtise savante qui consiste à faire dépendre notre jugement sur une œuvre du matériau qu'elle charrie.

Mais il n'est pas exclu qu'il ait feint, sur le moment, de s'y intéresser car les « dadas » se faisaient, par ironie, un devoir de flagorner en privé pour mieux foudroyer en public. D'autres affirment au contraire que Breton ne vint jamais rue Hamelin, et que Rivière se contenta de lui confier les épreuves dans un bureau de la NRF. Sur ce point, le témoignage de Julien Gracq, dans *Lettrines*, accrédite plutôt la thèse des face-à-face nocturnes…

Au final, peu importe : Rivière, Breton et les correcteurs Gallimard, malgré leurs lectures et relectures, laissèrent passer une coquille majeure puisque « Bergotte » apparut deux fois sous le nom de « Bergson », sans compter cet accent circonflexe malencontreusement posé sur « Sodôme » dans la première édition.

Ce dernier point mérite un débat, car dans le poème de Vigny, *La Colère de Samson*, que Proust cite abondamment, « Sodome » est orthographiée « Sodôme ». Dans ce cas, Breton, méchant, peut-être inattentif, mais prodigieusement cultivé, n'aurait fait que respecter ses classiques...

Proust écrira cependant à Gaston Gallimard : « *J'ai relevé plus de deux cents fautes... Si je ne dressais pas un erratum, je serais déshonoré...* » Et il ne pardonna jamais ces coquilles à Gaston, à Breton, à Rivière, à Paulhan et à leur clique négligente. Sa rage (certes, contenue, car Proust, fin tacticien de son œuvre, joue toujours le coup d'après...) fut, avec un abonnement de courtoisie à la revue *Littérature*, son unique contact avec la galaxie surréaliste.

→ *Éditeur (à propos de Jacques Rivière), Papillon*

Caca

Proust, à qui rien de ce qui est organique n'est étranger, parle de caca sans affectation ni complaisance mais avec l'intérêt qu'on porte aux phénomènes officiellement singuliers – tantôt comme une métaphore, tantôt comme l'occasion du rire ou de la beauté.

Car le caca est d'abord un exhausteur de goût : c'est (constate le Narrateur après avoir entendu les ébats de Charlus et Jupien) aux « *soucis immédiats de propreté* » que le plaisir doit de faire « *autant de bruit que la jouissance* ». La dame caca de la *Recherche*, c'est-à-dire la tenancière du « *petit pavillon tressé de vert* » où Françoise contraint le Narrateur à l'attendre tandis qu'elle se soulage, est une « *vieille dame à joues plâtrées et à perruque rousse* » que la gouvernante persiste à tenir pour une « *marquise* ». La « *fraîche odeur de renfermé* » émanant des murs humides du même pavillon pénètre le Narrateur d'un « *plaisir consistant délicieux, paisible, riche d'une vérité durable, inexpliquée et certaine* ». Enfin, l'enseigne est un tombeau dont la gardienne ouvre « *la porte hypogéenne* » aux jeunes garçons venus s'y accroupir « *comme des sphinx* ».

Le caca proustien, marchepied du mythologique, est aussi le signe distinctif des communautés qui font profession de cordialité : longtemps avant quelques psychanalystes intégristes raillant le « refoulement » des pauvres gens qui répugnent à parler de merde pendant les repas, le petit cercle des Verdurin fait de l'excrément l'un de ses cris de ralliement. Quand Swann demande à un peintre du cénacle, au cours d'un dîner rue Montalivet, si les dernières œuvres d'un artiste récemment disparu ont su ne pas sacrifier la profondeur à la virtuosité, ce dernier, voulant fasciner ses camarades, lui répond insolemment : « *Je me suis approché pour voir comment c'était fait, j'ai mis le nez dessus. Ah ! bien ouiche ! on ne pourrait pas dire si c'est fait avec de la colle, avec du rubis, avec du savon, avec du bronze, avec du soleil, avec du caca !* » Étrange énumération qui mêle le gluant, le minéral, le solaire et la défécation, et à laquelle s'ajouterait la mathématique si le docteur Cottard n'avait pas attendu que « *bronze* » fût recouvert de soleil et de caca pour dire, une seconde trop tard, « *Et un font douze !* ».

La musique elle-même est parfois « *stercoraire* », c'est-à-dire nourrie d'excréments. C'est le cas des œuvres de Victor Massé dont raffolent les Verdurin qui traînent Odette à la représentation d'*Une nuit de Cléopâtre*, un opéra que Swann (lui-même atteint de la « *constipation des prophètes* ») juge consternant.

Mais personne, évidemment, n'arrive au talon de Charlus en matière de caca : « *Quant à tous les petits messieurs qui s'appellent marquis de Cambremerde ou de Vatefairefiche, il n'y a aucune différence entre eux et le dernier pioupiou de votre régiment*, enseigne-t-il à Morel après lui avoir donné la liste des onze familles françaises prépondérantes. *Que vous alliez faire pipi chez la comtesse Caca, ou caca chez la baronne Pipi, c'est la même chose, vous aurez compromis votre réputation et pris un torchon breneux comme papier hygiénique. Ce qui est malpropre.* » Charlus, qu'un tel mot n'effraie pas davantage que son prélude venteux (« *Quand vous avez fini un solo de violon, avez-vous jamais vu chez moi qu'on vous récompensât d'un pet... ?* »), s'en sert, au contraire, pour désigner les comédiens de son temps : « *Voir Sarah Bernhardt dans* l'Aiglon, *qu'est-ce que c'est ? du caca. Mounet-Sully dans* Œdipe *? caca. Tout au plus prend-il une certaine pâleur de transfiguration quand cela se passe dans les Arènes de Nîmes.* » L'insolence, enfin, quand elle ne prend pas chez lui la forme de la surdité volontaire, s'épanouit en boueuses diatribes : « *Croyez-vous que cet impertinent jeune homme, dit-il en me désignant à Mme de Surgis, vient de me demander, sans le moindre souci qu'on doit avoir de cacher ces sortes de besoins, si j'allais chez Mme de Saint-Euverte, c'est-à-dire, je pense, si j'avais la colique. Je tâcherais en tout cas de m'en soulager dans un endroit plus confortable que chez une personne qui, si j'ai bonne mémoire, célébrait son centenaire quand je commençai à aller dans le monde, c'est-à-dire pas chez elle.* »

Par un étonnant retour des mots, le « *caca* », que les anneaux d'un beau style finissent par dépouiller de toute connotation morale, retrouve sa valeur péjorative à l'occasion d'un malentendu génial où, comme un reflet donne parfois l'impression du volume, les sonorités d'un mot laissent entendre le caca sans pourtant l'évoquer : au cours d'une discussion sur Balzac entre Brichot et Charlus, le sorbonnard dit au

grand seigneur le mépris que lui inspirent *La Comédie humaine* et son auteur, un « *apôtre zélé du chara-
bia* » qui « *ne s'arrêtait pas de cacographier pour une
Polonaise* ». Qu'on ne s'y trompe pas : cacographier
ne signifie pas qu'on écrit avec ses excréments mais,
tout simplement, qu'on écrit mal (du grec κακός, laid,
et γράφειν, écrire). Ou bien qu'on s'y trompe, après
tout. Car, en matière de caca, l'oreille n'est pas un
moins bon juge que l'étymologie.

Cadeau

Chacun, dans son entourage, dut, un jour ou l'autre,
faire l'expérience de la générosité de Marcel, si étrange
et agressive, qu'on a souvent comparée à la variante
mondaine d'un potlatch quasi primitif. Ainsi, Proust
ne pouvait s'empêcher de faire des cadeaux. Cela prenait, chez lui, la forme de véritables crises d'effusion
sentimentale (« à racines nerveuses », selon l'hypothèse de Léon Pierre-Quint). Il fit des cadeaux de
mots, à la faveur de ses lettres ou dédicaces *prousti-
fiantes* à l'excès – et qui, faisant d'une pierre deux
coups, honoraient le destinataire tout en amoindris-
sant le donateur ; des cadeaux d'argent qui ne prirent
pas seulement la forme de ses pourboires légendaires :
à Louis Serpeille, qui vient de lui procurer l'essai de
Gobineau sur la guerre de 1870 dont il avait le plus
urgent besoin, il veut, de façon plutôt saugrenue, offrir
500 francs qui, une fois refusés comme il se doit,
se transformèrent aussitôt en un diamant monté en
épingle à cravate ; Paul Morand, lui confiant un soir
qu'il devait consulter un médecin, reçut le lendemain

la somme de 1 000 francs, soit dix fois le prix de la consultation dont il pouvait évidemment s'acquitter lui-même. Et Cocteau eut beaucoup de mal à ne pas accepter le don d'une émeraude, dont il n'avait guère besoin mais que Marcel estimait indispensable au paiement du manteau dont il avait décidé qu'il manquait à la garde-robe déjà saturée de son jeune ami.

Surtout, Proust se fâchait si l'on refusait ses cadeaux, recherchait les causes imaginaires de ces refus, ne tardait pas à les trouver, donc à s'estimer victime d'un malentendu ou d'une médisance – ce qui lui permettait, pour finir, de se plaindre. D'une manière générale, Proust feignait de se considérer comme un individu si infime, si négligeable, qu'il tenait à honneur de rétribuer dix fois leur prix le moindre des services qui lui était rendu. Grooms, chasseurs d'hôtel, chauffeurs de taxi, serveurs, messagers furent les heureux bénéficiaires de ce besoin de perpétuelle dépense.

Scène fameuse, lors d'un dîner en compagnie des Bibesco au Bœuf sur le toit : après avoir inondé de billets les serveurs qui s'étaient occupés de leur table, il en remarqua un autre, affecté à des tables voisines, et le rétribua follement car il avait cru remarquer, dans son regard, l'expression d'un chagrin : « *Ne voyez-vous pas*, précisa-t-il aux Bibesco, *avec quels yeux tristes, il a constaté ce que nous donnions aux autres ?* »

Ses intimes ont longtemps débattu du sens de la générosité proustienne : était-ce une manière de s'excuser ? De s'imposer ? Ou une technique de séduction, voire de drague ? Ou une forme d'arrogance enveloppée dans des falbalas d'humilité ?

Précisons enfin qu'à cet impérieux besoin de donner correspondait, dans une autre zone de sa sensibilité, l'impossibilité de recevoir. Nombreuses furent, de la part de ses amis, les tentatives de lui faire un cadeau, chaque fois vaines, et qui le jetaient dans des tourments sans fin. En 1908, visitant l'atelier du peintre Helleu, il y vit un tableau, *L'Automne versaillais*, qui l'émut aux larmes ; le lendemain, Helleu se permit de lui faire porter ce tableau que Proust commença par refuser, et ce fut le début d'une comédie qui faillit tourner au tragique : *L'Automne versaillais* fit plusieurs allers-retours entre Helleu (qui tenait à l'offrir) et Marcel (qui s'obstinait à le refuser). À la fin, Mme Catusse (qui fut toujours l'ambassadrice de Proust dans la réalité) offrit ses bons offices pour pacifier une situation déjà belliqueuse en conseillant à Proust d'accepter le tableau tout en faisant livrer chez Helleu une caravelle hollandaise en argent et de grand prix. Pietro Citati, qui rapporte cette anecdote, y voit la preuve flagrante que, pour Proust, « l'autre était un abîme vers lequel aucun pont ne menait ». Recevoir, accepter de recevoir, eût signifié qu'il était aimable, et qu'on pouvait l'aimer – miracle qu'il se refusait à admettre. Tandis que donner avec excès était conforme au sentiment exacerbé de culpabilité dont il ne se départit jamais. On identifiera le même dispositif dans la manie proustienne de compatir avec violence à la souffrance des autres (ses lettres de condoléances sont des monuments de compassion...) tout en exigeant d'être seul et inconsolable quand la vie, l'amour ou le deuil le blessaient lui-même.

→ *Cocteau (Jean), Pourboire, Proustifier*

Cambremer (Marquise de)

Elle prend la tristesse (ou la pluie) pour de la sincérité ; à Venise, elle déteste le Grand Canal et préfère les ruelles… C'est dire que la marquise de Cambremer n'est, en art, « *jamais assez à gauche* ». Son snobisme ordinaire n'est rien à côté de son snobisme esthétique. Évaluant les œuvres à l'aune de leur modernisme, elle juge que *Pelléas* est plus beau que *Parsifal* « *parce que dans* Parsifal *il s'ajoute aux plus grandes beautés un certain halo de phrases mélodiques, donc caduques puisque mélodiques* ». Tels ces magasins qui promettent de rembourser la différence si leur client trouve ailleurs le même produit moins cher, la marquise ne change d'avis que si on est plus « *avancé* » qu'elle. Il suffit ainsi que le Narrateur lui apprenne que Degas lui-même admire Poussin pour qu'elle révise son jugement sur le peintre de la Renaissance qu'elle tenait jusqu'ici pour « *le plus barbifiant des raseurs* ». Avide, comme les ignorants, de faire savoir ce qu'elle sait, les différentes phases par lesquelles son goût a passé ne lui semblent pas moins intéressantes ni importantes que « *les différentes manières de Monet lui-même* ». Bref, sa conversation tient en une série de sottes assertions qu'elle ne partage pas mais qu'elle impose. C'est d'ailleurs son point commun avec le docteur Cottard qui, différemment *moderne*, se situe pourtant aux antipodes de son jugement de goût. La marquise chérit l'avant-garde, le docteur trouve que tout se perd ; la marquise adore l'impressionnisme, le docteur regrette l'époque où la peinture était un miroir plus exact.

Mais la progressiste et le conservateur figurent, l'un et l'autre, deux façons de considérer qu'une œuvre est comptable de sa matière plus que de sa manière et de ses intentions plus que de son résultat. Aux yeux comme aux oreilles de ces deux dilettantes qui ressemblent tellement aux zélotes et aux ennemis de l'art contemporain, l'œuvre d'art n'est jamais que l'expression d'une théorie.

→ *Goûts et couleurs*

Camera oscura

Les chambres de Marcel Proust font l'objet d'un culte particulier tant elles sont le lieu même de sa création. Sarcophages ou maisons closes, tapissées de liège, tombeaux précédés de la légende du reclus, fournaises jadis badigeonnées de fumigations, matrices bienfaisantes ou horrifiquement peuplées de cauchemars, elles sont la preuve tangible de l'existence christique que des générations de pèlerins adorent et adoreront.

On en recense principalement trois : celle du Grand Hôtel de Cabourg, tout d'abord, la plus accessible moyennant un surcoût, avec ses canapés de mauvais chinz et ses tristes fenêtres donnant sur la mer – précisons que Marcel détestait personnellement chaque fenêtre en qui il voyait l'instrument des courants d'air ou le tentant tremplin des « *êtres de fuite* » ; celle du musée Carnavalet, récupérée, sans son liège, du « *taudis* » de la rue Hamelin, encore ornée d'un lit de cuivre, de napperons mités, de chaises et d'une cheminée sans flammes ; celle, enfin, du 102, boulevard Haussmann – qui peut se visiter en accord avec les responsables du CIC qui en est devenu, après la banque Varin-Bernier, l'unique propriétaire.

Ce qui impressionne, chaque fois : l'austérité monacale du décor ; la pauvreté du mobilier – dont la meilleure part avait été expédiée dans l'établissement d'Albert Le Cuziat ; la tristesse des étoffes, du bois, des papiers peints qui firent s'exclamer Oscar Wilde, avant Charlus : « Comme c'est laid, chez vous ! »

La leçon est bonne à méditer : elle suggère que l'imagination décrit mieux le faste des « *palais défaillants mais encore debout et roses* » ou des demeures du faubourg Saint-Germain lorsque son œil n'est pas distrait par ce que la réalité lui propose. Seuls les artistes insuffisants ont besoin d'expérimenter pour décrire : « *jamais Noé ne put si bien voir le monde que de l'arche, malgré qu'elle fût close et qu'il fît nuit sur la terre* »... Proust, qui s'était installé dans la cathédrale de la *Recherche*, ne l'ignorait pas. Et tel est bien le conseil qu'il lègue depuis l'outre-tombe où il s'est définitivement établi – et qu'on lui souhaite, par faiblesse d'esprit, plus douillet que ses austères cellules.

À ces trois chambres officielles, ajoutons encore le fameux « *petit cabinet sentant l'iris* » où le Narrateur

adolescent s'enferme, à Combray, pour s'adonner à
« *la lecture, la rêverie, les larmes et la volupté* ». Ce
fut, sans conteste, la première *camera oscura* proustienne : un lieu, sans visiteurs importuns, que l'on peut
verrouiller de l'intérieur. Quelque chose, au fond, qui
ressemblerait à un livre...

→ **Chambre 414, Fétichisme proustien, Parisian
Proust Tour, Wilde (Oscar)**

Camus (et les paradis perdus)

C'est dans les carnets d'Albert Camus (Cahier V
– janvier 1942/septembre 1945) que l'on trouve non
seulement quelques références explicites à l'œuvre
de Proust, mais aussi quelques phrases qui, comme
celle-ci, montre que Camus en est un lecteur amoureux : « *Chaque année, la floraison des filles sur les
plages. Elles n'ont qu'une saison. L'année d'après,
elles sont remplacées par d'autres visages de fleurs
qui, la saison d'avant, étaient encore des petites filles.
Pour l'homme qui les regarde, ce sont des vagues
annuelles dont le poids et la splendeur déferlent sur
le sable jaune.* »
Proust et Camus ont en commun le goût du singulier, le désir (immodéré chez Proust et démesuré
chez Camus) de saisir avec des mots, par des métaphores, sans l'affadir ni la pincer, l'intangible et
néanmoins palpable réalité de chaque chose. De là,
chez ces deux amants du réel, le don du mot juste,
de l'épithète incongrue mais précise qui délivre, par
une alliance improbable, le trésor de sens qu'on a

sous la main : il suffit à Camus de dire que « la campagne est noire de soleil » pour distiller en six mots la sensation d'étouffer, l'horreur des obsèques sous un soleil de plomb et l'insondable silence d'un cri de pierre. Il suffit au Narrateur de parler d'un « *bonheur noble, inintelligible et précis* » à l'écoute de la sonate de Vinteuil pour condenser en trois adjectifs la totalité des émotions éveillées par la rigueur équivoque d'une mélodie.

Mais la *distance* est de loin, de tous les indicibles qu'ils parviennent à mettre en mots, le plus éloquent : « *Divisant la hauteur d'un arbre incertain, un invisible oiseau s'ingéniait à faire trouver la journée courte, explorait d'une note prolongée la solitude environnante,* raconte le Narrateur, *mais il recevait d'elle une réplique si unanime, un choc en retour si redoublé de silence et d'immobilité qu'on aurait dit qu'il venait d'arrêter pour toujours l'instant qu'il avait cherché à faire passer plus vite.* » Ce qui, chez Camus, donne « Dans la pleine chaleur sur les dunes immenses, le monde se resserre et se limite. C'est une cage de chaleur et de sang. Il ne va pas plus loin que mon corps. Mais qu'un âne braie au loin, les dunes, le désert, le ciel reçoivent leur distance. Et elle est infinie. »

Au principe de ce talent inouï que Proust et Camus ont en partage se trouve l'ambition commune de surmonter la crainte de la mort en la regardant en face, de faire de notre condition mortelle (qui nous contraint à aimer un monde qui s'en fiche) la plus grande chance de l'artiste – car se savoir mortel est la seule manière, sinon la meilleure, de tenir ce monde pour l'enfer dont chaque instant est un miracle.

Comment s'étonner, dès lors, que Camus tienne la *Recherche* pour « une œuvre héroïque et virile 1/ par

la constance de la volonté créatrice, 2/ par l'effort
qu'elle demande à un malade » ?

Comment s'étonner également que la campagne
florentine décrite dans *Le Désert* ressemble, au sourire près, à l'océan qu'entrevoit le Narrateur depuis la
grande fenêtre de sa chambre tandis qu'il essaie vainement de se sécher ? Camus parle de « premier sourire du ciel » ; le Narrateur évoque *« un sourire sans
visage »* – l'un et l'autre décrivent une lumière qui
éclaire sans aveugler et vantent l'art de vivre chaque
instant comme s'il était le premier.

« *Les vrais paradis,* confesse le Narrateur, *sont les
paradis qu'on a perdus.* » Ce qui ne veut pas dire que
le paradis est inaccessible, à la manière d'un idéal
régulateur dont l'éclat sert de boussole, ou comme
une chimère, une lubie du désarroi qu'un désir place
hors d'atteinte (tel Ulysse qui s'arrange pour entendre
le chant des sirènes sans pouvoir les rejoindre)...
« *Les vrais paradis sont les paradis qu'on a perdus* »... Autrement dit, la perte du paradis est la
condition d'authentiques retrouvailles avec lui. Il faut
en passer par la mort et le deuil (de l'enfance, de la
grand-mère, de l'être aimé) pour surmonter *via* la littérature « *l'étrange contradiction de la survivance et
du néant* ». Sans perte, la vie n'est qu'une agitation
qui retourne au calme. Sans mort des autres, pas de
déjeuner sur l'herbe : « *la loi cruelle de l'art est que
les êtres meurent,* écrit Proust, *et que nous-mêmes
mourions en épuisant toutes les souffrances pour que
pousse l'herbe non de l'oubli mais de la vie éternelle* ». Quelle différence entre une telle sotériologie
littéraire et l'intuition chère à Camus que « le monde
est beau, et hors de lui point de salut » ? L'auteur
de *L'Envers et l'Endroit* n'a-t-il pas écrit (au début

de la nouvelle intitulée *Entre oui et non*) : « S'il est vrai que les seuls paradis sont ceux qu'on a perdus, je sais comment nommer ce quelque chose de tendre et d'inhumain qui m'habite aujourd'hui » ? L'enjeu n'est-il pas, chez l'un et l'autre, de sauver ce qui peut l'être ? Oui et non. Certes, Camus raconte à merveille le quartier Belcourt, l'odeur de la poussière, les cours de M. Germain et le silence de sa mère ; de son côté, le Narrateur ressuscite la vie de Combray, ses odeurs, ses couleurs, les rues, les maisons, les rivières et le baiser de sa mère.

Mais La *Recherche* pourchasse l'éternité d'une sensation, tandis que *L'Envers et l'Endroit* (et surtout *Le Premier Homme*) cherche dans la fidélité à la misère (et à soi) « la plus efficace des règles d'action ». La *Recherche* est l'œuvre d'un ermite que sa mémoire guide jusqu'au sentiment du réel retrouvé ; les livres de Camus sont le travail d'un intellectuel soumis aux exigences de son temps, que « la tendre indifférence du monde » préserve du dogme, du fanatisme et des bons sentiments. Il y a une différence entre sauver les morts de l'oubli et protéger les hommes de la violence, comme il y a une différence entre la pure résurrection de l'enfance et le simple fait de s'en souvenir. C'est la raison pour laquelle Camus nuance légèrement la profession de foi proustienne : sous sa plume, moins nostalgique que celle du Narrateur, les « vrais » paradis deviennent les « seuls » paradis, c'est-à-dire les paradis de solitude et les mondes enfouis dont la précarité fait toute la valeur. « Qu'ai-je à faire, se demande le philosophe, d'une vérité qui ne doive pas pourrir ? Elle n'est pas à ma mesure et l'aimer serait un faux-semblant. »

Enfin, comme souvent, le dernier mot revient à la *Recherche* qui, quarante ans avant qu'une Facel Vega, s'écrasant contre un platane sur la route de Villeblevin, ne prive son occupant de mener à terme la rédaction du *Premier Homme*, décrit, à la place du mort, le scandale de son accident : « *Et dire que tout à l'heure, quand je rentrerais chez moi, il suffirait d'un choc accidentel pour que mon corps fût détruit, et que mon esprit, d'où la vie se retirerait, fût obligé de lâcher à jamais les idées qu'en ce moment il enserrait, protégeait anxieusement de sa pulpe frémissante et qu'il n'avait pas eu le temps de mettre en sûreté dans un livre.* »

Carnets

En 1908, alors qu'il feignait, par désœuvrement, de vouloir plaire à Mme Straus (qui était née la même année que sa mère), Marcel reçut de cette femme subtile, bientôt à l'origine de « l'esprit Guermantes », un cadeau promis à devenir l'une des plus hautes reliques de la liturgie proustienne : quatre petits carnets achetés chez Kirby Beard… « Écrivez », lui dit-elle – comme souvent le disent les femmes qui s'impatientent devant le poème ou le roman qu'elles se flattent d'inspirer, et dont le rôle-titre leur est secrètement promis.

Or, en 1908, Jeanne Proust est morte depuis trois ans, Marcel n'a plus la moindre excuse, et rien ne l'empêche, maintenant, d'y aller… Où ? Tout est encore vague dans son esprit. Sa seule certitude : désormais, même s'il devient un artiste sincère avec lui-même, il ne fera plus de peine à personne, surtout pas à Elle… Une femme (qui aurait pu être sa mère) le lui demande. Il est temps.

Déjà grand-écrivain-sans-œuvre, Marcel hésite cependant : doit-il se lancer dans un *Contre Sainte-Beuve* ? Dans un essai sur le style de Flaubert ou de Baudelaire ? Dans un roman ? Mais quel genre de roman ?

Proust acheta d'autres carnets, en grand nombre, leur donna des noms charmants (« Fridolin », « Babouche », « Vénusté »…) et les couvrit de son écriture affolée ou sereine. Des taches de café au lait, d'adrénaline, de camphre, y ajoutèrent leurs stigmates. Avec des traces de larmes. Trente-deux de ces carnets furent, paraît-il, brûlés par Céleste sur ordre exprès de « Monsieur ». Les autres sont à la Bibliothèque nationale de France. On peut, on doit, s'y pencher avec le respect dû à tel morceau, à telle écharde, de la Vraie Croix.

En tout : quatre carnets de notes préparatoires, soixante-quinze cahiers d'esquisses, vingt cahiers de mise au net – auxquels s'ajoutent désormais dix-huit volumes de dactylographie corrigée, sans compter les quatorze volumes d'épreuves surchargés de corrections, de balafres, de rajouts. Dans ce Saint-Graal proustien, on peut entendre palpiter le cœur intact de Marcel. Des centaines d'universitaires, dépêchés depuis Cambridge, Tokyo ou Vancouver, auscultent chaque jour ce magma hiéroglyphique, en extraient à l'envi des dizaines de thèses ou d'articles, psalmodient à leur entour comme les pèlerins d'une Mecque à jamais mystérieuse…

Car, avec Marcel, la critique (dite « génétique ») de l'œuvre en train de s'écrire est aussi zélée que la critique de l'œuvre achevée – tant la *proustologie* est une religion qui accorde étrangement autant d'importance à sa lente gestation qu'aux règles morales ou esthétiques qu'elle transmet. Comme si l'au-delà, en elle, se métamorphosait en en-deçà. Et, au fond, ce n'est que justice : la *Recherche* ne raconte-t-elle pas l'histoire des errances, des volte-face, des bifurcations, des atermoiements, des échecs, des révélations d'un homme qui traque son salut ?

→ *Gallica.bnf.fr*

Catleya

Cette variété d'orchidée (qui doit son nom au botaniste anglais William Cattley, ce qui justifierait les deux « t » que Marcel n'y met jamais) est, par fatalité d'inculture, le poncif le plus mobilisé par les amants sur le point de... qui n'ont jamais ouvert *À la recherche du temps perdu*.

« Faire catleya » est ainsi devenu, plus encore que la pauvre « Petite Madeleine », un mantra – comme,

dans les années 1920, et, à une moindre altitude, le
« baisse un peu l'abat-jour » de Paul Géraldy –, voire
le seul proustisme en circulation, de façon quasi planétaire, chez les non-proustiens qui draguent, veulent coucher, et blablatent par clichés. Ils ont vu *Un
amour de Swann* à la télévision et confondent Swann
et Jeremy Irons, Odette et Ornella Muti. L'image a
écrasé les mots. Le *casting* l'emporte sur la psychologie et la botanique. Les costumes d'époque ont terrassé la métaphore : Proust est devenu scénariste ; il
a inventé ce truc qui accroche l'oreille et dont nul ne
sait exactement à quoi il renvoie… Faisons l'expérience : demandons ce qu'est un catleya à qui emploie
ce mot : neuf fois sur dix, la réponse sera évasive ou
désignera une position du *Kamasutra*. Rappelons donc
les faits…

Odette-la-cocotte adore les décors rococos-
japonisants et les orchidées, ses « *sœurs indécentes* »,
dont les pétales *roses* (anagramme d'*Éros*) semblent découpés dans l'étoffe de ses peignoirs. Avec
leur velours nacré et vénéneux, leur pulpe duveteuse,
leur mystère de sucs et de pistils odorants, les orchidées-
catleyas sont tellement, et d'emblée, un sexe féminin
qu'on ne saurait être surpris qu'elles y mènent celui
ou celle qui s'en décore. Rien à voir avec l'autre fleur
majeure de la *Recherche*, l'aubépine qui, par sa pureté
printanière, reste un arbuste « *chrétien et délicieux* ».

L'orchidée – dont l'étymologie même (du grec
opxis, testicule) en dit long – raconte une autre histoire, plus intime, plus troublante. Odette porte un
catleya dans son corsage tandis que Swann la raccompagne dans son fiacre ; un cahot providentiel précipite
les futurs amants l'un contre l'autre ; Odette, fille
facile, n'avait pas besoin de tant de manières, mais

Swann, qui aime compliquer son désir, y tient ; il veut réajuster ce que le cahot a malmené ; s'ensuit le « *petit arrangement* » qui annonce ce qu'Odette, s'il n'avait tenu qu'à elle, aurait expédié plus rapidement.

D'aucuns ont pris la chose au mot : il y a « cat » dans « catleya », c'est-à-dire « chat » ou « chatte » – puisque Proust, traducteur de Ruskin, savait tout de même un peu d'anglais. Et l'on entend aussi « il y a » dans cette patronymie florale. « Faire catleya » dessine alors, sans fioriture, un chemin voluptueux vers *l'origine du monde*. C'est simple et gracieux, Swann jouit de sa petite lubie fétichiste (il finira naturellement par « *la posséder ce soir-là* »).

À partir de là, en symétrie à l'inculture généralisée, les techniciens du proustisme cérébralisent en vrac : décryptant l'expression, Gérard Genette (dans *Écrire catleia*) en pince pour la métonymie, tandis que Serge Doubrovsky (dans *Faire catleya*) prend le parti de la métaphore. Combat de titans. Renversements d'alliance. Colloques. Contributions savantes… Pendant ce temps, la cocotte s'est floralisée. Gageons que ce vaste tintamarre ne lui a fait ni chaud ni froid. Expérimentée, elle en a vu bien d'autres.

→ *Aubépine, Fleurs*

Céleste (Albaret)

Elle ne sait pas que Napoléon et Bonaparte font une seule et même personne ; n'entre jamais dans la chambre aux murs de liège sans y être invitée ; s'étonne de tout avec sang-froid ; ne s'en laisse jamais conter ;

c'est une femme de tête et de cœur, toujours attentive : une sonnerie pour la bouillotte de « Monsieur », deux pour le croissant et l'essence de café. Telle est Céleste, la délicate, la campagnarde, la charmante héroïne des *Mille et Une Nuits* de *Monsieur Proust* – puisque tel est le titre de ses précieux mémoires...

Shéhérazade silencieuse (« Sa pâleur, écrivait Gautier-Vignal, portait déjà le reflet de la vie nocturne à laquelle elle était soumise... »), elle se tait devant le sultan qui lui raconte tout, même le frivole, même l'indicible. Avec ça, cette courrière, qui s'était rebaptisée « coursière » à ses débuts, a le sens de la formule : Monsieur Proust ? Quand il émerge de sa nuit, tout ébouriffé, elle le baptise « *pauvre ploumissou* » ; lui parle-t-il de l'obscur Saint-John Perse ? « *Ce ne sont pas des vers, ce sont des devinettes...* » ; est-il troublé par cette Marie de Benardaky à laquelle il envoie des fleurs ? « *Cette dame fait donc partie de vos impétuosités ?...* » Gide ? Un « *faux moine* »... Cocteau ? Un « *polichinelle* »...

Proust est émerveillé. Il aime cette servante magnifique qui est devenue une Félicité plus sophistiquée, plus distillée, plus perverse que son double flaubertien, et dont il fait parfois sa mère, parfois son enfant et, sur la longue durée, son témoin absolu à l'époque du boulevard Haussmann et de la rue Hamelin.

Il jubile quand Céleste dit du duc de Guiche qu'il est « *empressé de galanterie* » ; il l'est encore davantage quand, évoquant les liens qui unissaient Jeanne Proust à sa propre mère, elle a cette métaphore gourmande : « *elles s'étaient pétries l'une de l'autre* »... Le plus souvent, Céleste surveille « Monsieur » : elle choisit ses gants tourterelle et sa pelisse quand, par devoir, il va vérifier un détail au Ritz ou chez Prunier : « Monsieur est le pèlerin de ses personnages »… Il était normal, dès lors, qu'elle devînt elle-même « personnage », Françoise, Française d'un peuple intact et désormais introuvable, avec une dose de la Félicie de Pont-l'Évêque, et une dose de la Céline qu'elle remplacera dans le sarcophage du boulevard Haussmann. Chaque fois qu'elle invente une jolie expression, une inédite tournure de phrase, « Monsieur » la récompense : « *ça, ma chère Céleste, je le mettrai dans mon livre* », et Céleste est heureuse car ce « Livre », pour elle, c'est le lieu de toutes les résurrections, c'est le perroquet de ce *Cœur simple*.

Certes, Céleste n'a pas connu « Monsieur » aux temps des gardénias – cette expression s'explique par le fameux tableau de Jacques-Émile Blanche où le Proust mondain portait un gardénia à sa boutonnière –, mais elle l'imagine, et le vénère. En retour, « Monsieur » l'a élue, elle, et l'a élevée au rang de confesseur, de mère, d'enfant chérie. À l'occasion, il lui adresse des vers :

> « *Grande, fine, belle et maigre,*
> *Tantôt lasse, tantôt allègre,*
> *Charmant les princes comme la pègre,*

Lançant à Marcel un mot aigre,
Lui rendant pour le miel le vinaigre,
Spirituelle, agile, intègre... »

C'est à Céleste, enfin, que l'on doit la distinction entre « béquets » (les rajouts collés au « Livre », signalés par un « bec » et qui, déployés, donnent à certaines pages du manuscrit de la *Recherche* l'aspect d'un accordéon) et « paperoles » (orthographiées par Marcel avec un seul « l » – qui ne sont, au départ, que ses pense-bêtes). Aujourd'hui encore, innombrables sont les *proustologues* amateurs qui confondent ceux-ci avec ceux-là. On les excusera cependant car les paperoles venaient parfois se coller sur les pages du manuscrit de telle sorte que béquets et paperoles finirent par avoir la même fonction. Céleste tenait pourtant à cette distinction et ne manquait pas de reprendre sur ce point l'assistance des symposiums où on l'exhibait à l'occasion comme une vivante relique ou comme la girafe de Charles X.

Il est plaisant, quoique fort peu *contre sainte-beuvien*, que Céleste Albaret – à qui Sydney Schiff consacra une longue nouvelle explicitement intitulée *Céleste* – apparaisse dans le second volume de *Sodome et Gomorrhe*, sous son véritable nom, et en compagnie de sa sœur Marie Gineste. Elles sont alors « courrières » au Grand Hôtel de Balbec et tiennent compagnie à une dame anglaise. Portrait délicieux... La Françoise du roman se méfie de cette « *enjôleuse* » plus véritable qu'elle-même, et elle a bien raison car le « *ploumissou* » n'a pas de mots assez tendres pour la peindre : « *L'eau coulait dans la transparence opaline de sa peau bleuâtre. Elle souriait au soleil et devenait plus bleue encore. Dans ces moments-là, elle était vraiment céleste.* »

→ *Le Cuziat (Albert), Motordu (Prince et princesse de), Papillon, Trois détails (concédés aux partisans de Sainte-Beuve), Vertèbres (du front)*

Célibataires de l'art

Ils aiment l'audace sans oublier d'être bons. Défendent la liberté contre le Mal, l'insolence contre l'Église et se méfient des donneurs de leçons. « *Ils ont les chagrins qu'ont les vierges et les paresseux, et que la fécondité dans le travail guérirait. Ils sont plus exaltés à propos des œuvres d'art que les véritables artistes, car leur exaltation n'étant pas pour eux l'objet d'un dur labeur d'approfondissement, elle se répand au dehors, échauffe leurs conversations, empourpre leur visage...* » Amateurs de profession, ils répondent « j'adore les livres » à ceux qui leur en offrent, et sont aux spectacles ce que les épouses d'ambassadeurs sont aux soirées : un fond sonore, un élément de décor, un gosier à bulles.

Le Narrateur connaît bien ces célibataires de l'art, ces demi-habiles en qui il choisit de voir les « *premiers appareils qui ne purent quitter la terre mais où résidait... le désir du vol* ».

À la différence des touristes, ces snobs d'un autre genre qui, depuis que les avions décollent, « font » les capitales européennes au rythme d'une par jour et préfèrent dire qu'ils « ont vu » plutôt que regarder vraiment, les célibataires de l'art existent de toute éternité.

Ainsi La Bruyère se moque déjà du faussaire qui préfère « savoir beaucoup que de savoir bien », du lecteur de dictionnaire dont la mémoire est accablée pendant que « son esprit demeure vide » et du contrefacteur qui vante les mérites de la lecture mais dont la « tannerie qu'il appelle sa bibliothèque » pue le maroquin doré sur tranche.

→ *Ambassadrice de Turquie, Bons sentiments, Pascal (Blaise)*

Céline (Louis-Ferdinand)

L'un des deux auteurs de cet ouvrage tient pour acquis que l'on ne saurait, sinon par œcuménisme béat, aimer d'un même souffle Marcel Proust et Louis-Ferdinand Céline. C'est l'un ou l'autre, n'en déplaise à Léon Daudet qui appréciait en connaisseur l'antisémitisme de Céline et, quoique homophobe, l'ami-de-son-frère chez Proust. Face à cette partition fondamentale de la littérature française (équivalente en philosophie, sur un tout autre registre, à l'alternative Kant-Spinoza), un minimum de dogmatisme est requis.

Céline, d'ailleurs, ne s'y était pas trompé, qui enjamba volontiers les nuances (dont il était pourtant virtuose) dès qu'il se fut agi, pour lui, de commenter son antipode proustien : « Il faut revenir aux Mérovingiens pour retrouver un galimatias aussi rebutant. Ah, ça ne coule pas ! Quant aux profonds problèmes ! Ma Doué ! Et la sensibilité ! Pic Pou ! » Ou : « 300 pages pour nous faire comprendre que Tutur encule Tatave, c'est trop » (lettre à Milton Hindus, 11 juin 1947). Et, dans une lettre du 27 février 1949 adressée à Jean Paulhan : « Proust n'écrit pas en français mais en franco-yiddish tarabiscoté hors de toute tradition française. » Son biographe Henri Godard soutient même, arguments à l'appui, que Céline se définit contre Proust, qu'il en est stylistiquement la figure inversée, et que le *Voyage au bout de la nuit* peut se lire comme l'antithèse d'*À la recherche du temps perdu*. Un célinologue peu fréquentable précise : « avec sa ponctuation-dynamite (…), c'est à pulvériser Proust et les juifs que Céline vise ».

Sans aller jusqu'à ces extrémités tapageuses, convenons que l'antagonisme est flagrant : douceur contre violence ; intelligence contre haine de l'intelligence ; prose à méandres contre Niagara de mots éructés ; désespoir contre salut ; riches contre pauvres ; virgules contre absence de virgules ; points d'exclamation ou de suspension contre tirets et parenthèses. La question juive, en l'occurrence, est secondaire, même si Céline n'est pas homme à se refuser une saillie antisémite (« l'enculailleur irrésolu poitrineux Prout-Proust, La "Miche juive aux Camélias" »…).

On regrettera longtemps que la chronologie, qui goûte peu les débats d'importance, ait privé la postérité du jugement de Proust sur son alter ego en grande littérature. Aurait-il été horrifié ? Perplexe ? Y aurait-il compris quelque chose ? Aurait-il retourné contre Louis-Ferdinand le verdict célinien : Proust « pue l'impuissance » ? On peut toujours l'imaginer…

→ *Correspondance énigmatique (avec Philippe Sollers), CQFD (Ceux qui franchement détestent), Lecteurs (de la* Recherche*), Modiano (Patrick ou Marcel ?)*

CGT

La *Recherche* est une école du regard qui fait son miel de la moindre fleur. Et, puisqu'elle tient toute chose, de la plus ténue à la plus ample, pour une énigme possible, la place qu'elle lui accorde est sans rapport avec son importance objective. Pour reprendre une distinction de Montaigne : qu'on y parle de l'affaire Dreyfus ou de l'ingestion d'une madeleine, la « *manière* du dire » l'emporte sur la « *matière* du dire » – ce qui ne signifie pas que tout a le même prix mais que, la politesse l'emportant sur la morale, les meilleures intentions du monde (*matière* du dire) n'exonèrent pas du dogmatisme (*manière* du dire).

C'est la raison pour laquelle le Narrateur, qu'un siècle et demi de progrès social n'impressionne pas, est impitoyable avec l'idée (certes noble, mais) « *dangereuse* » et « *ridicule* » d'un « *art populaire comme d'un art patriotique* ». Aux écrivains qui s'imposent de parler du peuple quand ils parlent au peuple, Marcel rappelle que « *les romans populaires enivrent autant les gens du peuple que les enfants ces livres qui sont écrits pour eux. On cherche à se dépayser en lisant, et les ouvriers sont aussi curieux des princes que les princes des ouvriers. (...) j'avais assez fréquenté de gens du monde pour savoir que ce sont eux les véritables illettrés, et non les ouvriers électriciens. À cet égard, un art, populaire par la forme, eût été destiné plutôt aux membres du Jockey qu'à ceux de la Confédération générale du travail* ».

Qui plus est (parce que le temps n'est pas linéaire et que les problèmes demeurent en changeant seulement d'interprètes), les livres qui ne s'enferment pas dans leur époque en viennent parfois à décrire l'avenir.

On peut considérer qu'en un sens les événements de Mai 68 enrichissent la *Recherche* d'une réflexion supplémentaire sur ladite « Confédération générale du travail » (CGT). Car ce syndicat, pris de court par une révolte qui, contrairement au dogme, venait des étudiants et non des ouvriers, mais soucieux de ne pas laisser aux seuls gauchistes le bénéfice politique de la répression policière, finit pathétiquement par emboîter le pas aux « petits-bourgeois » et se déclarer solidaire de leurs revendications « puériles ».

Or, de son côté, la princesse Sherbatoff, « *brouillée avec sa famille, exilée de son pays, ne connaissant plus que la baronne Putbus et la grande-duchesse Eudoxie* », se persuade elle-même et persuade la candide Mme Verdurin que ses trois dernières amies sont « *les seules, non que des cataclysmes indépendant de sa volonté eussent laissé émerger au milieu de la destruction de tout le reste, mais qu'un libre choix lui avait fait élire de préférence à toute autre, et auxquelles un certain goût de solitude et de simplicité l'avait fait se borner* ». Est-il une meilleure façon de décrire à l'avance le comportement d'un syndicat contraint, par l'ampleur des émeutes, d'embrasser une cause qu'il désapprouve et qui, faute d'en être le point de départ, tente de passer pour l'organisateur des événements qui lui échappent, que de raconter les manœuvres d'une princesse russe pour maquiller en misanthropie sa disgrâce mondaine et déguiser « *en règle qu'on s'impose* » la « *nécessité qu'on subit* » ?

→ **Politique**

Chambre 414

La 414 est la seule chambre du Grand Hôtel de Cabourg à n'avoir pas changé de parquet depuis le début du xxᵉ siècle. « Souvenir Marcel Proust » indique la porte – en lettres dorées. Nous voilà prévenus.

Passé le long couloir où se font face un immense tableau de bains de mer et une énorme salle de bains dont la baignoire, bizarrement, est encastrée dans un mur et dissimulée par des rideaux, le touriste arrive dans une pièce rectangulaire en papier peint fleur-de-lysé, que remplissent à peine un lit trop court, un valet de nuit, trois fauteuils Belle Époque et un petit bureau qu'on imagine être celui de Marcel Proust, orné d'une lampe à deux têtes et dont les pieds, comme un hommage aux maladies dont on fait les remèdes, forment un caducée.

Sur les étagères vitrées, face au lit, on trouve *Les Vivants et leur ombre* de Jacques de Lacretelle, *Sur une étoile* de Marcel Schneider, la vie de *Sébastien Doré* par François-Olivier Rousseau, les entretiens de Céline avec le professeur Y, le *Journal littéraire* de Paul Léautaud, les Pléiades de Stendhal, Dostoïevski, et Paul Valéry, Flaubert, Chateaubriand, Colette, Baudelaire, Saint-Simon, la marquise de Sévigné, quelques volumes de *La Comédie humaine*, une faïence avec des arabesques, la première édition du *Requiem* de Fauré, les mélodies de Reynaldo Hahn, *TV Magazine* avec Mélissa Theuriau en couverture et puis (parce que les affaires sont les affaires) les œuvres complètes de Marcel Proust en japonais.

Malgré le craquement organique des boiseries, le kaléidoscope de l'obscurité et la rumeur sombre de l'océan qui, la nuit, ne montre plus que l'avant-garde de ses petits rouleaux d'écume, la chambre 414 du Grand Hôtel n'est que la chambre de l'écrivain, et non celle du Narrateur : une petite pièce en forme de musée, que le fait d'exister soumet à « *la tyrannie du particulier* » comme l'église de Balbec a pour commensaux une affiche électorale, un comptoir d'escompte et les relents d'une pâtisserie qui la réduisent à une « *petite vieille de pierre dont on peut mesurer la hauteur et compter les rides* ».

Tel un pèlerin qui fait le tour du monde pour découvrir, enfin, qu'il faut chercher en lui-même et non ailleurs le trésor de la foi, le touriste un peu fétichiste qui, pour bien faire, se couche de bonne heure dans le lit trop petit de Proust en personne, comprend que l'écrivain lui-même est devenu le parasite de son œuvre ; Cabourg s'interpose entre le lecteur et Balbec dont, à force de réalité, il recouvre le sol antique, les lieux sauvages, l'architecture gothique, le linceul de brumes et le désir de tempête. Aller à Cabourg, c'est s'éloigner de Balbec en remplaçant les transpositions par des superpositions, comme on remplace un autographe par sa photocopie.

Même s'il est émouvant de se dire que, dans cette chambre, à cette table ou à cette fenêtre, cent ans plus tôt, Marcel Proust ciselait ses phrases, donnait à l'océan monotone les contours d'une chaîne de montagnes bleues, ou de se dire que, comme une tempête déclenche un battement d'ailes, si le grand écrivain n'avait pas eu l'idée de donner corps à sa tristesse, l'un des deux auteurs de ce dictionnaire ne serait lui-même pas là en ce moment, comme le premier touriste venu, attentif aux manifestations intermittentes d'un fantôme asthmatique, il n'en reste pas moins qu'être à Cabourg, c'est perdre son temps. On ne comprend pas mieux la *Recherche* en se rendant dans cette Mecque qu'on ne rejoint l'horizon en marchant droit devant soi. La chambre de Proust, c'est le tombeau du Narrateur. Fini, les voyages immobiles de l'enfant qui, depuis le lit où il résiste au réveil, se remémore toutes les chambres qu'il a hantées.

→ **Camera oscura,** *Coquatrix (Bruno), Fétichisme proustien*

Chapelet

Marcel est sur son lit de mort. Dunoyer de Segonzac, Helleu et Man Ray ont achevé, par fusains et bromures, leur travail d'immortalisation. Reynaldo Hahn et Robert Proust ont quitté la pièce qui, enfin aérée, ne ressemble plus à une grotte d'altitude embrumée de vapeurs. Céleste est donc seule avec « Monsieur ». Un instant, elle songe à placer, entre ses doigts joints sur le drap, le petit chapelet que Mme Lucie Félix-Faure, l'une des deux filles du Président – qui fut aussi amie d'enfance au jardin des Champs-Élysées – lui avait apporté d'un pèlerinage à Jérusalem.

Un chapelet dans les mains froides de Marcel ? Avec, en prime, une médaille de Jérusalem ? Tout cela plairait bien à Céleste – mais Robert et Reynaldo sont de retour. Que faites-vous chère Céleste ? Un chapelet ? Mais vous n'y songez pas… Marcel n'était pas croyant, vous le savez bien… Ils ont raison : Marcel n'avait pas de religion, sinon la littérature. Et ne suivait aucun rite, sinon celui d'écrire, et d'écrire encore…

Céleste conserva le chapelet et le remplaça, dit-on, par un bouquet de violettes. Ce chapelet, elle le montrait pourtant, et volontiers, aux visiteurs qu'elle accueillit par la suite, à Montfort-l'Amaury, dans la maison de Ravel dont elle était devenue la gardienne.

→ *Agonie, Dieu, Fin*

Charité (bien ordonnée)

Deux poids, deux mesures. Certains personnages de la *Recherche* sont aussi intransigeants avec leurs semblables que bienveillants à leur propre endroit. À quoi tient la presbytie qui leur vaut de condamner en autrui ce qu'ils admirent chez eux ? À l'orgueil, peut-être ? Deux exemples illustrent cette bizarrerie.

Le tonitruant Bloch, qui ne cesse de dire du mal de Saint-Loup au Narrateur (et réciproquement), leur adresse un beau jour le message ampoulé suivant : « *Cher maître, et vous, cavalier aimé d'Arès, de Saint-Loup-en-Bray, dompteur de chevaux, puisque je vous ai rencontrés sur le rivage d'Amphitrite résonnant d'écume, près des tentes des Ménier aux nefs rapides, voulez-vous tous deux venir dîner un jour de la semaine chez mon illustre père au cœur irréprochable ?* » L'enjeu, pour Bloch, est uniquement de se rapprocher des cercles aristocratiques dont, dans son ignorance, il espère que Saint-Loup est un sésame. Or si le Narrateur avait lui-même formé un tel vœu, Bloch n'eût pas manqué d'y voir « *la marque du plus hideux snobisme* » alors que, de sa part, le même souhait lui semble la marque « *d'une belle curiosité de son intelligence désireuse de certains dépaysements sociaux où il pouvait peut-être trouver quelque utilité littéraire* ».

Le baron de Charlus est encore plus charitable avec lui-même. Un soir, désespéré que Morel lui tourne le dos, voulant à tout prix qu'il le rejoigne, le vieux seigneur provoque en duel un soldat de la même garnison : « *vous devriez être fier de voir qu'à cause de vous je reprends l'humeur belliqueuse de mes ancêtres* »… Ce qui est merveilleux dans cette péripétie (interrompue par l'arrivée de Morel qui rend son calme au baron), c'est que Charlus, qui a inventé de toutes pièces le motif de sa querelle, n'en est pas moins parfaitement sincère quand il se représente son propre combat comme une œuvre d'art : une « *chose inouïe* » à côté de laquelle les autres spectacles ne sont que du « *caca* ». C'est même pour cette raison qu'il a des scrupules à y renoncer. Pourtant, pour tout autre que lui-même, « *propre descendant du Connétable* », « *ce même acte d'aller sur le terrain lui paraissait de la dernière insignifiance* ».

→ **Caca**

Charlus (socratique)

Est-ce d'aimer des jeunes hommes qu'il faut payer pour obtenir leurs faveurs ? Est-ce d'apprécier « *la canaille* » au point de se friser les cheveux pour un conducteur d'omnibus ? Ou de compenser la différence d'âge par un échange de bons procédés où la beauté de l'éphèbe dissipe la tristesse du vieillard qui, en retour, délivre à son mignon le secret de l'insolence ? Le baron de Charlus est, à bien des égards, une réplique lointaine, dévoyée, baroque et néanmoins fidèle de Socrate en personne.

Que ce soit Aimé, le maître d'hôtel de Balbec, à qui Charlus regrette de n'avoir pu donner « *quelques explications* » et un pourboire plus qu'élevé ; ou Morel, dont Charlus veut assurer la gloire en lui apprenant à remplacer la virtuosité par la grâce ; ou même le jeune Narrateur, dont le baron déplore et veut corriger l'inculture mobilière qui lui ferait prendre « *un meuble de Chippendale pour une chaise rococo* » – Charlus s'offre toujours en éducateur à l'objet de son désir. D'ailleurs, il le dit lui-même à Mme Verdurin qu'il entend convaincre de lui laisser toute liberté dans le choix des invités à la réception qu'il organise chez elle, quai Conti, en l'honneur de Morel : « *On est ainsi soi-même, quand on sait m'écouter, l'accoucheur de son destin.* »

Chloé

Rien n'est plus détestable que la mauvaise foi d'un critique littéraire (ou d'un journaliste politique) qui, pour donner une sarbacane à ses crachats, extrait une phrase de son contexte et lui prête des intentions étrangères à son auteur. Mais on a le droit, sinon le devoir, de découper un texte quand, au hasard d'une digression, il fait au cœur le cadeau d'un souvenir délicieux.

Ainsi, c'est avec une joie d'enfant que l'un des deux auteurs de ce dictionnaire, songeant à la jeune fille aux cheveux noirs dont il fut amoureux et dont il garde précieusement une photo de l'époque où elle était encore blonde comme les blés, tomba, dans *Sodome et Gomorrhe*, sur la phrase suivante : « *ils font des vers tels que : "Je n'aime que Chloé au monde, elle est divine, elle est blonde, et d'amour mon cœur s'inonde." Faut-il pour cela mettre au commencement de ces vies un goût qu'on ne devait point retrouver chez elles dans la suite, comme ces boucles blondes des enfants qui doivent ensuite devenir les plus bruns ?* ».

Citations

Proust n'est ni Guitry ni Oscar Wilde. Chez lui, pas de bons mots, ni de paradoxes à l'épate, ni d'aphorismes cinglants et propices à la brillance. Du coup, on peine à citer, de lui, l'une ou l'autre de ces saillies détachables qui font la réputation du grand-écrivain-en-société. Et, si innombrables que soient ses pensées profondes, on sera toujours déçu à leur lecture abrégée, tant la singularité du style proustien ne donne sa mesure que dans l'ampleur d'un long développement. On s'amusera cependant à reproduire ici quelques-unes de ses sentences les plus mémorables. Mais, de grâce, ne cherchons pas l'auteur de la *Recherche* dans ces formules : il ne s'y trouve pas.

« *L'ambition enivre plus que la gloire* » ; « *Les paradoxes d'aujourd'hui sont les préjugés de demain* » ; « *La jalousie, qui passe son temps à faire de petites suppositions dans le faux, a peu d'imagination quand il s'agit de découvrir le vrai* » ; « *On devient moral dès qu'on est malheureux* » ; « *Ce qu'il y a d'admirable dans le bonheur des autres, c'est qu'on y croit* » ; « *La flatte-rie n'est parfois que l'épanchement de la tendresse, et la franchise la bave de la mauvaise humeur* » ; « *Lais-sons les jolies femmes aux hommes sans imagination* » ; « *On est impuissant à trouver du plaisir quand on se contente de le chercher* » ; « *Les vivants ne sont que des morts qui ne sont pas encore entrés en fonction* » ; « *On ne guérit d'une souffrance qu'à condition de l'éprou-ver pleinement* » ; « *On n'aime que ce qu'on ne pos-sède pas tout entier* » ; « *Dans le monde politique, les victimes sont si lâches qu'on ne peut pas en vouloir bien longtemps aux bourreaux* » ; « *Tout comme l'ave-nir, (...) c'est grain par grain qu'on goûte le passé* » ; « *On serait à jamais guéri du romanesque si l'on vou-lait, pour penser à celle qu'on aime, tâcher d'être celui qu'on sera quand on ne l'aimera plus* » ; « *Le désir fleurit, la possession flétrit* ». Etc.

Cliché

Alain de Botton, proustien désinvolte, rapporte drôlement l'anecdote où Marcel et son ami Lucien Daudet sortent de l'Opéra après avoir écouté la *Sym-phonie avec chœurs* de Beethoven : « Poum, poum poum, tralala ! fredonna Daudet... C'est splendide, ce passage... ». Et Proust de le reprendre : « Mais mon cher Lucien, ce n'est pas votre "poum, poum, poum" qui peut faire admettre cette splendeur... Il vaudrait mieux essayer de l'expliquer... » Il y a là, en rac-courci, tout le souci proustien du mot juste, toute son allergie à l'endroit du cliché qui ne dit rien et appau-vrit l'émotion que l'on prétend partager.

Dans le même passage, Alain de Botton cite la lettre plus connue que Proust adressa à son ami Gabriel de La Rochefoucauld qui avait eu l'imprudence de lui soumettre son manuscrit intitulé *L'Amant et le Médecin*. Après les *proustifications* d'usage (« *Vous avez écrit là une œuvre puissante et tragique*, etc. »), Marcel redevient sérieux : « *on aimerait que la couleur de vos paysages soit rendue avec plus d'originalité. Il est vrai que le ciel est incendié au couchant, mais enfin ç'a été trop dit, et la lune qui éclaire discrètement est un peu terne* »…

Marcel, grand complice de cet astre poétique, s'arrangea, lui, pour renouveler deux mille ans de clichés lunaires lorsqu'il eut à en écrire : « *Parfois dans le ciel de l'après-midi passait la lune blanche comme une nuée, furtive, sans éclat, comme une actrice dont ce n'est pas l'heure de jouer et qui, de la salle, en toilette de ville, regarde un moment ses camarades, s'effaçant, ne voulant pas qu'on fasse attention à elle.* »

La littérature commence avec le renouvellement des métaphores qui, par induction vertueuse, renouvellent nos sensations : la lune de fin d'après-midi devenue actrice en « *toilette de ville* », voilà qui incarne à jamais son apparition…

→ **Métaphore, Proustifier**

Clinamen

La matière, chez Lucrèce, naît du carambolage des particules qui, tombant dans le vide sous l'effet de leur poids, s'entrechoquent ou se séparent après avoir subi une infime déviation dans leur chute, un « écart dans leur course » appelé *clinamen*, en un lieu et un moment indéterminés. Or, les individus, dans la *Recherche* (c'est-à-dire dans la vie), se rencontrent au hasard d'un pas de côté, se brouillent à l'occasion d'un malentendu et se rapprochent parfois avant qu'un contretemps ne les oriente soudain dans des directions définitivement opposées : « *Il suffit, de la sorte, qu'accidentellement, absurdement, un incident (...) s'interpose entre deux destinées dont les lignes convergeaient l'une vers l'autre pour qu'elles soient déviées, s'écartent de plus en plus et ne se rapprochent jamais.* »

Ainsi de l'amitié entre Bloch et le Narrateur, détruite le jour où, parce qu'il craint de laisser Albertine en tête à tête avec Saint-Loup dans un wagon presque désert, le Narrateur refusa bêtement de descendre du train pour présenter ses respects au père de son camarade. Ainsi de l'histoire d'amour mort-née entre Marcel et Alix de Stermaria qui annula négligemment, à la dernière minute, le dîner à Rivebelle qu'elle lui avait accordé quatre jours plus tôt, alors que, tout en cravate et brossé jusqu'aux ongles, il s'apprêtait à la rejoindre : « *Je ne la revis pas. Ce ne fut pas elle que j'aimai, mais ç'aurait pu être elle. Et une des choses qui me rendirent peut-être le plus cruel le grand amour que j'allais bientôt avoir, ce fut, en me rappelant cette soirée, de me dire qu'il aurait pu, si de très simples circonstances avaient été modifiées, se porter ailleurs... »*

Notre naissance ne tient qu'à un fil. Nous aurions infiniment pu naître ailleurs et être quelqu'un d'autre. Un tel vertige, pourtant, ne peut jamais faire l'objet d'une expérience directe. Mais quand la vie nous déçoit, pour peu que, par regret, faiblesse ou curiosité, on jette un œil du côté des mondes possibles, alors un rendez-vous qui saute ressemble à la mort prématurée d'un avenir de joies, de déceptions et de plaisirs que la négligence et le battement de cils d'une cocotte étranglent au berceau. Ce qui jette un doute sur la croyance selon laquelle la femme qu'on finit par aimer nous est destinée depuis toujours.

Cocaïne

Outre le beau regard de Mme Verdurin, « *cerné par l'habitude de Debussy plus que n'aurait fait celle de la cocaïne* », qui ne doit son air exténué qu'aux ivresses polyphoniques, l'unique référence à la poudre blanche dans la *Recherche* se trouve à l'heure du *Temps retrouvé*, en la personne de la vicomtesse de Saint-Fiacre dont « *les traits sculpturaux semblaient lui assurer une jeunesse éternelle* » avant que la cocaïne ne déchiquette son visage, ne déforme sa bouche et ne noircisse à jamais le contour de ses yeux.

« *Le Temps a ainsi des trains express et spéciaux qui mènent à une vieillesse prématurée.* »

Cocotte

Proust ne brigue aucune palme dans l'ordre du réalisme ou du misérabilisme, et sa description de la réalité sociale ne prétend illustrer aucune théorie de la dépravation ou de la chute. Au lecteur de prolonger, de s'insurger, de rectifier…

Ainsi des prostituées qu'il met en scène : elles ne sont ni syphilitiques, ni damnées, ni misérables *in fine* comme il est d'usage chez Zola ou chez les Goncourt ; l'alcool et le vice ne les ravagent pas – au contraire. Loin, très loin de la pauvre Nana, Odette de Crécy et Rachel-quand-du-seigneur s'en sortent admirablement : la première épouse Swann, puis Forcheville ; la seconde devient une grande actrice, oublieuse des tripots de boulevard qui l'ont vue entrer dans la carrière. Quant aux prostitués masculins (si l'on excepte les « *admirables braves* », croisés dans les bordels, qui se font de l'argent de poche lors de leurs permissions), ils ne sont pas davantage à plaindre, comme en témoigne le parcours de l'ambitieux Morel. De cet immoralisme triomphant, chacun tirera la leçon qui lui plaît. Désinvolture proustienne à l'endroit de la question sociale ? Certainement. Tant pis pour les militants.

→ *Aquarium, La Fosse (de Delafosse), Malaparte (Curzio)*

Cocteau (Jean)

Rien ne devait être plus divertissant que de surprendre Proust et Cocteau, vers 3 heures du matin, dans l'antre toxique du 102, boulevard Haussmann.

D'un côté, le vizir ; de l'autre, un prince frivole. Yeux de laque fraîche contre profil d'hippocampe. Barbe embroussaillée à la Sadi Carnot contre nez en arête de poisson. Surtout : là, un aîné dont la gloire est en retard ; ici, un cadet (de vingt ans) dont la renommée est en avance.

Puisque leur entrevue nocturne n'avait pas de témoin, on peut l'imaginer, et la rebroder, à partir des versions multiples qu'en a laissées J.C. …

Marcel aime bien ce noctambule ravissant et riche d'avenir qui le surclasse par sa précocité. Il s'en méfie, bien sûr, mais il a besoin de lui comme d'une garnison en avant-poste au cœur du « gratin révolté ». Il veut, sur-le-champ, épater cet épatant professionnel. Lui donner envie d'être mondainement utile à l'édification de la cathédrale qu'il bâtit, pierre à pierre, dans l'ignorance quasi générale. Il va alors lui lire – était-ce une bonne idée ? – des pages de sa « *miniature géante* »…

Marcel, notons-le au passage, a toujours pensé (c'est son côté Flaubert) que la bonne littérature était faite pour être lue, écoutée. De sa voix de nuit happée vers l'aigu, il se lance alors comme on bondit sur un tapis volant…

… mais il s'embrouille, pouffe, s'étouffe. Il mélange les lignes. S'interrompt. Se réfugie dans son cabinet de toilette. S'y coupe (pourquoi ?) une mèche de cheveux. Revient, menaçant : « *Jean, jurez-moi que vous n'avez pas baisé la main d'une dame qui aurait touché une rose ?* » Jean jure, Marcel ne le croit pas, répète pour la centième fois que la seule phrase de *Pelléas* où « *le vent caresse longuement la mer* » suffit à lui déclencher un chaud-froid ou une crise d'asthme, reprend sa lecture, pouffe de nouveau, caresse le gilet violet qui moule son torse malingre, exige « *une assiette de nouilles* » (là, Cocteau – qui raconte la scène – doit forcer le trait, mais c'est de bonne guerre…) avant de se figer dans son profil oriental.

Face à l'insomniaque, le noctambule ne sait pas trop, à cet instant, sur quel pied danser. Il le voit comme un capitaine Nemo dans son *Nautilus* du boulevard Haussmann ; ou comme « *le frère de la séquestrée de Poitiers* » ; ou encore comme « *le spectre de Sacher-Masoch* » – ce dernier jugement, il se l'autorise après avoir savouré les ragots de Maurice Sachs au sujet des bizarreries sexuelles de Proust dans le bordel de Le Cuziat.

Il est, au fond, en présence d'un génie qu'il a eu le mérite d'identifier avant les autres, et n'ignore pas que ce monstre, ce perpétuel agonisant, possède exactement, et plus que le génie, ce qui lui fait défaut à lui : le courage – soit : le sacrifice de la vie au bénéfice de l'œuvre. Mais le génie est-il d'emblée désirable ? Ne vaut-il pas mieux lui préférer une existence plus *hype* ? Il sait, d'expérience, que « le régime est moins puissant que le tempérament », ce qui signifie : on fait avec ce qu'on est, non avec ce qu'on veut. Et puis : avant d'être un artiste posthume, n'est-il pas désirable d'être un snob vivant ?

Car Cocteau, homme souvent génial quoique dépourvu de vrai génie, a choisi, lui, la voltige. Il grignote la vérité tandis que le vizir dévore un monde. Supportable ? Insupportable ? Cocteau hésite. A-t-il fait le bon choix ? Aura-t-il, d'ailleurs, le choix de choisir cette vie d'ascète plutôt que la sienne qui promet d'être si gracieusement pétaradante ? Ce genre de choses, il le sait, ça vient tout seul, ça vous jette dans un pli, et c'en est fait : après, après seulement, on regrette, ou on se réjouit.

Pour l'instant, Cocteau-le-lièvre a quelques longueurs d'avance sur Proust-la-tortue (c'est à Claude Arnaud que l'on doit cette lumineuse distinction de fabuliste), le turlupin fait ses gammes devant le patron. Il ironise comme un timide. Il le compare (c'est bien vu) à « une lampe allumée en plein jour » ou (encore mieux vu) à une « sonnerie de téléphone dans une maison vide ». Il y a aussi la belle métaphore réservée pour la fin, quand il rend sa dernière visite au vizir allongé sur son lit de mort. Cette métaphore, il l'a polie et vernie, il en a dilaté le grain, en semble si satisfait qu'il l'utilisera ici et là, comme un mantra, comme une scie efficace pour auditoire pâmé... Le voici donc dans la chambre du génial défunt ; Man Ray photographie ; Dunoyer de Segonzac bricole ses croquis ; Cocteau regarde les paperoles éparses et quelques volumes de la *Recherche* disposés sur une étagère ; ils vivent, ces volumes, ils existent au-delà de la mort qui a capturé leur magicien ; et Cocteau de les comparer au « bracelet-montre » dont la trotteuse gambade « au poignet des soldats morts »... Il n'est pas mécontent de cette trouvaille qu'il recyclera, à l'occasion, pour un boxeur défunt ou pour un Radiguet d'après typhoïde. Cocteau est danseur, il fait ses pointes, même aux pieds du néant qu'il (se) dissimule à grand renfort de mascara et de poudre de riz. Posture. Imposture. Tel est son charme...

Plus tard, avec ses galons de généralissime dans l'armée des Modernes, il gesticulera en ancien combattant pour revendiquer plus qu'un strapontin dans la légende proustienne : on le voit, dans *Le Passé défini*, qui sautille, lutin électrique, pour faire savoir qu'il habitait au n° 8 de la rue d'Anjou, dans le même immeuble que Mme de Chevigné – cette descendante du marquis de Sade qui disait à Proust : « *Fitz-James m'attend* » –, ce qui le rendit précieux aux yeux de Marcel qui rêvait d'être reçu chez celle qui sera l'un des modèles d'Oriane. « Pourquoi ne veut-elle pas lire mon livre ? », demandait-il parfois à Cocteau. « Parce que Jean-Henri Fabre ne demande jamais à ses chers insectes de lire ses traités d'entomologie », répondait Jean. C'était leur manège. Leur jeu joli. Sans conséquence. Notons que Cocteau, dans le dernier volume de ce même *Passé défini*, compare la *Recherche* à « une montagne de merde ». C'était l'amertume. Il faut lui pardonner.

Plus tard, encore, Cocteau se plaira à évoquer un Proust gay honteux, revenant de ses nuits désordonnées. Sous sa plume-souvenir, il transforme le fiacre d'Odilon Albaret en coursier de l'Érèbe, affuble Proust de bottines délacées (c'est très improbable), et le décore d'une bouteille d'eau d'Évian dépassant de sa poche.

Promu académicien, *jet-setter* et inventeur du dufflecoat, Cocteau fera, à l'inverse, du proustisme rétrospectif, allant jusqu'à se reconnaître narcissiquement dans la scène où Saint-Loup, chez Prunier, marche sur les tables du restaurant pour jeter sa pelisse sur les épaules d'un Marcel qui se plaint des courants d'air. Ce geste, Cocteau aurait pu en être l'auteur – même si la vérité historique établit que le mérite en revient au vigilant Albufera.

Et Cocteau récidivera, lors des cérémonies d'hommage et des conférences, en tenant pour acquis qu'il est l'Octave apparaissant deux fois dans la *Recherche* : d'abord sur la digue des jeunes filles en fleurs, où

Albertine salue le jeune dandy qui tient une canne de golf – ne serait-ce pas plutôt le gentil Plantevignes ? Puis, dans *Albertine disparue*, quand le Narrateur revoit ledit Octave, perdu de vue pendant trois mille pages et ressuscité en artiste d'avant-garde, et même en époux d'Andrée. Usurpation d'identité littéraire ? Pourquoi pas… Cocteau épousant un homme (« Andrée ») ? C'est plausible – et désormais possible.

Vers la fin, Cocteau – qui survécut à Proust pendant quarante interminables années – reprocha à son aîné un snobisme maladif et un triste camouflage sexuel. Médiocre règlement de comptes ? Jalousie ? En fait : le lièvre s'en veut d'avoir été coiffé sur le poteau par la tortue. K.-O. technique du poids plume face au poids lourd. C'était couru d'avance.

Cela dit, la jalousie de Cocteau s'explique aisément : pour lui, la *Recherche* n'était qu'un journal rempli de potins, ou une autobiographie à peine transposée, et non l'édifice majestueux devant lequel nous avons pris l'habitude de nous prosterner. En d'autres termes : il fréquentait Proust quand nous ne connaissons que le Narrateur. Et décryptant sans peine les allusions qui firent leur quotidien, Cocteau ne saisit pas le mystère qui, pour nous, transfigure cette *Recherche* en un organisme autonome et proliférant.

Il comprend encore moins que le temps, allié à l'injustice, ait fait de lui un saltimbanque et de Proust un saint – alors qu'il était, d'après lui, « atroce comme un insecte ».

On a souvent noté que Cocteau ne fit (presque) pas de reproches à Maurice Sachs quand celui-ci lui déroba, pour les vendre, les lettres que Proust lui avait adressées. C'était, on le suppose, des lettres splendides, toutes emplies de cette amitié à laquelle Proust ne croyait pas. Mais Cocteau, à la fin, ne voulait plus de cette amitié hypothétique et compliquée. Il n'aimait plus Proust. L'avait-il, d'ailleurs, jamais aimé ? « Rien, écrira-t-il vers la fin de sa vie, n'est plus mélancolique, plus déprimant, que de ne plus aimer une œuvre. Je ne suis hélas pas comme Proust, et je n'oublierai pas la sienne comme il oublie sa grand-mère. Cette œuvre me hantera comme une morte. »

→ *Andrée, Gide (Le rêve de), Insecte, Le Cuziat (Albert), Modèle, Octave, Pourboire, Voix*

« Constantinopolitain »

Le Proust des dernières années, des derniers mois, est complètement drogué : trional, véronal, adrénaline, opium, datura, morphine, caféine pure, il ne refuse rien à son corps défait pour s'endormir, pour respirer, pour se réveiller ; ni à son esprit qui doit encore cueillir quelques souvenirs englués dans un passé-présent de plus en plus inaccessible.

Parfois, l'abus de potions dérègle son élocution et déclenche un début de paralysie faciale ; il ne peut rien articuler, est incapable de prononcer « *palais Palmacalmini* », traverse des crises d'agraphie (il écrit « *eux* » à la place d'« *œufs* », dans une lettre à la princesse Soutzo) et ne communique avec Céleste que par petits billets griffonnés d'ordres contradictoires. L'aphasie le terrifie car il se souvient de l'agonie de Jeanne Proust qui ne lui parlait alors qu'avec ses yeux. En sera-t-il de même pour lui ?

C'est dans ces moments-là (surtout au cours de l'année 1918) que Proust, qui redoute une trépanation, se décide à consulter Joseph Babinski, l'élève préféré de Charcot, la sommité de la médecine neurologique, qui avait déjà tenté de soigner sa mère. Le médecin commence par le rassurer, puis comprend, vu l'état général du patient, qu'il est préférable de s'y prendre à l'ancienne, avec tendresse, comme avec un enfant à qui il faut (ré)apprendre le langage.

Babinski le reçoit alors en clinique et demande au plus grand écrivain (encore) vivant de prononcer des mots difficiles : « *constantinopolitain* », « *artilleur de l'artillerie* », « *les rodomontades des rhododendrons* » ou « *maman m'a mis au monde à Auteuil en 1871* ». Cette information, très inédite, est tirée d'une lettre à Lionel Hauser. Est-elle exacte ? Il serait plaisant et tragique, en tout cas, qu'elle le fût, même si Proust n'oublie jamais de dramatiser ses ennuis de santé, ou de les rendre comiques...

À quoi pensait Marcel, s'il les a vraiment vécus, pendant ces instants terribles ? Que lui hurlaient, depuis le fond de son être, les Swann, Charlus ou Albertine,

qui attendaient avec impatience que leur créateur pla-
çât des paroles parfaites dans leur bouche de fiction ?
   Babinski ne se déplacera qu'une seule fois au domicile de Marcel : le jour de sa mort.

→ *Agonie, « Albumine mentale », Datura*

Contemporains (du temps perdu)

   Résumons : Céleste Albaret meurt en 1984 ; Gaston
Gallimard en 1975 ; Albert Nahmias, l'homme à tout
faire, en 1975 ; Paul Morand en 1976 ; François
Mauriac en 1970 ; Jean Cocteau en 1963 ; André
Gide en 1951 ; Jacques Porel (le fils de Réjane, qui
hébergea Proust rue Laurent-Pichat) en 1982 ; quant
à Jacques Rivière, disparu en 1925, il n'avait survécu
que deux ans à Proust. C'est dire que tous les personnages importants de la vie de Marcel ne sont plus
depuis longtemps – ce qui est fort triste mais, après
tout, assez naturel.
   Au cours des années 1970, l'un des deux auteurs
de ce livre – le plus âgé, on s'en doute... –, déjà fétichiste proustien, guettait les derniers « poilus » de la
Grande Guerre du temps perdu. Il eut le privilège d'en
croiser quelques-uns...
   Emmanuel Berl vivait encore, dont il aperçut un jour
le beau visage froissé près du Palais-Royal. Le subtil
psychologue de *Rachel et autres grâces* se contenta
de sourire à l'impudent qui le dérangeait dans sa promenade. Avait-il envie de raconter, pour la centième
fois, sa dernière visite au Proust qui, autour de 1919,
le chassa de chez lui à grands coups de pantoufle ?

Mais non... Tout cela était déjà dans ses livres. « À propos, demanda-t-il, lit-on encore mes livres ? » On le rassura. Neveu de Rameau, il reprit sa promenade...

Il y eut aussi une expédition, à Montfort-l'Amaury, vers la maison de Ravel dont Céleste était devenue la gardienne. Céleste ? la Marie-Madeleine du proustisme, le saint Jean-Baptiste du boulevard Haussmann... Mais Céleste n'était pas là quand on s'y présenta le cœur battant. On aurait pu y retourner. On se le promit. Qui tient, hélas, les promesses qu'on ne fait qu'à soi-même ?

Une autre fois, se garant dans les environs du Champ-de-Mars au volant du bolide anglais qu'un ami lui avait confié, on aperçut Paul Morand qui, intrigué par le carburateur dudit bolide, demanda à en admirer la mécanique. Empressé, on souleva le capot, on se livra aux commentaires d'usage... Il avait assez bien connu Marcel, ce Morand, et pouvait s'enorgueillir de la préface que le Maître avait jadis offerte à *Tendres Stocks*, son premier livre. Était-ce le bon moment pour en parler ? Pour évoquer son jeu triangulaire d'autrefois, avec Marcel et cette princesse Soutzo qui n'était pas encore Mme Morand ? L'heure était plutôt à la mécanique, aux bielles, aux enjoliveurs chromés... En voyant s'éloigner l'illustre *Visiteur du soir* sur ses jambes délicatement arquées, l'idolâtre en herbe ne put s'empêcher de songer aux derniers témoins de la Passion que certains chrétiens rencontraient, bien après J.-C., dans les rue de Rome ou de Nazareth.

Il y eut, enfin, un dernier contact avec un marcellien de souche : un dandy tiré à quatre épingles, aux manières défuntes. Il s'appelait Jacques Guérin, avait été parfumeur avant de se métamorphoser en collectionneur de tout ce qui avait appartenu à Marcel

– qu'il n'avait pas directement connu, mais dont il était devenu en quelque sorte le trésorier posthume. Il possédait, me dit-il, l'une de ses pelisses, des meubles, des manuscrits et même un morceau de la courtepointe de velours bleu qu'on peut encore toucher dans la chambre reconstituée de Marcel au musée Carnavalet. Non, il n'avait pas connu Proust, mais il en parlait si bien, si affectueusement… Cette rencontre avait lieu dans une élégante demeure de la rue de Varenne. C'était, on se demande pourquoi, à l'occasion d'une petite fête organisée pour le dernier anniversaire d'Alberto Moravia. Le dandy se tenait à l'écart, dans un coin du salon, personne ne semblait se soucier de ce vieillard, tandis que la foule de jolies femmes et de jeunes loups en pinçait pour le héros italien. Il voulut bien se souvenir de Robert Proust et de Céleste devant le jeune homme qui vint alors lui parler. Il était éloquent et hautement civilisé. Ce fut notre dernier contact avec un quasi-intime de Proust. Qu'il soit ici remercié pour ce joli moment.

→ **Berl (Emmanuel), Céleste (Albaret), Fétichisme proustien, Insecte, Morand (Paul)**

Contraire

Sa grande angoisse : que les premiers lecteurs de la *Recherche* – des lecteurs mondains, toujours pressés, et prompts à confondre l'écrivain avec le personnage parisien qu'ils fréquentent depuis toujours – croient que les créatures de demi-fiction qu'il façonne avec tant de vigilance sont, d'emblée, ce qu'ils paraissent dès le début.

Or, la grande manœuvre de Proust – suivant en cela les règles qu'il feint d'emprunter à la marquise de Sévigné et à son cher Dostoïevski – consiste à exposer ses individus tels qu'au final ils ne sont pas. Il sait, lui, où son affaire va le conduire. Il sait que Swann, comblé par la vie, ratera son existence ; que la jeune fille en fleur sera vénéneuse ; que Charlus sera un inverti ; que la blondeur de Saint-Loup sera noircie par son vice ; que l'écrivain Bergotte se trompera d'œuvre ; que le faubourg Saint-Germain pactisera avec les parvenus ; que le temps perdu ne le sera pas.

D'où son désarroi devant les articles qui le louent pour une vision du monde qui n'est pas la sienne, ou qui lui adressent des reproches esthétiques et moraux dont son dernier volume triomphera. D'où, encore, sa joie quand il s'avise que Jacques Rivière, son nouvel éditeur, a compris son projet... En 1914, il le félicite de ne pas s'être laissé abuser par l'épilogue mélancolique de *Du côté de chez Swann* : « *Ce n'est qu'à la fin du livre, et une fois les leçons de la vie comprises, que ma pensée se dévoilera. Celle que j'exprime à la fin du premier volume est (...)* le contraire *de ma conclusion.* »

→ *Dostoïevski (Fiodor), Éditeur (à propos de Jacques Rivière), Livre circulaire*

Conversation

Marcel était un « conversationniste » d'exception. Spirituels, charmeurs, légers, ses mots parlés faisaient partie intégrante de son arsenal de séduction massive.

Mais il savait, comme personne, que la conversation est un art sans musée, donc éphémère, voire dangereux pour qui veut faire son salut par le talent. Dans la *Recherche*, les beaux parleurs (Brichot, Charlus, Swann...) font toujours pitié à un moment ou l'autre de leurs péroraisons. Ils bavardent, bavardent, bavardent – et ratent leur vie en passant à côté de l'œuvre qui s'impatientait peut-être en eux. « *Si j'avais bavardé Swann, je ne l'eusse jamais publié* », affirme-t-il à Léon Daudet dans une lettre où il veut le convaincre de la mauvaise qualité de la prose de Péguy – précisément trop proche de l'oralité.

Cela dit, quand il conversait, Proust avait une préférence pour les registres légers : « *les conversations sérieuses sont faites pour les gens qui n'ont pas de vie spirituelle. Les gens qui ont une vie spirituelle (...) ont au contraire besoin, quand ils sortent d'eux-mêmes et du dur labeur intérieur, d'une vie frivole* ».

→ **Dix points communs (entre Swann et le Narrateur), « Tutti frutti » (à propos d'Anna de Noailles)**

Coquatrix (Bruno)

Tout voyageur arrivant au Grand Hôtel de Cabourg et déclinant son identité devant « *Minos, Étaque et Rhadamante, sinistres juges des Enfers, promus chefs de réception* », ne pourra s'empêcher de noter la présence, à côté du guichet, d'un imposant buste de cuivre censé représenter Marcel Proust. Il convient pourtant de préciser que ce buste n'est en rien celui de l'écrivain qui fit la gloire des lieux : c'est Bruno

Coquatrix, le légendaire directeur de l'Olympia, qui, devenu maire de Cabourg, le trouva chez un brocanteur des environs, et l'acheta pour sa ressemblance avec l'auteur de la *Recherche*. Le voyageur, alors, de s'extasier, ému, devant la moustache et le regard cuivré qui le toise. Certains, plus fétichistes, n'hésitent pas à dérober ce trophée – qui est aussitôt remplacé par l'une des copies que Bruno Coquatrix, en sa sagesse d'homme de spectacles, n'avait pas manqué de faire mouler en série, et de stocker dans les caves de l'établissement.

D'où la question : qui est l'imposteur dont le buste usurpe localement la gloire universelle de Proust ? Plusieurs hypothèses, fort mouvantes, circulent à ce sujet : aux dernières nouvelles, il s'agirait de Ferdinand de Lesseps avec lequel, il est vrai, il a un air de famille ; ou du père de Gustave Flaubert – ce qui est plausible, vu que les Flaubert ont toujours une prestance de bustes en bronze XIXe ; ou d'un notable philanthrope de la Côte normande – pourquoi pas ? Un universitaire japonais – ou sud-africain ? – a prétendu, avec force arguments, que ce buste était, en fait, celui d'un confiseur enrichi dans le commerce des madeleines et qui, par gratitude envers Proust, aurait pris plaisir à lui ressembler. En général, les touristes n'y voient que du feu, qui se font photographier aux côtés de l'inconnu qui, partant, bénéficie d'une célébrité posthume dont Marcel, à coup sûr, se serait beaucoup diverti.

→ ***Chambre 414***

Correspondance énigmatique (avec Philippe Sollers)

— *Où en êtes-vous avec Proust ?*

— Où en est Proust avec moi ? Des félicitations sincères pour mes *Voyageurs du Temps* (Folio, n° 5182).

— *Comment expliquez-vous que votre ami Céline se soit donné tant de mal pour faire semblant de ne pas l'aimer ?*

— Aimer Proust et Céline signifie qu'on les comprend l'un comme l'autre. L'un sans l'autre : erreur…

— *Que dire à ceux qui prétendent qu'À la recherche du temps perdu parle d'un monde qui n'existe plus ?*

— L'expérience intérieure est le seul vrai monde, ce que Proust, et d'autres, ont génialement éclairé (ne pas oublier Bataille). Où en est-on aujourd'hui avec le Temps ? Seule question qui compte.

→ *Céline (Louis-Ferdinand)*

Cours (d'histoire et de littérature)

Certaines nuits, quand il a bien travaillé, Marcel s'offre de rares instants de détente. Il est de bonne humeur, écrit quelques lettres en retard, s'étonne d'être encore en vie. Mieux, il convoque, selon les présences, Céleste, Odilon, Marie Gineste, Céline ou Yvonne Albaret dans sa chambre – c'est sa vraie famille, au fond, celle qui le connaît le mieux, et qu'il aime comme un père aime ses enfants…

Imaginons la scène : ils sont là, autour de lui, dans l'atmosphère brumeuse des fumigations, et Marcel, équipé de ses « boules » bien brûlantes, langé dans ses caleçons Rasurel, leur fait un cours... d'histoire.

Il parle de Geneviève de Brabant, de Jeanne d'Arc, des Valois, de la Fronde, de l'affaire des Poisons, des mignons royaux, des cachots de Louis XI, de Saint Louis... Ses enfants de Lozère l'écoutent pieusement. Marcel est leur lanterne magique. Et il le sait. Mais il n'y a pas que ces « cours » nocturnes car Proust fut toujours attentif à l'éducation de ses gens de maison. Il fera lire les *Mémoires d'outre-tombe* et des œuvres de Marie de Régnier à Céline. Quant à Nicolas Cottin, réputé pour ses opinions conservatrices, il lui adressa ces vers :

> « *Si vous ne vous sentez pas las*
> *Nationaliste Nicolas,*
> *Cher et ferme soutien du roi*
> *Dans vingt minutes donnez-moi*
> *Un bon café au lait qui fume*
> *J'en prendrai, dit-on, pour mon rhume...* »

→ **Céleste (Albaret), Lanterne magique, Vertèbres (du front)**

CQFD (Ceux qui franchement détestent)

Outre Céline (déjà cité) et Sartre (voir plus bas), le parti antiproustien est hétérogène, et il serait vain de prétendre en dégager les caractéristiques communes. Disons seulement que l'antiproustien de base est, le plus souvent, affligé d'une allergie viscérale à l'excès de nuances – qu'il disqualifie dès lors qu'elles travaillent le matériau spirituel à un niveau de profondeur à ses yeux inutilement sophistiqué. Et qu'il déplore, dans l'ensemble de la *Recherche*, une navrante abondance de postures non viriles.

L'antiproustien est-il homophobe ? Il se récrie, puisque rien de ce qui est humain, par définition, ne lui est étranger.

Est-ce une brute ? Il affirme que non, même si sa manière d'être, à l'occasion, tendrait à le faire croire.

D'une manière générale, l'antiproustien exige plus de monde réel, ou plus de Dieu, ou plus de lutte des classes, et moins de tempêtes dans une tasse de thé. Sa grande affaire : célébrer les écrivains qui traitent de ce qui est – ou, à la limite, qui sera – et non ceux qui s'attardent dans une supposée archéologie sociale ou dans une zone désertée par un salut standard.

À ceux-là, faisons observer (c'est peine perdue, mais essayons tout de même…) que rien n'est plus réel qu'un salon des Guermantes, plus éternel qu'un chagrin d'amour, plus utile qu'une fine analyse de la jalousie, plus proche du salut qu'une vocation d'écrivain – et ils se récrieront en renvoyant au réalisme ou à la bondieuserie en littérature.

Le proustien – aussi intégriste que son antipode – devra donc renoncer à nouer quelque complicité profonde avec ce genre d'individus qui appartiennent, comme lui, à une espèce distincte, ni pire ni meilleure, mais bâtie d'une autre façon.

On trouvera, ci-dessous, quelques échantillons de son *credo* :

– Anatole France (qui, pourtant, préfaça *Les Plaisirs et les Jours*, avant de se reprendre) : « La vie est trop courte et Proust est trop long. »

– Evelyn Waugh : « Je lis Proust pour la première fois. Très indigent. Je pense qu'il était mentalement déficient. (…) Ce type était complétement cinglé. Il ne vous dit jamais l'âge de son héros ; à un moment, sa nurse l'emmène aux WC sur les Champs-Élysées, la page d'après il va au bordel. N'importe quoi. »

– François Mauriac : « Dieu est terriblement absent de l'œuvre de Marcel Proust... Du seul point de vue littéraire, c'est la faiblesse de cette œuvre et sa limite ; la conscience humaine en est absente. »

– Alfred Humblot (directeur des Éditions Ollendorff, recevant le manuscrit de *Du côté de chez Swann*) : « Je ne sais pas si je suis bouché à l'émeri, mais je ne comprends pas l'intérêt qu'il peut y avoir à lire trente pages sur la façon dont un Monsieur se retourne dans son lit avant de s'endormir. »

– D.H. Lawrence : « Trop de gelée, de l'eau, je ne puis le lire... »

– James Joyce : « Lu, de Marcelle Proyce et James Joust, les deux premiers volumes recommandés par Mr. Schiff de À la recherche des Ombrelles Perdues par Plusieurs Jeunes Filles en Pleurs du Côté de chez Swann et Gomorrhe et Co. » Et encore, dans une lettre à Sylvia Beach : « Proust, vie analytique et immobile. Le lecteur termine ses phrases avant lui. »

– Paul Claudel : « On part des aubépines en fleur et on arrive à Sodome et Gomorrhe, comme à cette mer Morte que devient tout esprit volontairement stagnant et dédié au seul reflet... »

– Aldous Huxley : « ... chercheur asthmatique du temps perdu, accroupi, affreusement pâle et flasque,

les seins presque féminins mais ornés de longs cheveux noirs, accroupi à tout jamais dans le bain tiède
de son temps retrouvé... »

– Sigmund Freud : « Je ne crois pas que l'œuvre
de Proust puisse être durable. Et ce style ! Il veut toujours aller vers les profondeurs et ne termine jamais
ses phrases. »

– Salvador Dalí : « J'aime dire que Marcel Proust,
avec son introspection masochiste et sa décortication
anale et sadique de la société, a réussi à composer une
espèce de prodigieuse bisque d'écrevisses, impressionniste, supersensible et quasi musicale. Il n'y manque
que les écrevisses dont on peut dire qu'elles n'y sont
que par essence... J'ai la certitude que mes qualités
d'analyste et de psychologue sont supérieures à celles
de Marcel Proust... »

→ **Céline (Louis-Ferdinand), Joueurs de flûte,
Mauriac (François), Sartre (Jean-Paul)**

Crainte de la mort

La lecture croisée de Proust et de Lucrèce enseigne,
entre autres, que ceux qui plaignent un mort comme
s'il n'avait pas eu de chance et ceux qu'épouvante
l'image de leur propre corps bientôt dévoré par les
vers communient dans un même déni du décès. Et
pour cause : qu'est-ce que plaindre un mort, sinon une
manière de dire que la mort ne concerne que l'infortuné
trépassé ? Et qu'est-ce que redouter ce qu'il advient de
notre dépouille, sinon une façon de faire comme si la
mort n'était pas exactement le terme de la vie ?

« Chaque fois qu'un vivant, dit Lucrèce, imagine comment son corps, une fois mort, sera dans l'avenir déchiré par les becs des oiseaux et les fauves, ce dont il a pitié n'est autre que lui-même ; il ne se coupe pas, en effet, de là-bas, ne s'ôte pas assez du cadavre prévu. » Combien de candidats au suicide, décidés à en finir, s'accordent, avant de passer à l'acte, le rêve éveillé de leurs obsèques ? Et ne résistent pas au plaisir d'imaginer leurs amis en larmes, leurs ennemis respectueux et embarrassés, ou bien l'épouse et son amant désespérés de s'apercevoir qu'il ne leur a rien laissé ? Qui voudrait se priver des larmes qu'il fait répandre ? Ce qu'on oublie, quand on rêve son enterrement, c'est que la seule personne dont il est certain qu'elle n'y sera pas, c'est soi-même. Qui passerait à l'acte s'il entendait Lucrèce lui dire ce qu'il sait déjà : « Lorsque tu vois un homme s'indigner sur son sort, à l'idée qu'après la mort, il va pourrir, corps étendu, ou être dévoré par des flammes ou par des mâchoires de bêtes, alors même qu'il nie croire qu'une fois mort, il doive subsister un quelconque sentir, tu peux être certain que cela sonne faux… » Ou s'il lisait, dans *Albertine disparue*, que, « *quand nous raisonnons sur ce qui se passe après notre propre mort, n'est-ce pas encore nous vivant que par erreur nous projetons à ce moment-là* » ? Combien de suicides seraient évités si un ange, se glissant jusque dans la solitude la plus reculée, savait priver les gens d'un tel reflet et, par conséquent, leur rendre un peu le goût de vivre ?

→ **Clinamen**

Croissants

Cette « entrée » n'aura pas pour objet de célébrer les deux aimables croissants que Marcel commande immuablement, à son réveil, à la diligente Céleste, mais celui, plus pervers – si tant est qu'un croissant puisse l'être... – que Mme Verdurin trempe dans son café au lait tandis qu'elle lit son journal.

Ce jour-là, dans *Le Temps retrouvé*, le journal lui apprend le naufrage du *Lusitania*, avec ses douze cents morts. Et, tout en « *donnant des pichenettes à son journal pour qu'il pût se tenir grand ouvert sans qu'elle eût besoin de détourner son autre main des trempettes* », elle dit : « *Quelle horreur ! Cela dépasse en horreur les plus affreuses tragédies.* »

Bien entendu – et Proust s'y entend pour nous le faire entendre –, le malheur d'autrui rend son croissant encore plus délectable et ajoute un air de félicité quasi sadique, de jouissance trouble, de monstruosité fort civile, à son visage déjà empâté...

Scène abominable et voluptueuse... Oxymore affectif... Plongée dans cette zone du sentiment où le malheur du monde se transmue en régal matinal... Marcel ne juge pas sévèrement sa créature : en baudelairien vigilant, il était, lui aussi, fin connaisseur de l'alliage exquis du Plaisir et du Mal.

→ *Égoïsmes, Matricide, Méchanceté, Profanation*

Cuisine nouvelle

« D'une magnificence à mourir de faim »... Tels
sont les termes qu'emploie la marquise de Sévigné dans
une lettre du 30 juillet 1689, à propos du repas qu'elle
fit à Vannes, chez l'évêque fils de M. d'Argouges,
dont elle sortit si affamée que la seule pensée d'une
poularde lui donnait le vertige.

C'est également l'expression dont se sert, à juste
titre, la grand-mère du Narrateur pour décrire la cuisine légère et inutilement sophistiquée du Grand Hôtel
de Balbec, quatre-vingts ans avant l'invention de la
« cuisine nouvelle » dont le diététisme et la haine des
sauces n'avaient, par conséquent, pas encore fait les
ravages que l'on sait.

Datura

Dans le huis clos du « 102 » (boulevard Haussmann), le rite des enfumages commençait dès le réveil, c'est-à-dire en fin d'après-midi. Marcel dressait lui-même ses petits monticules de poudre Legras (en augmentant plus de vingt fois la dose autorisée), les incendiait avec une bougie (pas d'allumettes, à cause du soufre…), les aspirait, puis s'en revenait, les yeux rougis, vers son lit d'écriture.

Or, cette poudre contenait essentiellement deux substances : de la belladone et du datura. Si la première est réputée pour son aptitude à dilater les pupilles des femmes coquettes (« *Bella donna* »), la seconde, également nommée « herbe du diable », a plus mauvaise réputation : on la retrouve à Delphes, où les oracles de la Pythie lui devaient, dit-on, leur infaillible pertinence ; et même à Elseneur puisque le père de Hamlet fut assassiné par un philtre de datura « versé dans l'oreille ». De plus, et si l'on veut bien tenir compte du fait que toutes les liturgies de sabbat ou d'ensorcellement réservent une place de choix au datura, force est de conclure que Proust demandait à cette substance – absorbée tout au long de sa vie – davantage qu'un dégagement des bronches.

Le traité de Brissaud sur *L'Hygiène des asthmatiques* (que Proust connaissait par cœur) insiste sur ce point : « les asthmatiques ont une tendance pernicieuse à s'adonner avec excès aux préparations de datura... » ; ils deviennent alors « esclaves et victimes de ce vice » ; et s'exposent à des « visions funestes ». La *Recherche* est peut-être l'une de ces visions. Et, à ce titre, le datura pourrait bien revendiquer un premier rang parmi les muses chimiques de la littérature où, par tradition, on ne respecte que l'opium, la mescaline et quelques autres neiges désormais plus communes.

→ *Asthme, Cocaïne, « Constantinopolitain »*

Déception

C'est le grand affect proustien, le territoire de prédilection des communiants de la *Recherche*, l'oriflamme élégante et maussade de ceux qui sentent les choses sur un mode marcellien...

Car tout déçoit le Narrateur et, avant lui, l'auteur des *Plaisirs et les Jours*, qui avait ainsi résumé sa vision des choses : « *le désir fleurit, la possession flétrit...* » : Albertine, l'amitié, Venise, l'église de Balbec, le salon des Guermantes, le visage d'Oriane, l'intellectualité de Saint-Loup, la Berma... « *Toujours déçu comme je l'avais été en présence des lieux et des êtres (...) je sentais que la déception du voyage, la déception de l'amour, n'étaient pas des déceptions différentes, mais l'aspect varié que prend (...) l'impuissance que nous avons à nous réaliser dans la jouissance matérielle* ».

La messe est dite : on ne jouit que de ce que l'on imagine, rien n'est beau en ce monde que ce qui n'existe pas et toute possession (un corps, un lieu, un idéal réalisé...) induit d'inéluctables mélancolies. Ce n'était donc que cela ? semble dire le proustien qui parvient à ses fins. Que cela, la joue d'une jeune fille en fleur ? Que cela, le grand monde ? Allant plus loin, Proust suggère que la déception, lorsqu'elle advient, doit réjouir celui qui l'éprouve puisqu'elle offre une accalmie à son imagination enfiévrée. Tel est le côté stoïcien, voire ataraxique ou bouddhiste, de Marcel : parvenir en ce point des émotions où rien, en fin de compte, n'émeut et où, après les hautes vagues d'un enthousiasme précipité, se vérifie rétrospectivement « *le peu* (qu'était) *la réalité pour nous* ». Mieux vaut donc attendre et profiter de ce que l'attente promet car, en s'accomplissant, telles des utopies soudain incarnées, les promesses deviennent décevantes : « *À l'attente de l'être idéal que nous aimons, chaque rendez-vous nous apporte un être de chair qui contient déjà si peu de notre rêve...* »

Moralité : la seule réalité qui ne déçoit pas est, précisément, celle qu'on n'attendait plus – à savoir le passé, surtout lorsqu'il surgit à l'instant précis où on l'avait oublié.

→ *Amour, Déjà-vu, Deleuze (Gilles), « Elle ressemblait à ma vie… », Jalousie (neuf théorèmes), Dix points communs (entre Swann et le Narrateur), Rosset (Clément), Schopenhauer (Arthur)*

Déchéance (Contre la)

Julien Gracq note quelque part qu'il serait fort instructif de faire l'expérience suivante : observer « ce qu'il reste d'un livre », en fonction du temps, dans la mémoire d'individus de bonne foi, qui l'ont lu et apprécié, mais un peu oublié.

Il se trouve que cette expérience a été faite par Joseph Czapski qui en détaille le protocole dans un ouvrage bouleversant intitulé *Proust contre la déchéance*, où il reproduit le cours qu'il donna pendant l'hiver 1940-1941, dans le camp de Griazowietz (proche de Kharkov), à une centaine d'officiers polonais qui étaient, comme lui, prisonniers des Soviétiques.

Chaque officier, en effet, avait décidé d'enseigner ce qu'il connaissait le mieux : l'un parlait d'alpinisme, l'autre de stratégie militaire, un troisième de peinture symboliste ou de mécanique… Czapski, lui, décida de raconter, de mémoire, *À la recherche du temps perdu* à ses compagnons d'infortune. Bien entendu, il ne disposait d'aucun livre. Et la température descendait à quarante degrés au-dessous de zéro – mais l'auditoire eut, semble-t-il, moins froid lorsque Czapski commença de décrire la chambre surchauffée où Marcel composa son œuvre. Affamés, ils se régalèrent de madeleines, d'asperges et de bœuf en gelée. Luttant contre l'injustice de l'histoire, ils se raccrochèrent aux infinies subtilités du faubourg Saint-Germain. C'est ainsi que, sous les portraits de Marx, Engels et Lénine, et après le contrôle préalable de la censure locale, un intellectuel polonais présenta les Guermantes, Swann, Charlus ou Albertine à des malheureux dévorés par la vermine et la maladie.

Le cours se déroula pendant tout un hiver. C'était, pour l'auditoire, une façon comme une autre de conserver son humanité, et de se réfugier dans l'arche où un Noé asthmatique avait, jadis, embarqué les grâces d'un monde démenti par l'univers concentrationnaire. Quand les détenus furent dispersés l'hiver suivant, tous ne connurent pas le même sort : on en expédia la plupart vers le nord, près du cercle polaire, où ils moururent dans des conditions atroces. D'autres furent enrôlés dans l'armée soviétique pour y servir d'interprètes.

Il est à noter que la petite centaine de proustiens de Griazowietz survécut, sans doute parce qu'ils avaient gagné, auprès des Russes, une réputation de lettrés. Personne ne put expliquer le miracle de cette survie, sinon Czapski lui-même – qui ne douta jamais que Marcel, dont il mentionne souvent le goût des casernes et de leurs locataires, les avait affectueusement protégés.

Décristallisation

Si l'on était plus vigilant, la plupart des histoires d'amour finiraient vite au lieu de finir mal. Car il n'est pas besoin de longues années de laisser-aller pour déchanter ; une anecdote suffit au sage (que l'amoureux n'est pas).

Mais pourquoi faut-il que seuls ceux qui n'aiment pas vraiment trouvent en eux la force de ne plus aimer ? Pourquoi est-il impossible d'être amoureux sans enjamber les détails qui, si l'on y était attentif, suffiraient à nous remettre dans le droit chemin du célibat ? Pauvre Saint-Loup... Pourquoi le militaire n'a-t-il pas tourné casaque à la seconde où « *deux pauvres petites poules, avec des collets en fausse loutre* » hélèrent Rachel en ces termes : « *Tiens, Rachel, tu montes avec nous ? Lucienne et Germaine sont dans le wagon et il y a justement encore de la place ; viens, on ira ensemble au skating* » ? Le doute ne lui est pourtant pas permis : à l'appel des copines, la femme que, « *tendresse après tendresse, il avait lentement composée* », a cédé la place à « *un double d'elle, mais absolument différent et qui figurait une simple petite grue* ». Mais qu'importe. Saint-Loup souffrira mille morts pour une fille à 20 francs. C'est écrit.

→ **Pretty woman**

Dédicaces

Difficile, voire impossible, devant les lettres proposées à la vente dans une salle d'enchères ou chez un marchand d'autographes, de ne pas être un peu gêné par l'obséquiosité, la flagornerie sucrée, l'extrême ridicule de Marcel lorsqu'il dédicaçait ses livres ou adressait ses missives de château. Pour ceux qui l'aiment, c'est aussi douloureux, aussi embarrassant, que de surprendre un être cher en flagrant délit d'inconvenance et de cautèle.

Car il est inconvenant, le cher petit, il a peur de ne pas plaire, en rajoute, s'étale en mièvreries, jusqu'au pathétique...

Quelques prélèvements histologiques suffiront : « *À Léon Daudet, grand écrivain, chaque jour plus grand...* » ; « *À Madame la comtesse de Noailles, incarnation miraculeuse du génie des Hugo, des Vigny, des Lamartine...* » ; « *À Monsieur Ajalbert, au poète, au romancier, à l'Ephraïm Mikhaël du sentiment, au Gauguin de la prose...* » ; « *À Monsieur Henri Bergson, au premier grand métaphysicien depuis Leibniz (et plus grand)...* ».

Pourquoi Proust se sentait-il obligé d'en faire autant ? Était-ce une manie d'époque ? Était-il requis, dans le Paris 1900, de trouver du génie à tout le monde ? Il est plus probable que Marcel ne pensait pas un mot de ce qu'il écrivait dans ses lettres ou à la périphérie de ses livres, mais qu'il agissait ainsi dans le seul but de servir son œuvre, de lui assurer un chemin vers la « publicité », cette première marche de l'escalier sans lequel nul, de son vivant, ne monte bien haut.

Le sommet, qui navre les moralistes, est atteint lorsqu'il dédie – et non plus seulement dédicace – *Du côté de chez Swann* à Gaston Calmette, le directeur bientôt trucidé du *Figaro* : « *À Monsieur Gaston Calmette. Comme un témoignage de profonde et affectueuse reconnaissance.* » Qui, ce jour-là, a tenu la main de Marcel ? Se rendait-il compte qu'il déposait un trésor aux pieds d'un fournisseur – fût-il aussi lettré et mondain que Calmette ? Qui, aujourd'hui, comprendrait que Patrick Modiano dédie son prochain roman au propriétaire de TF1 ? Et aimerait-on autant

L'Insoutenable Légèreté de l'être si Milan Kundera l'avait dédié à un oligarque ou à un *tycoon* de la grande presse ?

→ **Proustifier**

Déjà-vu

La première fois que le Narrateur vit la duchesse de Guermantes, il la trouva franchement « *blonde avec un grand nez, des yeux bleus et perçants, une cravate bouffante en soie mauve, lisse, neuve et brillante, et un petit bouton au coin du nez* ». Autant dire qu'il ne reconnut pas celle que son imagination lui avait présentée tantôt comme Esther, tantôt comme Geneviève de Brabant, mais toujours enveloppée « *du mystère des temps mérovingiens et baignant comme dans un coucher de soleil dans la lumière orangée qui émane de cette syllabe : "antes"* ». Pire : c'est après avoir laborieusement comparé la forme de son visage et la couleur de ses yeux à ce que le docteur Percepied lui avait dit de la duchesse de Guermantes qu'il finit par se rendre à l'inévidence : « *c'était elle ! Ma déception était grande* ».

À cette déconvenue s'oppose frontalement l'épisode dit « *d'Hudimesnil* » où, à l'occasion d'une promenade en calèche, le Narrateur a soudain le sentiment de reconnaître les trois arbres qu'il croise pourtant pour la première fois : « *je ne pouvais arriver à reconnaître le lieu dont ils étaient comme détachés, mais je sentais qu'il m'avait été familier autrefois ; de sorte que mon esprit ayant trébuché*

entre quelque année lointaine et le moment présent,
les environs de Balbec vacillèrent et je me demandai
si toute cette promenade n'était pas une fiction... ».
Moralité : être déçu, c'est ne pas reconnaître le phénomène qu'on nous décrit. Être émerveillé, c'est
reconnaître le phénomène auquel rien ne nous prépare. Dans le premier cas, l'imagination s'incline
devant le réel. Dans le second, le réel s'élève jusqu'à
la fable.

→ *Déception*

Deleuze (Gilles)

La *Recherche* se prête à deux lectures :
1/ Le récit d'un apprentissage.
2/ Le retour d'un artiste sur les étapes qui l'ont
conduit à la découverte de sa vocation.
Bizarrement, la première de ces lectures est plus
intéressante que la seconde car elle est tournée vers
l'avenir et l'inconnu tandis que l'autre, rétrospective,
donne le sentiment de savoir où elle va et – à la façon
de Descartes feignant de douter – de semer en chemin
les indices qui en témoignent. Mieux vaut l'apprentissage que la connaissance. Plutôt la formation que la
mise en forme. Mieux vaut cheminer avec l'enfant dont
l'ingénuité n'est pas canalisée qu'avec l'écrivain sûr de
son talent, dont les déceptions sont mises en scène et
atténuées par la promesse du savoir qui les surmonte.
Or, aucun commentateur de la *Recherche* ne raconte
mieux cette initiation que Gilles Deleuze, au troisième
chapitre de son *Proust et les signes*.

Deleuze commence par y observer qu'en ce premier temps de la lecture, « l'œuvre de Proust n'est pas tournée vers le passé et les découvertes de la mémoire, mais vers le futur et les progrès de l'apprentissage ». Que faut-il apprendre ? Que le monde n'est pas là pour nous. Le premier adversaire de la littérature s'appelle la « croyance », c'est-à-dire « le fait d'attribuer à l'objet les signes dont il est porteur ». De quoi s'agit-il ? De ne pas céder à l'objectivisme que nous suggèrent « la perception, la passion, l'intelligence, l'habitude et même l'amour-propre ».

Chacune de nos impressions, dit le Narrateur, a deux côtés : « *à demi engainée dans l'objet, prolongée en nous-même par une autre moitié que seuls nous pourrions connaître* ». L'erreur est de réduire l'objet à ce qu'on en perçoit, de confondre ce qu'un objet désigne et ce qu'il signifie, bref, de tenir pour aimable l'être qu'on aime et pour détestable la personne qu'on déteste.

Une telle confusion du sens et du signe est à l'origine de la première fausse route du Narrateur d'abord convaincu que le secret de son émotion se trouve dans la Petite Madeleine ou dans la tasse de thé... C'est le même malentendu, alimenté par la toute-puissance factice de la mémoire volontaire, qui le porte à croire qu'un corps contient une idée comme un œuf contient une poule, et à identifier ingénument les êtres aux rêveries que lui inspire leur patronyme (ainsi de la duchesse de Guermantes). Au matin de la vie, l'enfant croit que le réel n'est que le monde (alors que *le* monde n'est que *son* monde), les choses sont encore prisonnières de la chrysalide de sens où la crédulité les a enfermées.

Le paradoxe propre à cet objectivisme naïf est qu'il porte à croire que certaines passions transcendent les objets qui les inspirent : « *à l'époque où j'aimais Gilberte, je croyais encore que l'Amour existait réellement en dehors de nous* ». Il faudra comprendre qu'un objet ne contient qu'imparfaitement les signes qu'on lui accole pour s'aviser qu'il n'y a pas d'amour sans preuves d'amour. Les idées abstraites naissent de l'emprisonnement du sens dans l'objet. Spinoza nous avait déjà prévenus : on ne croit aux valeurs absolues que quand on prend ses désirs pour des réalités. Le monde des idées est l'illusion de celui qui se prend pour le centre du monde. Et une telle illusion est étayée par l'intelligence dont les procédures maquillent la singularité en objectivité. C'est l'époque des portes ouvertes qu'on enfonce, des amitiés avides de semblables et des philosophies qui s'accordent (par crainte des langues étrangères) sur la signification des choses, des mots et des idées. C'est l'époque des saintes bévues de l'exégète convaincu qu'on peut réduire un personnage à son auteur et qu'il suffit, par conséquent, de découper une œuvre pour en extraire une vérité.

Séparé du monde par les moyens qu'il se donne de le connaître, le Narrateur, dupe des significations et donc inapte aux signes, ne sait pas encore « *que la vérité n'a pas besoin d'être dite pour être manifestée, et qu'on peut peut-être la recueillir plus sûrement sans attendre les paroles et sans tenir même aucun compte d'elles, dans mille signes extérieurs* » : comment déchirer le voile de ses préjugés et palper enfin le réel tout nu ? Par la déception. Seule apte à détacher ce qu'on sent de ce qu'on sait. La déception amoureuse, d'abord, qui montre qu'aucune passion ne circonscrit l'être adoré.

Contrairement à la Berma dont « *l'intonation si ingénieuse, d'une intention, d'un sens si définis* » donne le sentiment d'être à la portée de toute artiste un peu intelligente, Albertine lui ouvre littéralement les yeux en se refusant au décryptage. Si un amour médiocre vaut mieux qu'une grande amitié, c'est que l'amour, pauvre en sens, est riche en signes : l'aimé donne le sentiment de nous échapper alors que l'ami s'offre à nous dans une clarté indifférente. Parce qu'il enseigne que les raisons d'aimer ne résident jamais dans celle ou celui qu'on aime, l'amour l'emporte sur l'amitié (en déception et donc en fécondité) comme l'art l'emporte sur la philosophie.

« Que valent ces vérités objectives qui résultent d'une combinaison du travail, de l'intelligence et de la bonne volonté, mais qui se communiquent autant qu'elles se trouvent, et se trouvent autant qu'elles pourraient être reçues ? se demande Deleuze... Ce qui nous fait violence est plus riche que tous les fruits de notre bonne volonté ou de notre travail attentif. » L'amitié pense, l'amour donne à penser. Plus on s'approche du réel, plus on envisage le monde indépendamment du besoin qu'on en a, et plus on s'éloigne de la connaissance objective. Ainsi, outre l'amour, la découverte que la transparence n'est qu'un voile de plus détermine le passage à un degré supérieur de connaissance, c'est-à-dire d'incrédulité : « *Quand Françoise, le soir, était gentille avec moi, me demandait la permission de s'asseoir dans ma chambre, il me semblait que son visage devenait transparent et que j'apercevais en elle la bonté et la franchise. Mais Jupien, lequel avait des parties d'indiscrétion que je ne connus que plus tard, révéla depuis qu'elle disait que je ne valais pas la corde pour me pendre et que j'avais cherché à lui faire tout le mal possible (...) toute réalité est peut-être aussi dissemblable de celle que nous croyons percevoir directement (...) les arbres, le soleil et le ciel ne seraient pas tels que nous les voyons, s'ils étaient connus par des êtres ayant des yeux autrement constitués que les nôtres, ou bien possédant pour cette besogne des organes autres que des yeux et qui donneraient des arbres, du ciel et du soleil des équivalents mais non visuels. Telle qu'elle fut, cette brusque échappée que m'ouvrit une fois Jupien sur le monde réel m'épouvanta.* »

Mais dans ce livre qui finit bien, la déception ne saurait avoir le fin mot. Il existe deux manières de la surmonter. L'une consiste à « compenser le défaut d'objectivité par un surcroît de subjectivité », à surmonter la « *tyrannie du particulier* » en rattachant chaque être ou chaque objet à une œuvre d'art. C'est la méthode de Swann attaché à substituer aux valeurs objectives un jeu subjectif d'associations d'idées. Au lieu de réduire un personnage à son auteur, Swann réduit un être à un tableau, un geste à une statuette, une musique à une promenade… C'est un premier pas, qui a le mérite de remplacer la déduction par l'imagination, mais l'inconvénient de « faire de l'œuvre d'art elle-même un simple maillon dans nos associations d'idées ».

L'autre méthode (la seule, en fait) consiste, par la métaphore, à extraire la substance d'un phénomène pour lui donner une vie éternelle, à saisir, par la grâce d'un style, l'incomparable singularité de chaque énigme de bonheur, à donner sa chance, loin de toute ressemblance ou de toute comparaison, au souvenir qu'on retient sans le vouloir, à la fleur qu'on chérit sans en avoir besoin, au phénomène qu'on décrit sans le dénaturer parce qu'il sait nous émouvoir sans pourtant nous concerner.

→ *Déception, Descartes (René), Spinoza (Baruch)*

Dénis

Il est aisé de dénoncer la mauvaise foi mais il est difficile, à tous égards, de décrire le déni pur et simple et d'en montrer le spectacle.

Proust y excelle pourtant, dans des pages irrésistibles et insoutenables qui explorent sans complaisance les moments de la vie où, pris au dépourvu par l'événement qu'il redoute, un individu a pour ultime ressource de faire comme si ce qui était arrivé n'avait pas eu lieu.

Ainsi, le soir où une gaffe du « peintre » révèle à Swann que les Verdurin ne l'ont pas invité à une partie à Chatou, le visage de la patronne « *prit cette expression où le désir de faire taire celui qui parle et de garder un air innocent aux yeux de celui qui entend, se neutralise en une nullité intense du regard, où l'immobile signe d'intelligence du complice se dissimule sous les sourires de l'ingénu et qui enfin, commune à tous ceux qui s'aperçoivent d'une gaffe, la révèle instantanément sinon à ceux qui la font, du moins à celui qui en est l'objet* ». Tel un enfant pris sur le fait, dont le doigt plein de confiture ne laisse aucun doute, Mme Verdurin (à qui l'élégant Swann déplaît de plus en plus, et qui voudrait, comme on corrige une erreur, qu'Odette lui préférât Forcheville) ne dispose que d'une suspension provisoire de la parole, du visage et du jugement pour abolir trop tard les méfaits d'un secret malencontreusement éventé. Ce faisant, la patronne devient statue, au plus grand bonheur de Swann lui-même dont l'imagination, pour une fois, n'a aucun effort à faire pour voir en elle une œuvre d'art : « *Mme Verdurin pour que son silence n'eût pas l'air d'un consentement, mais du silence ignorant des choses inanimées, avait soudain dépouillé son visage de toute vie, de toute motilité ; son front bombé n'était plus qu'une belle étude de ronde bosse (...) ; son nez légèrement froncé laissait voir une échancrure qui semblait calquée sur la vie. On eût dit que sa bouche entr'ouverte allait parler. Ce n'était plus qu'une cire perdue, qu'un masque de plâtre, qu'une maquette pour un monument, qu'un buste pour le Palais de l'Industrie, devant lequel le public s'arrêterait certainement* ».

Les dénis proustiens sont rétroactifs ; tout se passe comme si l'auteur du déni disposait d'une télécommande susceptible de le conduire en amont de l'épisode qu'il nie. Le déni n'est pas un refus d'entendre, mais un *refus d'avoir entendu*. En cela, comme l'analyse finement Clément Rosset au début du *Réel et son double*, le déni constitue une forme incurable de l'illusion puisque le dénégateur n'ignore rien de l'événement qu'il conteste : « Oui à la chose perçue, non aux conséquences qui devraient normalement s'ensuivre. (...) Je ne refuse pas de voir, et ne nie en rien le réel qui m'est montré. Mais ma complaisance s'arrête là. (...) Coexistent paradoxalement ma perception présente et mon point de vue antérieur. Il s'agit là moins d'une perception erronée que d'une perception inutile. » Quand Swann lui-même, par exemple, à qui de mauvais esprits ont parlé d'Odette comme d'une femme entretenue, se demande soudain, sans avoir vu venir en lui la question, si le fait d'envoyer tous les mois une enveloppe de billets à sa maîtresse n'est pas précisément ce qu'on appelle « entretenir » quelqu'un, « *un accès d'une paresse d'esprit, qui était chez lui congénitale, intermittente et providentielle, vint à ce moment éteindre toute lumière dans son intelligence, aussi brusquement que, plus tard, quand on eut installé partout l'éclairage électrique, on put couper l'électricité dans une maison. Sa pensée tâtonna un instant dans l'obscurité, il retira ses lunettes, en essuya les verres, se passa la main sur les yeux, et ne revit la lumière que quand il se retrouva en présence d'une idée toute différente, à savoir qu'il faudrait tâcher d'envoyer le mois prochain six ou sept mille francs à Odette au lieu de cinq, à cause de la surprise et de la joie que cela lui causerait* ».

Tel est le déni, forme rudimentaire d'un refus du réel que son adepte, quand il s'y attend et s'organise en conséquence, déguise en sophisme ou en mensonge. Le Narrateur lui-même – « *déjà homme par la lâcheté* » – pratique à l'occasion cette sorte de mauvaise foi. Pour ne pas entendre, par exemple, sa grand-mère négocier le prix d'une chambre au Grand Hôtel de Balbec, il se réfugie au plus profond de lui-même en s'efforçant d'émigrer dans des pensées éternelles sans rien laisser de vivant à la surface de son corps… Ou bien pour éviter d'entendre sa grand-mère se plaindre que son mari boive du cognac, il file se masturber tout en haut de la maison, sous les toits, « *dans une petite pièce sentant l'iris* ».

Mais la palme du déni revient à Saniette à l'occasion d'un voyage en train : « *À Harambouville, comme le tram était bondé, un fermier en blouse bleue, qui n'avait qu'un billet de troisième, monta dans notre compartiment. Le docteur, trouvant qu'on ne pourrait pas laisser voyager la princesse avec lui, appela un employé, exhiba sa carte de médecin d'une grande compagnie de chemin de fer et força le chef de gare à faire descendre le fermier. Cette scène peina et alarma à un tel point la timidité de Saniette que, dès qu'il la vit commencer, craignant déjà, à cause de la quantité de paysans qui étaient sur le quai, qu'elle ne prît les proportions d'une jacquerie, il feignit d'avoir mal au ventre, et pour qu'on ne pût l'accuser d'avoir sa part de responsabilité dans la violence du docteur, il enfila le couloir en feignant de chercher ce que Cottard appelait les "water". N'en trouvant pas, il regarda le paysage de l'autre extrémité du tortillard.* »

→ *Journalistes*

Dernière photo

C'est Cocteau, bien sûr, qui en a eu l'idée : Proust, sur son lit de défunt, devait être immortalisé par Man Ray (« Venez tout de suite, notre petit Marcel est mort... »). Un dernier portrait ? Un masque ultime, symétrique du « jeune homme au gardénia » ? Man Ray, qui n'avait jamais rencontré Proust, a l'habitude de ces exercices funéraires. S'éclairant d'une faible ampoule, il s'exécute et effectue trois tirages.

Aujourd'hui encore, on frémit en regardant cette photo : Proust, avec sa barbe et ses orbites cernées, y paraît en Christ de Mantegna. Ses traits se sont apaisés. Aucune douleur visible. Les narines ne se pincent plus. Céleste peut ouvrir les fenêtres et aérer la pièce.

Est-ce parce que le Christ promet la résurrection que la plupart des gisants – même Che Guevara – lui ressemblent ?

Une allégeance par anticipation...

Un gage de bonne volonté, un pieux mimétisme, juste avant de sauter dans le néant...

→ *Agonie, Chapelet, Cocteau (Jean)*

Descartes (René)

Hormis une comparaison fautive entre l'intuition qui, loin de tout raisonnement, distingue dans le visage d'Albertine – ses regards tristes et ses impatiences – les traces qu'y dépose le désir de quitter le Narrateur, et le fameux « bon sens » cartésien que le philosophe présente comme la chose du monde la plus répandue, on ne trouve aucune mention, dans la *Recherche*, de ce Descartes dont l'auteur n'a lu, probablement, que le *Discours de la méthode*.

Et pour cause : qu'y a-t-il de commun entre le savoir de l'un et les saveurs de l'autre ? Entre une philosophie qui, par souci de clarté, manipule les choses sans les habiter, et le flux de conscience d'un Narrateur qui n'est pas tranquille dans un monde sans fantômes ? Entre le cavalier qui entend « marcher avec assurance en cette vie » et l'asthmatique fustigeant « *la grossière tentation pour l'écrivain d'écrire des œuvres intellectuelles* » ? Plus qu'on ne pense...

Le Narrateur de la *Recherche* est souvent anticartésien : quand il redoute de recouvrir ses illusions d'un voile de connaissance objective ; quand il déplore la dissipation, par l'étymologie, du halo de mystère qui entoure les noms propres ; quand il affirme que chacun appelle « *idées claires* » celles qui sont « *au même degré de confusion que les siennes propres* » ; ou quand, enfin, il constate que la colline qui, au loin, « *semble faite d'azur* » devient pareille aux autres dès qu'elle s'approche de lui car, en entrant dans la clarté, les objets se dérobent au désir qu'il en a. Descartes célèbre-t-il l'aptitude à repérer des constances sous le flux du devenir ? Qu'à cela ne tienne : le Narrateur se demande, à l'inverse, si « *l'immobilité des choses* » n'est pas imposée « *par l'immobilité de notre pensée en face d'elles* ». Entre l'inodorant « morceau de cire » cartésien et le « *masque de cire perdue* » dont Mme Verdurin se fait un visage quand elle est publiquement convaincue de duplicité, il y a tout l'univers qui sépare la pensée pure, de l'intuition sensible, ou bien le goût de connaître, du refus de sacrifier l'émotion sur l'autel de l'objectivité. « *Les vérités que l'intelligence saisit directement à claire-voie dans le monde de la pleine lumière ont quelque chose de moins profond, de moins nécessaire que celles que la vie nous a malgré nous communiquées en une impression, matérielle parce qu'elle est entrée par nos sens.* » Non, vraiment, Descartes n'est guère proustien. Comment, quand on se prend pour l'origine de ses actes et quand on a l'idolâtrie de la conscience, comprendre que « *nous ne sommes nullement libres devant l'œuvre d'art* » et que le fin mot de la vie consiste à trouver par hasard l'intuition qu'on a cessé de chercher ? « *Je n'avais pas été chercher les deux pavés de la cour où j'avais buté. Mais justement la façon fortuite, inévitable, dont la sensation avait été rencontrée contrôlait la vérité d'un passé qu'elle ressuscitait, des images qu'elle déclenchait, puisque nous sentons son effort pour remonter vers la lumière, que nous sentons la joie du réel retrouvé. Elle est le contrôle de la vérité de tout le tableau fait d'impressions contemporaines, qu'elle ramène à sa suite avec cette infaillible proportion de lumière et d'ombre, de relief et d'omission, de souvenir et d'oubli, que la mémoire ou l'observation conscientes ignoreront toujours.* »

Mais est-ce au nom d'une meilleure façon de connaître ou, plus tristement, parce que le goût de démêler le vrai du faux y est constamment déçu que la *Recherche* semble tourner le dos aux dissections méthodiques et aux « *froides constatations* » de l'intelligence ? Ça dépend…

Le Narrateur ne veut-il pas, tel un cartésien du sentiment, se rendre comme maître et possesseur d'Albertine ? N'a-t-il pas le désir, certes impuissant, de transformer les amalgames en idées claires et les grimaces en intentions objectives ? Et comment expliquer qu'il se donne pour tâche « *d'interpréter les sensations comme les signes d'autant de lois et d'idées, en essayant de penser, c'est-à-dire de faire sortir de la pénombre ce* (qu'il avait) *senti, de le convertir en un équivalent spirituel* » ? Albertine n'est-elle pas ce corps inconnu dont l'esprit de son amant tente de démêler les rêves sensuels et « *l'équation approximative* » ? Si la dissection lui donnait le fin mot des pensées, Marcel Proust n'échangerait-il pas, comme son frère Robert, sa plume contre un scalpel ? Que dire, enfin, du fait que Marcel et Albertine, telles l'âme et la chair selon Descartes, soient à la fois hétérogènes et inséparables ?

En réalité, la philosophie de Descartes (qui voulait lui-même être lu comme on lit un roman) est une marque de génie littéraire mais jusqu'à un certain degré seulement : Descartes est une étape dans le chemin de pensée qui conduit du vain désir de vérité à l'exaltante connaissance du singulier. Après avoir trahi les espérances de l'imagination en confrontant ses rêves d'enfant à la « *tyrannie du particulier* », le monde ne retrouve de l'intérêt pour le Narrateur qu'en manifestant d'abord, sous la fadeur des phénomènes, la possibilité d'une essence commune qui fait sa nourriture et sa joie. À tel point que, « *comme un géomètre qui, dépouillant les choses de leurs qualités sensibles* » ne voit plus que leur substance, ou, « *comme le chirurgien qui, sous le poli d'un ventre de femme, verrait le mal interne qui le ronge* », le Narrateur en quête de génie se surprend lui-même à remplacer ce que les gens racontent par la manière dont ils parlent, à diluer le contenu d'une discussion dans l'écheveau des lois psychologiques dont elle figure un cas ponctuel et particulier. En d'autres termes, au lieu de voir les convives d'un dîner, le Narrateur, soudain cartésien, les « radiographie » et, sous chaque figure, décèle le figurant d'un théâtre d'ombres. De même qu'il faut en passer par le savoir pour retrouver la candeur, la conquête du talent doit accoster, sans y rester, sur les berges trop lisses de l'intelligence. Pour un temps, seulement.

Aux antipodes des *Méditations métaphysiques* qui, parce qu'elles soumettent les phénomènes aux lois de l'esprit, échouent à démontrer l'existence du monde extérieur, la *Recherche* ne se satisfait pas de dissoudre le monde sensible dans les vérités qu'il recouvre. L'abstraction qu'elle met au jour n'a ni la généralité ni la fadeur d'un concept, mais l'acuité du singulier. Comme Bachelard que la mathématique conduit à la poésie, dont la connaissance est à la lisière de la rêverie, le Narrateur s'abstrait des phénomènes non pour en rendre raison mais pour en restituer la saveur inaltérée, « *rendre claires les sensations jusque dans leur profondeur* ». À l'inspection de l'esprit qui, chez Descartes, dissout la sensation dans l'analyse et la réduit à ses éléments intellectuels, la *Recherche* substitue les intuitions du cœur qui ne s'attache à rendre claires les impressions que pour mieux les éprouver. C'est bien connu : un peu d'abstraction nous éloigne du monde, mais beaucoup nous y ramène.

Désir (et possession)

« *L'ambition enivre plus que la gloire ; le désir fleurit, la possession flétrit toutes choses ; il vaut mieux rêver sa vie que la vivre, encore que la vivre ce soit encore la rêver, mais moins mystérieusement et moins clairement à la fois, d'un rêve obscur et lourd, semblable au rêve épars dans la faible conscience des bêtes qui ruminent. Les pièces de Shakespeare sont plus belles vues dans la chambre de travail que représentées au théâtre, les poètes qui ont créé les plus impérissables amoureuses n'ont souvent connu que de médiocres servantes d'auberges, tandis que les plus voluptueux, les plus enviés, ne savent point concevoir la vie qu'ils mènent, ou plutôt qui les mène. (...) Nous la songeons, et nous l'aimons de la songer. (...) car tout, dans la vie, se dégrade par nuances insensibles. Au bout de dix ans, on ne reconnaît plus ses songes, on les renie, on vit comme un bœuf, pour l'herbe à paître dans le moment. »*

→ **Déception**

Devoir (du romancier)

Le romancier doit…

« … *préparer son livre minutieusement, avec de perpétuels regroupements de forces, comme une offensive, le supporter comme une fatigue, l'accepter comme une règle, le construire comme une église, le suivre comme un régime, le vaincre comme un obstacle, le conquérir comme une amitié, le suralimenter comme un enfant, le créer comme un monde… »*

Notons que cette phrase sublime, quasi romaine, où se résument la plupart des combats de la vie, peut s'appliquer à d'autres réalités : le peintre, le jardinier, le cavalier, le marin, le militaire et tant d'autres qui n'ont jamais lu un livre, ni envisagé d'en écrire, pourront même y trouver l'expression la plus parfaite de leur morale.

Lisant cette phrase à une coquette qui se piquait d'un certain goût pour le sublime, et guettant sa pâmoison devant tant de beau style, l'un des auteurs de ce livre s'est même entendu dire : « Au fond, faire un livre, c'est aussi difficile que de réussir son maquillage, non ? »

Diabolo

C'est le « *plaisir solitaire* » et « *l'attribut bizarre* » d'Albertine, qui se promène en le manœuvrant « *comme une religieuse son chapelet* », et qui la fait ressembler à l'*Idolâtrie* de Giotto. Pourtant le diabolo est, à l'époque du Narrateur, « *tellement tombé en désuétude que devant le portrait d'une jeune fille en tenant un, les commentateurs de l'avenir pourront disserter comme devant telle figure allégorique de l'Arena, sur ce qu'elle a dans la main* ».

Proust se trompe puisque les jongleurs de diabolo ne sont pas rares de nos jours... Mais l'erreur qu'il commet lui donne, en revanche, l'occasion de transformer Albertine en fresque avec la même rapidité que Swann le jour où il identifia une pauvre fille de cuisine « *engraissée par sa grossesse* » à la *Charité* du même Giotto : elle « *ressemblait en effet*, ajoute le Narrateur, *assez à ces vierges, fortes et hommasses, matrones plutôt, dans lesquelles les vertus sont personnifiées à l'Arena* ».

Or, c'est au cours du voyage qui coïncide avec la fin du deuil d'Albertine (à Venise, avec sa mère) que le Narrateur finit par entrer dans l'Arena, « *dans la chapelle des Giotto, où la voûte entière et le fond des fresques sont si bleus qu'il semble que la radieuse journée ait passé le seuil, elle aussi, avec le visiteur et soit venue un instant mettre à l'ombre et au frais son ciel pur, à peine un peu plus foncé d'être débarrassé des dorures de la lumière, comme en ces courts répits dont s'interrompent les plus beaux jours quand, sans qu'on ait vu aucun nuage, le soleil ayant tourné son regard ailleurs pour un moment, l'azur, plus doux encore, s'assombrit ».* La métamorphose diabolique du deuil en la figure apaisée d'un soleil qui s'embrunit sur le fond d'un ciel obscurément bleu comme la nuit est l'une des manières dont la *Recherche* raconte que la douleur est soluble dans l'art.

Dibbouk

Le Narrateur est hanté. Il a son *Horla*, son démon, son *dibbouk*. Mais c'est un dibbouk gentil. Loin de le rendre vicieux, de l'obliger à chanter en yiddish, à mettre le feu à sa maison ou tout simplement à dire n'importe quoi n'importe quand devant n'importe qui, le génie familier du Narrateur est un adorable petit personnage intermittent, tantôt radieux tantôt maussade, *« semblable à celui que l'opticien de Combray avait placé derrière sa vitrine pour indiquer le temps qu'il faisait et qui, ôtant son capuchon dès qu'il y avait du soleil, le remettait s'il allait pleuvoir »*, et qui gère les affaires courantes pendant que dort son possédé.

Or, pour le dibbouk, ce n'est pas une sinécure. Car l'ouïe et même la vue du Narrateur perçoivent malgré le sommeil, sous la forme subtile d'« *émanations* » qui lui font comme un sixième sens, tous les signes avant-coureurs du temps qu'il fait. Et c'est le « *petit personnage intérieur* » qui, les interprétant, entonne à l'occasion « *de si nombreux cantiques à la gloire du soleil* ».

Il est aisé de savoir de quel mort bienveillant le dibbouk est vaguement l'âme. Qui, dans la famille du Narrateur, était féru de météorologie ? Son père, qui ne lève les yeux au ciel que pour en observer les nuages. Certes, « *nous ne sommes pas un tout matériellement constitué, identique pour tout le monde et dont chacun n'a qu'à aller prendre connaissance comme d'un cahier des charges ou d'un testament* », mais de tous les êtres qui composent l'identité mobile de celui qui est aussi un fils à papa, il est bouleversant de remarquer qu'à son agonie, « *quand tous les autres moi seront morts* », le seul à ne pas rendre l'âme sera le « *petit personnage barométrique* » qui, si le soleil brille, « *se sentira bien aise, et ôtera son capuchon pour chanter : "Ah ! enfin, il fait beau."* ».

→ **Météo, Kabbale**

Dieu

Marcel se garda bien, sa vie durant, d'affirmer ou de nier l'existence de Dieu. Prudent, il n'en parlait jamais, et la *Recherche* fait écho, si l'on peut dire, à son silence – ce qui chagrina tant le pieux Mauriac qui réclamait, au moins, un seul saint pour racheter l'enfer proustien...

À Maurice Duplay, son camarade de l'époque des Champs-Élysées, Marcel confia un jour : « *La question*

*de l'au-delà échappe à notre connaissance. Et si Dieu
existe, il a interdit à l'homme de le savoir. En sorte
que croire en lui serait enfreindre ses ordres, et l'offenser, et cueillir une seconde fois le fruit défendu...* »
    C'était là, pour l'essentiel, un résumé de la méta-
physique de Renouvier, avec lequel il se familiarisa
sans doute à travers l'enseignement d'Alphonse Darlu,
son professeur de philosophie à Condorcet. Donc : pas
de Dieu dans la *Recherche*, ni de recherche de Dieu.
    La *Recherche* ? Un chef-d'œuvre passionnément
laïc.

→ **Elstir (ou les sept jours de Dieu), Mauriac
(François)**

Dîner (sans dames)

    Parfois, Marcel a besoin de compagnie : Albufera,
Cocteau, les Bibesco, Jean-Louis Vaudoyer, Sydney
Schiff ou Morand seront, selon les affinités de saisons,
ses convives improvisés. Odilon les a prévenus, ils arrivent vers minuit, on installe une petite table dans la
chambre encore embrumée de fumigations ; le menu,
en provenance du Ritz, comporte en général du homard,
des poulets rôtis, du gâteau au chocolat ; Marcel, cela
va de soi, ne touche à rien, et se contente de s'asseoir
successivement auprès de chaque visiteur, comme si le
dîner n'avait été donné qu'à son attention particulière.
Il n'y a pas de dames à ces dîners de dernière minute :
cela ne signifie pas que Proust fuie leur compagnie,
au contraire, mais les dames ont la fâcheuse habitude d'entrer fréquemment en contact avec les fleurs

(chapeaux, bouquets, parfums…), et cela peut occasionner des drames pour l'asthmatique qui, la veille, est « *déjà mort deux ou trois fois* » à cause d'un pollen ou de quelque vers d'un poète symboliste, lu par imprudence, et où se trouvait évoquée avec trop de précision la fragrance d'une violette ou le pistil d'un glaïeul.

→ *Asperge, Asperge (bis), Menu*

Dix points communs (entre Swann et le Narrateur)

Swann est au Narrateur ce qu'un prophète est au surhomme dont il annonce la venue. D'ailleurs, c'est la figure de Séphora (dans la fresque *Les Épreuves de Moïse* de la chapelle Sixtine) qu'il retrouve dans le visage d'Odette quand il en tombe amoureux… Or, selon le *Midrash*, Moïse n'eut pas le droit d'être enterré en Terre promise car il s'était présenté à Séphora comme un Égyptien. En termes proustiens, cela donne : Swann n'écrira jamais le roman qu'il porte en lui parce qu'au lieu d'en faire une vocation, il a sacrifié son talent aux réussites mondaines et aux amours intenables.

Mais Swann est un premier pas : antérieur à la naissance même du Narrateur, le récit d'un amour de Swann compose à la fois la *préhistoire* et l'esquisse de la *Recherche*. Et ce n'est pas un hasard si c'est « *avant d'arriver à la Madeleine* » que le Narrateur se cache, rue Duphot, pour surprendre le dandy dont il chérit « *l'apparition surnaturelle* » – tandis qu'il se rend chez son dentiste.

Voici donc une liste arbitraire et sans ordre de quelques points communs entre le bel esprit stérile et le Narrateur qui en fit sa muse.

1/ Swann et le Narrateur cuisinent leurs proies de la même manière. Le premier (sachant qu'elle ne se parjurerait pas sur cette médaille-là) demande à Odette de jurer sur sa médaille de Notre-Dame de Laghet qu'elle n'a « *jamais fait ce genre de choses avec aucune femme* ». Le second demande à Albertine de lui jurer, si elle le peut, que ce n'est pas pour « *ravoir* » des relations avec Mlle Vinteuil qu'elle a passé l'après-midi chez les Verdurin : « *Pourquoi "ravoir" ? Je n'en ai jamais eu, je vous le jure.* »

2/ Avant de lui emprunter son histoire pour en faire un chef-d'œuvre, le Narrateur essaie de ressembler physiquement à Swann en se tirant sur le nez et en se frottant les yeux.

3/ Faute de devenir l'artiste qu'il porte en lui, Swann sait déjà que la nature imite l'art : « *Il avait toujours eu ce goût particulier d'aimer à retrouver dans la peinture des maîtres non pas seulement les caractères généraux de la réalité qui nous entoure, mais ce qui semble au contraire le moins susceptible de généralité, les traits individuels des visages que nous connaissons : ainsi, dans la matière d'un buste du doge Loredan par Antoine Rizzo, la saillie des pommettes, l'obliquité des sourcils, enfin la ressemblance criante de son cocher Rémi ; sous les couleurs d'un Ghirlandajo, le nez de M. de Palancy ; dans un portrait de Tintoret, l'envahissement du gras de la joue par l'implantation des premiers poils des favoris, la cassure du nez, la pénétration du regard, la congestion des paupières du docteur du Boulbon.* »

4/ Appliquant à l'esthète les leçons qu'il a spontanément reçues de lui, le Narrateur range, à l'occasion, Swann lui-même dans un tableau, tantôt dans la fresque de Luini dont il campe un « *charmant roi mage au nez busqué, aux cheveux blonds* », tantôt dans le tableau de Tissot représentant le balcon du Cercle de la rue Royale, où Charles Haas, *alter ego* de Swann dans le monde réel, se trouve « *entre Galliffet, Edmond de Polignac et Saint-Maurice* ».

5/ Swann est le père de Gilberte, premier amour du Narrateur, le mari d'Odette, son premier fantasme, et l'ami de Bergotte, sa première passion littéraire.

6/ Contrairement à ce que pense le Narrateur (que la présence de Swann à la table de ses parents prive du baiser de « maman »), Swann est le seul adulte à pouvoir comprendre l'angoisse qu'il éprouve à cet instant, puisqu'une angoisse semblable « *fut le tourment de longues années de sa vie* » à l'époque où il aimait Odette.

7/ L'un et l'autre connaissent et prolongent les délices de l'instant d'avant. C'est avec prudence, de peur de « *déplacer le bonheur* », que le Narrateur fait les derniers pas qui le séparent de la chambre où l'attend Albertine (du moins le croit-il) ; c'est avec le sentiment de contempler pour la dernière fois le visage d'Odette, comme « *un paysage qu'on va quitter pour toujours* », que Swann se retient, un moment, d'y déposer un premier baiser.

8/ Cette aptitude à dilater les secondes qui précèdent l'arrivée du bonheur (et donc, de la déception) entre-t-elle en contradiction avec le fait que, pris au dépourvu par leur propre tristesse, Swann et le Narrateur aient en commun de se dédoubler pour devenir soudain les spectateurs d'eux-mêmes ?

Comment peut-on être à la fois le contemporain de son bonheur et le témoin de son chagrin ? Quand le Narrateur, crucifié par Albertine, assiste à l'irruption du soleil qui symbolise le « *sanglant sacrifice* » qu'il s'apprête à faire de toute joie, il s'entend lui-même pleurer. Quand Swann, délaissé par Odette, tombant une fois de trop sur la petite phrase de Vinteuil, comprend que l'insouciance appartient désormais à un monde mystérieux où nul ne peut revenir quand les portes s'en sont refermées, il aperçoit, « *immobile en face de ce bonheur revécu* », un malheureux qui lui fait pitié, et qu'il ne le reconnaît pas tout de suite... puisque c'est lui-même.

9/ C'est après coup, la mort dans l'âme, une fois qu'ils cessent d'aimer, que Swann et le Narrateur prennent la décision d'épouser leur bourreau – c'est-à-dire leur victime.

10/ Si *Un amour de Swann* résume, concentre et annonce la totalité des chagrins qui attendent le Narrateur, ce n'est pas seulement que Swann est le maître à souffrir de Marcel, mais qu'il sait aussi déjà, à sa manière, s'étonner avant de subir, transformer le déni en lucidité, faire de son chagrin la matière première de la connaissance et tenir, tantôt, ses douleurs pour plus fécondes que douloureuses. Ainsi, le soir où Odette lui avoue qu'elle a couché avec une femme au clair de lune tandis qu'il dînait chez la princesse des Laumes, l'intérêt qu'il trouve à sa douleur prend provisoirement le dessus sur les affres de la jalousie : « *il avait tellement pris l'habitude de trouver la vie intéressante – d'admirer les curieuses découvertes qu'on peut y faire – que tout en souffrant au point de croire qu'il ne pourrait pas supporter longtemps une pareille douleur, il se disait :*

"La vie est vraiment étonnante et réserve de belles surprises ; en somme le vice est quelque chose de plus répandu qu'on ne croit. Voilà une femme en qui j'avais confiance, qui a l'air si simple, si honnête, en tous cas, si même elle était légère, qui semblait bien normale et saine dans ses goûts : sur une dénonciation invraisemblable, je l'interroge et le peu qu'elle m'avoue révèle bien plus que ce qu'on eût pu soupçonner." ». C'est à cette modalité marginale de l'amour de Swann que le Narrateur rend implicitement hommage le jour où, trente ans plus tard, il comprend que « *le mal seul fait remarquer et apprendre et permet de décomposer les mécanismes que sans cela on ne connaîtrait pas* ».

Mais s'il arrive *in fine* que le Narrateur dépasse Swann et surmonte l'alternative de la douleur ou de l'ennui, il le doit à une plus grande discrétion comme à une plus grande fermeté. Swann, par exemple, pousse le vice de la jalousie jusqu'à ouvrir et lire une lettre qu'Odette écrit à son rival Forcheville, alors que le Narrateur sait renoncer, par amour, et malgré le sommeil d'Albertine, à fouiller dans le paquet de missives qui déborde du kimono négligemment jeté sur un fauteuil. De même, alors que Swann ne parvient pas à empêcher Odette de rentrer avec Forcheville dans la voiture des Verdurin (ce qui l'anéantit), le Narrateur trouve, lui, la force d'être impoli avec la patronne en refusant, au nom du plaisir qu'il se promet avec Albertine, de la laisser monter en voiture avec eux. Le fait qu'Odette ait insisté pour faire le voyage avec les Verdurin (alors qu'Albertine, plus docile, s'était juste contentée de contredire les mensonges du Narrateur) ne change rien au caractère des deux hommes dont le second, le Narrateur, sait ne pas se laisser humilier. En un mot, quand Swann baisse les bras et se passe la main sur les yeux en s'écriant « *à la grâce de Dieu* » (« *comme ceux qui après s'être acharnés à étreindre le problème de la réalité du monde extérieur ou de l'immortalité de l'âme accordent la détente d'un acte de foi à leur cerveau lassé* »), le Narrateur redresse la tête et prend la plume.

→ *Amour, Déception, Instant d'avant (L'), Lièvre, Swann (Charles), Tissot (James)*

Dostoïevski (Fiodor)

« — *Mais est-ce qu'il a jamais assassiné quelqu'un, Dostoïevski ? Les romans que je connais de lui pourraient tous s'appeler l'histoire d'un crime. C'est une obsession chez lui, ce n'est pas naturel qu'il parle toujours de ça.*
— *Je ne crois pas ma petite Albertine, je connais mal sa vie. Il est certain que comme tout le monde il a connu le péché, sous une forme ou sous une autre, et probablement sous une forme que les lois interdisent. En ce sens-là, il devait être un peu criminel, comme ses héros, qui ne le sont d'ailleurs pas tout à fait, qu'on condamne avec des circonstances atténuantes. (...) Tout cela me semble aussi loin de moi que possible, à moins que j'aie en moi des parties que j'ignore, car on ne se réalise que successivement.* »

Ces quelques lignes de *La Prisonnière* résument la situation : Proust n'exclut pas de devenir, un jour, dostoïevskien. Et, ce jour-là, on lui accordera peut-être des circonstances atténuantes, comme aux héros qui agissent parfois « *sous une forme que les lois interdisent* ».

Douloureux, repenti par avance, il circule volontiers, comme à travers un élément familier, dans l'atmosphère de péché, de névrose et de rédemption qui flotte dans la littérature en provenance de Saint-Pétersbourg ; il chérit ou pardonne la culpabilité des malheureux qu'on y croise et qui se damnent en espérant une improbable résurrection.

Tolstoï, bien sûr, hante Marcel comme il convient, et c'est à la scène de *Guerre et Paix* où le prince André contemple un catafalque qu'il emprunte le cri « *qu'avez-vous fait de moi ?* » – dont l'article sur le matricide d'Henri Van Blarenberghe se fera l'écho.

Mais c'est au Dostoïevski de *L'Idiot* et des *Frères Karamazov* que va son affinité la plus spontanée. À Dostoïevski l'unit, en effet, une double expérience : celle du reclus et celle du malade. Certes, l'épilepsie ne se signale pas par les mêmes symptômes que l'asthme (même si elle est, elle aussi, un « *mal sacré* »), et l'exil sibérien n'est pas de même nature que l'enfermement volontaire dans le souterrain du boulevard Haussmann. Il n'empêche : Proust célèbre sans cesse un Dostoïevski – pas celui de Gide ni celui de Copeau... – qui lui transmet une technique romanesque quasi behaviouriste . « *Dostoïevski, au lieu de nous présenter les choses dans l'ordre logique, c'est-à-dire en commençant par la cause, nous montre d'abord l'effet, l'illusion qui nous frappe.* » Rappelons que l'impressionnisme d'Elstir procédera du même principe et de la même technique.

Au « *grand Russe* », Proust emprunte également cette métaphysique de la Chute, du Pardon, de la Profanation, dont la *Recherche* fait grand usage. Avec Dostoïevski, Proust se convainc que nul ne perce jamais le secret ultime des agissements humains. À ce titre, *Les Sentiments filiaux d'un parricide* pourraient davantage figurer dans un roman slave que dans le décor freudien qu'il campe cependant – ce Freud qui, soit dit en passant, était lui-même dostoïevskien d'instinct et de culture.

Jacques Rivière, désireux de publier dans sa NRF un texte proustien sur l'auteur de *Crime et Châtiment* en passa commande à Marcel qui lui répondit, à la façon du prophète Néhémie alors juché sur une échelle et affairé à réparer les murs de Jérusalem : « *Je ne peux pas descendre, je suis occupé à une grande œuvre...* » Partant, il n'existe pas un *Dostoïevski* de Proust. Il en demeure néanmoins des allusions éparses, surtout dans *La Prisonnière*. Il est vrai que la *Recherche* est une sorte de Jérusalem. Et qu'il fallait appartenir à la puissante « *famille des nerveux* » pour en parfaire l'enceinte et les labyrinthes.

→ *Matricide, Profanation, Viennois (selon Charles Dantzig)*

Du bon usage (de l'antisémitisme d'Albertine)

L'une des raisons de l'étrange amitié que le Narrateur conserve à Bloch malgré ses fourberies tient peut-être au judaïsme de ce dernier, qui l'empêche de plaire à Albertine. C'est pourtant elle qui, la première, apprend au Narrateur que son camarade est assez joli garçon – à quoi il n'avait jamais songé. Mais la grâce d'une tête proéminente, l'élégance d'un nez busqué et d'un visage agréable sont peu de chose à côté du fait qu'il s'agisse d'un « *youpin* » qui la « *dégoûte* » et lui « *tape sur les nerfs* ». C'est à son judaïsme, d'ailleurs, qu'elle attribue les mauvaises façons du jeune homme, l'air fin et rusé qu'il prend pour énoncer des paradoxes, la manie de lire (l'inverse de ce qui s'y trouve) dans les pensées des autres, et le fait que, incapable de dire simplement des choses simples, Bloch ne cesse de trouver pour chacune d'elles un qualificatif précieux avant de généraliser : « *Je l'aurais parié que c'était un youpin*, dit-elle. *C'est bien leur genre de faire les punaises.* »

→ *Antisémitisme (de Charlus), Antisémitisme (dreyfusard), Bloch (Albert), Judaïsme, Shibboleth*

Duel

En 1896, Reynaldo Hahn présenta Marcel Proust à la famille Daudet. Il s'ensuivit, entre Proust et Lucien Daudet, alors âgé de dix-huit ans, une amitié amoureuse, peut-être prolongée d'une brève et clandestine liaison érotique, qui s'interrompit en 1897. C'est dans ce contexte que Jean Lorrain, l'auteur de *Monsieur de Phocas*, fit observer que, si Léon Daudet, le frère de Lucien, songeait à préfacer le prochain livre de Proust, ce serait parce qu'il n'avait « rien à refuser à l'ami de son frère ». Cette allusion à peine voilée à la liaison supposée de Marcel et de Lucien était bien dans la manière de Lorrain qui s'était alors fait une spécialité (comme, Charlus et Saint-Loup dans la *Recherche*) de désigner, par vindicte ou dénégation, le moindre homosexuel inavoué. Cela surprend cependant, d'autant que Jean Lorrain était lui-même un « inverti » qui se teignait les cheveux au henné et ne manquait jamais une occasion d'évoquer les charmes des bateliers de Boulogne.

Voyant là une allusion flagrante au « vice » dont il se défendait d'être affublé, Proust provoqua aussitôt Lorrain en duel et les deux partis se retrouvèrent, à l'aube, dans le bois de Meudon. À vingt-cinq pas l'un de l'autre, ils échangèrent deux coups de feu inoffensifs puisque « *tout cela n'était sérieux que dans l'intention* ». Proust, stimulé par la présence (en tant que témoins) du peintre Jean Béraud et de Gustave de Borda, un duelliste de renom, fut ravi d'avoir fait preuve d'un courage dont il ne se savait guère capable et, tout en regrettant que l'usage ne lui permît pas de serrer la main de son adversaire, il prit goût à ce genre d'audaces sans péril : en 1903, un autre duel faillit l'opposer au comte de Vogüé ; ainsi que, sans raison apparente, à Camille Plantevignes en 1908 – celui-ci, père d'Ernest Plantevignes, devait, toutes affaires cessantes, répondre de la légèreté de son fils, suspecté d'avoir laissé passer sans réagir une médisance au sujet des mœurs de Proust ; en

1922, enfin, il y eut un nouveau duel à blanc avec un certain Jacques Delgado – qui, au Bœuf sur le toit, avait trop bu et, dans la foulée, manqué de respect à la compagne de Léon-Paul Fargue. Ces duels, bien entendu, n'eurent jamais lieu. Pas plus que celui dont Proust menaça Jean de Pierrefeu qui avait publié, en 1919, une critique défavorable d'*À l'ombre des jeunes filles en fleurs*. Mais leur éventualité était délicieuse : c'était, pour Marcel, la manifestation d'un soubresaut de vie en lui. Et ce genre de soubresaut, quand on agonise perpétuellement, ça ne se refuse pas...

En ce qui concerne le duel avec Jean Lorrain, il est amusant de remarquer que personne ne sembla s'étonner d'une situation absurde : un homosexuel accusait un autre homosexuel de l'être, ce qui vexa celui-ci et le poussa à « *rétablir sa situation* ». La leçon eut cependant de l'effet : après cet épisode, Jean Lorrain cessa de s'en prendre à Proust et réserva ses flèches à Robert de Montesquiou qui fut accusé de trop fréquenter Boldini, un peintre mondain, également surnommé le « Paganini des peignoirs ».

→ *Charlus (socratique), Plantevignes (ou l'autre Marcel), Poignée de main, Salaïste*

D'une affaire l'autre...

Marcel, dreyfusard de la première heure, eut aussi son « Affaire », plus personnelle celle-là, et plus petite, mais qu'il ne lui déplaisait pas de comparer, fût-ce dans le cercle restreint de ses intimes, à la Grande.

Car enfin : entre l'erreur judiciaire qui précipita la chute d'un innocent, militaire et juif, et le refus de *Du côté de chez Swann* par la NRF, n'y avait-il pas, à défaut de conséquences de même nature, plus que quelques ressemblances ?

Avec des préjugés sociaux (Proust n'est qu'un mondain...) qui valaient bien les préjugés raciaux (Dreyfus n'est qu'un Juif...).

Avec la troïka Gide-Ghéon-Schlumberger dans le rôle des faussaires qui expédièrent le soi-disant félon à l'île du Diable...

Et puis : ce Goncourt, conquis pour *À l'ombre des jeunes filles en fleurs*, ne lui procura-t-il pas une joie qui n'est pas sans rappeler celle que dut ressentir Dreyfus lors de la révision de son procès, puis de sa réhabilitation ?

Enfin, comme dans la Grande Affaire, la petite eut aussi ses Zola, ses Clemenceau, ses Jaurès – qui se nommaient Rivière, Morand, Daudet ou Francis Jammes...

Ce parallèle peut paraître indécent – et il l'est. Mais il n'empêche : Proust y songea certainement plus d'une fois.

En attendant, aucun des deux auteurs de ce livre ne jurera qu'une erreur esthétique ou littéraire est, par nature, moins grave qu'une erreur judiciaire.

Échasses (et amitié)

L'auteur des *Essais* n'est jamais cité dans la *Recherche*. Les deux œuvres s'achèvent pourtant sur la même image :

« De même est-il pour nous inutile de monter sur des échasses, car sur des échasses il faut encore marcher avec nos jambes. Et sur le trône le plus élevé du monde, nous ne sommes encore assis que sur notre cul », écrit Montaigne ;

« *comme si les hommes étaient juchés sur de vivantes échasses grandissant sans cesse, parfois plus hautes que des clochers, finissant par leur rendre la marche difficile et périlleuse, et d'où tout d'un coup ils tombent* », semble préciser Proust.

À première vue, la ressemblance s'arrête là, tant les intentions divergent. Qu'auraient à se dire l'essayiste dénonçant l'enflure des hommes qui se donnent la taille de leurs échasses et le romancier dont les propres échasses, grandissant chaque année, lui donnent le vertige ? Montaigne, l'hédoniste à qui l'écriture permet de marcher dans ses pas, de danser quand il danse et de dormir quand il dort, bref, d'être le contemporain de lui-même et de « jouir loyalement de son être », et Proust, l'oiseau de nuit qui, donnant à son lecteur le sentiment d'écrire après avoir vécu, se propose, au seuil de son livre (et donc au terme de sa vie) d'y décrire les échassiers « *comme occupant dans le Temps une place autrement considérable que celle si restreinte qui leur est réservée dans l'espace* » ?

D'abord, ils se ressemblent.

C'est Proust (et non Montaigne) qui appuie « *tendrement* (ses) *joues contre les belles joues de l'oreiller qui, pleines et fraîches, sont comme les joues de notre enfance* ». Et c'est Montaigne, non Proust, qui, constatant la brièveté de la vie, se propose d'en rendre la possession « plus profonde et plus pleine ».

Et puis ils aiment la même chose : c'est faute de joies exceptionnelles que les hommes, aux yeux de Montaigne, se hissent sur des échasses et mènent « une vie de sots » – à la manière des gens qui réclament des honneurs parce qu'ils doutent d'avoir réussi. De la même façon, si le Narrateur de la *Recherche* se propose de décrire les échassiers, c'est pour sortir par le haut, par la verticale, de la vacuité d'une existence « *toute en longueur* » à laquelle cent ans de plus n'ajouteraient que du chagrin.

Et puis, que les échasses représentent les gratifications pathétiques dont les vies ratées sont avides ou qu'elles soient les jambes d'un compas qui aurait simultanément un pied dans l'enfance et un autre dans le présent, Proust et Montaigne ont en partage le sentiment que le temps est l'allié paradoxal de la création. Car il faut fixer son attention sur la façon dont les choses passent : « Je peux bien attendre le temps où je sentirai le mal sans l'allonger par le mal de la peur. Celui qui craint de souffrir souffre déjà du fait qu'il craint. » Autrement dit, si la mort se mêle partout à la vie, la sagesse n'est pas de lui tourner le dos ni de la craindre, enseigne Montaigne, mais de l'attendre sans y penser. Or, que fait le Narrateur ? Tout en déplorant le spectacle de la vieillesse, il tente d'y voir le mystère d'une transfiguration dont les stigmates ne l'effraient plus mais l'enchantent. *« Il faut se résigner à mourir »*, dit-il, et *« décrire l'homme comme ayant la longueur non de son corps mais de ses années »*. Montaigne veut que la mort « le trouve, plantant ses choux », le Narrateur remplace l'effroi de se savoir mortel par le refus, pragmatique, de mourir avant d'avoir écrit son livre (*« était-il encore temps pour moi ? N'était-il pas trop tard ? »*). L'un et l'autre ont littéralement vaincu la peur de mourir.

La vraie différence entre Montaigne et Proust est paradoxalement à chercher dans l'un des rares points communs objectifs entre les *Essais* et la *Recherche* : la perte d'un ami.

Montaigne surmonte son chagrin en idéalisant Étienne de La Boétie et en lui faisant, au cœur d'une œuvre hypogéenne, la place qui convient aux pharaons défunts. Le Narrateur, apprenant la mort de Robert de Saint-Loup, parcourt le chemin inverse : il dépouille l'amitié qu'il lui porte de toute dimension contemplative et littéraire. Restent inaltérés les qualités et les défauts d'un homme que sa mort rend à lui-même car le Narrateur, de son vivant, le contemplait avant de l'aimer. Ainsi, la mort de Saint-Loup (« *dévisagé* » par une bombe, comme dit Françoise) persuade provisoirement le Narrateur de l'inutilité de son art, tandis que le vingt-huitième chapitre du premier livre des

Essais (le tombeau de La Boétie) constitue le *Temps retrouvé* de Montaigne.

Éditeur (à propos de Jacques Rivière)

Un écrivain de génie n'a pas besoin d'éditeur. Il lui suffit d'avoir, sous la main, ou au bout du téléphone, quelques détecteurs de coquilles, un imprimeur zélé, un éventuel banquier, voire une source intelligente et sporadique d'encouragements quand le doute grippe sa machinerie créatrice, ou quand l'inspiration se fait attendre – mais, s'il est un véritable écrivain, il n'a besoin de personne pour ce qui concerne l'élaboration de son œuvre. Et rien n'est plus déplaisant, plus contraire aux vérités vécues, que l'éditeur infatué qui se croit indispensable et qui, après la mort de son poulain – puisque les écrivains meurent souvent avant leurs éditeurs qui, eux, ne se surmènent que d'intrigues, de jouissances et de dîners en ville –, laisse entendre à ses maîtresses ou à ses actionnaires que, sans lui, X ou Y (par exemple, et sans rire : Kafka, Flaubert ou Kundera…) n'auraient jamais été ce qu'ils furent. Il suffit d'avoir un peu l'expérience de ces maisons de commerce où le marchand vend le papier imbibé par la souffrance ou le génie de son « poulain » pour s'aviser de la vanité d'un tel manège…

Il se trouve cependant que Proust, passée l'humiliation de ses débuts et de la sinistre bévue gidienne, eut la chance de rencontrer l'éditeur qu'il lui fallait : neutre, appliqué, intelligent et fidèle. Il s'appelait Jacques Rivière, c'était un Bordelais qui avait choisi la littérature contre la médecine paternelle (déjà

un point commun avec Marcel) et un amoureux des
femmes (il épousa la sœur d'Alain-Fournier et publia
un roman sensible, *Aimée*, dédié à Proust). Secrétaire
de la NRF dirigée par Copeau, il ne prit aucune part
au refus tragiquement inaugural de *Swann*, mais eut le
mérite d'en être meurtri quand, dans un train, il lut le
livre imprimé à compte d'auteur chez Grasset. C'est
à lui, plus qu'aux génuflexions tardives de Gide, que
Gaston Gallimard dut le bonheur de récupérer l'écrivain qui allait lui valoir son premier prix Goncourt.
Émerveillement de Marcel devant un jeune ponte de la
NRF qui le venge des humiliations passées : « *Enfin,
je trouve un lecteur qui devine que mon livre est un
ouvrage dogmatique et une construction...* »

À partir de là, Rivière ne commit aucune faute de
goût avec le très susceptible Proust : peu de visites,
de la méticulosité, du dévouement, de la modestie, de la discrétion. Proust, en retour, lui fit confiance,
comme le prouve cette lettre où Rivière le prie (avec
précision) de raccourcir un extrait de son livre (*En
tram jusqu'à la Raspelière*) destiné à sa revue : « Sup-
primez la visite Cambremer ; extrayez-en le savant

norvégien (…) extrayez-en également l'amateur de Le Sidaner (…) extrayez-en enfin la salivation de la vieille Cambremer. Celle-là, ne la mettez pas dans le petit tram (…) De cette façon, vous aurez un tout cohérent, point éparpillé… »

Proust voulut, avec une constance à peine démentie vers la fin, témoigner de sa reconnaissance à l'endroit de Rivière – qui, quand fut venue l'heure d'établir le texte définitif de la *Recherche*, fut (au saphisme près…) le pendant existentiel de l'amie de Mlle Vinteuil acharnée à déchiffrer les manuscrits posthumes et illisibles du musicien. Il intrigua, de toutes ses faibles forces, pour lui faire obtenir le prix Blumenthal en se rendant, malgré ses vertiges des derniers jours, à la délibération du jury dont il était membre. René Boylesve, autre membre du jury, le décrit ainsi : « une face de gibier faisandée, bleue, l'aspect d'une chiromancienne… L'air d'une dame juive de soixante ans qui aurait été belle… Jeune vieux, malade et femme… ».

Après la mort de Marcel, Rivière fit preuve d'une délicatesse sans pareille : un volume d'hommage, aucun cancan, un travail de galérien pour mettre au point le manuscrit de *La Prisonnière*. Il eut même la courtoisie de ne survivre que de deux ans à son écrivain illustre – ce qui lui épargna la tentation de trop en dire.

Notons cependant que même Rivière, un jour, déçut Proust qui, avec ingratitude, lui écrivit : « *je ne vous fais plus confiance* ». En effet, le merveilleux Rivière avait commis un crime : il avait insinué que l'extrait que Proust lui avait confié pour publication dans une NRF de 1922 était « incohérent ». Dans sa lettre, et après avoir promis de se conformer en tout à la volonté de Proust, il avait eu le front d'ajouter : « à l'occasion, renseignez-moi. Oui, dites-moi ce que vous avez écrit, avez voulu dire. Initiez-moi ». Il voulait dire : cher Proust, où va votre livre ? Quelle surprise avez-vous en tête ? Expliquez-moi… Je suis votre serviteur, mais je dois savoir où vous souhaitez vous rendre… À cette lettre, Proust n'eut, hélas, pas le temps de répondre.

→ *Contraire, Gide (Le rêve de), Invisible et Innommée, Papillon, Vertèbres (du front)*

Effaceur (de Proust)

Jérémie Bennequin est un artiste conceptuel trentenaire qui, depuis de longues années, se consacre à une tâche dont l'absurdité fascine : chaque jour, avec le côté bleu de sa gomme, il efface une page d'*À la recherche du temps perdu*. Lorsqu'une revue férue d'art contemporain l'interroge, il précise qu'il conserve précieusement tous les résidus (copeaux de gommage, feuille blanchie, palimpseste…) de cette activité dont la dimension métaphysique échappe au profane.

Ce que l'artiste, par son geste rebelle, entend prouver ? Que l'époque efface le sens des choses au profit des images ; et que le temps perdu ne l'est jamais.

Une fois sa page effacée, M. Bennequin la recycle dans une composition audacieuse dont certains galeristes raffolent. Le résultat est emballé sous un pavillon intitulé « Ommage » (ni Hommage ni Gommage…). « Mon travail, ajoute-t-il, montre qu'un texte peut devenir visuel et qu'une image est aussi un texte » – ce dont Marcel, en modeste précurseur de M. Bennequin, avait déjà fait l'expérience devant les trois clochers de Martinville. Le choix de l'œuvre sur laquelle cet avant-gardiste a choisi de décliner son concept en dit long sur l'ampleur toujours imprévisible du fétichisme proustolâtrique. On tirera profit et sage perplexité en consultant le site de cet artiste dont le prénom rappelle celui d'un prophète réputé pour ses indignations : http://jbennequin.canalblog.com

→ **Matrice (Baiser de la)**

Égoïsmes

Il y a deux catégories d'égoïstes dans la *Recherche* : les absolutistes et les épicuriens. Les premiers nient l'existence de ce qui contrarie leur désir. Les seconds s'en arrangent – et, même, en jouissent.

Quand la princesse de Silistrie apprend au duc de Guermantes que l'état de santé de son cousin Amanien d'Osmond s'est subitement aggravé, le duc porte d'abord un diagnostic étonnamment favorable sur la santé de son parent. Un tel optimisme, que rien ne justifie, n'est pas dicté par la sollicitude (le duc s'en fiche comme de sa première conquête), mais, au contraire, par la crainte que l'annonce du décès ne compromette le dîner où il est heureux de se rendre et, surtout, le bal costumé en vue duquel « *un costume de Louis XI pour lui et d'Isabeau de Bavière pour la duchesse étaient tout prêts* ». En d'autres termes, Amanien peut mourir quand il le souhaite, mais pas ce soir – ou alors discrètement, et qu'on ne l'apprenne que le lendemain.

Mais, après avoir séquestré ses propres domestiques de peur que l'un d'entre eux, dans un excès de zèle, n'ait la mauvaise idée de prendre des nouvelles du moribond, et après avoir réussi, comme on passe entre les gouttes, à échapper à toutes les personnes susceptibles de l'informer d'une mort probable, le duc, que quelques mètres seulement séparaient encore de la voiture qui devait l'emmener à sa redoute, tombe, pour son malheur, sur Mme de Plassac et Mme de Tresmes, ravies de l'informer que « *le pauvre Amanien* » vient de mourir. Tel un évadé que son geôlier rattrape juste avant le seuil de sa prison, le duc, résolu à ne pas renoncer à son plaisir, prononce alors ces mots extraordinaires : « *Il est mort ! Mais non, on exagère, on exagère !* » Ce disant, c'est à lui-même, évidemment, qu'il accorde un sursis.

Ailleurs, dans la même veine, M. Verdurin répond « *vous, vous exagérez toujours* » au pauvre Saniette qui lui apprend maladroitement la mort de la princesse Sherbatoff alors que la soirée vient de commencer. L'égoïsme qui sacrifie la mort à la perspective d'un petit plaisir transcende les classes sociales : que je sois duc ou bourgeois, l'égoïsme est plus fort que moi. Plus il est mesquin, plus il est immense.

Enfin, pareille à Lucrèce trouvant « doux, quand la vaste mer est soulevée par les vents, d'assister du rivage à la détresse d'autrui », Mme Verdurin, tout en trempant un délicieux croissant dans son café au lait, se régale du supplice, détaillé par son journal, des naufragés du *Lusitania*. « *Quelle horreur ! Cela dépasse en horreur les plus affreuses tragédies* », s'écrie-t-elle, ravie d'offrir à son plaisir l'écrin d'une tragédie que sa distance rend indolore mais dont l'ampleur, ajoutant au plaisir du croissant la liste des maux qui lui sont épargnés, fait tout de même un excellent exhausteur de goût.

La gigantesque petitesse de l'ego, érigeant le « moi » en mesure de toutes choses, se représente le bout du nez comme la limite des terres connues, ce qui est cohérent : la logique plaide en faveur de l'indéracinable privilège qu'une conscience accorde aux soucis qu'elle se donne. Qu'on en jouisse ou qu'on la nie, « il n'est pas contraire à la raison, dit Hume dans le *Traité de la nature humaine*, de préférer la destruction du monde à une égratignure de (son) petit doigt ».

→ **Croissants, Souliers (noirs ou rouges)**

Électricité

L'électricité ressemble au luxe. Ceux qui la dédaignent ne peuvent s'en passer. Pareil au snob qui met sur un pied d'égalité les réduits les plus modestes et les demeures princières (tout en préférant ces dernières aux premiers), vingt ans d'électricité avivent la nostalgie des charbonniers et des veilleuses. Mais si, d'aventure, « *l'électricité vient à s'éteindre dans notre salon et qu'on doive la remplacer par des lampes à huile* », tout nous paraît incommode. Depuis l'invention de l'électricité, l'histoire va trop vite, tout se perd – ce qui permet à la fois de s'en plaindre et d'en jouir. Au plaisir du luxe s'ajoute le délice du regret.

Mais la vraie raison de la fascination que l'électricité (ce critère spontanément mythologique de la modernité) exerce sur le Narrateur tient à son potentiel de métamorphose. Fulgurante, artificielle et lumineuse, l'électricité n'est bizarrement jamais employée pour décrire les coups de foudre. Mais la déconvenue, qui suit l'amour comme son ombre, trouve un équivalent de choix dans l'extinction soudaine des feux. Découvrant qu'Odette est effectivement une femme entretenue, Swann « *ne put approfondir cette idée, car un accès d'une paresse d'esprit, qui était chez lui congénitale, intermittente et providentielle, vint à ce moment éteindre toute lumière dans son intelligence, aussi brusquement que, plus tard, quand on eut installé partout l'éclairage électrique, on put couper l'électricité dans une maison* ».

Comme elle n'apparaît que sous la forme des phénomènes qui en témoignent (foudre, chaleur ou lumière), l'électricité décrit à merveille la métamorphose des émotions, la conversion d'une douleur en équivalent spirituel. Elle est en cela comme le génie qui dépend du « *pouvoir réfléchissant* » et non de la « *qualité intrinsèque* » du spectacle reflété : « *Pour faire chauffer un liquide avec une lampe électrique, il ne s'agit pas d'avoir la plus forte lampe possible, mais une dont le courant puisse cesser d'éclairer, être dérivé et donner, au lieu de lumière, de la chaleur. Pour se promener dans les airs, il n'est pas nécessaire d'avoir l'automobile la plus puissante, mais une automobile qui ne continuant pas de courir à terre et coupant d'une verticale la ligne qu'elle suivait soit capable de convertir en force ascensionnelle sa vitesse horizontale. De même ceux qui produisent des œuvres géniales ne sont pas ceux qui vivent dans le milieu le plus délicat, qui ont la conversation la plus brillante, la culture la plus étendue, mais ceux qui ont eu le pouvoir, cessant brusquement de vivre pour eux-mêmes, de rendre leur personnalité pareille à un miroir, de*

*telle sorte que leur vie, si médiocre d'ailleurs qu'elle
pouvait être mondainement et même, dans un certain
sens, intellectuellement parlant, s'y reflète...* » Il est
compréhensible, dès lors, que les électriciens figurent,
aux yeux du Narrateur, « *dans les rangs de la Che-
valerie véritable* ». Et que les « *véritables illettrés* »
soient, pour lui, les gens du monde.

Enfin l'électricité, véloce intermédiaire, n'est
qu'une étape vers l'immédiation retrouvée, « *de même
que la parole humaine, changée en électricité dans
le téléphone, se refait parole pour être entendue* ».
Car, si rapide soit-elle, l'électricité ne va jamais qu'à
la vitesse de la lumière, c'est-à-dire moins vite qu'un
affect : « *la force qui fait le plus de fois le tour de la
terre en une seconde, ce n'est pas l'électricité, c'est
la douleur* ».

→ **Déception, Métempsycose, Téléphone**

« Elle ressemblait à ma vie »

« Ressembler à la vie », c'est être décevant.

L'expression apparaît à trois reprises dans la
Recherche, et toujours pour conclure une défaite.

La première fois dans le salon d'Odette qui joue
au Narrateur « *la Sonate de Vinteuil où se trouve la
petite phrase que Swann avait tant aimée* ». Or, parce
qu'il *essaie* de comprendre ce qu'il entend, parce qu'il
regarde autant qu'il écoute, c'est d'abord aux parties
les moins précieuses et les plus brillantes de la sonate
qu'il s'attache. Mais quand le miracle de la sonate,
« *entraîné par l'habitude hors des prises de* (sa)

sensibilité », se donne à entendre de nouveau, « *ce qu'il y avait distingué, préféré tout d'abord, commençait à* (le) *fuir* ». Autrement dit : « *Pour n'avoir pu aimer qu'en des temps successifs tout ce que m'apportait cette Sonate, je ne la possédai jamais tout entière : elle ressemblait à la vie.* »

Une deuxième fois dans la voiture de la marquise de Villeparisis, quand trois arbres, surgissant à l'entrée d'une allée, forment un dessin que le Narrateur a soudain le sentiment de reconnaître alors qu'il découvre cet endroit : « *Bientôt à un croisement de routes, la voiture les abandonna. Elle m'entraînait loin de ce que je croyais seul vrai, de ce qui m'eût rendu vraiment heureux, elle ressemblait à ma vie.* »

Après la mort d'Albertine, enfin, quand le Narrateur désespéré se met à croire en l'immortalité de l'âme comme on improvise une parade maladroite au coup qu'on n'a pas vu venir, puis se lance dans la dévoration de livres sur les tables tournantes et finit par exiger du ciel qu'il puisse retrouver sa bien-aimée dans l'au-delà « *avec son corps, comme si l'éternité ressemblait à la vie* ».

Qu'elle désigne la succession métronomique du temps qui prive de goûter une mélodie dans son ensemble (c'est-à-dire dans sa continuité), le trajet d'une calèche qui ne lui laisse pas le temps d'approfondir l'impression de retrouver ce qu'il n'a pourtant jamais vu, ou encore l'impossibilité d'être (un corps) et d'avoir (une vie éternelle), dans les trois cas, la « vie » est synonyme, dans cette expression, de l'indifférence qui croise mon désir et s'y oppose, mais n'entend pas sa plainte.

→ **Déception, Déjà-vu, Phrase (la petite)**

Elstir (ou les sept jours de Dieu)

Dans la *Recherche* il est question de croyance, de prêtres, de judaïsme, de mythologie, de peinture céleste, de villes maudites et de la forme des clochers... Mais Dieu lui-même n'est d'abord qu'un Dieu pour enfants, une idée, une expression, un « bon Dieu » de campagne, un « mon Dieu » de surprise – le composant indispensable et sans saveur des conversations de village et des stupeurs de salon (« Mon Dieu, que les domestiques sont bêtes ! »).

Puis au premier jour, ce fut comme une révélation : alors que le Narrateur s'y rendait, de mauvaise grâce, à l'invitation du peintre et à la demande de sa grand-mère, en pestant contre une visite qui le privait d'épier les jeunes filles en fleurs au détour des dunes, et comme il en franchissait le seuil, l'atelier d'Elstir lui sembla soudain « *comme le laboratoire d'une sorte de nouvelle création du monde* » où « *le créateur était en train d'achever, avec le pinceau qu'il tenait dans sa main, la forme du soleil à son coucher* ». Et la lueur fut.

Bergotte est un père déchu. Vinteuil, un Titan posthume. Elstir, un dieu vivant. Un dieu sans culte, créant avec la même nécessité qu'il existe, continuant à peindre « *sur la prière* » du Narrateur errant dans le clair-obscur de l'atelier.

Au deuxième jour, la lumière que répand Elstir, loin d'être aveuglante, se contente d'exalter les ombres et la noirceur – tout comme la musique de Vinteuil, affirmative et non consolatrice, parvient à ne pas chasser les idées noires mais à les inviter au contraire à partager danses immobiles et chants silencieux. Tel le Timée de Platon qui construit « avec tous les Touts ce Tout unique, parfait, inaccessible à la vieillesse et à la maladie », le Dieu de Proust compose et réarrange l'univers plus qu'il ne le fait jaillir à partir de rien. Au lieu de réduire en ses éléments objectifs une impression forte, mieux vaut rendre claires les sensations, « *jusque dans leur profondeur* ». Même s'il figure l'idéal régulateur d'un art achevé, d'une sensibilité qui produirait exactement ce dont elle a la représentation, Elstir (c'est-à-dire Whistler sans « h » ni « w ») dénude le monde, en ôte les filtres qu'y déposent les hommes pour lui donner forme humaine et, dès lors, supporter d'y vivre. Sous son pinceau sans pitié, dans ces tableaux irréels et mystiques, l'univers se voit progressivement libéré de l'anthropomorphisme qui évalue le réel à l'aune de nos manques : « *Le veston du jeune homme et la vague éclaboussante avaient pris une dignité nouvelle du fait qu'ils continuaient à être, encore que dépourvus de ce en quoi ils passaient pour consister, la vague ne pouvant plus mouiller, ni le veston habiller personne.* »

Pourtant, au troisième jour, Elstir n'expose pas les choses telles qu'elles sont mais les présente selon les illusions optiques que composent nos premières impressions. Mieux : c'est « *par retour sincère à la racine même de l'impression* » que le peintre choisit « *de représenter une chose par cette autre que dans l'éclair d'une illusion première nous avons prise pour elle* ». Elstir ne produit pas mais dépouille le monde et les personnes qui, de cette manière, « *comme un métal plongé dans un mélange altérant* », perdent peu à peu leurs qualités et leurs défauts au profit d'un matin durable, d'une candeur tenace.

Au quatrième jour, Elstir *dé-nomme* les choses. « *Si Dieu le Père avait créé les choses en les nommant, c'est en leur ôtant leur nom, ou en leur en donnant un autre qu'Elstir les recréait.* » Or, les noms, garde-fous des objets, sont les fils du besoin qui, pour accommoder le monde, « *répondent toujours à une notion de l'intelligence, étrangère à nos impressions véritables* ». Le *dénomateur* Elstir enseigne que, de Véronèse au skating, « *tout est fécond, tout est dangereux* », qu'on peut faire « *d'aussi précieuses découvertes que dans les* Pensées *de Pascal dans une réclame pour un savon* », car « *il n'y a pas de gothique, il n'y a pas de chef-d'œuvre, l'hôpital sans style vaut le glorieux portail* ». Ce n'est pas par idolâtrie du présent qu'il faut aimer la modernité mais parce qu'elle recèle autant de trésors qu'un passé doré par le souvenir. Il faut empêcher le passé de se croire plus beau qu'il n'était comme il faut interdire au présent de se tenir pour original. L'illusion (à vaincre) est de penser que notre expérience est sans précédent (notons au passage que le grand *dénomateur* est aussi celui qui « *nomme* » Albertine Simonet au Narrateur, ce qui ouvre tant de perspectives et pose tant de problèmes qu'on en fera ici l'économie). Certes, tout est intéressant... Mais il existe aussi une beauté objective qui, attachant le cœur d'Elstir à telle église ou à tel visage en particulier, le met parfois en contradiction avec lui-même. « *Pas plus qu'Elstir, je n'aimais cette église, c'est sans me faire plaisir que sa façade ensoleillée était venue se poser devant mes yeux, et je n'étais descendu la regarder que pour être agréable à Albertine. Et pourtant je trouvais que le grand impressionniste était en contradiction avec lui-même ; pourquoi ce fétichisme attaché à la valeur architecturale objective, sans tenir compte de la transfiguration de l'église dans le couchant ?* »

Au cinquième jour, après avoir rendu le monde à son ingénuité, c'est-à-dire à ce qu'il est, Elstir en supprime les discontinuités imaginaires et les pulsions partitives : comme dans les tableaux de Rothko qui décrivent le passage insensible et néanmoins spectaculaire d'un état à l'autre, la ligne de démarcation entre la terre et la mer est, dans les tableaux invisibles d'Elstir, la première victime de ce retour à l'unité. Et nous voilà rendus, par la grâce d'un pinceau, d'une petite queue, d'une touffe de poils maintenue par une virole, à l'innocence qui précède les dénominations utilitaires, à l'inhumanité native d'un monde qui n'est pas là pour nous faire plaisir mais pour nous émerveiller, dont les objets, pour redevenir des choses, attendent, pour nous saisir à la gorge, qu'on les immerge dans un milieu qui n'est pas le leur, comme dans ce tableau représentant le port de Carquethuit où la ville donne l'impression d'être sur la mer et les églises de « *sortir des eaux* » tandis que les mâts et les vaisseaux ont quelque chose de bizarrement terrien.

Au sixième jour, l'art d'aimer de cet Ovide mondain se hisse provisoirement à la hauteur de son œuvre : Elstir nettoie le monde, Elstir purge le réel de son importance pour le rendre à sa neutralité, Elstir affranchit le héros du dilemme entre la tristesse de l'expérience et la splendeur du rêve qui la précède. C'est ainsi qu'il enseigne au Narrateur à surmonter, grâce à l'érudition, la déception qu'il éprouve devant l'église de Balbec :

« *Comment, vous avez été déçu par ce porche ? mais c'est la plus belle Bible historiée que le peuple ait jamais pu lire. Cette Vierge et tous les bas-reliefs qui racontent sa vie, c'est l'expression la plus tendre, la plus inspirée de ce long poème d'adoration et de louanges que le moyen âge déroulera à la gloire de la Madone. (...) l'ange qui emporte l'âme de la Vierge pour la réunir à son corps ; dans la rencontre de la Vierge et d'Élisabeth, le geste de cette dernière qui touche le sein de Marie et s'émerveille de le sentir gonflé ; et le bras bandé de la sage-femme qui n'avait pas voulu croire, sans toucher, à l'Immaculée Conception ; et la ceinture jetée par la Vierge à saint Thomas pour lui donner la preuve de sa résurrection ; ce voile aussi que la Vierge arrache de son sein pour en voiler la nudité de son fils d'un côté de qui l'Église recueille le sang, la liqueur de l'Eucharistie, tandis que, de l'autre, la Synagogue, dont le règne est fini, a les yeux bandés, tient un sceptre à demi brisé et laisse échapper, avec sa couronne qui lui tombe de la tête, les tables de l'ancienne Loi ; et l'époux qui aidant, à l'heure du Jugement dernier, sa jeune femme à sortir du tombeau lui appuie la main contre son propre cœur pour la rassurer et lui prouver qu'il bat vraiment, est-ce aussi assez chouette comme idée, assez trouvé ? »*

Dieu sait s'il faut être intelligent et savant pour se défaire à ce point de toutes les notions de l'intelligence et du savoir en présence de la réalité... L'invraisemblable érudition de ce pédagogue du regard n'a rien du savoir sec que le Narrateur tient pour « *une fuite loin de notre propre vie* », mais s'offre à qui veut en jouir comme la condition paradoxale d'un retour à l'ingénuité d'une vision, ou le remplacement de l'imagination par la sensibilité.

Au septième jour, il ne reste de ces ablations créatrices qu'un monde sans simagrées. Un tableau.

L'autre nom d'une réalité qui se prend pour un rêve.

→ *Asperge, Asperge (*bis*), Dieu*

Enfants

Si l'on excepte le Narrateur et Gilberte, il n'y a pas d'enfants dans la *Recherche* et, malgré l'abondance de ses métaphores animalières, guère plus d'animaux domestiques – d'où l'air de civilité et de calme qu'on y respire.

Et si enfants il y a, ils ont au moins le mérite d'être uniques : même le frère de Proust, pourtant aimé et respectable, est escamoté ; Françoise a bien une fille, dont on sait peu de choses – mais cette fidèle servante n'est-elle pas d'abord la deuxième mère du Narrateur ? Quant à Gilberte, qui est également mère, voici ce que Proust dit de sa fille : « *Je la trouvais bien belle, pleine encore d'espérances. Riante, formée des années mêmes que j'avais perdues, elle ressemblait à ma jeunesse.* » On découvre cette innocente créature-vampire – ne se nourrit-elle pas, comme toute progéniture, de ce que l'on perd ? – à la fin du *Temps retrouvé*, mais c'est déjà une quasi-adulte, d'autant que Proust s'embrouille un peu avec sa propre chronologie en la prenant pour sa mère et en lui faisant un âge invraisemblable.

Par ailleurs, le duc et la duchesse de Guermantes n'ont, officiellement, aucune descendance – ce qui s'explique, d'après le mot du duc, quand Swann offre à Oriane son immense photographie des monnaies de Malte : « *si elle est dans votre chambre, j'ai chance de ne la voir jamais* » ; pas davantage de descendance chez Charlus (*of course*), la princesse de Parme, les Verdurin, les Cottard, les Bontemps (Albertine n'est que leur nièce), Norpois, Bergotte, Brichot, Elstir… Et Vinteuil, dira-t-on, n'a-t-il pas une « fille », la *profanatrice* Mlle Vinteuil ? Certes, mais il est surtout le père de sa sonate, de son septuor et, dans le roman, il n'existe vraiment qu'après sa mort – ce qui permettra à Emmanuel Berl de noter drôlement que, dans ce cas précis, c'est surtout Mlle Vinteuil qui a un père.

Du coup, on s'étonne : les héros proustiens, vivant dans un monde sans accouchement (beaucoup de médecins dans la *Recherche*, mais aucun gynécologue), ne se reproduisent pas. Ils sont occupés de leurs ambitions, de leurs bals, de leurs plans de table, de leurs gris-gris mondains, tout en affichant une stérilité de bon aloi, ce qui leur épargne la douleur de perdre un enfant, sauf dans le cas de Mme de Marsantes, mère de Saint-Loup… Mais celui-ci, dans le roman, vit longtemps après sa mort, tandis que sa mère disparaît complètement, comme si le fait de lui avoir donné naissance la dispensait de poursuivre sa propre existence. C'est à se demander si les héros proustiens font encore l'amour dès lors qu'ils sont mariés – de fait, rien n'est moins sûr… En tout cas, dès que des amants s'épousent, on n'entend plus parler de leurs désirs. Mieux, ils s'évanouissent, et on ne les retrouve que veufs, veuves ou remariés.

→ *Baiser (du soir), Bestiaire, Frère, Lanterne magique*

Enterrement

Dans son très beau « roman », *La Nuit du monde*, l'écrivain franco-belge Patrick Roegiers offre une version personnelle et juste, quoique glorieusement imaginaire, de l'enterrement de Proust. Au mépris de toute réalité, et n'obéissant qu'au respect réservé à ce qui *aurait dû* advenir, il y convoque sans plus de manière une sarabande de « grands écrivains », toutes époques confondues, où l'on remarque la présence de Shakespeare, de Dante, de Goethe ou de Cervantès, pour ne citer que les plus fameux. Genet, Beckett, Pound, sont également de la partie. Les uns plaisantent, d'autres semblent ravis de se retrouver, les plus anciens défunts préfèrent s'en tenir à quelque taciturne rigidité – mais tous ont fait un long chemin depuis leur néant afin d'honorer un jeune trépassé digne de les rejoindre.

Un *casting* très subtil mentionne Molière, dont le quasi proustien *Malade imaginaire* justifie une place de choix dans la procession ; Tchekhov est là, lui aussi, en tant que médecin ; ainsi que Camus qui, on l'oublie parfois, s'inspira beaucoup des travaux hygiénistes d'Adrien Proust pour écrire *La Peste* ; Joyce – l'un des rares vivants de cette assemblée – trébuche un peu car il y voit mal : n'est-il venu que pour reprendre la non-conversation qu'il eut avec Proust, au Majestic, moins d'un an plus tôt ? Observons enfin que, par bizarrerie, Céline s'est déplacé alors qu'il détestait Marcel – mais c'est probablement pour l'en punir que Roegiers lui inflige cette cérémonie baroque. De fait, Georges Simenon est le seul grand écrivain absent – ce qui satisfait Maurice Maeterlinck et Henri Michaux, qui se flattent de représenter ensemble, et seuls, les lettres d'outre-Quiévrain. Il est vrai que Simenon ne mentionna jamais la *Recherche* au fil de son œuvre torrentueuse, et qu'il ne fut pas davantage mentionné par Proust – qui, lui, eut au moins l'excuse de ne pas en avoir eu le temps... Cette indifférence symétrique annonce sans doute que ces deux artistes d'envergure distincte n'auront pas plus à se dire dans l'au-delà qu'ici-bas.

En vérité, les obsèques de Proust furent moins baroques.

Quelques semaines avant de rendre l'âme, il avait répondu à un reporter de *L'Intransigeant* qui posait à quelques célébrités la question classique : « Que feriez-vous si la fin du monde était vraiment pour demain ? »

« *Je crois que la vie nous paraîtrait brusquement délicieuse*, lui répondit Marcel. *Songez en effet combien de projets, de voyages, d'amours, d'études, notre vie tient en dissolution, invisibles à notre paresse qui, sûre de l'avenir, les ajourne sans cesse. Mais que tout cela risque d'être à jamais impossible, comme cela redeviendra beau... Et pourtant, nous n'aurions pas dû avoir besoin du cataclysme pour aimer aujourd'hui la vie. Il aurait suffi de penser que ce soir peut venir la mort.* »

Le mardi 21 novembre, trois jours après sa mort, eurent donc lieu ses obsèques non imaginaires. Le défunt avait cinquante et un ans – comme Molière, comme Balzac. Par habitude mondaine, on joua du Ravel (la *Pavane*...) dans la chapelle de Saint-Pierre de Chaillot remplie de ducs, d'académiciens, de jeunes gens, de membres du Jockey-Club. Peu d'écrivains, signale un chroniqueur malveillant, mais des intimes d'autrefois (Reynaldo, la princesse Marie Murat, Léon Daudet, le baron Moix et un *tutti quanti* de « la haute juiverie russe et la grande pédérastie parisienne sur le retour » où dominent, selon ce même chroniqueur, « le fond de teint, l'ongle verni, le regard fureteur... »). Après l'oraison funèbre prononcée par l'abbé Delouve, Barrès murmure à Mauriac : « Je l'avais toujours cru juif, le petit Marcel... »

Le cortège se mit en route vers midi. Lorsqu'il passa par la rue Boissy-d'Anglas, Cocteau et sa bande firent une halte au Bœuf sur le toit où on leur servit quelques crêpes, après quoi ils sautèrent dans un taxi afin de devancer la procession qui se dirigeait vers le Père-Lachaise.

Dans la foule, on remarquait la présence réelle de tous les individus auxquels Proust avait emprunté un regard, une allure, une manie, un vice, pour composer ses propres personnages.

Dans la grande allée du Père-Lachaise, et en se dirigeant vers la division 85, le cortège contourna un mausolée à la gloire d'un jeune aviateur mort au combat. Clin d'œil de la Réalité à la Fiction : cet aviateur se prénommait Albert. Aurait-on préféré qu'il se prénommât Alfred ? Et pourtant, entre Albert et Albertine...

→ *Agostinelli (Alfred), Camus (Albert), Céline (Louis-Ferdinand), CQFD (Ceux qui franchement détestent), Joyce (James)*

Esther

Au mur de la salle à manger du 102, boulevard Haussmann, un tableau inquiétant surveille chaque repas de la famille Proust : les *Noces d'Esther*. Ce tableau est l'œuvre d'un petit maître flamand, Francken le Jeune. On y voit, conformément à la légende biblique, la jeune promise juive s'avançant vers le terrible Assuérus, roi des Perses, tandis que le grand corps rouge d'Aman, le conseiller félon, observe la cérémonie qui va sceller sa défaite.

La légende est fameuse et propice aux songeries : Assuérus, qui aime Esther, ignore qu'elle appartient à la tribu d'Israël ; il veut l'épouser, découvre sa véritable identité, cède à ses suppliques, libère son peuple ; l'influent Aman, opposé à cette union, souhaitait quant à lui l'extermination du peuple rebelle, mais il doit céder devant la toute-puissance du souverain qui, bientôt, se vengera à ses dépens...

Pendant plus de trente années, Proust vécut auprès de ce tableau, devant lui, sans le voir – comme il est d'usage avec les objets qui font de toute éternité le décor qui vous a vu naître et grandir. À la mort de ses parents, lorsqu'il fallut partager leurs meubles avec Robert, Marcel insista pour le conserver et l'accrocha dans son antichambre. Dans le même temps, le thème d'Esther n'en finit pas de résonner en lui et d'y gagner une ampleur, une intensité, qui en font l'une des trames essentielles de la *Recherche*.

D'abord, Esther pourrait être Jeanne Proust elle-même : elle est juive, son époux ne l'est pas ; et, dans la scénographie familiale, le docteur Adrien Proust, avec son « sceptre royal », figure un Assuérus très convenable. De plus, elle a appris à son « *petit loup* » à vénérer la pièce de Racine qui sert si souvent de jeu à leur dialogue incessant : Assuérus avait interdit à quiconque, sous peine d'être décapité, de se présenter en son palais sans y être convoqué (« C'est vous, Esther ? quoi ! sans être attendue ? ») et, chez les Proust, cela donne lieu à des situations lettrées et cryptées, surtout lorsque « maman » frappe à la porte de la chambre de son nouveau petit Assuérus (qu'elle nomme aussi « crétinos »), et qui l'accueille ainsi :

> « *Sans mon ordre, on porte ici ses pas !*
> *Quel mortel insolent vient chercher le trépas ? »*

« Crétinos » et sa maman s'amusent bien, d'autant qu'il ne déplaît pas à l'enfant œdipien de prendre la place de papa – n'est-ce pas le but du jeu ? – et de devenir le promis de celle qui ne lui appartient pas.

Mais le thème d'Esther, assez souple pour embrasser l'ensemble de la dramaturgie proustienne, n'en reste pas là : il migre, se transpose, s'enrichit, passe du couple des parents à celui des Guermantes à la faveur d'une tapisserie représentant le couronnement d'Esther, accrochée dans l'église de Combray – là, Assuérus devient un roi de France, et Esther une dame de haut lignage, une Oriane « *crémeuse* » dont la séduction va remplacer celle de Jeanne Proust –, avant d'en revenir à Racine…

En effet, lorsque fut donnée la première représentation de la pièce, en 1689, au pensionnat de Saint-Cyr, Racine y confia les rôles d'hommes à des jeunes filles, et ce précédent ne pouvait que troubler le futur auteur de la *Recherche* : des femmes peuvent donc être prises pour des hommes ? Dès lors, pourquoi ne pas confier, par exemple, le rôle d'Agostinelli à Albertine ?

→ **Baiser (du soir), Freud (Sigmund), Perse**

Étymologie

Marcel aime les mots, il les ausculte, les savoure, les porte à son oreille comme autant de coquillages dans lesquels il entend, ou imagine, le bruit de l'océan de temps qui les a ouvragés. D'où le grand thème « étymologique » qui parcourt la *Recherche* et donne lieu à des variations savantes, amusantes, fascinantes ou pédantes – Cocteau, jamais en reste, voyait même dans ces « zigzags » onomastiques la preuve d'un Proust au bout du rouleau.

Tenté par le *cratylisme* – qui établit un rapport de nécessité entre les mots et les choses –, Marcel, jadis rêveur devant l'imaginaire des patronymes et des toponymes, finira, comme tous les déçus, par se rallier à la religion d'Hermogène – pour qui le signifiant est indépendant du signifié. Dans cette lente entreprise de démystification, l'étymologie est une étape inévitable. Par elle, la raison et l'intelligence vont défaire les palais de songes. Proust s'en attriste, comme toujours quand la désillusion (qu'il réclame) s'impose à l'illusion (dont il jouit). Mais de quoi, après tout, ne s'attriste-t-il pas ?

Précisons que, sur ce point, Gérard Genette et Antoine Compagnon défendent des thèses inverses : pour le premier, la science étymologique démystifie et hâte la lucidité du Narrateur ; pour le second, elle procure aux « noms » une nouvelle dose de secret et d'épaisseur sémantique. Nous nous garderons bien de trancher ce débat d'éminences.

Il y a deux « étymologues » patentés dans la *Recherche* : le curé de Combray et le professeur Brichot – dont le modèle réel et quasi homonyme est le très réel Victor Brochard, un professeur de civilisations anciennes à la Sorbonne. À eux, tout à leur cuistrerie, le soin de retourner le terreau onomastique, de le désenchanter, de l'exhiber pour ce qu'il est : une longue diachronie... Dans leurs propos, Proust a versé toute la science qu'il a, en autodidacte, puisée dans les manuels de Quicherat et de Cocheris, et le petit train de Balbec ou le dîner à la Raspelière résonnent des « explications » qu'ils fournissent au Narrateur ou à une Albertine – dont la curiosité linguistique ne manque pas de surprendre.

À cause du pédant Brichot – grâce à lui ? –, le Narrateur va empocher de nouvelles déceptions : ainsi, le charmant « fleur » qui décorait le final des lieux-dits normands (Honfleur, Barfleur, Harfleur, Fique-fleur...) disparaît au profit de son véritable ancêtre, le « fjord », qui signifie « port ». Et le plaisant « bœuf » (de Bricqueboeuf, par exemple), subissant le même traitement désenchanteur, ne provient plus, sous les coups mortels de Brichot, que du normand « budh », qui signifie « cabane ». Les noms se sont alors « *vidés à demi d'un mystère que l'étymologie a remplacé par le raisonnement...* ».

De fait, cette démystification de *l'âge des noms* est, comme la déception amoureuse, un stade nécessaire à la révélation ultime du *Temps retrouvé*. Mais remarquons (pour aller, malgré notre amateurisme, dans la direction explorée par Antoine Compagnon dans *Brichot : étymologie et allégorie*) que Proust lui-même précise que, malgré le savoir qui les retrousse, le mystère des noms n'est « vidé qu'à demi ».

→ *Anagrammes, Déception, Onomastique*

Eucharistie

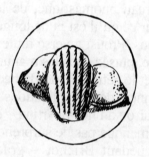

Revenons (avant d'y revenir encore) sur cette affaire de « Petite Madeleine » – où figurent en majuscules (les *Carnets* en témoignent) les initiales inversées de Marcel Proust – et à son climat féminin, pâtissier, religieux : il y a là, en grand thème, la saveur voluptueuse du biscuit que le Narrateur porte à sa bouche ; il y a sa forme « *moulée dans la valve rainurée d'une coquille de Saint-Jacques* » ; il y a l'allusion féminine, *via* un prénom et ladite « *coquille* », à Marie-Madeleine, la pécheresse repentie que les pèlerins adorent à Vézelay, sur la route de Saint-Jacques-de-Compostelle ; et il y a ce biscuit qui procure une sensation de vie éternelle, de victoire sur le temps, de résurrection – d'autant que c'est à Marie-Madeleine que le Sauveur se montra après sa victoire contre la mort. Sont donc ici rassemblés, de façon exhaustive, tous les éléments de l'eucharistie proustienne : l'hostie, la foi, l'expérience absolue, quoique laïque, du salut. Point de Christ, pourtant. Mais son équivalent marcellien : la mère sanctifiée (moulée dans une « *valve* » – comment ne pas entendre « vulve » ?). Et surtout, en majesté, ce temps retrouvé qui met en déroute le temps perdu.

Dans une étude (*Zwieback and Madeleine*) parue en 1980, Marc A. Weiner rapproche audacieusement cette eucharistie d'une lettre de Wagner à Mathilde Wesendonck du 9 mai 1859 : Wagner s'échine alors, en vain, sur la première scène du troisième acte de *Tristan et Isolde* (à laquelle Proust fait de fréquentes allusions) ; Mathilde lui a affectueusement envoyé quelques biscottes (*Zwieback*) qui, écrit Wagner, vont aider le Maître à franchir la « mauvaise passe (où il) est empêtré depuis huit jours ». Miracle ! « Les zwieback, trempées dans du lait, (m'ont) remis sur la bonne voie... » Et Wagner de s'écrier, avec un humour peu fréquent chez lui : « Zwieback, zwieback, vous êtes le remède qu'il faut aux compositeurs en détresse ! » Proust avait-il lu cette lettre, dont la traduction française date de 1905 ? Il sera plaisant, et raisonnable, de le supposer, d'autant que les madeleines sont des... biscottes dans certains *Carnets*.

En effet, c'est après la transformation de la biscotte wagnérienne en madeleine que Proust choisit *François le Champi* parmi tous les romans champêtres de George Sand (pourtant présents dans les esquisses et les *Carnets*). Or, dans ce roman, le jeune héros s'éprend de sa mère adoptive, épouse d'un meunier, qui se prénomme... Madeleine.

→ **Madeleine (Marie), Dix points communs (entre Swann et le Narrateur), Sand (George)**

Eulenbourg (L'affaire)

Il faut imaginer une affaire Dreyfus que le hasard et l'Histoire auraient tressée avec le procès d'Oscar Wilde. Soit : une affaire d'État inextricablement liée à une affaire de mœurs... À l'arrivée, ladite « affaire » hâtera le triomphe des bellicistes allemands. Et servira de point de départ aux variations proustiennes sur la « *race maudite* ». Du pangermanisme à l'homosexualité pour la plus grande gloire de la littérature : voilà qui mérite d'être précisé, bien que les péripéties de l'affaire Eulenbourg soient aujourd'hui oubliées, et qu'elles ne furent pas sans conséquences sur le Marcel Proust de l'hiver 1908 – qui, rappelons-le, était alors sur le point d'entreprendre la version définitive de sa *Recherche*.

Donc, les faits : le prince Philippe d'Eulenbourg, père de six enfants et « inverti » plus ou moins discret dans sa jeunesse, animait avec le général Cuno de Moltke la « Camarilla » – tel était le nom officiel de leur groupe – pacifiste et francophile qui entourait l'empereur Guillaume II quand il fut attaqué, sur la question de ses mœurs, par la presse pangermaniste. Un procès en diffamation s'ensuivit, au cours duquel Eulenbourg fut confondu par les témoignages d'un laitier avec lequel il aurait eu, en 1880, des relations coupables – détail amusant : le laitier, ignorant le sens du mot « camarilla », et croyant qu'il s'agissait là d'une allusion obscène, soutint à la barre qu'il avait souvent fait « Kramilla » avec le prince.

En France, les ignorants qui ne voyaient pas le danger poindre à l'horizon surnommèrent la malheureuse victime de ce scandale « Eulembougre » ; l'expression « parlez-vous allemand ? » devint le slogan murmuré par les invertis parisiens ; et l'on s'amusa à rebaptiser Berlin « Sodome-sur-la-Sprée ».

Cet épisode précipita la chute du prince ainsi que celle de ses amis et permit au parti belliciste d'affermir son influence au sommet de l'État allemand.

Cette affaire, on s'en doute, passionna Proust, qui songea aussitôt à lui consacrer un article dans *Le Figaro* – ce dont Robert Dreyfus le dissuada avec bon sens. Mais Proust, qui y tenait beaucoup, envisagea une nouvelle pour le *Mercure*, puis y renonça, tout en s'obstinant : les deux premiers chapitres de *Sodome et Gomorrhe* naquirent de cet imbroglio.

→ *Homosexualité, Inversion*

Fatuité (du Narrateur)

Il est amusant de constater que le Narrateur de la *Recherche* est souvent infatué de lui-même. Il trouve naturel qu'on le complimente sur sa vaste culture, que Saint-Loup lui prête du génie, que tous s'extasient devant l'étendue de ses connaissances ou ses dons d'observation. À Doncières, lorsqu'il passe une nuit dans la caserne, il considère que cela va enchanter les officiers déjà suspendus à ses lèvres ; et quand il s'arrange pour se faire inviter chez la duchesse de Guermantes – tel était, d'ailleurs, le but de sa visite à Saint-Loup –, il ne doute pas qu'il saura la séduire par sa seule apparition, et en un tour de main. Cette psychologie pleine d'assurance est, pour ce que l'on en sait, le contraire de celle de Proust – qui douta toujours, et si vivement, de lui-même. S'il fallait une preuve pour établir que ce Narrateur n'est pas Proust, c'est bien là qu'il convient de la trouver.

→ « *Narraproust* », *Trois détails (concédés aux partisans de Sainte-Beuve)*

Fatuité (*bis*)

L'autre auteur de ce dictionnaire est en complet désaccord avec ce qui vient d'être écrit au sujet de la « fatuité » du Narrateur. Comme il est essentiel, à la fin d'une vérité, d'envisager celle d'en face, il se propose donc d'exposer en quelques lignes la thèse adverse.

Non. Le Narrateur n'est pas « fat ». Au contraire.

Certes, il passe inexplicablement du statut d'adolescent ridicule qui guette la duchesse de Guermantes pendant sa promenade pour avoir l'occasion de la saluer au statut nettement plus enviable d'ami des Guermantes et de confident d'Oriane. Comment un parasite qui doute d'être invité aux grands raouts mondains finit-il par devenir le chouchou des demi-dieux qu'il n'osait approcher ? Si nul ne le sait, c'est par pudeur, et non fatuité, du Narrateur. S'il donne le sentiment de présenter comme une évidence et de décrire avec aplomb l'onction qu'il reçoit des Guermantes (ou des militaires), c'est que l'honnêteté du romancier impose de décrire sa montée en grade mais que la modestie de l'homme interdit d'en donner les raisons. Il eût été autrement « fat » d'énumérer les qualités remarquables de culture et d'intelligence qui lui valent une fulgurante ascension. Or, cela, il ne le fait jamais. On n'en dira pas autant de Proust lui-même, que son apparente modestie n'empêchait pas d'organiser le succès littéraire qu'il tenait pour la juste récompense de son génie.

→ *Immortel*

Fétichisme proustien

Le fétichisme est, aussi, une perversion de lettré dont nul ne saurait concevoir les voluptés s'il n'a déjà frémi, un jour, à l'idée de posséder une tenture du boudoir ottoman de Loti, le lacrymatoire qui reçut les dernières larmes de Rilke ou l'une des sept cartes d'identité de Fernando Pessoa...

Sur ce terrain, le proustisme recèle des gisements quasi infinis, à tel point qu'on ne compte plus les prétentieux qui exhibent l'*authentique* canne gainée de porc ou l'une des non moins *authentiques* de coton camphré qui auraient protégé la gorge fragile de Marcel. Dans cette galerie pieuse, une figure se détache : celle de Jacques Guérin (1902-2000), qui fut à lui seul une légende.

Dandy, toujours tiré à quatre épingles, futur protecteur de Jean Genet, et arborant ses éternels boutons de manchettes en forme de châtaigne, ce riche industriel du parfum – c'est à son nez que l'on doit « La Finette » et « L'Ambrée » qui firent le tour du monde – ignorait tout de la *Recherche* et de son auteur jusqu'au jour où il faillit mourir d'une crise d'appendicite. Le chirurgien qui le sauva s'appelait Robert Proust. Les deux hommes devinrent amis, se rendirent de fréquentes visites dans leurs villégiatures respectives, échangèrent une correspondance fournie de telle sorte que, pour Guérin, le nom de Proust fut à jamais associé à sa propre résurrection. Désireux de posséder une relique attachée au patronyme qui l'avait sauvé, il acquit alors la plupart des objets proustiens ou des lettres qui circulaient à Paris. On raconte même qu'il dévorait chaque jour la rubrique nécrologique du *Figaro* afin de se rendre aux enterrements d'individus susceptibles d'avoir connu Marcel, entrait en relation avec leurs proches, offrait de fortes sommes pour la moindre paperole ou quelque menu griffonné par son saint protecteur. Parmi ses trésors, une pelisse gris tourterelle à l'étoffe relâchée, qui appartint brièvement à Piero Tosi, le costumier de Luchino Visconti, avant de devenir sa relique la plus chère.

Avide, Guérin finit par se procurer le mobilier de la chambre de Proust – devant lequel on peut aujourd'hui se recueillir, au musée Carnavalet – qui avait suivi l'écrivain casanier au fil de ses trois déménagements. Il est émouvant de contempler ce lit aux bordures cuivrées, cette courtepointe de vieille soie bleue, cette table de nuit sur laquelle on a déposé une Légion d'honneur et un bibelot ayant appartenu à Reynaldo Hahn...

Mais observons la courtepointe : dans l'un de ses coins, il manque un morceau. Renseignements pris, Guérin l'avait lui-même découpé avant de faire son legs au musée. Des témoins fiables (dont l'un des deux auteurs de cet ouvrage) affirment qu'il ne s'en séparait jamais. Et qu'il se trouve probablement entre ses mains, comme un talisman ou un chapelet, dans le cercueil où il repose.

→ **Camera oscura,** *Chambre 414, Chapelet, Contemporains (du temps perdu)*

Fiche de police

C'est en explorant les archives de la préfecture de Paris que l'historienne Laure Murat a découvert, dans le dossier d'Albert Le Cuziat, la fiche de police qui mentionne Marcel Proust. Rappelons que Le Cuziat, modèle de Jupien, tenait une maison de passe pour hommes, dite « hôtel Marigny », au 11, rue de l'Arcade – il s'était d'abord fait la main dans un établissement de la rue Godot-de-Mauroy avant de finir sa carrière dans un hôtel de la rue Saint-Augustin – et que Proust s'y rendit à plusieurs reprises afin d'observer « *ce qui ne pouvait être imaginé* ».

Or, dans la nuit du 11 au 12 janvier 1918, la police, alertée par un dénonciateur anonyme, y fit une descente au cours de laquelle quelques clients furent interpellés en compagnie de mineurs. Proust, précise le rapport qui s'ensuivit, buvait du champagne dans un salon ; il était en compagnie de deux « *admirables braves* », un certain André Brouillet, caporal au 408e régiment d'infanterie et âgé de vingt ans, ainsi qu'un dénommé Léon Pernet, soldat (majeur) de 1re classe qui, sans doute, profitaient là d'une permission pour se faire un peu d'argent de poche. « Proust Marcel, 46 ans, rentier » fut fiché par le commissaire Tanguy dont la prose administrative déplore « la réunion d'adeptes de la débauche anti-physique ». On devine aisément le tourment de Marcel. Tourment dont certains passages de *La Prisonnière*, relatifs à l'âge d'Albertine, se feront l'écho littéraire. À l'époque, Proust ne fut pas inquiété car la majorité sexuelle était fixée à treize ans par la loi du 13 mai 1863.

→ **Arcade (11, rue de l'), Le Cuziat (Albert)**

Fin

On aurait bien voulu l'entendre, ce Proust épuisé qui, un jour, à son réveil (soit au milieu de l'après-midi et alors qu'il a déjà sa « barbe de prophète »), put dire : « *Il s'est passé une grande chose cette nuit, chère Céleste... J'ai mis le mot FIN... Maintenant, je peux mourir...* » Ce fut la première et la dernière fois qu'il adressa la parole à Céleste avant de boire son café.

Fini ? Était-ce possible ? Était-ce vraiment une bonne nouvelle ? Céleste se méfia. Elle avait toujours pensé que « Monsieur » mourrait une fois son livre achevé. Mais Marcel est très malin...

Car le mot FIN, pour lui, ne signifie pas grand-chose. Est-ce que les bâtisseurs de cathédrales se sont dit, un jour, voilà, ma cathédrale est achevée ? Ne devaient-ils pas, encore et toujours, ciseler une gargouille, surveiller un vitrail, ouvrager un linteau ?

D'une certaine façon, oui, Proust a fini d'écrire *À la recherche du temps perdu*. Tout est là, en gros : les massifs, la tomaison (quoique...), les personnages, les morceaux de bravoure, etc. Mais finir est peu de chose au regard de l'autre tâche, plus infinie, un peu interminable, qui serait d'*en finir*.

Or, Marcel, après ce point final, ne va pas cesser d'en *finir* avec son Livre : Bergotte, Swann, la grand-mère, Charlus, Odette, Cottard, ont encore besoin de lui... Un béquet par-ci, une paperole par-là, un adjectif de plus ou de moins (plutôt de plus), voilà qui n'en finit donc jamais... Proust le sait, comme Céleste : la vraie finisseuse, c'est la mort. Son œuvre achevée, donc inachevée, n'en connaîtra pas d'autre. Il doit, lui, Marcel, transmettre à son Livre, *via* tout un protocole à base de rajouts, ce qui lui reste d'énergie christique. Par un étrange mécanisme de transsubstantiation (reliquat de vie contre surcroît de mots), il insuffle, rajoute, rature peu, augmente, augmente...

Sa métaphore préférée est alors celle de la « *guêpe fouisseuse* », qu'il a rencontrée dans les pages excitantes de l'entomologiste Fabre : une drôle de guêpe, en vérité, cette fouisseuse, qui immobilise sa proie (une chenille, un Marcel Proust) avec du venin, mais veille à la maintenir en vie afin d'y pondre ses larves qui ont besoin, pour se développer, d'un organisme encore vivant. C'est la même chose avec la mort : c'est une autre « guêpe fouisseuse », la mort ; elle immobilise sa proie, la paralyse – Marcel ne quitte quasiment plus son lit –, mais veille à ne pas la tuer sur-le-champ, et préfère la faire mourir juste ce qu'il faut, pour que les petites larves de mots prospèrent joliment dans l'esprit non refroidi de l'écrivain qui va rendre son dernier souffle – mais pas tout de suite.

Dès lors, de quelle FIN parle-t-on quand Proust écrit ce mot ? Quand il l'offre à Céleste avant de boire son café ?

Pauvre Céleste qui, ce jour-là, en milieu d'après-midi, avait peut-être cru que « Monsieur » allait enfin se reposer – ou mourir, ce qui y ressemble. Elle ne savait pas, Céleste, qu'un écrivain, parfois, ça vit sans cesse à l'article de la mort. Que c'est même dans ces parages-là que l'œuvre interminable et inachevable se boucle – un peu.

Flaubert (Gustave)

Marcel admire Flaubert, célèbre son « *génie grammatical* », le pastiche en virtuose, salue ses transgressions – mais ne rate jamais une occasion de faire savoir, et de faire sentir, qu'il l'aime moins que Racine ou George Sand.

Ce qu'il lui reproche, au fond : un certain jansénisme de la forme, un manque d'audace métaphorique, une allergie au vaporeux, un refus de lâcher la bride au style, ainsi que certaines pudeurs de haut prestige qui interdisent à l'orfèvre de toucher le cœur. Flaubert est intelligent, très intelligent, virtuose de son instrument, mais il se soucie peu de la « *bonté* » qui doit, *in fine*, rayonner à l'entour des vraies œuvres.

Proust se méfie ainsi de sa tentation-Flaubert pour les raisons exactes qui feront de celui-ci le saint patron des Modernes – qui jouissent tant (on s'en étonne encore) dans les méandres du « singulatif » et de l'« itératif ». Que pèse, en effet, l'usage flaubertien du passé défini, du passé indéfini, du participe présent, des « blancs » qui accélèrent le temps – et dont Proust lui-même se servira pourtant, à deux reprises, à la fin d'*Un amour de Swann* et pour évoquer l'énigmatique séjour du Narrateur dans une maison de santé – au regard d'une émotion bien transmise ?

Quant à l'usage systématique de l'imparfait, cette marque de fabrique flaubertienne (qui transforme en « *impression* » ce qui, jusqu'à lui, « *était action* »), c'est avec une nuance de mélancolie que Marcel en salue l'efficacité narrative : « *J'avoue que certain emploi de l'imparfait de l'indicatif – de ce temps cruel qui nous présente la vie comme quelque chose d'éphémère à la fois et de passif, qui, au moment même où il retrace nos actions, les frappe d'illusion, les anéantit dans le passé sans nous laisser comme le parfait la consolation de l'activité – est resté pour moi une source inépuisable de mystérieuses tristesses. »* Comment retrouver le temps perdu si le style ne s'arme que des procédés spécialisés dans son abandon ?

Reste que Flaubert fut, comme Proust – malgré leurs complexions fort distinctes –, un « ermite » ; que leur commune religion de l'Art les a équipés d'idiosyncrasies finalement cousines ; et qu'entre la solitude de Croisset et l'antre du boulevard Haussmann ou de la rue Hamelin, les proximités existentielles en disent parfois davantage que les allégeances syntaxiques…

→ **Bleu et noir, Cliché, Métaphore, « Trottoir roulant »**

Fleur

Comme tous les asthmatiques, Proust déteste les parfums, les fuit, les chasse – ce qui ne l'empêche pas, au contraire, d'en décrire comme personne chaque nuance. Or, les parfums sont toujours l'âme des fleurs et Proust, privé de leur présence réelle, se rattrape en les convoquant, plus que de raison, dans une œuvre qui prend parfois des allures d'herbier.

On dénombre ainsi, d'après les comptables proustiens, 372 espèces de fleurs dans la *Recherche*. Gracieuses, capiteuses, divisées entre « parfums chrétiens » et « parfums d'Orient », chargées d'une puissance évocatrice antérieure à celle de la Petite

Madeleine, elles jonchent un style résolument herbo-
risé, et parlent souvent à la place des êtres qu'elles hantent ou révèlent. Pourtant, Proust – que l'abbé Munier
nommait « *l'abeille des fleurs héraldiques* » – détestait le « langage des fleurs », trop élémentaire à ses
yeux, trop mièvre, et qu'il abandonnait volontiers aux
vers vaporeux de Montesquiou, *alias* « Hortensiou »
(à cause du titre de son recueil, *Les Hortensias bleus*).
Il préfère convoquer les fleurs comme autant de ces
messagers de nature dont le ballet, rythmé par le
caprice des pollens, des insectes et des graines, préfi-
gure les cycles du désir et des saisons.

Aubépines, nymphéas, lilas, bleuets, géraniums,
boutons-d'or, cheveux-de-Vénus, orchidées sont au
sommet de sa hiérarchie florale. Et l'eupatoire, mentionnée une seule fois malgré son charme de rivière,
y figure tristement au dernier rang. Tournées vers
l'enfance, les fleurs proustiennes sont rustiques
(tilleuls ou pommiers) ; urbaines (acacias du bois de
Boulogne, marronniers des Champs-Élysées), elles
abritent les émois de ceux qui entrent sur la scène
de la sensualité ; vénéneuses (chrysanthèmes, orchidées), elles se sophistiquent, fournissent un surcroît de
« *charmes polynésiens* » aux coiffures et aux décol-
letés, et deviennent ornements de salons ou motifs
brodés sur des étoffes de haut prix. Proust ne peut
se retenir d'être un écrivain végétal. Ses métaphores
s'accrochent aux tiges, aux corolles, aux membranes,
aux senteurs qui racontent, avant les humains, un univers sans morale, où les métamorphoses de la vie se
laissent observer à l'œil nu.

Quelques scènes : Swann, qui aime parler botanique
avec Elstir (lequel peint des myosotis et des fleurs
de fève), fait broder de primevères la robe d'Odette ;

celle-ci, amie du rose (anagramme d'« Éros »), créature de serre, préfère les orchidées de satin qui sont son double odorant ; pour elle, l'orchidée est « *une fleur chic* », et elle se sait proche de cette « *sœur élégante et imprévue que la nature lui a donnée* » ; Mme Verdurin ne peut concevoir un chemin de table sans une cascade de roses opulentes « *comme celles d'Elstir* », tant leur « *blancheur fouettée* » la met de bonne humeur ; une rose fanée ramène l'amant Swann vers sa maîtresse ; les joues des jeunes filles ressemblent inlassablement à des géraniums ; le baron de Charlus est le bourdon pollinisateur qui, dans l'ouverture botanique de *Sodome et Gomorrhe*, va fertiliser une fleur plébéienne ; Legrandin invite le Narrateur à contempler ses haies de sédum, car il sait que le Vautrin de Balzac, son ancêtre en inversion, avait agi de la sorte avec Rubempré, et que cette allusion lettrée sera assez subtile pour faire comprendre la spécialité de ses mœurs ; dans ses lettres d'adolescent à Jacques Bizet, le jeune Marcel l'invite souvent à « *cueillir la fleur* » avant qu'il ne soit trop tard. Enfin : la belladone et le datura entrent dans la composition de la pommade Legras dont les fumigations accompagnèrent un Proust asthmatique. Partout, les fleurs dupliquent ou devancent les stratégies, les manigances, le destin, le commerce des corps. Elles sont la substance même du souvenir et préparent le Narrateur au miracle du temps retrouvé.

D'où leur présence sur chaque blason : à Gilberte l'aubépine ; à Albertine la rose ou le géranium ; à Oriane le vanillier ; le catleya est réservé au désir de Swann et le chrysanthème sera le symbole de sa souffrance. Les fleurs disent l'essentiel : il suffit de les respirer...

En coulisse, dans l'infra-sensoriel, les fleurs proustiennes ont une autre fonction : ce sont des sexes avoués et impudiquement offerts, avec poils, velours, sucs enivrants. Oriane cherche « *un mari pour ses arbustes* ». Odette « *affecte de rougir de* (leur) *indécence* ». Swann s'avise que le rose est la couleur du dedans des femmes et de leur troublante intimité... Proust était lecteur de Darwin : il fit grand cas de son ouvrage sur *Les Différentes Formes de fleurs dans les plantes de la même espèce* (traduit en 1878). Et, peut-être, lut-il aussi la somme de Paul-Émile de Puydt sur les orchidées (publiée en 1880) dans laquelle il est dit que le nom de ces fleurs vient du grec *opxis* « qu'on se gardera bien de traduire », et que leur forme même suggéra aux médecins de l'Antiquité qu'elles pouvaient guérir la stérilité.

Au final, la *Recherche* est un jardin où le jeu sexuel des fleurs se déploie en toute innocence tandis que les humains, juchés sur leurs manèges civilisés, se croient obligés de dissimuler, ou de jouir clandestinement, de ce que la nature autorise. Ici, le mensonge et les trafics coupables. Là, le pur mouvement des affinités et des pollinisations. Oui, il existe un monde où le désir ne s'encombre d'aucun interdit. Et ce monde est un jardin de printemps – ou d'hiver.

Il convient de noter également qu'au début de la *Recherche*, chaque fleur a un nom, tandis que, dans *Le Temps retrouvé*, elles ne sont plus que des « fleurs ». Claude Meunier a raison de remarquer, dans son *Jardin d'hiver de Madame Swann* – un livre aussi savant que charmant –, que Proust se sert de leurs formes désormais indistinctes pour dire l'avènement d'un monde atone et entropique, où les bosquets n'ont qu'une couleur, la campagne un seul parfum. D'un monde funèbre où les femmes elles-mêmes ne portent plus de bijoux ni de toilettes.

→ *Aubépine, Catleya, Chapelet, Datura, Dîner (sans dames)*

Fleurs

Les proustiens ratiocineurs se sont souvent interrogés sur le pluriel de « fleurs » dans *À l'ombre des jeunes filles en fleurs* – puisqu'il eût été plus grammaticalement correct de laisser ce dernier mot au singulier. À ce sujet, George D. Painter avance l'hypothèse selon laquelle ce « s » inattendu serait, en fait, un hommage discret, voire l'espoir d'une bénédiction posthume, en direction de Baudelaire, que Proust chérissait particulièrement. En effet, le poète des *Fleurs du mal* – à qui Marcel prêtait une improbable homosexualité à cause de son intérêt pour les lesbiennes – était l'auteur de deux vers souvent cités dans la correspondance de Proust :

*« Car Lesbos entre tous m'a choisi sur la terre
Pour chanter le secret de ses vierges en fleurs »*

Baudelaire y choisit un pluriel pour ses vierges. Proust voulut-il en faire autant pour (les fleurs de) ses jeunes filles ?

→ *Plantevignes (ou l'autre Marcel)*

Forcheville (Comte de)

Ce second rôle de la *Recherche* mérite une considération particulière car les quatre voyelles et les sept consonnes qui composent son patronyme furent les dernières lettres lisibles écrites par Proust, sur une paperole tachée de café au lait et de camphre, dans la nuit qui précéda sa mort.

L'écrivain qui avait donné naissance à plus de cent personnages, dont une bonne trentaine sont mémorables, aurait-il jamais pu se douter que son génie viendrait s'échouer, juste avant le néant, sur cet aristocrate sans envergure, conformiste, fat, antipodique du merveilleux Swann, qui échangera sa particule contre la fortune d'Odette devenue veuve, permettant ainsi à Gilberte de s'aristocratiser, d'être reçue dans le monde et de devenir une Guermantes en épousant Saint-Loup ?

Gageons que Proust aurait préféré quitter sa pauvre vie sublime en d'autre compagnie : avec Charlus, par exemple, qui savait l'émouvoir ; avec l'une de ses duchesses, ce qui eût été la moindre des choses ; avec Albertine, revenue des Enfers pour l'y accueillir ; avec sa mère qui, dans l'au-delà, aurait pu poursuivre sa lecture de *François le Champi* après avoir déposé son déguisement de « *grosse femme noire* ». Mais non, puisque nul ne décide de ce genre de chose… C'est donc sur ce héros pathétique, admirateur de Brichot, cousin de Saniette, prototype d'une petite noblesse désargentée refaisant sa cerise grâce aux fortunes juives, que la plume de Marcel tracera ses ultimes jambages. Il y a là une charge de dérision qui fait venir les larmes aux yeux.

Post-scriptum : lors d'une récente vente d'autographes, les enchères ont atteint 21 000 euros pour
un document dont le catalogue affirmait qu'il fut « le
dernier texte de Proust ». Il s'agit d'un billet destiné à
Céleste. On peut y lire : « *Odilon peut partir dans 10
minutes et rentrer vers 6 h 1/2, 7 h du matin. Appro-
chez de moi la chaise.* »

→ *Agonie*

Fortuny (Mariano)

Si ce « *génial fils de Venise* » est le seul artiste vivant
(et présent en tant que tel) de la *Recherche*, c'est peut-
être parce que ses compositions résument, à leur insu,
toutes les songeries d'Orient et de Perse qui bercèrent
durablement l'imagination de Marcel. Aujourd'hui
encore, il suffit au touriste lettré de s'aventurer dans
le palais Martinengo, proche du Rialto – là où Henri
de Régnier, Barrès et Orson Welles le précédèrent
en Vénitiens d'honneur –, pour ressentir la magique
attraction des velours de soie, des chasubles, des caf-
tans, sur lesquels ce Mariano Fortuny (1871-1949)
immortalisa quelques-unes de ses arabesques.

Ces étoffes, irréelles de beauté, sont des tapis
volants. Leur puissance d'évocation est si subtile que
Venise, sous leur feu tisonné d'indigo et de pourpre,
se teinte volontiers de cet ailleurs turc, byzantin, nilo-
tique, qui scelle sa véritable identité. Et c'est dans
l'une de ces étoffes, particulièrement céleste, ourlée
de bleu nuit et rebrodée de perles de verre, que le
Narrateur, dûment conseillé par Charlus et la duchesse

de Guermantes, fit tailler le manteau dont la fugitive s'enveloppa, en cette soirée « *deux fois crépusculaire* », avant d'aller vers sa mort.

En vérité, l'ascendant esthétique de Mariano Fortuny – qui fut asthmatique comme Marcel et, comme lui, hanté par la lumière du Levant – tient d'abord à son art très proustien de la résurrection : il puise ses motifs chez Carpaccio, Mantegna, Titien ou Memling ; il se sert de techniques immémoriales – du blanc d'œufs centenaires venus de Chine, de la cochenille du Mexique… – pour fixer les couleurs de ses saris ; il a, sans cesse, un œil sur la lagune de sa ville « *toute encombrée d'Orient* », sur ses « *palais défaillants mais encore debout et roses* » et l'autre sur quelque minaret de Bagdad ou d'Ispahan né de sa seule imagination.

De plus, chez Proust, l'Orient s'augmente des nuances immémoriales qu'il prend tant de plaisir à débusquer dans les vitraux de l'église de Combray. De l'Orient à Oriane, des maîtres d'autrefois à un présent tendu entre la cité des Doges, l'Arabie et le faubourg Saint-Germain, Fortuny est, à lui seul, un temps perdu et retrouvé. Symbole de l'artiste qui ressuscite un monde perdu, il était naturel que Proust – qui se compare aussi souvent au « *bâtisseur de cathédrales* » qu'à la « *couturière* » affairée sur une robe – en fît son double dans l'ordre du chiffon et du plissé. Le plus ample manteau de Fortuny que l'on puisse rencontrer dans *À la recherche du temps perdu*, c'est l'ensemble de la *Recherche* : un manteau « couleur de temps », comme dans les contes enfantins…

Il y a, de plus, ce détail émouvant lorsque le Narrateur découvre que le manteau d'Albertine provient d'un tableau de Carpaccio dont Fortuny s'était inspiré. Ce tableau, toujours visible à Saint-Marc, s'intitule *Le Patriarche di Grado exorcisant un possédé*. Or, dans ce tableau, c'est un homme qui le porte. On devinera alors, non sans gêne, le trouble qui dut s'emparer de l'écrivain qui ne pouvait que s'attendrir devant un aveu que sa transposition (sexuelle et romanesque) avait eu tant de mal à dissimuler.

→ **Anagrammes, Perse, Robe**

Frère

La *proustologie* est, malgré d'inverses allégeances de principe, sournoisement sainte-beuvienne. La preuve ? Elle supporte mal qu'à un épisode de la vie réelle de Marcel ne corresponde aucun épisode explicite de la *Recherche* – et réciproquement. D'où les tourments que lui cause, depuis toujours, l'absence (ce n'est pas le cas dans le *Contre Sainte-Beuve* ni dans *Jean Santeuil*) de Robert, le frère cadet de Marcel, que le Narrateur s'est plu à escamoter pendant trois mille

pages alors que, dans la vie, Marcel aima Robert et
en fut aimé – comme en témoigne la dédicace quasi
racinienne qui figure sur l'exemplaire des *Plaisirs et
les Jours* qu'il lui offrit : « *Ô frère plus chéri que la
clarté du jour...* »

Robert était pourtant un beau personnage : sain,
sportif, courageux, dévoué ; il fit une grande carrière
médicale – on nomme souvent « proustatectomie » la
prostatectomie à laquelle cet habile chirurgien excel-
lait –, fonda une famille, entretint une maîtresse,
veilla avec tendresse sur la santé de son aîné, et ces
exploits ordinaires auraient pu lui valoir quelque statut littéraire dans une œuvre qui fait la part si belle
aux liftiers, aux maîtres d'hôtel, aux courrières ou à
des mondains à peine entrevus. Or, il n'en est rien :
Robert a disparu sans laisser la moindre trace romanesque. Mystère.

Sur cet escamotage – fort banal au demeurant :
a-t-on une trace littéraire des frères de Balzac ou de
Flaubert, sans parler de la sœur de Stendhal ? –, les
proustiens autorisés ont brodé plusieurs théories. Pour
les uns, Robert, absent en tant que tel, serait ailleurs,

dans le prénom de Saint-Loup par exemple, frère
selon l'esprit, et blondi par transfiguration sociale
ou « mérovingienne ». Pour d'autres, plus tolérants,
son existence aurait été, du vivant même de Proust,
« transférée » sur celles des Reynaldo Hahn, Bertrand
de Fénelon ou autre Lucien Daudet, plus propices à
illustrer le lien fraternel rêvé par Marcel. D'autres
encore croient l'avoir repéré dans les figures de médecins qui ne manquent pas dans la *Recherche*, bien que,
dans ce cas, il l'aurait partagé avec Adrien Proust.

Une place à part revient cependant aux audacieux
qui n'ont pas tardé à distinguer, dans l'escamotage
en question, la revanche d'un asthmatique – ce qui
exige quelques explications…

Marcel, en effet, avait neuf ans quand il eut sa première crise d'asthme, et ce moment coïncide avec
l'entrée de son cadet dans l'âge de raison – puisque
ce fut l'âge où on coupa ses boucles et l'habilla en
garçonnet. D'où le diagnostic imparable esquissé par
Milton Miller en 1956 : Marcel, encore enfant, s'avise
que le sein de sa mère – qui avait pourtant pris la
peine d'affubler son deuxième fils de surnoms aussi
ridicules que « *Robichon* » ou de « *Proustovich* », ce
qui sonnait tout de même comme une mise à l'écart –
doit être partagé avec un nouveau venu, un intrus mâle
indigne par définition de le détrôner, et il doit trouver une solution pour mettre un terme à cette jalousie
toute neuve. Il doit inventer la ruse qui lui permettra
de réparer l'abandon de ses parents qui, en lui donnant un frère, l'ont trahi. Il découvre alors les vertus
d'une maladie de première qualité, l'asthme en l'occurrence, il en revendique les symptômes d'étouffe-
ment ou d'imminent trépas, et sa maman lui témoigne
aussitôt le surcroît d'amour que les mères réservent,

par vocation, aux plus fragiles de leurs enfants. Du point de vue de Marcel, l'opération réussit admirablement – même s'il la paya au prix fort.

Si l'on passe maintenant du côté de Robert, *Frère du précédent* (lire, à cet égard, le livre de J.-B. Pontalis qui porte ce titre), il est facile de constater que celui-ci n'a plus que la ressource d'aller « vers le père », de lui ressembler, de choisir le métier qu'il exerce déjà et d'avoir, comme lui, une famille et une maîtresse. J-B. Pontalis va-t-il trop loin en supposant, *cum grano salis*, que « si Marcel avait eu une sœur, peut-être aurait-il choisi de ne pas être asthmatique » ? Sans doute aurait-il également « choisi » de ne pas être homosexuel, qui sait ? Seuls les éminents freudiens sauront valider, ou infirmer, une hypothèse de ce calibre.

Mais revenons à Marcel et à Robert – à celui qui choisit la mère adorée (et la littérature), tandis que l'autre choisit le père admiré (et la médecine). Cette différenciation fraternelle est assez classique. D'ailleurs, Jean-Yves Tadié a finement noté la fréquence du double écrivain/médecin dans certaines familles : chez les Giraudoux, chez les Flaubert, chez les Mauriac, chez les James (William et Henry)... À chacun des frères revient un « sens clinique » particulier. À l'un les corps, à l'autre les âmes (seul Arthur Schnitzler, qui n'avait pas de frère, sut être médecin et écrivain). Au final : la même technique d'intervention et d'exploration de l'intérieur.

Robert, paraît-il, avait un doigté spécial, un stylo particulier, pour pratiquer ses incisions et entrer au-dedans de ses patients. Marcel fit-il jamais autre chose ? Les deux frères, en tout cas, avaient un scalpel. Dès lors, est-il bien certain que le frère escamoté ait disparu autant qu'on le prétend ?

Une hypothèse, pour conclure : à quoi aurait bien pu servir Robert si, d'aventure, Marcel avait pris la décision de le faire figurer dans son roman ? Réponse : à rien – car la *fonction-frère* était déjà plus que remplie par Saint-Loup et, même, par Bloch. Ce double familial du Narrateur aurait alors encombré le récit sans l'augmenter d'un vrai bénéfice. Proust a ainsi évacué une créature qui, dans le roman, était inutile.

C'est dire, ou supposer, que la disparition de Robert, considérée sous cet angle, ne relevait donc pas d'un règlement de comptes, ni d'une jalousie, ni de quelque vengeance symbolique, mais d'une lucide et économe technique romanesque.

→ **Asthme, Freud (Sigmund)**

Freud (Sigmund)

Les tribus freudiennes et proustiennes forment les deux rameaux d'une même famille inconsolée : pourquoi le rendez-vous possible de leurs champions respectifs ne fut-il qu'un rendez-vous manqué ? À quelle malchance le père de la psychanalyse et l'auteur d'*À la recherche du temps perdu* durent-ils de ne jamais se lire l'un l'autre – puisque la chronologie (Freud naquit quinze ans avant Proust et mourut dix-sept ans après lui) et la germanophonie (Proust, en tout cas, étudia l'allemand au lycée Condorcet) ne l'excluaient pas ?

Du coup, freudiens et proustiens n'ont que la ressource symétrique de tendre une oreille vers le « dialogue des morts » tragiquement virtuel qui aurait pu, et dû, avoir lieu. En naquirent des bibliothèques plus ou moins vaines, ainsi qu'une théorie de colloques bavards, qui attestent, pour le moins, d'une ouïe ultrafine, voire imaginative, propre à traquer « tout » ce qui rapprochait ces deux hommes consanguins d'esprit, mais que le destin avait jetés à des antipodes humains et sociaux.

Dans ce « tout », on trouve pêle-mêle le judaïsme, la culture classique, l'athéisme radical, la lucidité sexuelle, l'amoralisme, l'art italien, la maladie, le goût pour l'archéologie, Darwin, Pompéi, sans oublier deux correspondances (celle de Freud avec Fliess et celle de Proust avec la terre entière) où le symptôme affleure derrière le mince paravent de l'amitié, de la science ou de la mondanité.

Un ouvrage inaugural (*Psychanalyse de Proust*) de Milton Miller jeta bientôt les bases définitives de l'entrelacs prousto-freudien, et tout y fut disséqué : le baiser de « maman », le rêve de Swann, le deuil, l'« inversion », la jalousie, l'amour, le parricide

œdipien, le matricide de Van Blarenberghe – et, cerise
sur la madeleine, cet inconscient que Proust métamor-
phosa poétiquement en « *lac inconnu* » dans un passage illustre : « *ce magnifique langage, si différent
de celui que nous parlons d'habitude et où l'émotion fait dévier ce que nous voulions dire et épanouir
à la place une phrase tout autre, émergée d'un lac
inconnu où vivent des expressions sans rapport avec
la pensée et qui par cela même la révèlent* ». À croire,
donc, que le snob parisien et l'austère médecin viennois avaient cheminé côte à côte, sans se consulter, et
sans le savoir.

Dans la foulée, on élabora, entre les deux œuvres,
des hypothèses de plus en plus verbeuses : le père
de Proust, après tout, n'avait-il pas suivi, en même
temps que Freud, les cours de Charcot – ce qui ferait
de Sigmund le père symbolique de Marcel ? Et la
Recherche, n'est-ce pas d'abord l'histoire d'une insomnie causée par l'absence-présence de Jeanne Weil/
Veille ? Celle-ci, enfin, n'appelait-elle pas son fils
aîné « *mon petit loup* » – ce qui jette une ombre pleine
de lumière sur le rôle dévolu à Saint-Loup, d'autant
que le loup désigne aussi un masque (derrière lequel
Saint-Loup dissimule son homosexualité), tandis que
nul n'ignore le sens de l'expression « voir le loup » ?

Rappelons par ailleurs que plusieurs lapsus proustiens ont fait l'objet de doctes attentions : le plus
célèbre d'entre eux – dit « le lapsus de la chambre 43 »
– mérite, toutes affaires cessantes, qu'on s'y arrête.

La scène (tirée du *Temps retrouvé*) se passe à Paris,
dans le bordel de Jupien, pendant la guerre de 14-18.
Le Narrateur qui y entre « *par hasard* », demande
une chambre « *pour se reposer* », et on lui donne
la chambre 43 – d'où, depuis un « *œil-de-bœuf* », il

observe longuement le baron de Charlus qui, dans la chambre 14 *bis*, se fait flageller par un robuste permissionnaire. Or, quelques pages plus loin, à la faveur d'un lapsus qui en dit long, Proust note que cette scène se déroule... dans la chambre 43, c'est-à-dire celle qu'il occupe lui-même. Un universitaire italien, M. Lavagetto, y vit, bien sûr, un aveu de première importance : le Narrateur, par son lapsus – traditionnellement défini comme « *le résultat du heurt entre deux intentions différentes* » –, signale qu'en se plaçant fantasmatiquement là où il n'est pas il réclame pour lui le supplice du baron et que, partant, il avoue son homosexualité et ses tendances sadomasochistes – d'autant qu'il demande alors qu'on lui apporte un verre de « *cassis* », ce qui n'est pas sans évoquer la tentation d'Albertine de se faire « *casser* » le pot. Cette percée *décisive* apportait enfin une réponse à ceux qui, comme Gide, s'étonnaient que le Narrateur n'avouât jamais son homosexualité. Là, il était pris la main dans le sac et cette main, si l'on peut dire, se rinçait l'œil.

Antoine Compagnon, proustien éminent et raisonnable, aura beau faire observer à son collègue que ce lapsus est plus imputable à Proust qu'à son Narrateur – qui aurait pu corriger son erreur sur épreuves s'il avait eu le temps de les relire –, rien n'y fit. D'où il ressort que le freudisme, brodant et rebrodant le proustisme, lui fait parfois des enfants imaginaires, quoique propices à d'hilarantes contributions.

Notons, au passage, que n'importe quel lecteur attentif et faiblement topographe se demande encore comment une chambre 14 *bis* peut avoir un mur mitoyen avec une chambre 43...

Gai Savoir

« *Les durs sont des faibles dont on n'a pas voulu... et les forts, se souciant peu qu'on veuille ou non d'eux, ont seuls cette douceur que le vulgaire prend pour de la faiblesse.* »

Cette phrase n'est pas de Nietzsche (qui tient pourtant la violence pour une force faible et la « méchanceté du fort » pour un délire du faible qui lui permet, en retour, de se présenter comme « bon ») mais elle se trouve dans *Sodome et Gomorrhe*, juste après le portrait d'une princesse Sherbatoff qui, feignant d'organiser ce qui lui arrive, choisit opportunément de se rendre inaccessible aux vanités d'un monde indifférent à son sort.

« Les petites énigmes constituent un danger pour les plus heureux. » Cette phrase, qui résume chacun des moments de la *Recherche* où le Narrateur se donne pour tâche de saisir « *l'énigme de bonheur* », n'est pourtant pas de Proust mais de Nietzsche qui, après avoir invité le lecteur du *Gai Savoir* à se faire le poète de sa propre vie, décrit Homère en personne comme le martyr de son propre bonheur.

Le baron de Charlus avait-il en tête le paragraphe du *Gai Savoir* sur les amitiés stellaires (« Tels deux navires dont chacun poursuit sa voie et son but propres (…) l'appel irrésistible de notre mission nous poussait à nouveau loin l'un de l'autre, chacun sur des mers, vers des parages, sous des soleils différents… ») quand, au terme d'une lettre qui semble au Narrateur le meilleur exemple de « *folie unilatérale chez un homme intelligent s'adressant à un imbécile sensé* », il dit au majordome (« *Aimé* ») qui, croit-il, a refusé ses avances : « *Nous sommes comme ces vaisseaux que vous avez dû apercevoir parfois de Balbec, qui se sont croisés un moment ; il eût pu y avoir avantage pour chacun d'eux à stopper ; mais l'un a jugé différemment ; bientôt ils ne s'apercevront même plus à l'horizon, et la rencontre est effacée ; mais avant cette séparation définitive, chacun salue l'autre, et c'est ce que fait ici, Monsieur, en vous souhaitant bonne chance, le baron de Charlus* » ?

La douleur est bonne muse. Le Narrateur qui découvre « *l'originalité de sa souffrance* » et Swann, bouleversé par une mélodie, qui se demande au fond de quelles géhennes son compositeur a puisé tant de force, font une expérience rigoureusement nietzschéenne. C'est Nietzsche en effet qui invite à « enfanter nos pensées du fond de nos douleurs » et à les pourvoir de tout ce qu'il y a en nous « de sang, de cœur, de désir, de passion, de tourment, de conscience, de destin, de fatalité ». Chez l'écrivain comme chez le philosophe, la peine d'aimer se transforme ainsi en volupté de saisir ce qui, dans l'amour, fait tant de mal au cœur battu…

À ce titre, Swann occupe exactement dans la *Recherche* la même place que Zarathoustra, puisqu'ils annoncent l'un et l'autre la naissance d'un art qui, pour naître, exige qu'ils disparaissent. Quand il apprend qu'Odette a couché avec une femme au clair de lune tandis qu'il dînait chez la princesse des Laumes, et au lieu de gémir sur son sort, Swann s'émerveille des curieuses découvertes que sa jalousie lui permet de faire. Comme un homme-oiseau dont les aviateurs retiennent au moins le désir de voler, ou comme Zarathoustra que son tempérament prophétique prive d'être lui-même le surhomme qu'il appelle de ses vœux, Swann est, avant le Narrateur, le premier personnage de la *Recherche* à comprendre que la vie est encore plus intéressante que pénible. De ces nouveaux Moïse, Nietzsche retient la promesse d'un danger fécond, et le Narrateur constate que seule une vive souffrance permet de décomposer les mécanismes de la nature humaine. Il en résulte une œuvre, chez Proust, qui, dans un mouvement d'éternel retour, ne se comprend bien que quand on la relit.

Et puis, à la fin du *Temps retrouvé*, le Narrateur redoute de mourir avant d'avoir fini son livre comme Nietzsche déplore, dans *Aurore*, que Raphaël soit mort avant d'avoir fini de piller l'œuvre de Michel-Ange « parce que, précisément, le grand apprenti a été dérangé par la mort dans sa tâche la plus difficile ».

→ ***Dix points communs (entre Swann et le Narrateur)***

Gallica.bnf.fr

Ceux qui n'ont pas encore eu le privilège de poser leurs mains, leurs yeux et leur cœur sur les *Carnets* et manuscrits de Proust, pourront le faire en consultant ce site miraculeux. En quelques clics, voici les flots de mots, les dessins, les ratures frénétiques et la folle graphie de Marcel qui défilent selon le caprice de chacun. On peut *zoomer*, déchiffrer, renoncer à déchiffrer, flotter entre Guermantes et Méséglise, repérer Swann ou Charlus, musarder entre taches de café au lait et pages vierges. Là est la forge. Là est le volcan où bouillonne le temps. Les proustiens christiques y trouveront la preuve d'une présence réelle. Les laïcs se satisferont de l'émotion qui étreint au spectacle de cette fièvre en mouvement.

Génitif

Qui est *Un amour de Swann* ? Odette de Crécy dont Swann fut amoureux avant la naissance du Narrateur (génitif objectif) ? Ou Swann lui-même (génitif subjectif) dont la duchesse de Guermantes parle plusieurs fois comme d'« *un amour* » ? C'est indécidable. D'autant que l'unique apparition du mot « génitif » dans la *Recherche* concerne non pas l'amour de Swann mais la mort de Swann : « *La mort de Swann ! Swann ne joue pas dans cette phrase le rôle d'un simple génitif. J'entends par là la mort particulière, la mort envoyée par le destin au service de Swann. Car nous disons la mort pour simplifier, mais il y en a presque autant que de personnes.* »

Comment comprendre ce détour ? Comment expliquer que l'ambivalence de « l'amour » devienne l'ambivalence de « la mort » ? Aux sonorités du latin qui dit *amor* pour *amour* ? Au fait que Swann meure d'amour pour Odette ? Ou que tout amour est mortifère dans la mesure où il s'agit moins d'être heureux que de ne pas souffrir ? Sous prétexte de « mort », est-ce d'amour qu'il est question ? Peut-être. Mais réciproquement. Juste après avoir évoqué la mort de Swann, le Narrateur se présente lui-même comme le « *petit imbécile* » grâce à qui le dandy survivra, dans un livre, à sa propre disparition.

Un amour de Swann est donc bien à lire comme le tombeau d'un héros qui meurt de son vivant à la seconde où il cesse d'aimer celle qu'il peut, dès lors, épouser.

Genre

Le véritable inventeur de la théorie du genre n'est ni Simone de Beauvoir ni Judith Butler mais Marcel Proust, tant la plupart des personnages qui composent *À la recherche du temps perdu* ont un destin qui échappe à la forme de leur sexe.

Ainsi, contrairement aux apparences, l'ambassadeur Vaugoubert est une coquette, une jeune fille dont la passion qu'elle éprouve pour les éphèbes lui suggère de féminiser le métier : « *Cette petite télégraphiste*, dit-il (elle) en regardant un postier, *je l'ai connue, mais elle s'est rangée, la vilaine !* » L'épouse de l'ambassadeur, quant à elle, Mme de Vaugoubert, est un homme que virilise le regret de n'être pas aimé de son mari, à la manière dont « *certaines fleurs se donnent l'apparence des insectes qu'elles veulent attirer* ». Charles Morel, soldat, gigolo, déserteur et violoniste de génie, est d'abord une pimbêche dont les amants éprouvent à leurs dépens l'insoutenable versatilité. Mlle Vinteuil, fille d'un professeur de piano (dont on découvre ensuite qu'il est un grand compositeur) et maîtresse d'une musicologue qui sauvera de l'oubli l'œuvre de son père, est un fort des Halles dont l'allure hommasse et la robustesse contrastent étonnamment avec l'expression douce, délicate, presque timide qui passe parfois dans son regard. Albertine, à qui le Narrateur consacre trois des sept volumes de la *Recherche*, dont il essaie de savoir, sur plus de mille pages si (et quand) elle a commis le « mal » avec d'autres filles, et dont on raconte que le personnage fut inspiré à Proust par celui qui, dans la vie, était son amant, Alfred Agostinelli, apparaît soudain à son amoureux comme un homme le jour où elle (il ?) lui dit qu'elle préférerait se faire « *casser le…* » plutôt que de dîner avec les Verdurin. Mais Odette de Crécy, direz-vous ? N'est-ce pas là une femelle qui est aussi une femme ? Si c'était le cas, Swann dirait-il qu'elle (ou il) n'est pas son genre ?

Enfin, le baron de Charlus : épris de virilité, prompt à la querelle et ostensiblement homophobe, frère du duc de Guermantes, chevalier de l'ordre de Malte, duc de Brabant, damoiseau de Montargis, prince d'Oléron, de Carency, de Viazeggio et des Dunes, le baron de Charlus est d'abord (et avant tout) une femme, une vraie femme, non pas au sens où il aurait le sexe d'une femme, mais au sens où il a, comme dit sa belle-sœur, un « *cœur de femme* ». Sous ses dehors bravaches, il appartient « *à la race de ces êtres, moins* contradictoires qu'ils n'en ont l'air, dont l'idéal est viril, justement parce que leur tempérament est féminin ».

Gide (Le rêve de)

Passons, passons (puisque développées ailleurs) sur les anecdotes non négligeables qui jalonnent la longue histoire du malentendu Proust-Gide – des fameuses « vertèbres du front » au repentir gidien, du refus de *Swann* par la NRF aux visites nocturnes du « faux moine » (Gide, selon Céleste...) dans le « taudis » de la rue Hamelin. Toutes (les anecdotes) illustrent, au fond, les raisons pour lesquelles le pontife protestant était allergique à l'entreprise proustienne. Ces raisons – au nombre de trois, selon la brillante contribution de Franck Lestringant (dans sa biographie d'André Gide et dans *Le Cercle de Marcel Proust*) – pourraient ainsi se résumer :

1/ Gide ne partage pas la conception proustienne de l'homosexualité. Pour lui, la « tante » damnée de Sodome est aux antipodes de la pédérastie hédoniste de son *Corydon*. Les invertis proustiens sont vieux, honteux, tragiques et quasi wildiens (« ne nous présenterez-vous jamais cet Éros sous des formes jeunes et belles ? », demande-t-il à Proust), tandis que l'évangile gidien glorifie « à la grecque » la vertu pédagogique et solaire des amants de même sexe. En refusant *Du côté de chez Swann*, le triumvirat pédérastique de la NRF (Gide, Ghéon, Schlumberger) menait sa propre guerre, non pas tant contre la mondanité supposée et réelle de Marcel, mais contre sa conception des « *hommes-femmes* » promis aux foudres divines alors qu'ils plaidaient, eux, pour le plein jour et contre la clandestinité, pour la pédérastie contre l'homosexualité. « Vous avez fait reculer la question (homosexuelle) de cinquante ans », aurait dit Gide (d'après Gaston Gallimard) à Proust – qui, toujours d'après le même témoin, aurait répondu : « pour moi, il n'y a pas de question, il n'y a que des personnages... ». Jacques Rivière, non-dupe par excellence, lira *Sodome et Gomorrhe* comme un règlement de comptes explicitement antigidien – ce qui n'était pas pour lui déplaire dans sa lutte d'influence contre « l'ordre moral à l'envers » que le trio tendait à imposer dans les coulisses de la NRF.

2/ Gide ne peut, face à Proust, retenir son antisémitisme viscéral – qui est manifeste en maints passages de son *Journal*, surtout aux dépens de Léon Blum qu'il suspecte de fomenter un vaste complot destiné à assurer « aux siens » une domination mondiale. Certes, nul n'ose s'en prendre explicitement, sous cet aspect, au génial Proust, mais peu s'en faut, même pour Gide qui fut pourtant l'un des premiers signataires de la pétition en faveur de Dreyfus.

3/ De cet antisémitisme à peine voilé se déduit une antipathie esthétique (à moins que la causalité ne doive, en la circonstance, être inversée) : pour Gide, en effet, la prose proustienne n'est pas une prose selon son cœur, française et classique. Il y trouve trop de phrases longues et retorses, trop de circonvolutions baroques, d'amphigouries venues d'ailleurs, disons de cet Orient qui raffole d'arabesques et de massifs plantés de métaphores fleuries à l'excès. Thèse de Lestringant : Gide ou l'atticisme. Proust ou l'asianisme...

Il se trouve cependant que Gide fit un rêve étrange dans la nuit du 4 au 5 mars 1923, et ce rêve (postérieur de quelques mois à la mort de Proust) résume l'essentiel du malentendu qui fut, pour ces deux écrivains, leur autre manière de vivre ensemble. Gide en a fait le récit dans le deuxième cahier de son *Journal des faux-monnayeurs*. Et il est aussi passionnant que révélateur.

Dans ce rêve, Gide aperçoit Proust dans la pénombre d'un palais, « le visage à demi caché par les oreilles d'un grand fauteuil ». Il est, quant à lui, assis sur un escabeau et tient en main le bout d'une ficelle dont l'autre extrémité est accrochée à une imposante bibliothèque. Gide tire la ficelle, deux volumes reliés tombent de la bibliothèque, et se brisent. Il s'excuse, ramasse un volume détruit, le tend à Proust qui n'a rien dit jusque-là : c'est une édition rare des *Mémoires* de Saint-Simon. Proust murmure alors « Ce n'est rien », se lève et quitte la pièce. Gide le suit à travers une enfilade de salons luxueux, glisse à plusieurs reprises, puis se jette aux pieds de Proust en s'exclamant : « J'ai menti tout à l'heure en disant que j'avais fait tomber ces livres par mégarde… En vérité, je l'ai fait exprès… C'était plus fort que moi… » Un majordome est là, qui console Gide en lui donnant de petites tapes sur le dos, « à la russe »...

Pas question, ici, d'analyser ce rêve – sur lequel d'autres, plus freudiens que les auteurs de ce livre, exerceront leur puissante sagacité. Remarquons seulement que cette variation onirique (peut-être inventée après coup, ce qui n'ôte rien à sa signification éventuelle) transpire la culpabilité. Proust y est un monarque, il vit dans un palais (amusant, quand on songe au taudis de la rue Hamelin), il est magnanime – tandis que Gide, « assis sur un escabeau » (en guise du tabouret réservé aux duchesses de Versailles), fait exprès de détériorer les *Mémoires* de Saint-Simon.

Tout est dit. Avoué. Et par Gide lui-même.

→ *Éditeur (à propos de Jacques Rivière), Vertèbres (du front)*

Gilberte

→ *Aubépine, Bleu et noir, Tennis (du boulevard Bineau)*

Glaces (du Ritz)

De cet hôtel, déjà réputé pour sa bière fraîche, la gourmande Albertine apprécie surtout les glaces. Elle les évoque, et les savoure, dans un fameux transport crêté de féerie. Écoutons-la, lisons Proust...

« *Mon Dieu, à l'hôtel Ritz je crains bien que vous ne trouviez des colonnes Vendôme de glace, de glace au chocolat ou à la framboise, et alors il en faut plusieurs pour que cela ait l'air de colonnes votives ou de pylônes élevés dans une allée à la gloire de la Fraîcheur. Ils font aussi des obélisques de framboise qui se dresseront de place en place dans le désert brûlant de ma soif et dont je ferai fondre le granit rose au fond de ma gorge qu'elles désaltéreront mieux que des oasis (et ici le rire profond éclata, soit de satisfaction de si bien parler, soit par moquerie d'elle-même de s'exprimer par images si suivies, soit, hélas ! par volupté physique de sentir en elle quelque chose de si bon, de si frais, qui lui causait l'équivalent d'une jouissance). Ces pics de glace du Ritz ont quelquefois l'air du mont Rose, et même, si la glace est au citron, je ne déteste pas qu'elle n'ait pas de forme monumentale, qu'elle soit irrégulière, abrupte, comme une montagne d'Elstir. Il ne faut pas qu'elle soit trop blanche alors, mais un peu jaunâtre, avec cet air de neige sale et blafarde qu'ont les montagnes d'Elstir. La glace a beau ne pas être grande, qu'une demi-glace si vous voulez, ces glaces au citron-là sont tout de même des montagnes réduites à une échelle toute petite, mais l'imagination rétablit les proportions, comme pour ces petits arbres japonais nains qu'on sent très bien être tout de même des cèdres, des chênes, des mancenilliers ; si bien qu'en en plaçant quelques-uns le long d'une petite rigole, dans ma chambre, j'aurais une immense forêt descendant vers un fleuve et où les petits enfants se perdraient. De même, au pied de ma demi-glace jaunâtre au citron, je vois très bien des postillons, des voyageurs, des chaises de poste sur lesquels ma langue se charge de faire rouler de glaciales avalanches qui les engloutiront (la volupté cruelle avec laquelle elle dit cela excita ma jalousie) ; de même, ajouta-t-elle, que je me charge avec mes lèvres de détruire, pilier par pilier, ces églises vénitiennes d'un porphyre qui est de la fraise et de faire tomber sur les fidèles ce que j'aurai épargné. Oui, tous ces monuments passeront de leur place de pierre dans ma poitrine où leur fraîcheur fondante palpite déjà. Mais tenez, même sans glaces, rien n'est excitant et ne donne soif comme les annonces des sources thermales. À Montjouvain, chez Mlle Vinteuil, il n'y avait pas de bon glacier dans le voisinage, mais nous faisions dans le jardin notre tour de France en buvant chaque jour une autre eau minérale gazeuse, comme l'eau de Vichy qui, dès qu'on la verse, soulève des profondeurs du verre un nuage blanc qui vient s'assoupir et se dissiper si on ne boit pas assez vite. »*

→ **Ritz**

Gloire

Malgré sa modestie vertigineuse (quoique suspecte), Proust eut toujours l'intuition de sa renommée à venir, et il est heureux qu'il ait pu brièvement en jouir. Car, après le Goncourt, Paris l'adore. De nouveaux amis se pressent à ses dîners du Ritz tandis que les anciens ne se pardonnent pas d'avoir si peu cru en lui. Des femmes du monde demandent à leurs maîtres d'hôtel de corner les pages du livre où il serait question d'elles, tremblent à l'idée d'y être maltraitées, et s'emportent pour finir si elles ne se rencontrent pas dans les phrases trop longues qu'elles ont à peine le temps de parcourir...

La célébrité a donné à Marcel une assurance nouvelle qui lui va bien. Il se renseigne avec gourmandise sur ce que le monde pense de lui, apprécie les compliments de ceux qui le comparent à Saint-Simon et à Balzac, déplore que la Suède se montre moins proustienne que l'Angleterre, savoure des hommages venus de Perse ou d'Amérique. Proust a gagné. Il habite pourtant au quatrième étage d'un appartement médiocre et glacial de la rue Hamelin où, comme un monarque, il accorde des audiences à des visiteurs en extase. Ce bonheur dura peu de temps. Mais il exista – et c'est l'essentiel.

→ *Immortel, Goncourt*

Gomorrhe (sous le regard de Natalie Clifford Barney)

Citant le poème de Vigny, *La Colère de Samson*, Proust avait inscrit à l'un des frontispices de la *Recherche* : « *La femme aura Gomorrhe et l'homme aura Sodome.* » Or, s'il ne manquait pas d'informations précises, voire de première main, sur Sodome, que savait-il, au juste, de Gomorrhe ? Certes, il avait passionnément fréquenté Baudelaire, grand amateur de mœurs saphiques, mais quelque chose se trouva d'emblée faussé dans sa perception de la « race maudite » vouée au culte de Lesbos...

C'était prévisible : dans la *Recherche*, les lesbiennes sont d'abord des garçons déguisés en filles, et leurs prénoms (Albertine, Andrée...) sont essentiellement des prénoms d'hommes féminisés. Partant, ses vierges en fleurs, celles qui se donnent du plaisir « *par les seins* », ne sont guère considérées en tant que telles, tant il est vrai et vérifiable que Marcel établit une symétrie factice entre ses « *affreux sodomites* » et ses gomorrhéennes dont il déclara à Natalie Clifford Barney, l'incontestable impératrice du Paris lesbien de 1900, qu'« *elles sont toutes charmantes* ». Pour lui, l'inversion des femmes, simplifiée à l'excès, n'est que le pur miroir où se reflète celle des hommes. Aucun appareillage particulier, aucune investigation spéciale, aucune expérience ne lui permet d'en saisir la singularité officiellement revendiquée.

Mieux : le plaisir féminin, dont on peut penser qu'il l'obsède, est par lui relégué dans un mystère dont le fin mot lui importe assez peu. Du coup, la Gomorrhe proustienne est, comme le « continent noir » pour Freud, une zone sur laquelle Marcel voyage en touriste. Cette bévue – cette paresse ? –, procédant par calque ou déplacement, explique pourquoi les militantes contemporaines de la *Queer theory* (créatures fort peu proustiennes, au demeurant) considèrent souvent la *Recherche* avec méfiance et, parfois, avec une franche ironie...

Marcel en savait-il, sur Gomorrhe, plus qu'il n'a dit ? Le flou dont il entoure cette cité maudite tient-il au fait que son Narrateur est un homme et qu'il doit à ce titre, afin de bien tisonner sa jalousie, maintenir le saphisme dans un halo favorable à ses propres tourments ? Cette thèse, qui a été défendue avec pertinence, ne convainc pourtant qu'à demi...

Toujours est-il que son face-à-face avec Natalie Clifford Barney – la fameuse « *wild girl from Cincinnati* » – ne pouvait être indéfiniment repoussé. Celle-ci était intriguée par cet allié intelligent et bien disposé à l'endroit de sa cause. Mais elle pressentait également sa naïveté, sa connaissance de seconde main en matière de saphisme, comme en témoignent ses confidences aux amazones (Lucie Delarue-Mardrus, Renée Vivien...) qui lui composaient une cour dans le Temple de l'Amitié du 20, rue Jacob.

En novembre 1921, Proust se décida enfin à rendre visite à Natalie.

Fut-il sensible au « décor très Fiesole 1895 » dont Morand lui avait décrit les charmes ? Prit-il peur en présence d'une tribade qui n'eut jamais froid aux yeux ? Le fait est que leur rencontre n'eut pour effet que de figer les positions respectives de ces deux esprits qui auraient pourtant tiré profit d'une conversation plus franche.

Marcel parla musique et grand monde. Natalie fut plus audacieuse, quoique prudente. Il lui offrit, avec force proustifications, un exemplaire de son livre sulfureux – dans lequel Natalie se plongea aussitôt.

Lecture faite, son verdict fut sans appel : « Les lesbiennes de Marcel Proust ne sont pas charmantes. Elles sont invraisemblables. »

→ **Homosexualité, Inversion**

Goncourt

Jusqu'à la dernière seconde, il n'y songeait même pas – mais Gallimard y avait songé pour lui : après avoir récupéré un Proust jadis éconduit, le nouveau triumvirat de la NRF (Gaston, Rivière et le comptable Gustave Tronche) s'était donc mis en tête de faire fructifier cette acquisition en profitant des relations qui avaient précisément justifié le refus originel des pédérastes jansénistes (Gide-Ghéon-Schlumberger). Après tout, Proust connaissait du monde, il était reçu, les comtesses adoraient ses *Jeunes Filles en fleurs* qu'elles n'avaient pas lues et Léon Daudet, grand capitaine des lettres, était dans les meilleures dispositions à l'endroit de l'ancien ami de son frère. De plus, une plume illustre de *L'Action française*, antisémite et bientôt célinien notoire, batataillant en faveur d'un Juif féru d'imparfaits du subjonctif et autrefois dreyfusard, n'était-ce pas une configuration inédite, efficace, prometteuse ?

Certes, il y avait deux problèmes : d'abord, Proust passait pour être « riche » et, plus grave, « ami des riches ». La *doxa* en vigueur (a-t-elle changé ?) voyait là un handicap majeur qu'il était facile (plus facile qu'aujourd'hui, en tout cas...) de contrecarrer en invoquant la tradition, les bonnes mœurs ou le testament des Goncourt... Ensuite, Proust avait un concurrent idéal pour la gauche et les patriotes, Roland Dorgelès, un vrai « biffin », dont *Les Croix de bois*, défendues par Léon Hennique, pouvaient devenir un lauréat bien-pensant sous tous rapports...

Finalement, Gallimard fit ce qu'il fallait faire auprès de Lucien Descaves et de Rosny aîné. Quant au président du jury, le critique d'art Gustave Geffroy, on s'arrangea pour le persuader que les trois Goncourt précédents avaient déjà couronné des romans de guerre, et qu'il était peut-être temps de changer d'époque.

Céard, Élémir Bourges et Rosny jeune firent l'appoint... Et c'est ainsi que Proust obtint (par 6 voix contre 4) une récompense qu'il n'avait pas envisagée et dont il ne voyait pas l'intérêt.

D'où sa surprise quand, le 10 décembre 1919 en début d'après-midi, Céleste vint lui annoncer que M. Daudet souhaitait le voir et qu'il patientait, avec les trois Gallimard – « ils sont là, comme les Rois mages... » –, dans le petit salon de la rue Hamelin.

Proust, qui avait passé une mauvaise nuit, réclama ses croissants et son café au lait ; renonça avec mauvaise humeur à sa toilette du matin ; accepta de remettre à plus tard sa « séance de barbe » avec M. François, le coiffeur du boulevard Malesherbes ; puis, apprenant la bonne nouvelle, but sans déplaisir le calice d'une gloire parisienne et mondiale.

Plus tard, on lui remit le chèque de 5 000 francs qu'il dépensa le soir même en donnant un dîner au Ritz. Par chance, la veille, il avait trouvé dans un tiroir douze actions de la *Royal Dutch*, qu'il vendit aussitôt, ce qui permit d'améliorer le menu de son banquet.

Dès le lendemain, il reçut 870 lettres de félicitations auxquelles, en farouche épistolier, il répondit qu'il n'avait plus assez de santé pour répondre. Fièvre et épuisement s'ensuivirent. En deux jours, il devint très célèbre – ce qui n'était pas prévu.

Lors du banquet du Ritz, Morand lui apporta un exemplaire du roman de Dorgelès sur lequel figurait une bande où l'on pouvait lire en gros caractères « Goncourt » et, en plus petit, en dessous, « 4 voix sur 6 ».

L'année suivante, le prestigieux jury couronna Ernest Pérochon pour *Nêne*, un roman sans doute inoubliable dont nul ne sait plus rien. Tout était rentré dans l'ordre.

→ *Éditeur (à propos de Jacques Rivière), Gide (Le rêve de), Immortel, Papillon, Vertèbres (du front)*

Goûts et couleurs

M. et Mme Cottard forment un couple hilarant.

Atteinte de narcolepsie, Madame déforme les paroles qu'elle entend dans un demi-sommeil. Son mari, demi-habile et mufle, attend systématiquement qu'elle s'assoupisse pour lui crier dans l'oreille : « *eh bien ! Léontine, tu pionces ?* ».

Ils ressemblent aux deux importuns (une femme aux cheveux blancs et un homme « aux cheveux loin ») dont Sacha Guitry raconte qu'ils augmentent sa solitude en venant la troubler et qui, par ce goût du vrai qui est la forme de bêtise la plus répandue, réduisent la beauté d'un tableau à celle de son modèle.

Car Cottard et Cottarde sont notamment incapables de concevoir un art non figuratif : « *ils ne trouvaient ni dans la Sonate de Vinteuil, ni dans les portraits du peintre, ce qui faisait pour eux l'harmonie de la musique et la beauté de la peinture. Il leur semblait quand le pianiste jouait la sonate qu'il accrochait au hasard sur le piano des notes que ne reliaient pas en effet les formes auxquelles ils étaient habitués, et que le peintre jetait au hasard des couleurs sur ses toiles* ».

Rien de plus logique : quand l'art est affaire de vérité, quand il est en concurrence avec le réel, l'amateur évalue sa qualité à la quantité de réalisme qu'il comporte. Toute forme qui n'est pas un reflet semble vulgaire aux naïfs, « *dépourvue de l'élégance de l'école de peinture à travers laquelle* (ils voient), *dans la rue même, les êtres vivants* ». Résolument imperméables à l'idée selon laquelle ce n'est pas en montrant les choses comme elles apparaissent qu'on les montre telles qu'elles sont, Cottard et

Cottarde reprocheraient probablement à Picasso de mettre trop de triangles dans ses visages comme ils reprochent à Elstir de ne pas savoir que « *les femmes n'ont pas les cheveux mauves* ». Or, c'est là qu'est l'os. Car Cottard lui-même, dont Elstir fit le portrait à la demande de Mme Verdurin, est représenté avec des cheveux mauves ! « *Je ne sais, Monsieur, si vous trouvez que mon mari a des cheveux mauves* », s'indigne Léontine, sans voir qu'Elstir a peut-être su déceler, sous le masque d'une virilité bourgeoise, la tendresse d'un cœur de femme.

→ « *Albumine mentale* », *Cambremer (Marquise de), Elstir (ou les sept jours de Dieu), Mauve (et rose)*

Grains de sable

Ce jour-là, si l'on en croit les Mémoires de Céleste, Marcel, tourmenté par la mort imminente, voulut aller au musée du Jeu de paume afin d'admirer, une seconde fois, la *Vue de Delft* de son « *cher Ver Meer* ».

Il avait lu, dans *L'Opinion*, les trois articles que Jean-Louis Vaudoyer venait de publier à l'occasion de l'exposition de tableaux hollandais au Jeu de paume, et qui détaillaient la façon dont Vermeer, peintre pur, avait su « se dégager de l'anecdote » et composer « selon ses propres principes, sans se soucier de rester dans le goût de l'époque ». Il pria donc le critique de l'accompagner au Jeu de paume : « *Voulez-vous conduire le mort que je suis, et qui s'appuiera à votre bras ?* »

À son retour, exalté, il tint à peu près ce discours à sa gouvernante : « *Ah, Céleste, vous n'imaginez pas la minutie, le raffinement... Le moindre petit grain de sable ! Une minuscule touche de vert par-ci, de rose par-là... Comme cela a dû être travaillé ! Je devrai encore corriger, corriger... Ajouter des grains de sable...* »

Dans la *Recherche*, à l'occasion du passage qui détaille la mort de Bergotte devant le « *petit pan de mur jaune* », cela donne : « *C'est ainsi que j'aurais dû écrire, disait-il. Mes derniers livres sont trop secs, il aurait fallu passer plusieurs couches de couleur, rendre ma phrase en elle-même précieuse, comme ce petit pan de mur jaune.* »

Et Marcel corrigea. Et il ajouta des centaines de « *grains de sable* » qui, en langage proustien, se nomment « béquets » ou « paperoles ». Le plus long d'entre eux mesure un mètre quarante. Déployé, il a la forme d'un accordéon.

Cette visite au Jeu de paume est aussi à l'origine d'une méditation proustienne qui vaut pour chacun : pourquoi nous sentons-nous obligés d'augmenter la beauté du monde ? D'y ajouter des « *grains de sable* » ? Quel profit tirerons-nous d'un sacerdoce qui gâche l'existence ? Qui nous y pousse ? Le Narrateur y songe à l'instant de la mort de Bergotte. Et sa songerie mérite qu'on la considère :

> « *Ce qu'on peut dire, c'est que tout se passe dans notre vie comme si nous y entrions avec le faix d'obligations contractées dans une vie antérieure ; il n'y a aucune raison dans nos conditions de vie sur cette terre pour que nous nous croyions obligés à faire le bien, à être délicats, même à être polis, ni pour l'artiste athée à ce qu'il se croie obligé de recommencer vingt fois un morceau dont l'admiration qu'il excitera importera peu à son corps mangé par les vers, comme le pan de mur jaune que peignit avec tant de science et de raffinement un artiste à jamais inconnu, à peine identifié sous le nom de Ver Meer. Toutes ces obligations qui n'ont pas leur sanction dans la vie présente semblent appartenir à un monde différent, fondé sur la bonté, le scrupule, le sacrifice, un monde entièrement différent de celui-ci, et dont nous sortons pour naître à cette terre, avant peut-être d'y retourner revivre sous l'empire de ces lois inconnues auxquelles nous avons obéi parce que nous en portions l'enseignement en nous, sans savoir qui les y avait tracées...* »

→ **Mort à jamais ?**

Grand Hôtel

La première chose qui frappe avec le Grand Hôtel de Cabourg, c'est qu'il est, pour le moins, de taille moyenne. En réalité, amputé des deux tiers de son volume au cours du XXe siècle, et malgré le terre-plein spacieux, les hautes colonnes du salon et une longue terrasse en front de mer, le Grand Hôtel est un géant miniature, un tout petit brontosaure. De même qu'il arrive, dans les familles, qu'un gigantisme imparfaitement transmis privilégie certains caractères héréditaires et attache au fils d'un père monumental des pieds monstrueux sur un corps de taille normale, hormis quelques signes extérieurs d'immensité, le Grand Hôtel de Cabourg est à son équivalent littéraire (le Grand Hôtel de Balbec) ce que Lyon est à Paris : la même chose, si l'on veut, en plus petit. De toute façon, celui qui en parle ici, contaminé par Proust lui-même, s'attendait à être déçu : il en fallait davantage pour le surprendre. Qu'importent le parking, le perron minuscule et son enseigne « Accor » quand il suffit d'emprunter une porte revolver pour entrer dans un livre ?

→ **Chambre 414, Coquatrix (Bruno)**

Grimaldi (Notes de Nicolas)

Ici, nul béquet ni paperole. Mais des pages un peu jaunies, impeccablement perforées, rangées consciencieusement dans un classeur de cuir rouge et de taille moyenne, bleuies d'une écriture minuscule et limpide. Les notes sur la *Recherche* (et *Jean Santeuil*) de Nicolas Grimaldi ne forment pas un livre – bien qu'elles lui aient permis d'en écrire plusieurs, tous remarquables, sur le chef-d'œuvre proustien – mais un *parchemin* qu'il appartient à l'un des deux auteurs de ce dictionnaire, seul détenteur de ce trésor, de suivre pas à pas… s'il veut trouver sa propre voie.

À première vue, chaque page n'est qu'une recension des thèmes favoris de la *Recherche* : « amour », « déception », « Charlus », « angoisse », « ambiguïté », « cristallisation », « métonymie », « habitude », « bonheur impossible »… eux-mêmes agencés en sous-parties qui se répondent (« l'amour comme analgésique », « l'amour produit par l'angoisse », « stratification des habitudes », « passage de l'imagination à la perception », « similitudes du désir et du voyage », etc.). Mais quand on s'y attarde un peu, quand l'œil, surmontant l'admiration, ose respectueusement se pencher sur la bibliothèque d'un seul livre, ce qu'il découvre alors dans cette amoureuse dissection est tout simplement extraordinaire. Les échos qu'elle révèle entre des morceaux de phrases que séparent parfois plusieurs milliers de pages mettent en évidence des rouages autrement plus complexes que ceux d'un ordinateur et donnent à la *Recherche* l'allure d'une machine infinie en chacune de ses parties... La pudeur, l'affection, la reconnaissance et la jalouse propriété de ce chef-d'œuvre herméneutique interdisent d'en donner ici quelques exemples. Vous voulez savoir ? Allez vous faire voir. Ce classeur est à moi. Je ne partagerai pas avec vous les diamants qu'il contient.

Croyez néanmoins ceci sur parole : non seulement les pages se suivent, les citations s'enchaînent, se ressemblent souvent, s'opposent parfois, se complètent toujours, pour former un ensemble cohérent, vivant et fécond, mais surtout : Grimaldi n'a rien oublié. Tout y est. Quel que soit le thème (ou le sousthème) qu'il aborde, aucune citation ne manque ! Il y a en Nicolas Grimaldi quelque chose du bouquiniste Mendel, ce personnage de Stefan Zweig, qui, à l'aide de sa seule mémoire, résista jusqu'à la fin, dans son arrière-boutique, à la mise en catalogue de toutes les bibliothèques, en dispensant des conseils infaillibles et gratuits aux étudiants en quête d'un livre rare.

Car à l'ère du numérique, des éditions électroniques et des manuscrits virtuels qu'on peut indéfiniment corriger sans qu'il y paraisse et dont les rajouts ne produisent que des sauts de pages, Nicolas Grimaldi aurait eu moins de mérite à tailler une telle matière première (et, au passage, le manuscrit proustien lui-même n'aurait pas ressemblé à un accordéon). Mais quand, à rebours de l'époque, on se donne pour seul outil quelques feuilles épaisses et une paire de stylos (l'un bleu, l'autre rouge pour les fulgurances ou les grandes occasions), une telle recension relève de l'exploit.

Car de deux choses l'une : soit Grimaldi a lu la *Recherche* une bonne centaine de fois (ce qui est plausible, malgré son bel âge), soit, pour obtenir ce classeur exhaustif et (quasiment) sans ratures, il a dressé, à l'avance, la liste des thèmes et des alinéas qui lui importaient avant de passer l'œuvre au scanner d'une unique lecture aussi lente que méticuleuse. La présence de blancs démesurés entre certains paragraphes plaide en faveur de la seconde hypothèse (puisqu'elle laisse entendre que Grimaldi a « laissé de la place » au cas où il trouverait d'autres perles) mais, en vérité, c'est la première qui est la bonne... Peu importe : existe-t-il une meilleure manière de lire Proust que de prendre ainsi son temps ? Et un meilleur guide vers le temps retrouvé que le grand professeur qui n'a pas Internet chez lui parce que, selon ses propres termes, « ça ne va pas assez vite » ?

Gros mots

Comment peut-on faire des phrases si longues et un livre si volumineux sans jamais employer un seul gros mot ? Si malintentionné soit-il, le lecteur attentif cherchera (presque) vainement le moindre écart de langage dans la *Recherche*. Mais le lecteur obsessionnel, hyper-attentif...

En vérité, Proust ne s'est pas complètement privé de cet artifice des écrivains de second rang qui consiste à distiller avec parcimonie quelques insanités dans un ouvrage diamantin (à la façon d'un cuisinier mêlant à dessein les excréments du homard à la sauce qui en accompagne la dégustation).

Trois exemples, minuscules, en témoignent. 1/ « *Vous en avez un gros pétard !* », dit Jupien au baron de Charlus juste après avoir fait l'amour avec lui. 2/ « *Si tout le monde avait aussi bon cœur que vous il n'y aurait plus de malheureux. Mais, comme dit ma sœur, il faudra toujours qu'il y en ait pour que, maintenant que je suis riche, je puisse un peu les emmerder* », affirme le liftier au Narrateur qui, pour s'en débarrasser, lui donne un pourboire démesuré. 3/ Enfin : « *Quand vous avez fini un solo de violon, avez-vous jamais vu chez moi qu'on vous récompensât d'un pet ?* », demande Charlus à Morel, à qui la nièce de Jupien vient de dire « *Je vous paierai le thé* » – une expression que le baron juge « *fétide* » et qui fait monter « *son odeur de vidanges jusqu'à* (ses) *royales narines* ».

Guillemets

D'Aimé, le maître d'hôtel entré au service du Narrateur, qui doit à « *un certain commencement de culture* » de confondre la parenthèse et les guillemets, jusqu'à Swann qui, « *quand il parlait de choses sérieuses, quand il employait une expression qui semblait impliquer une opinion sur un sujet important, avait soin de l'isoler dans une intonation spéciale, machinale et ironique, comme s'il l'avait mise entre guillemets, semblant ne pas vouloir la prendre à son compte* », le fait de mettre ses propres mots entre guillemets est indifféremment, dans la *Recherche*, l'indice de l'inculture ou du dandysme.

Dans un cas comme dans l'autre, ça ne marche pas : l'inculte voudrait se donner une contenance et ne parvient qu'à être ridicule (à la façon dont certains, croyant bien faire, trouvant l'inversion classieuse, maintiennent un style direct au mépris de toute syntaxe et disent « je ne sais pas qui est-ce » au lieu de dire « je ne sais pas qui c'est »), et le dandy voudrait ne pas se prendre au sérieux, or il en est réduit à donner aux autres le sentiment qu'il se cite lui-même en permanence. C'est dommage. Car il n'est pas idiot mais étonnant, quand on y songe, d'exalter la bizarrerie d'un mot en « l'enchâssant » ainsi, comme une toile dans un cadre.

Hahn (Reynaldo)

De tous les amis de Marcel, c'est le plus irrésistible et le plus fidèle. Toujours enjoué, surdoué, rieur, ce natif judéo-catholique de Caracas (n'est-il pas plaisant de penser qu'il y a un point de tangence entre Proust et le Venezuela ?) avait, dit-on, « un côté mignon d'Henri IV et un côté compagnon de César Borgia ». En tout cas, il séduit par une légèreté d'allure que Marcel ne trouva chez aucun de ses autres intimes.

Ils se sont repérés l'un l'autre à l'occasion d'un « mardi » de Madeleine Lemaire ; Marcel a vingt-trois ans, soit trois de plus que Reynaldo ; ils se nomment respectivement « *Poney* » et « *My little master* » ; l'un aime la mesure et le classicisme mélodique, l'autre n'en pince maladivement que pour l'excès et les tempêtes ; ils s'adressent des lettres enflammées ou distantes en ajoutant – par passion régressive des langages clandestins – des « s » à tous leurs mots – « *je vous ai escrit* », « *je suis fastigué* », « *je suis phasché* », « *je me suis koushé* »…

Ensemble, ils envisageront de publier une *Vie de Chopin*, iront à Belle-Île, à Venise, à Beg-Meil ; Reynaldo voit Marcel comme « *une harpe éolienne qui vibre au vent* » ; Marcel – qui le nomme affectueusement « *Puncht* », « *Vincht* », « *Binibuls* », « *Bunchnibuls* », « *Irmuls* » ou « *Mon cher genstil* » – estime que les délicieuses mélodies de son ami-amant sont « *un breuvage de sorcellerie où il y a du sang de tigre et des fleurs* ». Ont-ils fait l'amour ? Sans doute, bien que nul n'ait identifié exactement, et concrètement, ce que pouvait bien être la vie sexuelle de Marcel. Ce qui est certain, c'est que Reynaldo était le seul des amis de « Monsieur » que Céleste ne raccompagnait jamais à la fin de ses visites boulevard Haussmann ou rue Hamelin. Et ce qui l'est également, c'est que Proust demandait souvent à son ami de lui interpréter un passage de la sonate pour violon et piano de Saint-Saëns, qui fut en quelque sorte « l'hymne national » de leur amour.

Ce détail biographique, au demeurant, place le Vénézuélien en bonne position pour tenir le rôle d'une Odette ou d'une Albertine dans la vie de Marcel. Céleste a prétendu que Proust, vers la fin, détestait

Reynaldo Hahn, mais rien n'est moins sûr : d'abord,
parce que Céleste, on se demande bien pourquoi, n'a
jamais aimé Reynaldo ; ensuite, parce que son cœur
simple devait prendre leurs fréquentes querelles musicales – Reynaldo aimait Gounod et Massenet quand
Marcel ne jurait que par *Lohengrin* et Debussy –
pour de graves disputes. Toujours est-il que Reynaldo
entoura son ami d'une affection sans faille jusqu'à la
dernière heure et qu'il souffrit de lui survivre pendant
vingt-cinq ans.

Leurs gloires respectives – planétaire pour l'écrivain, mondaine pour le pianiste – furent sans cesse
désaccordées, l'un devenant coqueluche quand l'autre
ne l'était pas encore, et l'autre devenant officiellement
génial quand l'un s'attardait dans des salons. Mais ils
s'aimèrent. Et, de cette longue passion, on retiendra
aussi la lettre que Proust écrivit à Zadig, le chien de
Reynaldo, dans laquelle (entre autres aguicheries) il
expose sa théorie esthétique.

Ces deux-là étaient faits pour se reconnaître et
s'adorer. Il est réjouissant que le hasard le leur ait
permis qui les jeta, pour un temps, dans la même vie.

Haine juive de soi

Ce n'est pas parce que seuls les Juifs ont le droit
(quoique) d'être antisémites qu'un Juif antisémite
n'est pas odieux – au contraire.

Hormis une boutade de Swann (« *Mon Dieu ! tous
trois ensemble, on va croire à une réunion de syndicat.
Pour un peu on va chercher où est la caisse !* ») chez
qui la gaieté juive est moins fine que les plaisanteries

mondaines, c'est à Bloch, évidemment, que revient le rôle du tenant de la haine juive de soi.

Un jour, alors qu'il est assis sur le sable contre une tente de toile, le Narrateur entend soudain son camarade se répandre en sarcasmes danubéens contre l'omniprésence des Juifs à Balbec : « *On ne peut faire deux pas sans en rencontrer. Je ne suis pas par principe irréductiblement hostile à la nationalité juive, mais ici il y a pléthore. On n'entend que : "Dis donc Apraham, chai fu Chakop." On se croirait rue d'Aboukir.* » Mais Bloch ne se contente pas, en homme libre, de déplorer (avec accent) le trop grand nombre de ses coreligionnaires en terres celtiques. S'il n'aime pas les Juifs, c'est qu'il en est un ; s'il n'aime pas les antisémites, c'est que ces derniers, le figeant dans le rôle du Juif qu'il veut être le moins possible, l'enferment dans l'identité qui entrave son ambition.

Ainsi Bloch n'admet-il son judaïsme qu'avec d'infinies précautions, en rétrécissant sa prunelle « *comme s'il s'agissait de doser au microscope une quantité infinitésimale de "sang juif"* », et s'il se plaît à faire dans ses sentiments la part « *assez mince d'ailleurs* » qui peut tenir à ses origines, c'est parce qu'il trouve à la fois courageux de « *dire la vérité sur sa race* » et opportun de l'atténuer par la même occasion « *comme les avares qui se décident à acquitter leurs dettes mais n'ont le courage d'en payer que la moitié* ». Tout Bloch est là : dans l'audace ostensible d'une vérité qu'on peut, en la disant, tempérer par les mensonges qui la rendent digeste.

La meilleure preuve que les phrases ironiques sur ses origines juives ont pour seul but de maquiller opportunément en autodérision la volonté de *ne pas en être* est fournie par un échange entre Bloch et le jeune duc de Châtellerault qui, à une question de Bloch sur l'affaire Dreyfus, répond : « *Excusez-moi, Monsieur, mais c'est une affaire dont j'ai pour principe de ne parler qu'entre Japhétiques.* » Pris au dépourvu par l'injure d'un homme dont il escomptait la solidarité, n'ayant pas eu le temps de se forger une colère, au lieu de répliquer, Bloch (dont le nom « *ne passe pas précisément pour chrétien* ») ne peut que répondre honteusement : « *Mais comment avez-vous pu savoir ? Qui vous a dit ?* », comme s'il était le fils d'un forçat.

Comment s'étonner, dès lors, que les filles d'un homme qui finira définitivement par enterrer son identité juive sous le pseudonyme transparent de Jacques « *du Rozier* » aient, comme lui, le goût du reniement ? « *Quand Bloch devenu père de famille eut marié une de ses filles à un catholique, un monsieur mal élevé dit à celle-ci qu'il croyait avoir entendu dire qu'elle était fille d'un juif et lui en demanda le nom. La jeune femme, qui avait été Mlle Bloch depuis sa naissance, répondit en prononçant Bloch à l'allemande, comme eût fait le duc de Guermantes, c'est-à-dire en prononçant le ch non pas comme un c ou un k mais avec le rh germanique.* »

→ *Antisémitisme (dreyfusard)*, **Du bon usage (de l'antisémitisme d'Albertine)**, **Judaïsme**, **Shibboleth**

Hapax

Dans son étude sur *Le Vocabulaire de Proust* (Slatkine-Champion, 1983), Étienne Brunet a pieusement collecté les « inusités vocables » proustiens (néologismes ou mots désuets) qui ont survécu pour certains ou disparu pour la plupart. On s'y promènera avec profit, comme dans un cimetière dont les tombes, portant des noms d'inconnus, servent d'appels de fictions à qui veut bien imaginer les destins qui s'y dissimulent. Ici, c'est le sens qu'il faut imaginer par-delà les combinaisons de phonèmes dont Marcel eut, à l'occasion, besoin.

Quelques exemples ? Présentons-les, tels quels, opaques ou allusifs, dans l'ordre alphabétique qui n'est pas celui de leurs apparitions : « *barbotis* », « *cacographie* », « *condoléancer* », « *copiateurs* », « *courbaturé* », « *encauchemardée* », « *escroqueuse* », « *installage* », « *louisphilippement* », « *migrainer* », « *patoiseur* », « *poudrederizée* », « *tigelé* », « *trompailler* », « *vibratilité* »...

Harmonie (préétablie)

Comment comprendre que, sans se connaître ni se concerter, alors qu'ils se croisent pour la première fois et que l'un n'ose regarder l'autre que quand il a le dos tourné, le baron de Charlus et le giletier Jupien improvisent spontanément, à la seconde où ils s'aperçoivent, une parade nuptiale réglée comme du papier à musique ? Quel malin génie fait saillir le derrière du second quand le premier feint de regarder dans le vague pour mettre en valeur la beauté de ses prunelles ? À quoi tient l'énigme d'un coup de foudre où deux êtres donnent le sentiment de s'entendre sans se parler ? Comment deux corps qui s'ignorent peuvent-ils s'accorder comme l'orchidée s'offre au bourdon qui la féconde ? Comment deux muets peuvent-ils, à distance, composer un ballet dont l'équivalent n'existe que dans la nature – ou au théâtre ?

« *On eût dit deux oiseaux, le mâle et la femelle, le mâle cherchant à s'avancer, la femelle – Jupien – ne répondant plus par aucun signe à ce manège, mais regardant son nouvel ami sans étonnement, avec une fixité inattentive, jugée sans doute plus troublante et seule utile, du moment que le mâle avait fait les premiers pas, et se contentant de lisser ses plumes.* »

Une telle énigme gagne à être éclairée par la *Monadologie* de Leibniz.

En effet, la « monade » – c'est-à-dire l'élément immatériel et simple qui se trouve au principe de toute matière composée – n'ayant « point de fenêtres par lesquelles quelque chose y puisse entrer ou sortir », aucune monade ne saurait avoir une influence physique sur l'intérieur de l'autre, sinon par l'entremise de Dieu dont l'intelligence combine harmonieusement des mouvements autonomes, comme un chef d'orchestre accorde des instruments qui, pourtant, se contentent de jouer leur partie. Dans la *Monadologie* – cet ultime chef-d'œuvre qui concentre en dix pages et quatre-vingt-dix propositions la totalité d'un système –, chaque individu est, à son insu, dans une parfaite indépendance à l'endroit de toutes les autres créatures, mais l'indépendance réciproque des monades est garantie par leur dépendance vis-à-vis de Dieu. Quelque apparence qu'il y ait du contraire, tout esprit s'y déploie comme un monde à part, auquel Dieu se charge de donner une cause commune. Si les hommes croient communiquer, c'est parce que Dieu, comparant deux substances simples, « trouve en chacune des raisons qui l'obligent à y accommoder l'autre ». Telle est « l'harmonie préétablie » de Leibniz qui, sur la grande scène de la *Recherche*, prend la forme d'un accord dont les regards ne sont que « *des préludes rituels, pareils aux fêtes qu'on donne avant un mariage décidé* ».

Certes, la compossibilité des monades culmine chez Leibniz dans la « cité divine des esprits » dont Dieu est le monarque, tandis que dans les yeux de Charlus et Jupien se lève le ciel de Sodome la maudite (« *quelque cité orientale dont je n'avais pas encore deviné le nom* »), mais dans un cas comme dans l'autre, le monde est une scène de théâtre dont le texte est d'autant plus nécessaire qu'on croit l'improviser.

→ *Fleur, Insecte*

Héraclite

C'est de la fenêtre de sa chambre, à Balbec, que le Narrateur découvre l'extraordinaire mobilité d'une mer pourtant étale : « *j'avais ouvert mes rideaux dans l'impatience de savoir quelle était la Mer qui jouait ce matin-là au bord du rivage, comme une Néréide. Car chacune de ces Mers ne restait jamais plus d'un jour. Le lendemain il y en avait une autre qui parfois lui ressemblait. Mais je ne vis jamais deux fois la même* ». Singulier héraclitéisme proustien qui se passe d'une mobilité objective pour admirer le changement. Car il faut un fleuve à Héraclite pour constater que c'est toujours « une autre eau qui vient à vous ; elle se dissipe et s'amasse de nouveau ; elle recherche et abandonne, elle s'approche et s'éloigne ». Alors qu'il suffit d'une étendue apparemment immobile au Narrateur pour découvrir que l'immobilité des choses autour de nous ne leur est imposée que « *par l'immo-bilité de notre pensée en face d'elles* ».

Tout coule dans la *Recherche*, rien n'y garde une forme arrêtée, l'immobilité des aubépines n'y est elle-même, comme dirait Montaigne, « qu'un branle plus languissant » qui recouvre « *le murmure de leur vie intense* » et l'ardeur « *d'insectes aujourd'hui méta-morphosés en fleurs* ». La transformation du temps flu-vial (c'est-à-dire du *temps perdu*) en temps océanique (c'est-à-dire le *temps retrouvé*) est aussi la raison pour laquelle, à la constante mélancolie d'Héraclite, le Nar-rateur substitue une béatitude intermittente.

Hommage (de l'un des deux auteurs de ce livre à son ami Anthony Rowley)

La dernière fois que j'ai vu Anthony Rowley, il sor-tait probablement de son bureau et descendait la rue du Montparnasse à pas de géant, sous une pluie fine, avec l'air immanquablement soucieux que donne aux grands visages un regard sans objet. J'étais en voiture, j'allais dans l'autre sens, il faisait gris, j'étais vague-ment pressé, j'aurais pu baisser la vitre, crier son nom, le saluer à distance d'un poing levé, il m'aurait dit de loin « Ça va, mon vieux ? » et m'aurait su gré, en lui-même, de ne pas m'être arrêté. Mais je ne l'ai pas fait. Il est mort cinq jours plus tard.

On ne se prépare jamais à la mort des autres. Une longue agonie ne dispense pas ceux qui l'accompa-gnent d'être stupéfaits le jour du trépas. Mais la mort accidentelle, la mort impromptue, la crise cardiaque, la mort qui, censée nous attendre au bout de la vie, se fait soudain la belle et descend les marches pour venir abattre un homme dans la force de l'âge, cette mort-là, parce qu'elle survient sans avoir laissé le temps de se forger une tristesse, est une ignominie. Les grands vivants méritent une longue mort, imperceptible puis constamment repoussée, avec une ultime victoire, un salut romain, juste avant de rendre les armes. Mais pas ça.

Les Français qui choisissent l'Angleterre le font pour s'enrichir. Les Anglais qui choisissent la France le font pour dépenser. Anthony Rowley était donc un seigneur, fils et père de seigneurs. Nous avons souvent partagé la meilleure table (à ses frais plus qu'aux miens) et comploté, comme des malfrats du Bien, contre maintes injustices éditoriales. Mais nous n'avons passé qu'une seule journée ensemble, à Genève, où je devais assurer la promotion d'un petit livre qu'il avait édité. L'idée qu'on pût être assez libre pour voyager sans serviette, avec une veste de velours vert et, pour seul bagage, le second volume du *Côté de Guermantes* suffit à me le rendre aimable.

Rowley lui-même était d'un *autre temps* : les exigences de l'époque lui glissaient dessus, ses mails étaient des lettres, et ses contrats des paroles données. Il avançait en conquérant avec des armes antiques, le téléphone fixe et le stylo à la main. Sa seule concession, peut-être, à l'arrogante modernité consistait à parler latin avec l'accent des journalistes radio des vieilles bandes d'actualités : il disait « *Taiiiinpusse* » pour *Tempus* en laissant traîner la diphtongue comme s'il s'était agi d'un plat de résistance. Mais je le revois surtout éclater de rire dans le train, en relisant la dernière page de *Guermantes* où le duc, après avoir précipité son départ en calèche alors que Swann vient de lui annoncer qu'il est mortellement malade et ne verra pas l'été prochain, crie soudain à la cantonade sur un ton gaillard : « *Et puis vous, ne vous laissez pas frapper par ces bêtises des médecins, que diable ! Ce sont des ânes. Vous vous portez comme le Pont-Neuf. Vous nous enterrerez tous !* »

Je n'en suis pas certain mais je veux croire qu'on peut, à l'image d'Anthony, traverser le monde sans jamais avoir à faire semblant de rire, et qu'un jour, un descendant de Proust saura donner à sa grande taille et son panache roux la part d'éternité qui revient, de droit, aux amants de la vie.

Homosexualité

Il est remarquable que le Narrateur soit le seul personnage masculin de la *Recherche* dont il n'est jamais révélé qu'il est, lui aussi, homosexuel.

Ne le serait-il donc pas ? Par quel prodige aurait-il échappé, lui, au destin des autres représentants de la « *race maudite* » ?

Morel, Jupien, Charlus, Saint-loup, Legrandin, Vaugoubert et le prince de Guermantes sont, ou deviennent, officiellement gays. Même Swann (qui, pourtant, *n'en est pas*) est indûment rangé par le baron de Charlus dans la grande famille des invertis : « *Je ne dis pas qu'autrefois, au collège, une fois par hasard (...) dans ce temps-là,* (Swann) *avait un teint de pêche et (...) était joli comme les amours...* » Or le Narrateur

se veut étrangement épargné par cette « *malédiction* »
– et cela intrigue.

D'où le bonheur de la police des (bonnes) mœurs
qui, au détour d'un paragraphe, tombe sur le lapsus
qui dément ce que l'auteur affirme...

Deux d'entre eux sont particulièrement éloquents :
le premier lapsus, en vérité, n'en est pas vraiment un,
ce serait plutôt une élision...

Voyons les faits : le Narrateur a prié Albertine
d'inviter les Verdurin à déjeuner et, à cette fin, il
se propose de lui donner une certaine somme d'argent devant laquelle la prisonnière se récrie : « *Grand
merci ! Dépenser un sou pour ces vieux-là, j'aime
bien mieux que vous me laissiez une fois libre pour
que j'aille me faire casser...* » Albertine ne termine
pas sa phrase mais le Narrateur, horrifié, la terminera
pour elle : ce qu'Albertine aimerait bien se « *faire
casser* », c'est, comme le dit l'expression populaire,
« le pot ». En d'autres termes, le Narrateur prête à une
lesbienne une expression qui caractérise (plutôt) une
relation homosexuelle masculine et, de surcroît, il précise qu'elle serait disposée à payer pour cela.

Le Narrateur avoue ainsi qu'on peut payer pour se
faire « casser le pot » par des garçons tels qu'on en
rencontre dans la maison de passe de Jupien. Cela
signifie explicitement – même si l'usage des « godes-
ceintures » était, dit-on, assez répandu dans les milieux
gomorrhéens du début de l'autre siècle – qu'Albertine
n'est peut-être pas une fille et que, partant, son amoureux préfère la compagnie des hommes.

Quant au second lapsus, il concerne la confusion
« topologique » qui s'empare du Narrateur quand,
dans l'établissement de Jupien, il demande qu'on lui
apporte du « *cassis* » – écho du pot « *cassé* » ? – dans

la chambre (la « *14 bis* ») qui, de fait, est celle où le baron de Charlus est en train de se faire flageller. Est-ce là une coquille que Proust aurait pu corriger s'il avait eu le temps de se relire ? Un véritable lapsus ? Un indice ?

→ *Arcade (11, rue de l'), Freud (Sigmund), Genre, Inversion, Lutte des classes, Pot*

Idiolecte

Les créatures proustiennes se signalent moins par
leurs actions que par leurs façons de parler. Et le temps
lui-même, qui se plaît à métamorphoser visages et
noms, qui organise les revers de fortune ou la décom-
position des corps, qui chahute de fond en comble
la machine sociale, ne se permet pas de toucher au
moindre de leurs tics de langage – ce qui prouve bien
que la plus permanente identité d'un être se tient toujours dans les mots qu'il emploie.

Qu'elle soit « *Miss Sacripant* » ou épouse de
Swann, cocotte ou comtesse (de Forcheville), Odette
existe d'abord par son cortège de mots anglais (« *dar-
ling* », « *five o'clock* », « *royalties* »…) ; Françoise
parlera jusqu'au *Temps retrouvé* le français pittoresque de Saint-André-des-Champs ; Hannibal de
Bréauté aura toujours du mal à prononcer les « ch »
(« *ma ière duiesse* ») ; et Bloch serait transparent
sans le verbiage prétentieux et bohème qui le signale
comme une enseigne. À chacun son idiolecte – et

c'est à dessein qu'on utilise ici une catégorie lexi-
cale estampillée par le très proustien Roland Barthes.

D'ailleurs, chacun peut en faire l'expérience : fré-
quentez un individu pendant une trentaine d'années,
fâchez-vous avec lui, réconciliez-vous, puis oubliez-le
avant de vous en souvenir : que reste-t-il de lui ? Pas
son visage, bien sûr, qui se sera empâté. Ni son allure
désormais voûtée. Ni même ses idées politiques ou
esthétiques qui auront évolué au fil du temps. Res-
teront, inchangés, ses mots particuliers, l'intonation
de sa voix, son phrasé, ou son rire... « *Décidément
il me semblait que c'était quelqu'un d'autre, quand
tout d'un coup j'entendis, à une chose que je disais,
son rire, son fou rire d'autrefois, celui qui allait avec
la perpétuelle mobilité gaie du regard. Des mélo-
manes trouvent qu'orchestrée par X la musique de
Z devient absolument différente. Ce sont des nuances
que le vulgaire ne saisit pas, mais un fou rire étouffé
d'enfant, sous un œil en pointe comme un crayon
bleu bien taillé, quoique un peu de travers, c'est plus
qu'une différence d'orchestration. Le rire cessé, j'aurais bien voulu reconnaître mon ami, mais comme,
dans l'Odyssée, Ulysse s'élançant sur sa mère morte,
comme un spirite essayant en vain d'obtenir d'une
apparition une réponse qui l'identifie, comme le visiteur d'une exposition d'électricité qui ne peut croire
que la voix que le phonographe restitue inaltérée ne
soit tout de même spontanément émise par une personne, je cessai de reconnaître mon ami.* »

→ **Angleterre, Barthes (Roland)**

Illusion

C'est dans la bouche du baron de Charlus qu'on trouve l'histoire d'un homme qui, croyant tenir dans une bouteille une princesse de Chine, ne cessa d'être fou que pour devenir idiot – ce qui prouve, aux yeux du baron, qu'« *il y a des maux dont il ne faut pas chercher à guérir parce qu'ils nous protègent seuls contre de plus graves* ». Effectivement, certaines illusions sont moins coûteuses que leur destruction, car la destruction des illusions en produit de nouvelles, plus tenaces que les précédentes, à l'image du jésuite qui devient lacanien ou d'Antonin Artaud qui, dans sa correspondance, fait suivre une diatribe contre la papauté (« Guerre à toi, Pape, chien ») d'une soumission totale et douce aux lumières du dalaï-lama… Bref, nul n'est plus fou que celui qui croit ne plus l'être. La désillusion est un renforcement de l'illusion. Et les détrompés sont plus dangereux (pour eux-mêmes) que les aveugles.

De sorte qu'il n'est pas si bête de s'accrocher à son illusion même quand on sait qu'on en est l'esclave. Celui qui refuse d'être dupe est souvent la dupe de son refus. Mais celui qui accepte d'être dupe gagne paradoxalement en lucidité. L'illusion volontaire (qui n'ignore pas, mais revendique, le fait d'être trompé) est ainsi plus sage que le déni de l'illusion en quoi consiste la certitude de voir clair.

C'est la raison pour laquelle le Narrateur persiste à croire (sans y croire) qu'il lui suffit de séquestrer Albertine pour en être le possesseur – et après la mort de sa fiancée, le Narrateur en plein deuil redoute autant qu'il espère « *d'oublier Albertine* ». Oublier Albertine, c'est sortir de l'illusion qui accrocha un cœur au cœur qui n'était pas pour lui. Mais oublier Albertine, c'est aussi tuer la mémoire en tuant la souffrance, et mourir soi-même à l'intention de célébrer la vie par l'écriture. D'ailleurs, qui est, dans la *Recherche*, l'homme qui croit tenir dans une bouteille la Princesse de la Chine ? Le Narrateur lui-même :

> « *Et je me rendais compte qu'Albertine n'était pas même, pour moi, la merveilleuse captive dont j'avais cru enrichir ma demeure, tout en y cachant aussi parfaitement sa présence, même à ceux qui venaient me voir et qui ne la soupçonnaient pas, au bout du couloir, dans la chambre voisine, que ce personnage dont tout le monde ignorait qu'il tenait enfermée dans une bouteille la Princesse de la Chine ; m'invitant, sous une forme pressante, cruelle et sans issue, à la recherche du passé, elle était plutôt comme une grande déesse du Temps.* »

→ **Dénis**

Immonde

C'est le mot dont, dans la *Recherche*, le jaloux se sert pour disqualifier un rival qui, de fait, a déjà gagné la partie.

« *Immonde !* » C'est ainsi que Swann répond à Mme Verdurin lorsque celle-ci, vaguement gênée de l'accueil aimable qu'elle réserve à Forcheville (dont elle estime qu'il ferait meilleur ménage avec Odette), lui demande ce qu'il pense de son nouvel « *invité* ». En répondant cela, Swann donne à Mme Verdurin l'occasion rêvée de tenir pour une marque de snobisme le mépris d'un élégant pour un nouveau venu (qui est, lui, « franc du collier ») et de présenter, en conséquence, la disgrâce du dandy comme une nécessité.

« *Immonde* » est aussi le mot dont Mme Verdurin elle-même, mortifiée d'être snobée par les aristocrates venus chez elle à l'invitation du baron de Charlus applaudir les performances musicales de Morel, qualifie le baron qu'elle s'apprête, pour le punir, à brouiller définitivement avec son amant.

« *Immonde* », enfin, est le mot dont imprudemment l'un des deux auteurs de ce livre s'est servi, à l'âge de quinze ans, pour (dis)qualifier le nouveau venu d'une bande d'amis où lui-même ne trouvait pas sa place. « Je trouve que tu as tort », lui avait répondu le chef de la bande, avec la délicatesse provisoire que les anciens du village témoignent aux futurs exilés.

Bref, « *immonde* » est le mot par lequel le bouc émissaire qu'un petit monde sacrifie à son nouveau *casting* désigne le successeur qui est, plus que lui, du genre qui convient.

Immortel

Proust n'était pas insensible aux honneurs dont il estimait, à juste titre, qu'ils l'auraient innocenté aux yeux de son père. C'est dans cet esprit qu'il reçut les insignes d'officier de la Légion d'honneur (des mains de son frère) et envisagea classiquement de rejoindre l'Académie française – dont le prix Goncourt était, dans sa perception du *cursus honorum*, l'étape obligée et déjà franchie.

« *Je serai candidat* », avoue-t-il enfin à son ami Robert de Flers (lettre du 4 juin 1920), « *quand un de tes confrères mourra (...) Du reste, il est probable que la mort la plus prochaine sera la mienne* ».

Quelques années après son prix Goncourt, et estimant l'heure propice, il consulte : Morand l'encourage tout en lui signalant que la parution du sulfureux *Sodome et Gomorrhe* compromet ses chances ; Henri de Régnier lui promet sa voix, puis la lui refuse ; Rivière est plus réticent (« *ce n'est pas pour vous, ce machin...* »). Il prend enfin contact avec Maurice Barrès en le priant de venir le voir, un soir, « *après minuit* » (« *Odilon passera vous prendre et vous conduira jusqu'à mon taudis de la rue Hamelin...* »). Le sourcilleux auteur du *Jardin sur l'Oronte*, nativement attentif aux hiérarchies de notoriété, lui fit comprendre que ce n'était pas à lui de se déplacer, mais à son cadet, qu'il pria de passer, à une heure décente, dans l'appartement qu'il occupait, à Neuilly, sur le boulevard qui porte désormais son nom – ce que Proust finit par faire.

Après l'avoir salué, Proust – qui prétend, comme à son habitude, être mourant – n'y va pas par quatre chemins : « Il paraît qu'on m'attend à l'Académie... », déclare-t-il aussitôt, avant d'ajouter : « Guiche me soutient. » Barrès se montra d'abord diplomate : « Ah, si Guiche vous soutient, je soutiendrai aussi... », puis sceptique : « Mais sachez, mon cher Marcel, que l'Académie n'attend jamais personne... » « Vous en êtes sûr ? », insista le cadet. « Absolument certain », répondit l'aîné.

Et ce fut tout : Proust s'en alla sur-le-champ. Et n'entra jamais sous la Coupole – où l'on finit par élire les très immortels Joseph Bédier et André Chevrillon.

Cette entrevue nocturne n'ayant jamais eu d'autres témoins que ses deux acteurs principaux, n'étant de surcroît jamais mentionnée dans leurs correspondances respectives, et n'ayant pas davantage fait l'objet de quelque récit officiel (sinon celui, de seconde main, des frères Tharaud), rien n'exclut qu'elle soit purement imaginaire. La rumeur en circule pourtant, et depuis si longtemps, qu'elle a acquis une sorte d'authenticité légendaire qui, pour certains, surclasse la vérité.

Rappelons cependant un fait plus incontestable : ce que Proust écrit dans *À l'ombre des jeunes filles en fleurs*, à propos de Bergotte maraudant autour du quai Conti : « *l'homme à barbiche et à nez en colimaçon avait des ruses de gentleman voleur de fourchettes, pour se rapprocher du fauteuil académique espéré, de telle duchesse qui disposait de plusieurs voix dans les élections, mais de s'en rapprocher en tâchant qu'aucune personne qui eût estimé que c'était un vice de poursuivre un pareil but, pût voir son manège* ».

→ *Fatuité (du Narrateur), Fatuité (bis), Gloire, Goncourt*

Incognito

Qu'ils soient légitimes ou usurpés, les titres nobiliaires font partie de l'ADN – réel ? fantasmé ? – des héros proustiens. Ce sont les cintres sur lesquels l'imaginaire du Narrateur suspend l'identité de ses créatures. Ce sont aussi les leurres qui distribuent le grand jeu de piste d'une société démocratisée où chacun est précipité dans un bal masqué où tourbillonnent snobismes, clandestinités et impostures. Proust avait ainsi, en apparence, la religion des êtres dont le destin est scellé par un lignage qui les dispense de s'inventer. Ceux-là sont, d'emblée, assignés à un pli auquel il leur suffira de se soumettre.

Parfois, soucieux d'augmenter leur liberté aux dépens de leur identité, ces créatures tentent d'échapper à ce pli : tel est bien le cas de l'insaisissable Charlus, duc de Brabant, damoiseau de Montargis, prince d'Oléron, de Carency, de Viazeggio et des Dunes, mais qui préfère ne retenir que le modeste branchage d'une baronnie qui en fait l'aristocrate le plus faussement humble de la *Recherche*. « *Aujourd'hui, tout le monde est prince* », se lamente-t-il. « *Je prendrai un titre de prince quand je voudrai voyager incognito.* » Dialectique subtile du très bien né qui jouit de n'être pas reconnu. Qui va même jusqu'à revendiquer le sobriquet de « Mémé » au détriment de ce « prince des Laumes » auquel il a droit depuis la mort de son père, le duc de Guermantes. Pour lui, il s'agit d'abord de circuler, sans être repéré, dans le charivari des identités sexuelles dont il se sait transfuge, et qui le trouble davantage qu'un blason. Ah, le plaisir de « Mémé » quand un Verdurin, dans son plan de table, le place moins bien qu'un marquis de province !

« *Ne vous tourmentez pas (...) J'ai tout de suite vu que vous n'aviez pas l'habitude.* »

Marcel s'amuse beaucoup quand Charlus arrive sous sa plume. Il jouit à travers sa jouissance (même par l'œil-de-bœuf de la chambre « *14 bis* »). À lui aussi, il ne déplaît pas de « *voyager incognito* » tant que « maman » est vivante. Il sera toujours temps, plus tard, d'abattre son je.

→ **Homosexualité, Naître (prince ou duc)**

Innocence (du Narrateur)

C'est une affaire entendue : le Narrateur n'est pas Marcel Proust – mais alors, pourquoi celui-ci protège-t-il à ce point son héros ? Pourquoi l'exempte-t-il de tous les vices dont la *Recherche* offre un catalogue assez exhaustif ? Et pourquoi le Narrateur est-il toujours innocent alors que ses comparses sont toujours coupables ? Il y a là une énigme de taille qui mérite qu'on s'y penche.

Antoine Compagnon, dans *Proust entre deux siècles*, observe finement que ce n'est pas le Narrateur (mais Brichot et le curé de Combray) qui se donne le ridicule de traquer les étymologies normandes ; ni lui – mais Charlus – qui cite Racine en regardant d'un air entendu les attachés d'ambassade ou les grooms du Grand Hôtel de Balbec ; ni lui encore – mais les autres – qui, ici ou là, « *font le mal* ». De même s'innocente-t-il volontiers du voyeurisme qui lui permet de regarder sans être vu les « profanations » de Mlle Vinteuil, le supplice de Charlus dans la chambre 14 *bis* ou la collusion botanique entre le même Charlus et Jupien, ou Rachel dans son bordel...

Le Narrateur, toujours innocent, obtient sans peine un perpétuel alibi (le hasard, une découverte inattendue, etc.) auprès du créateur qui, tout en prétendant ne pas être lui, le traite avec les ménagements qu'on ne réserve d'ordinaire qu'à soi-même.

Compagnon en conclut que ce Narrateur ment, triche, qu'il est « vicieux », sans oser l'avouer. Et que telle est bien « la transposition majeure d'*À la recherche du temps perdu* ». Il va même jusqu'à repérer, dans ce camouflage incessant, la preuve que Proust, finalement, a écrit un roman sublime qui contrevient aux lois de l'œuvre idéale, telle qu'il la définit lui-même dans *Le Temps retrouvé*.

Intégrisme antibeuvien ? Prudence mondaine ? Contradiction ? Ce dossier reste, étrangement, à instruire...

→ ***Fatuité (du Narrateur), Homosexualité, Inversion, « Narraproust »***

Insecte

« Vous verrez, avait confié Lucien Daudet à Jean Cocteau, Marcel est génial, mais c'est un insecte atroce, vous le comprendrez un jour... » – et les témoignages ne manquent pas qui, tous, insistent sur l'étrange cruauté dont Proust-le-délicieux pouvait faire preuve à l'occasion. Peu enclin à faire l'amitié, ou à faire l'amour, il mêla toujours l'arsenic à son nectar. Et fut, pour l'essentiel, prédateur de ses amis et de ses amants.

Proust, quand il aimait, n'aimait pas : il asphyxiait. Ses sentiments étaient pléthoriques, excessifs, et prompts à se transformer en leur contraire au moindre manquement.

Ces sentiments, d'ailleurs, se découpaient sur un fond d'incrédulité globale – et quasi leibnizienne – quant à la possibilité d'entrer en contact avec autrui perçu comme une inaccessible monade. Berl avait déjà été horrifié par cette tendre inaptitude proustienne à l'affect, d'autant que celle-ci fut, sans cesse, et paradoxalement, enrobée dans une perpétuelle demande d'attentions. Pour Proust, chaque être est enfermé dans sa capsule sensible. Ce côté « *insecte* », c'est aussi ce que Picasso avait noté, au Majestic, en observant un Proust empressé auprès des mondains dont il allait prélever tel détail pour son œuvre : « Regardez-le, il travaille sur le motif... » Un écrivain génial – et, de surcroît, pressé par le temps – a-t-il d'autres solutions ?

Exemple du Proust « asphyxiant » : lorsque Jean Cocteau lui rend l'une de ses visites nocturnes, au « 102 », Proust, qui s'est mis en tête que Cocteau n'est pas assez couvert et qu'il devrait se faire confectionner une pelisse, décide de la lui offrir, et lui tend une émeraude qui devrait suffire aux frais. Bien entendu, Cocteau, qui n'est pas dans le besoin, décline la proposition. Le lendemain, Proust dépêche son tailleur, rue d'Anjou, afin de prendre les mesures de Cocteau – qui refuse de le recevoir. D'où quelques lettres de récrimination, en rafales, où Proust se dit « *offensé* ». L'affaire s'envenime. Marcel ne comprend pas l'ingratitude de Jean. Une brouille s'ensuit. Etc.

→ *Cadeau, Cocteau (Jean), Harmonie (préétablie)*

Insomnie (avec Bergson)

Les grands écrivains ne savent pas se rencontrer. Le plus souvent, ils se croisent, se toisent, se jalousent si la passion s'en mêle, ou s'ignorent par délicatesse. Entre eux, point de dialogue, sinon truqué ou vain. Ni de curiosité réciproque... Ah, c'est donc vous ? Très bien, parfait, ravi de vous avoir vu, passons à autre chose... À leurs œuvres, seules, ils abandonnent le soin ultérieur de s'ajuster ou de se pourfendre. N'est-ce pas aussi bien ainsi ?

Proust n'a pas failli à l'exercice : rencontre ratée avec Joyce ; rencontre absurde avec Wilde ; contacts plus faciles avec les compétiteurs de moindre envergure (Morand, Mauriac, Gide, Régnier, etc.), ou plus obséquieux avec les aînés déjà en place (Montesquiou, France, Anna de Noailles...). Chaque fois, la dénivellation des statuts facilite les choses. Mais les difficultés commencent quand on se rencontre au même étage de la gloire. Ainsi de la dernière conversation entre Proust et Bergson, qui eut lieu à l'occasion de la délibération du jury d'un prix Blumenthal...

Proust, agonisant et souffrant d'une otite due à un usage trop fréquent de boules Quiès, voulait faire obtenir ce prix à Jacques Rivière. Et Bergson, membre du même jury, ne vit aucune raison de ne pas seconder en ce sens son lointain cousin qui avait été garçon d'honneur à son mariage. Entre-temps l'eau avait abondamment coulé sous les ponts et chacun avait fait provision de gloire : Bergson était illustre, Proust aussi. On disait également que ces deux-là avaient la même métaphysique, et Bergson avait trouvé amusant que, dans la première édition de *Guermantes*, une coquille ait, par deux fois, fait glisser le nom de

Bergotte vers le sien... Le public les voit s'éloigner
« comme de grands oiseaux nocturnes » (c'est l'expression d'Edmond Jaloux, qui eut l'indélicatesse de
suivre leur conversation) vers une fenêtre. Leur conci-
liabule se prolonge. On retient son souffle, les échotiers font mijoter leur billet...

Après enquête, il semblerait que ces deux aigles de
la pensée et de la littérature n'aient parlé ni du temps,
ni de la durée, ni de la mémoire – mais des « *sopori-
fiques* » et des remèdes de bonne femme contre l'insomnie dont ils souffraient l'un et l'autre... « On eût
cru, à les entendre, que l'insomnie était presque un
bienfait », raconte Jaloux.

On trouve un écho de cet échange dans l'unique
mention de Bergson dans la *Recherche* – dont un
« philosophe norvégien » rapporte les considérations
sur les « *altérations particulières de la mémoire dues
aux hypnotiques* ».

→ **Bergson (Henri), Cocteau (Jean), Joyce
(James), Wilde (Oscar),**

Instant d'avant (L')

Dans ce livre où le temps passe à la vitesse de
la mémoire, il arrive, par éclat, qu'une fraction de
seconde se déplie sur plusieurs pages, en quelques
phrases gigantesques. Au temps de l'horloge succède
alors, pour un instant seulement, l'indécomposable
durée d'une émotion qu'un ralenti cinématographique
n'exprime qu'imparfaitement. La trotteuse aux pieds
carrés (tic-tac, tic-tac) s'efface devant la passante

entrevue – fugitive beauté qui décille le regard et dilate la sensibilité, avant de retourner dans la longue série des jours oubliés. Il suffit au Narrateur, pour que le temps s'étale ou ralentisse, d'en prolonger indéfiniment le préambule. Voici venir l'instant d'avant. L'infime infini. Le clin d'œil chargé d'avenir. Les dernières marches de l'escalier. L'atome de choix pour le microscope de l'écrivain.

Est-ce la crainte, avérée, d'être déçu qui ordonne à Swann de retenir à deux mains le visage qu'Odette laisse enfin tomber vers lui, de retarder à l'envi leur premier baiser pour « *laisser à sa pensée le temps d'accourir* » et de poser, avant ses lèvres, sur l'aimée bientôt vaincue « *ce regard avec lequel, un jour de départ, on voudrait emporter un paysage qu'on va quitter pour toujours* » ? Est-ce la certitude, démentie, d'être heureux qui dicte au Narrateur de ralentir le pas avant d'entrer dans la chambre d'hôtel où, croit-il, Albertine attend qu'il la rejoigne ? Peu importe, en vérité, qu'Odette embrasse Swann et qu'Albertine refuse d'embrasser le Narrateur (« *J'allais savoir l'odeur, le goût, qu'avait ce fruit rose inconnu. J'entendis un son précipité, prolongé et criard. Albertine avait sonné de toutes ses forces* »), l'un et l'autre pressentent que le bonheur est compromis dès qu'il advient.

C'est la raison pour laquelle, pareils à Achille tardant soudain à rejoindre la tortue qu'il pourchasse, les deux amoureux donnent aux préparatifs de la félicité les dimensions d'un univers : « *Ces quelques pas que personne ne pouvait plus arrêter, je les fis avec délices, avec prudence, comme plongé dans un élément nouveau, comme si en avançant j'avais lentement déplacé du bonheur (...). La mer, que j'apercevais à côté de la vallée dans la fenêtre, les seins bombés des premières falaises de Maineville, le ciel où la lune n'était pas encore montée au zénith, tout cela semblait plus léger à porter que des plumes pour les globes de mes prunelles qu'entre mes paupières je sentais dilatés, résistants, prêts à soulever bien d'autres fardeaux, toutes les montagnes du monde, sur leur surface délicate.* »

L'instant d'avant, comparable à la période (appelée « ère de Planck ») où les lois de la gravitation et les effets quantiques ne peuvent plus être étudiés séparément, suspend les lois de la physique à celles du cœur et superpose des images ordinairement successives : « *Comment le monde eût-il pu durer plus que moi, puisque je n'étais pas perdu en lui, puisque c'était lui qui était enclos en moi, en moi qu'il était bien loin de remplir, en moi, où, en sentant la place d'y entasser tant d'autres trésors, je jetais dédaigneusement dans un coin ciel, mer et falaises ?* » Le monde est chétif en comparaison de ces instants primultimes où, sans suspendre son vol, le temps sort de ses gonds, l'avenir mord sur le présent et l'apparition fugace précède le retour de la nuit. Swann et le Narrateur voudraient interrompre le temps et ne parviennent qu'à en diffracter la course. Ils voudraient que tout s'arrête et, du coup, c'est là que *ça se passe.*

→ « *Au passage* »

Intermittent

La première apparition du mot « *intermittent* » dans la *Recherche* sert à décrire l'odeur de cuisine qui monte des soupiraux de la vieille hôtellerie de l'Oiseau

Flesché, rue Saint-Hilaire, à Combray. Ensuite, le mot est mis à toutes les sauces...

Sont intermittents : les « *coups de soleil* », l'ardeur, la muflerie, l'apparition, le retrait de la voix, les fragments d'une matinée, la paresse d'esprit, le rire de l'enfance, la liberté, le secrétariat, le romantisme, le calme, la douceur, la familiarité, le sourire, l'indifférence, les maladies, le battement d'une aile, la surdité mentale de Mme Verdurin, l'affection du Narrateur pour Françoise, les échos d'une mélodie sous-marine, la résurrection de Sodome, les reprises d'une liaison déjà finie, les petits cris de Rachel au moment de jouir, l'ondée que sèche un souffle ou un rayon, les localisations de la jalousie, les brouilles du baron de Charlus avec sa tante Villeparisis, la chute d'une goutte de sueur alternant avec la goutte d'eau du réservoir sous lequel travaillent des garçons de ferme, la buée sonore qui, par les beaux jours, révèle le changement de place d'un régiment à la manœuvre, les feux des aéroplanes ou des projecteurs de la tour Eiffel qui sectionnent un ciel de guerre, les intervalles du souffle d'Albertine endormie, le petit personnage intime enfin, qui, seul homme à jeun dans la nuit du sommeil, entonne, tout seul, de si nombreux cantiques à la gloire du soleil qu'il prépare les paupières closes du Narrateur à « *un étourdissant réveil en musique* »...

Mais *Les Intermittences du cœur* (qui furent, un moment, envisagées comme le titre de l'œuvre elle-même) désignent la partie de *Sodome et Gomorrhe* où le Narrateur, à l'occasion d'un second séjour au Grand Hôtel de Balbec, revient sur les lieux qu'il a découverts plusieurs années auparavant avec sa grand-mère désormais disparue et dont, dans un souvenir involontaire qui le bouleverse, il revoit, en laçant les bottines qu'elle l'aidait à enlever, « *le visage tendre, préoc-cupé et déçu* ». De cet épisode, où le désir de serrer sa grand-mère dans ses bras se confond immédiatement avec la sensation tardive qu'elle est morte à jamais (ou la conversion tardive du fait de savoir qu'elle est morte au fait, infiniment plus douloureux, de l'éprou-ver), le Narrateur tire les quelques pages sur le deuil qui annoncent *Albertine disparue* et montrent surtout combien c'est en revivant qu'on vit vraiment, non pas sur le mode nostalgique d'un bonheur enfoui, d'un paradis perdu dont l'ancienne douceur est sensible à celui qui, du vivant de sa joie, n'y faisait pas atten-tion, mais comme la découverte du trésor de chagrins qu'il appartient à l'écrivain de mettre en mots.

L'enjeu n'est pas de ressusciter le passé (ce qui est impossible) mais d'en éprouver la présence dans une épiphanie trop douloureuse encore pour être appelée « temps retrouvé ». L'essentiel, néanmoins, est déjà là.

Les intermittences du cœur décrivent autant la dias-tole (c'est-à-dire le passage du savoir à l'émotion, comme dans l'épisode où il comprend, un an après son enterrement, que sa grand-mère est morte) que la systole (soit la révélation du sens caché par des phé-nomènes d'abord incompréhensibles, comme le jour où l'homosexualité du baron de Charlus éclaire après coup toutes les bizarreries de son comportement).

La *Recherche* ? L'arythmie d'un cœur intelligent.

Inversion

Étrange, obsessive, cette manie, chez le jeune Proust, d'affubler chacun d'un nom qui n'est pas le sien, ou d'un sobriquet propice à suggérer le cryptage affectif, l'intimité, le lien spécial et invisible pour autrui – qui, dès lors, se trouve mis à distance. Mme Proust ouvre le bal en nommant son fils « *petit loup* » ou « *crétinos* » ; Marcel enchaîne avec les « *Bunibuls* » ou autres « *mon poney* » réservés à Reynaldo Hahn ; Bertrand de Fénelon devient « *Nonelef* », Bibesco « *Ocsebib* », lesquels préfèrent « Lecram » à Marcel...

N'oublions pas que l'anagramme est, d'abord, une inversion des lettres. Dans sa correspondance avec François de Pâris, dont la famille possède le château de Guermantes, Proust écrit : « *Prière de ne pas m'appeler Proust si vous parlez de moi. Quand on a un nom si peu harmonieux, on se réfugie dans son prénom.* »

À cet égard, il faut se souvenir que, jusqu'en 1900, « Proust » se prononçait « Prout », ce qui désigne le bruit du pet et, par extension allusive, l'anus – qui, à son tour, renvoie, pour les homophobes, à l'homosexualité masculine.

L'inversion des lettres pour masquer l'inversion des mœurs ? C'est une piste sérieuse. Marcel, tout à sa passion de la clandestinité et, partant, de l'invisibilité de ses pratiques, l'aura donc suivie par jeu. Ou par souci du camouflage.

→ *Anagrammes, Prévost (Marcel)*

Invisible et Innommée

Une ruse de romancier ? Un truc ? Une aguiche-rie habile ? Disons alors que cette ruse, ce truc, cette aguicherie sont d'une efficacité foudroyante, et que Proust s'y est bien amusé : il a créé deux person-nages dont l'un ne se montre jamais et dont l'autre n'a pas de nom. « Invisible » et « Innommée » sont pour-tant deux personnages importants de sa *Recherche* ; ils sont pétris de fantasmes ; porteurs d'hypothèses véné-neuses ou sensuelles ; décisifs dans l'accélération de l'intrigue générale.

Le premier de ces personnages est une femme de chambre ; le second est seulement désigné comme une « *amie* ».

Tout d'abord, la femme de chambre, dite « *femme de chambre de la baronne Putbus* ». Elle occupait, avec moins d'anonymat, une place de choix dans les brouillons de Proust (sous le nom de « *Picpus* ») alors qu'elle ne se montre plus dans son œuvre achevée. Où est-elle donc passée ? La vérité, c'est qu'en disparais-sant, elle rencontre son essence : *Una cosa mentale...*

C'est Robert de Saint-Loup qui, le premier, vante au narrateur la beauté « *follement Giorgione* » de cette créature ainsi que son expertise sexuelle, son art de la volupté facile, sans doute tarifée, et pratiquée avec les deux sexes. Émoustillé, le Narrateur n'aura de cesse que de la rencontrer, sans y parvenir. Il l'at-tend à Balbec, à Venise, retarde ses départs dans l'es-poir de la croiser, s'intéresse à Théodore, son frère, afin d'obtenir quelque rendez-vous, s'enfuit enfin alors qu'il pourrait la voir car il doit éviter que cette coquine exerce ses talents saphiques auprès d'Albertine... Cette femme de chambre – dont Proust, semble-t-il, a pris l'idée dans *La Domination*, un roman d'Anna de Noailles – est donc synonyme d'attente, de frustration, d'imagination. C'est une sorte d'« imam caché » dont la parousie s'esquive ; non pas un « idéal du moi », mais un « idéal de l'autre » ; un univers de sensualité facile et virtuelle ; un horizon et, comme tel, à jamais inaccessible.

On a pu dire, avec pertinence, que ce personnage était le *deus absconditus* de la *Recherche* – puisque, par son être même (volatil, mercurien, construit par l'esprit, toujours manqué…), il justifie à lui seul le titre (la *Recherche*) de l'œuvre qui l'abrite. Le Narrateur, soudain pascalien, recherche éternellement la femme de chambre de la baronne. Et il y perd son temps, tout en faisant provision de songeries. Si elle n'existe pas, il sera quand même gagnant ; si elle existe, il triomphera. Demande-t-on, quand on tente d'y croire, autre chose à Dieu ?

Le personnage innommé, lui, est présent : c'est « *l'amie de Mlle Vinteuil* ». Proust la désigne comme « *Mlle X* » ou « *Mlle Y* » dans le *Cahier 14* (de 1910), mais la « dé-nomme » dès Combray – où elle fait sa première apparition. Installée à Montjouvain, cette amie a un rôle énigmatique : tantôt protecteur, comme une mère de substitution pour les deux orphelines que sont Mlle Vinteuil et Albertine – qui prétendra avoir passé en sa compagnie des « *jours merveilleux* » à Trieste ; tantôt vénéneux, comme en témoigne la scène de « *profanation* » où, sous les yeux d'un Narrateur dissimulé, elle se fait complice d'un sacrilège ; tantôt vertueux, puisque c'est elle qui, à force de patience érudite, rendra lisible le fameux Septuor extrait des « *indéchiffrables notations* » de Vinteuil, et qui vaudra à celui-ci « *une gloire immortelle* ».

Or, si l'on s'avise que ce Septuor n'est, littéralement, qu'un anagramme féminisé de « Proust », on
verra peut-être dans cette femme innommée, cette
« *fausse méchante* » – comme le sont les « apaches »
engagés par Charlus pour le flageller –, le léga-
taire symbolique d'un manuscrit dont l'auteur de la
Recherche pressent l'inachèvement.

L'Invisible (qui résume une sensualité inaccessible)
et l'Innommée (qui devra mettre de l'ordre dans une
œuvre en suspens) incarnent ainsi, dans des ordres
différents, le passage vers un idéal érotique ou esthétique. Ce sont des médiatrices d'absolu. Et, à ce titre,
condamnées à n'être que des ombres.

→ *Profanation*

Jalousie (neuf théorèmes)

Il n'y a (presque) que des jaloux dans la *Recherche* : Charles Swann souffre de ce haut mal à cause d'Odette et de Forcheville ; le Narrateur (dont la jalousie est la torture favorite) à cause d'Albertine et de sa mère ; Saint-Loup ou Gilberte à cause de Rachel ; le duc de Guermantes à cause d'Odette devenue sa maîtresse ; Charlus enfin, grand rival en damnation de Swann, en souffre à cause de Morel... Dans ce royaume infernal où chacun brigue le grade le plus élevé de la douleur, la jalousie circule comme une électricité diabolique.

Or, cette pathologie est spéciale : certes, Proust en fait, classiquement, « *l'ombre de l'amour* », ou sa « *lamentable et contradictoire excroissance* » – mais elle est bien plus que cela : c'est d'abord une maladie qui précède sa cause, et qui possède la fâcheuse particularité de lui survivre lorsque cette cause vient à disparaître.

Signalons sans tarder les neuf théorèmes qui la définissent...

1/ La jalousie proustienne est une conséquence qui, née de rien, invente sa cause. Elle est aidée en cela par le soupçon, qui alimente l'angoisse du jaloux, et lui permet de s'épanouir dans une zone d'atroces souffrances.

2/ Cette jalousie précède l'amour qu'elle déclenche, s'accompagne sans cesse du tourment qui l'entretient, et est invariablement suivie de l'amour qui ne serait jamais né sans elle. Du coup, elle obéit, techniquement, au même processus que la cristallisation stendhalienne : le jaloux proustien, comme l'amoureux stendhalien, ne s'éprend qu'*après coup*.

3/ Ce n'est pas l'amour qui attache l'amoureux à une personne (puisque l'amour, venant de soi et non de l'autre, invente toujours son objet, de préférence inaccessible ou, en tout cas, non possédé), mais c'est la jalousie qui lui rend cette personne indispensable. Dans la *Recherche*, le Narrateur s'éprend souvent de femmes qu'il a seulement croisées, ou qu'il connaît à peine, mais ces amours-là, qui ne sont que des songeries, ne durent pas. En revanche, dès qu'opère le couple fatidique du soupçon et de l'angoisse, et que l'amour proustien s'en déduit, le jaloux ne peut plus dissoudre dans une rêverie celui ou celle qui l'a piégé de la sorte.

4/ La jalousie proustienne prête à l'autre les faiblesses et les tentations qui sont celles du jaloux, car c'est parce que l'on se sent capable de trahir que l'on fige son partenaire dans une posture de traître possible. Les héros proustiens, finement auscultés par Nicolas Grimaldi dans son grand livre sur *L'Enfer proustien*, trouvent innocent de désirer, mais atroce – quoique propice à toutes sortes d'excitations – que l'autre désire. Ces héros choisissent alors de fixer leur douleur sur des êtres susceptibles de leur fournir une bonne ration de soupçon. Seule une femme qui a mauvaise réputation (Odette, Rachel, Albertine…) peut ainsi exercer l'attrait qui en fait un objet d'amour possible. Dans sa vraie vie, Proust lui-même ne s'intéressera qu'à des femmes déjà possédées par d'autres (de Louisa de Mornand à Hélène Soutzo).

5/ Peu importe que cette jalousie trouve, ou non, sa scène primitive dans le baiser refusé de Mme Proust. On peut néanmoins tenir pour acquis que cette frustration originelle a commandé l'ordonnancement des suivantes. La « jalousie de la mère », selon la ritournelle en vogue, reste la mère de toutes les jalousies. C'est elle – ce serait elle… – qui forge les tempéraments « abandonniens » qui, à leur tour, feront le terreau sur lequel la jalousie germe et prospère.

6/ Dès que les héros proustiens ont aimé une fois en jaloux, ils ne peuvent plus aimer autrement : « *Swann aimait une autre femme, une femme qui ne lui donnait pas de motifs de jalousie, mais pourtant de la jalousie, parce qu'il n'était plus capable de renouveler sa façon d'aimer et que c'était celle dont il avait usé avec Odette qui lui servait encore pour une autre.* »

7/ Puisqu'elle est une pathologie de l'imaginaire, la jalousie proustienne est une maladie qui ne cesse pas quand on en supprime la cause. Et la mort elle-même ne dispense pas le narrateur de souffrir par celle qui n'est plus là pour offrir de nouveaux prétextes à son supplice. Dans ce cas-là, le souvenir prend la relève du soupçon, il devient un *événement du passé*, un événement aussi neuf que ceux qui adviennent dans le présent, et provoque les mêmes effets. Ainsi, le Narrateur, victime de cette « jalousie d'escalier », traque les circonstances révolues au cours desquelles

Albertine a pu faire entendre « *le son inconnu de sa jouissance* ». Informé par Aimé, le maître d'hôtel de Balbec qui en rajoute certainement, il est ravagé en découvrant (est-ce vrai ? Sa jalousie l'exige…) qu'une petite blanchisseuse a mis « *aux anges* » l'infidèle si impatiente de se « *faire casser* » le…

8/ En nous faisant ressentir l'absence d'un être comme une souffrance, la jalousie imagine que la présence de cet être est un besoin et, partant, il nomme « amour » ce besoin. Le rêve du jaloux : enfermer son objet dans les « plombs » d'une Venise intérieure ; contrôler tout l'être de celui ou de celle qui est susceptible de provoquer cette souffrance ; l'emprisonner comme cette princesse de Chine dont parle Mérimée, qu'un amant magicien pouvait faire tenir dans la bouteille qui ne le quittait jamais. Le jaloux, ravagé par ce fantasme mortel, veut loger à l'intérieur de lui ou, à défaut, de son appartement, la créature qui lui causerait tant de mal en s'échappant. Victime de ce « complexe de Jonas », l'amour proustien n'est plus qu'un baume anesthésiant, aussitôt suivi d'une stratégie d'enfermement qui, seule, saura apaiser la douleur née d'une jalousie finalement désirable – puisque, sans elle, nul n'aurait eu accès au bonheur d'aimer.

9/ La jalousie engendre une attention hallucinée à tous les détails, à tous les signes qui pourraient annoncer un abandon ou, plus gravement, s'expliquer par un début d'infidélité. Tel regard, telle rougeur au front, telle robe ou éventail utilisé comme l'indice d'une relation coupable sont possiblement les signes d'une trahison à venir. D'où la vigilance du jaloux qui engrange, ausculte, soupèse chaque détail. En ce sens, la jalousie opère comme une dixième muse. Sans elle, il n'est point de sémiologie des passions. Nul n'est romancier s'il n'est, d'abord, un jaloux.

Deux citations résumeront cette affaire :

1/ « *"Êtes-vous jaloux ?" Je dis à Swann que je n'avais jamais éprouvé de jalousie, que je ne savais pas ce que c'était. "Hé bien ! Je vous en félicite. Quand on l'est un peu (...) cela permet aux gens qui ne sont pas curieux de s'intéresser à la vie des autres personnes, ou au moins d'une autre. Et puis, cela fait assez bien sentir la douceur de posséder (...). Mais cela, ce n'est que dans les tout premiers débuts du mal ou quand la guérison est presque complète. Dans l'intervalle, c'est le plus affreux des supplices..."* »

2/ « *Elle* (Albertine) *était capable de me causer de la souffrance, nullement de la joie. Par la souffrance seule* (celle de la jalousie) *subsistait mon ennuyeux attachement. Dès que la souffrance disparaissait, je sentais le néant qu'elle était pour moi.* »

→ *Agostinelli (Alfred), Albertine, Amour, Décristallisation, Kimono*

« Je » et « Il »

Paradoxe : en écrivant *Jean Santeuil* à la troisième personne, Proust n'a écrit que des mémoires transparents, assez fades, et dépourvus de portée universelle. Tandis qu'en choisissant le « je » pour le Narrateur de la *Recherche*, il compose un vrai roman où chacun, partout et à jamais, peut se contempler.

Jivaro (L'École)

Il a toujours existé une postérité proustienne qui, tout en admirant frénétiquement la *Recherche*, ne se priva guère de déplorer sa longueur.

D'Anatole France (« La vie est trop courte et Proust est trop long ») à Gérard Genette (qui, par ironie, envisagea de résumer le livre en une seule phrase : « Marcel devient écrivain », plus tard complétée en « Marcel finit par devenir écrivain ») en passant par Jacques Madeleine, son premier lecteur chez Fasquelle, qui n'excluait pas que cette œuvre pût être réduite « des neuf dixièmes », une vaste « École Jivaro » propose ainsi (sur le mode de l'humour ou du sérieux) de réduire, résumer, amputer, émonder, alléger ou simplifier une œuvre qui n'a rien fait pour mériter une telle sollicitude.

La rigueur éditoriale, ce dieu jaloux, est par ailleurs venue au secours de cette tendance réductionniste, d'autant que seuls les quatre premiers volumes de la *Recherche* ont été publiés du vivant de Proust – les trois derniers, mis au point par Robert Proust et Jacques Rivière, ayant paru à titre posthume. Ce détail chronologique autorise, en conséquence, toutes les variations où les archivistes rivalisent avec les critiques « généticiens ».

La plus ample ablation proustienne fut, dans ce contexte, celle de la savante Nathalie Mauriac Dyer, arrière-petite nièce de Marcel, qui, découvrant un tapuscrit endormi dans une malle, et instruite par une indication explicite de son grand-oncle, proposa une version réduite de moitié de *La Fugitive*, devenue pour la circonstance *Albertine disparue*.

Proust aurait-il donc, à son quasi dernier souffle, choisit lui-même de s'abréger de la sorte ? C'est là une thèse recevable – qui surprend cependant quand on l'applique à un écrivain plutôt porté aux rajouts – qui, après tout, aurait pu conduire l'auteur de la *Recherche,* disposant soudain d'un sursis existentiel, à raccourcir l'ensemble de son œuvre. Qui sait, même, s'il n'aurait pas eu envie de la réduire à l'infini – voire de la supprimer complètement à l'occasion d'un vertige dont le Borgès de *Pierre Ménard, auteur du « Quichotte »* aurait pu tirer une fable édifiante ?

Sur l'(im)possibilité d'alléger Proust de ses digressions (la suppression des digressions étant, après le résumé et l'amputation, la troisième tentation de l'« École Jivaro »), on se reportera avec profit au brillantissime et drolatique *Proust et la Digression* de Pierre Bayard.

→ *Long, Madeleine (Jacques), Ouin-ouin, « Précaution inutile »*

Joues

Avec Proust, le désir (l'émoi, l'affolement des sens, l'extrême excitation...) finit toujours par rencontrer des joues. Certes, ces « joues » n'en sont pas nécessairement, comme l'a noté Nabokov dont les habitudes critiques ne s'encombrent pas de fioritures : « la jalousie proustienne (dans le cycle d'Albertine) n'a de sens pour le lecteur que s'il sait que les bonnes grosses joues d'Albertine sont en réalité les fesses rebondies d'Albert... ». Il n'empêche : Proust adore et vénère les joues qui, pour lui, sont des fétiches voués à la jouissance, à l'embrassade, à la tétée.

Entre les joues de Combray (« *J'appuyais tendrement mes joues contre les belles joues de l'oreiller qui, pleines et fraîches, sont comme les joues de notre enfance* ») et les joues fripées des vieillards du *Temps retrouvé*, on en trouve de toutes sortes au fil des pages : elles seront, selon l'angle du désir, crémeuses, cireuses, goûtées, léchées, sucées – ce qui autorise les herméneutes zélés à y discerner la nostalgie d'un sein maternel ou de quelque pénis ami.

« *Je regardais les joues d'Albertine pendant qu'elle me parlait et je me demandais quel parfum, quel goût, elles pouvaient avoir...* » Les jeunes filles de la digue ont des joues-géraniums ou des joues-cyclamens. Mlle de Stermaria a des joues-nymphéas avec cette « *teinte d'un rose sensuel et vif qui s'épanouissait dans ses joues pâles, pareille à celle qui mettait son incarnat au cœur des nymphéas blancs de la Vivonne* ». En revanche, Swann n'aime pas, certains soirs, les joues d'Odette, qu'il trouve « *jaunes, languissantes, parfois piquées de petits points rouges* », mais il s'empresse de les lui pincer dès qu'elle *joue* (la petite Sonate).

Joueurs de flûte

C'est ainsi que le marquis de Norpois désigne les amateurs de « l'art pour l'art » (Bergotte, par exemple) – qu'il oppose aux artistes patriotes.

Écoutons-le, ce ridicule qui fait rire, cet anti-Proust par excellence installé, par l'intérieur, aux premières loges de ce qu'il dénonce. Nous lui devons, ce qui n'est pas rien, l'éternelle rengaine des grands imbéciles :

> « *Bergotte est ce que j'appelle un joueur de flûte :
> il faut reconnaître du reste qu'il en joue agréablement quoique avec bien du maniérisme. Mais
> enfin, ce n'est que cela, et cela n'est pas grand-chose. Jamais on ne trouve dans ses ouvrages
> sans muscles ce qu'on pourrait nommer la charpente. Pas d'action – ou si peu – mais surtout
> pas de portée. Ses livres pèchent par la base ou
> plutôt il n'y a pas de base du tout. Je sais que
> c'est blasphémer contre la Sacro-Sainte École
> de ce que ces messieurs appellent l'Art pour
> l'Art, mais à notre époque il y a des tâches plus
> urgentes que d'agencer des mots d'une façon
> harmonieuse.* »

D'aucuns prétendent que Proust lui-même, *via* le pastiche des Goncourt qu'il introduisit tardivement dans son *Temps retrouvé*, prend ses distances avec le « style artiste ». C'est notamment le cas d'Antoine Compagnon dans son passionnant *Proust entre deux siècles*. Ne faut-il pas, tout de même, approfondir la différence entre les tenants d'un « art patriotique » (Norpois au premier chef) et les adversaires (comme Proust) de la littérature réaliste ?

Journalistes

Proust fait grand cas du journalisme et des journaux (donc, à son époque, du *Figaro* qui est presque, à lui seul, un personnage de la *Recherche*) mais, manifestement, il méprise les journalistes.

Journaliste : synonyme, dans la *Recherche*, selon les lieux et l'instant, de « *péremptoire* », « *ignare* » ou « *insignifiant* »... Proust connaissait-il le mot de Péguy (« Homère est nouveau ce matin, et rien n'est plus vieux que le journal d'aujourd'hui ») quand il fait dire à Swann : « *Ce que je reproche aux journaux, c'est de nous faire faire attention tous les jours à des choses insignifiantes tandis que nous lisons trois ou quatre fois dans notre vie les livres où il y a des choses essentielles* » ? Le fait est que le Narrateur, comme Balzac, ne cite les journalistes que pour les cogner, parfois même au sens propre.

Puisqu'ils redoutent d'être démodés plus que d'être bêtes, et puisqu'ils s'enivrent de l'actualité à laquelle ils sacrifient le présent, les journalistes proustiens (quelle que soit l'époque où ils sévissent), « *flétrissent la période précédente, non seulement le genre de plaisirs que l'on y prenait et qui leur semble le dernier mot de la corruption, mais même les œuvres des artistes et des philosophes qui n'ont plus à leurs yeux aucune valeur, comme si elles étaient reliées indissolublement aux modalités successives de la frivolité mondaine. La seule chose qui ne change pas est qu'il semble chaque fois qu'il y ait "quelque chose de changé en France"* ».

Mais comment en vouloir aux « *plumitifs* » ? Reproche-t-on aux myopes d'avoir la vue basse ? Comment faire grief à ces bricoleurs dans l'éphémère de croire que les « nouvelles » contiennent du nouveau ? Qui les accusera de rendre ennuyeux ce qui est inédit au lieu de rendre surprenant ce qui est familier ? « Journaliste » est l'antonyme d'écrivain. Et de tous les « cuirs » de Françoise, le plus intéressant (sinon prémonitoire) est, à ce titre, d'appeler « journaliste » non pas l'indiscret professionnel mais le marchand de journaux dont les cris à Balbec montent jusqu'au belvédère du Narrateur.

Incultes, vaniteux, mal élevés, les journalistes de la *Recherche* sont également lâches. Lorsque Saint-Loup roue de coups le journaliste qui refuse d'éteindre le cigare dont la fumée indispose le Narrateur, les trois amis du malotru brillent par leur absence de courage : le premier regarde, comme par hasard, du côté des coulisses ; le deuxième feint d'ôter de l'œil un grain de poussière imaginaire ; c'est enfin le moment que choisit le troisième pour se précipiter vers une salle de théâtre en déclarant sur le ton de l'urgence « *nous n'aurons pas nos places* ». Puis, après les hostilités, vaguement honteux de l'avoir abandonné, les trois « *capons* » tiennent absolument à faire croire au quatrième qu'ils ne se sont rendu compte de rien.

→ **Dédicaces, Dénis**

Joyce (James)

Impossible (pour l'un des deux auteurs de ce livre) de gravir les quelques marches qui séparent le trottoir de l'avenue Kléber du hall de l'Hôtel Raphaël sans songer que les figures les plus illustres du XXe siècle en firent autant, le 18 mai 1922, pour se rendre à la soirée donnée par Sydney Schiff (1868-1944) et son épouse Violet à l'occasion de la première de *Renard*, l'opéra-ballet d'Igor Stravinsky.

En ce temps-là, le Raphaël s'appelait encore le Majestic et était une annexe du Ritz – dont les salons n'admettaient pas d'orchestre après minuit. Or, la soirée promettait d'être sonore et Sydney Schiff, un « *rich amateur* » frénétiquement moderne, avait bien l'intention de réussir sa percée parisienne et de conquérir enfin un statut respectable dans le monde des arts : Picasso est présent, escorté par les gros bataillons du « gratin révolté » ; Diaghilev plaisante avec Chaplin et Léon-Paul Fargue ; Cocteau agite ses longues mains osseuses et subjugue un Harold Nicolson tétanisé par cet hippocampe en liberté ; quelques Rothschild, un ou deux Beaumont tentent de rattraper leur retard sur les Noailles qui les ont devancés dans le culte des Ballets russes. On a même invité Walter Berry, l'amant d'Edith Wharton, Winnaretta Singer, la « fille des machines à coudre », et l'ombrageux Wyndham Lewis, l'incontournable prophète vorticiste dont on redoute la médisance (il se moquera des Schiff dans *The Apes of God*) et qui, pour finir, ne viendra pas.

Depuis quelques mois, les Schiff, lettrés branchés, ont beaucoup investi sur leur « cher Marcel » afin d'obtenir l'onction qui ferait d'eux des intercesseurs exclusifs entre Proust et l'Angleterre, et ils n'ont qu'un désir : convaincre leur ami, aussi souffrant qu'à l'ordinaire, de faire une brève apparition au Majestic. Pour le tenter, ils ont même composé un menu à base d'asperges et de bière glacée. Proust était alors devenu, depuis son Goncourt, un *must* mondain et exigeant : n'avait-il pas, peu avant, évité d'être l'hôte d'honneur d'une comtesse en vue et boudé la redoute des Polignac ? Sa présence serait, pour Violet et Sydney, une consécration. Vers minuit, il fit son apparition...

Ce soir-là, il est plus agonisant qu'à l'ordinaire et ressemble à un « gardénia de la veille ». Il vient, par distraction, d'avaler un flacon d'adrénaline pure qui lui brûle l'estomac. Aussitôt, il jette un froid comme un sorcier jette un sort, déclare qu'il est mourant, avoue à un maître d'hôtel qu'il envisage de « plâtrer » son tube digestif. Un témoin anonyme murmure : « Il ressemble à un aviateur embrouillardé qui hésite à atterrir. » Pendant deux heures, Proust détaillera pourtant, avec force arabesques, les particularités de son agonie devant une assistance mondainement émue. Cocteau lui trouve un air de « Christ arménien ». Un snob anonyme se croit spirituel en faisant remarquer que « ce soir, Marcel est venu avec son cercueil ». En tout cas, Marcel a enfilé trois ou quatre pelisses – qu'il n'ôtera pas – avant de quitter son domicile de la rue Hamelin. Odilon Albaret l'attend dans son taxi. « Monsieur » a promis qu'il ne resterait que quelques minutes.

Or, voici qu'un autre invité de marque fait son entrée. Il titube, est vêtu comme un clochard, trébuche, confond les vases de glaïeuls avec des maîtres d'hôtel, lâche quelques jurons gaéliques sur son passage : c'est James Joyce, l'autre génie du siècle, le nouvel Homère, l'Irlandais facétieux et divinement ivre.

Les Schiff n'en espéraient pas tant : Proust et Joyce, le même soir, à leur table... Ils suffoquent, vibrent, jubilent, écartent Picasso et Chaplin, présentent Swann à Leopold Bloom, guettent les propos à coup sûr mémorables qui vont jaillir de leurs deux bouches sacrées... Violet tient sa revanche sur la *gentry* d'outre-Manche où elle n'est guère admise ; Sydney bombe son torse frêle en rêvant au chapitre qu'il pourrait composer dans ses futurs Mémoires – qu'il n'écrivit jamais.

Pourtant, rien n'advint. Et les deux génies, murmure-t-on, n'échangèrent que quelques mots :

« Je crois que vous aimez les truffes, aurait dit Proust.

— Je préfère la bière », aurait répondu Joyce.

C'est tout.

D'après le récit de la duchesse de Clermont-Tonnerre, la conversation fut plus élaborée :

« Je n'ai jamais lu vos œuvres, cher Joyce...

— Moi, non plus, cher Proust... »

(Précisons que les joyciens intégristes récusent cette version trop agressive au regard de la bonté qu'ils prêtent, à tort, à leur champion.)

Dans son *Autobiographie*, le poète américain William Carlos Williams reproduit, en la tenant d'un témoin peu fiable, une conversation dont la tonalité médicale reste plausible :

JOYCE : « J'ai des maux de tête... Mes yeux brûlent... Je suis en enfer...»

PROUST : « Ah, mon estomac ! Il me fera mourir... Savez-vous que je viens d'avaler un flacon d'adrénaline ? Et mon asthme ! Le mois de mai est un supplice... »

JOYCE : « Je dois partir... Au revoir... »

PROUST : « Charmé de vous avoir rencontré, cher Joyce... Mon chauffeur peut-il vous déposer quelque part ? »

JOYCE : « Aurai-je le droit de fumer dans la voiture d'un asthmatique qui souffre de l'estomac ? »

PROUST : « Je préférerais que vous ne le fissiez point... »

JOYCE : « Peu importe, j'ai envie de marcher... »

L'Irlandais finira tout de même par monter dans la voiture d'Odilon, mais se fera déposer au bout de quelques minutes. Il aurait allumé une cigarette et baissé la vitre du véhicule : deux crimes impardonnables qui firent craindre un *casus belli*.

Léon-Paul Fargue confia par la suite (à Walter Benjamin) qu'il put capter au vol les paroles, assorties de jurons, que Joyce aurait prononcées en quittant le Majestic : « Je ne mettrai plus jamais les pieds dans une pièce où je courrai le risque de rencontrer ce personnage. »

Ces mots durent être prononcés en vieil irlandais – ce qui jette une ombre de suspicion sur le témoignage de Fargue qui, à notre connaissance, n'était guère polyglotte.

Plus tard, Joyce se confia encore à son ami Frank Budgen : « Nous n'avons échangé que des "non"... Connaissez-vous le duc Untel ? Non... Avez-vous lu *Ulysses* ? Non... »

Plus sérieusement, et plus tard, il aurait ajouté, mélancolique : « L'heure de Proust venait de commencer, la mienne était déjà passée... »

Ce qui, on en conviendra, n'était pas faux – tout en étant partiellement inexact.

Devant ce fatras de versions aggravées par les variantes Schiff, embellies par les variantes Cocteau, assombries par les variantes snobs, dilatées par une théorie de colloques, et finalement codifiées par une *doxa* franco-anglaise vétilleuse, on s'accordera, faute de mieux, pleine licence pour imaginer la conversation virtuelle qui, peut-être, eut réellement lieu lors de ce rendez-vous manqué.

En voici l'ouverture hypothétique :

JOYCE : Votre Swann est *very hebrew*, me dit-on...

PROUST : On me dit la même chose au sujet de votre Leopold...

JOYCE : Je vous ferai remarquer que le père de mon Leopold s'était converti au protestantisme...

PROUST : Ah, c'est aussi le cas du père, et même du grand-père, de mon Swann...

JOYCE : Il faut toujours surveiller la famille de nos personnages, n'est-il pas ? À propos, pourquoi trouve-t-on tant de Juifs dans les romans ?

PROUST : Je me permets de vous faire observer qu'on y trouve aussi beaucoup d'invertis...

JOYCE : Je crois savoir que, pour vous, les Juifs et les invertis sont les deux rameaux de la même race maudite...

P<small>ROUST</small> : En effet, je ne suis pas mécontent de cette audace…

Etc.

(Précisons que les proustiens et les joyciens, unissant pour une fois leurs intégrismes divergents, récuseront cette version inacceptable, quoique non dénuée de vraisemblance.)

Ce fut l'une des dernières soirées mondaines de Marcel Proust – qui mourut six mois après sa nuit au Majestic.

Pour conclure cette évocation très imaginée, observons que Proust rata la plupart de ses rencontres avec ses contemporains géniaux. Faut-il le déplorer ? Pas sûr, car les grands écrivains n'ont, en général, pas beaucoup à se dire. Seules parlent leurs œuvres, muettes entre elles – mais à jamais loquaces pour qui les écoute.

Rappelons enfin, pour revenir au Majestic, que Sydney Schiff ne se remit jamais de cette soirée qui fut, en quelque sorte, le *climax* de sa vie. Il poursuivit sa carrière de pâle romancier (sous le pseudonyme de Stephen Hudson : ce qui tendrait à prouver qu'il se voulait aussi joycien). Et, après la mort de Scott Moncrieff, il eut *in fine* le droit de traduire en anglais le dernier volume de la *Recherche*.

Quant à Joyce, il dut tout de même se souvenir de Proust puisqu'on trouve, dans *Finnegans Wake*, trois allusions minimales à l'auteur de la *Recherche* : un « *Swanway* » ; un « *two legglegels in blooms* » (qui pourrait se traduire par : « deux petites filles en fleurs ») ; et un « les prouts inventeront une écriture » qui ne laisse pas d'intriguer les nostalgiques de cette amitié mort-née.

→ **Angleterre, CQFD (Ceux qui franchement détestent), Datura**

Judaïsme

À quoi bon entamer une *disputatio* standard entre le côté Weil de Proust et son certificat de baptême catholique établi par l'archevêché de Saint-Louis d'Antin ? Ou convoquer, côté fiction, Albert Bloch, Nissim Bernard, Rachel ou Swann avec son « *nez busqué* », son « *eczéma ethnique* » et sa « *constipation des Prophètes* », ou consulter, côté non-fiction, Berl, Robert Dreyfus, et les éminences du « Ghetto mondain » de la Plaine Monceau, pour s'aviser que Proust n'éprouva jamais son judaïsme comme une identité stable ? Mieux vaut en rester à cette évidence : Proust ne se vivait pas comme juif tout en oubliant, avec une touchante naïveté, que les Gentils ne voyaient, en lui, qu'un fils d'Israël. Ainsi se crut-il autorisé, fort de son agnosticisme, à passer par le regard des antisémites (dont la compagnie ne lui était pas désagréable) afin d'exercer sa méchanceté aux dépens des « Hébreux » de la *Recherche*...

À d'autres donc, si l'exercice les divertit, le soin d'esquisser à travers cet écrivain profondément talmudique une nouvelle psychopathologie du Juif honteux lisant *L'Action française* en pleine affaire Dreyfus, ou du demi-Juif tenté par l'antijudaïsme transcourant des Guermantes ou des Verdurin. Demeure le paradoxe :

Proust est le plus juif des écrivains juifs tentés par l'antisémitisme. Il en tire humour, drôlerie, variations hilarantes, mauvaise foi.

Antoine Compagnon a opportunément distingué les deux sortes d'antisémitisme qui circulent dans la *Recherche* : médiéval et catholique avec le baron de Charlus ; moderne, « anticapitaliste » et bourgeois tel qu'on l'entend, par exemple, à travers les préjugés d'Albertine. Dans les deux cas, Proust se sert du « motif juif » par jeu ou avec dépit – sans oublier d'activer, comme un *continuo* discret, un lien mystérieux entre la situation des Juifs et celle des homosexuels dans une société ballottée entre deux morales et deux siècles.

D'où le grand partage qui gouverne la *Recherche* : d'un côté, les singularités infâmantes d'un Bloch (cheveux crépus et profil d'Assyrien...) ou d'une Rachel, vénale et Juive à « *peau brune* » ; de l'autre, la mystique d'une francité rose et blonde qui illumine le teint des jeunes filles de la digue, l'allure « *mérovingienne* » de Saint-Loup, les toilettes marines d'Oriane ou un paysage normand délicatement piqueté de cathédrales.

Dans ce bestiaire, la figure de Swann – dont le patronyme, comme celui de James de Rothschild, est désinfecté par une dose d'Angleterre – est révélatrice du destin malheureux promis aux Hébreux égarés dans le faubourg Saint-Germain.

Par le raffinement, le prestige, la fortune et la culture, Swann est presque un Guermantes – mais on ne le reçoit plus après l'affaire Dreyfus, et le Narrateur l'abandonne, pour finir, à sa tribu d'origine. Quant à sa fille, Gilberte, elle n'osera même plus, une fois devenue l'épouse de Saint-Loup, prononcer le nom de son père devant les duchesses qui rêvaient autrefois de le fréquenter. En subliminal proustien, cela signifie que ni l'héroïsme, ni le raffinement, ni le prestige n'ont le pouvoir d'effacer durablement les traces de la judéité, fût-elle ensevelie sous deux ou trois générations. Le Juif de Proust (qui parle pour lui-même ?) peut bien être protégé ou aimé par les ducs et les princes : rien ne conjurera la fatalité qui, le jour venu, le renverra à son ghetto.

Dans les premières versions de *Combray* (*Carnet* 9), Proust avait imaginé tout un « roman juif » autour de Swann, de sa mère, de sa famille « *fraîchement débarquée d'Orient* » – puis il déplaça ce massif vers *Sodome et Gomorrhe* où il entrera en résonance avec le thème de l'inversion. C'est alors que Bloch (double ambigu, faux ami, rival et, comme le dit Françoise, « *copiateur* » du Narrateur) fixe sur sa personne les railleries antisémites d'usage, comme en témoigne le fameux épisode du « lift » que Bloch prononce « *laïft* », de « *Venice* » devenue « *Venaïce* », sous le regard condescendant de Saint-Loup. Et si le baron de Charlus, bien que juché sur son blason, épargne Swann même pendant l'affaire Dreyfus, il se veut sans pitié pour Bloch – dont il est épris.

Étrange manège : un écrivain juif pastiche l'antisémitisme de ses contemporains aux dépens de son double qu'un descendant homosexuel de Saint Louis désire avec gourmandise. Au bout de compte, on ne sait plus : qui déteste les Juifs ? Qui les aime ? Qui est chrétien et qui ne l'est pas encore ? Sodome est-elle la capitale d'Israël ? Proust est-il notre dernier marrane ? Un régal crypté en witz aristo-hébraïque…

Rappelons enfin ce propos surprenant, et finalement fort peu proustien, rapporté par Emmanuel Berl dans son *Interrogatoire* avec Patrick Modiano : en effet, Proust lui aurait un jour confié : « Ils ont tous oublié que je suis juif, moi pas. » Si ce propos était avéré, cela signifierait que Proust se vivait, au fond, comme un marrane ayant réussi son coup. Pas vu, pas pris, mais avec une identité stable et secrète à l'intérieur.

Or, tout indique que c'est le contraire qui caractérise le syncrétisme marcellien : baptisé, déjudaïsé, laïcisé, comme il était d'usage dans une certaine intelligentsia de l'époque, Proust crut qu'il était moins juif, ou plus juif du tout – tandis que les Gentils de son entourage, eux, ne l'oublièrent jamais, même si les usages enjoignaient de ne médire qu'à voix basse, comme en témoigne ce mot de Barrès, chuchoté à l'oreille de Mauriac après la messe d'enterrement de Proust : « Je l'avais toujours cru juif, le petit Marcel… » Swann aussi avait un peu oublié qu'il était juif. Mais les Guermantes, eux, s'en sont toujours souvenus… Quel sens donner alors au propos de Berl ? Probablement celui d'une « projection rétrospective ». Comme si le Juif d'après la Shoah imaginait que le Juif et les antisémites d'avant l'affaire Dreyfus fonctionnaient comme lui. Aujourd'hui, et malgré le diagnostic sartrien (« ce sont les antisémites qui inventent le Juif »), on a (presque) le droit d'oublier qu'on est juif. Et il est sans vrai péril de s'en souvenir. Erreur de Berl ? Malgré sa lumineuse intelligence, le Montaigne de la rue de Montpensier (qui avait cru qu'à Vichy on oublierait son judaïsme) était, plus qu'un autre, sujet à ce genre de bévues…

→ *Antisémitisme (de Charlus), Berl (Emmanuel), Bloch (Albert), Du bon usage (de l'antisémitisme d'Albertine), Inversion, Lièvre*

Jugement dernier

« *Le livre intérieur de ces signes inconnus (de signes en relief, semblait-il, que mon attention explorant mon inconscient allait chercher, heurtait, contournait, comme un plongeur qui sonde), pour sa lecture personne ne pouvait m'aider d'aucune règle, cette lecture consistant en un acte de création où nul ne peut nous suppléer, ni même collaborer avec nous. Aussi combien se détournent de l'écrire, que de tâches n'assume-t-on pas pour éviter celle-là. Chaque événement, que ce fût l'affaire Dreyfus, que ce fût la guerre, avait fourni d'autres excuses aux écrivains pour ne pas déchiffrer ce livre-là ; ils voulaient assurer le triomphe du droit, refaire l'unité morale de la nation, n'avaient pas le temps de penser à la littérature. Mais ce n'étaient que des excuses parce qu'ils n'avaient pas ou plus de génie, c'est-à-dire d'instinct. Car l'instinct dicte le devoir et l'intelligence fournit les prétextes pour l'éluder. Seulement les excuses ne figurent point dans l'art, les intentions n'y sont pas comptées, à tout moment l'artiste doit écouter son instinct, ce qui fait que l'art est ce qu'il y a de plus réel, la plus austère école de la vie, et le vrai Jugement dernier.* »

Kabbale

En intitulant de façon fort étrange, et avec une audace qui surprend à chaque lecture, *Noms de pays : le nom*, la troisième partie de *Du côté de chez Swann*, Proust prit le risque d'attirer sur lui l'attention d'un essaim de doctes kabbalistes.

Le « Nom », pour cette tribu très lectrice, très graphophile, est toujours, peu ou prou, celui de quelque essence, voire d'une divinité dissimulée derrière un paravent translucide. Les kabbalistes en provenance de tous horizons se sont donc rués sur l'affaire, d'autant que le célèbre *Carnet de 1908*, d'où jaillit l'essentiel de la *Recherche*, mentionne le *Zohar*, ce traité rédigé par Moïse de Léon que Marcel a pu lire dans la traduction, paraît-il fort inexacte, de Jean de Pauly.

Thuriféraires du signifiant, grammatologues pointus, théosophes rôdant autour de la *Recherche* – que font, d'ordinaire, ces guetteurs d'absolu sinon *rechercher* ? – ne pouvaient laisser passer l'hypothèse d'un Proust mystique dont la familiarité (hautement improbable) avec la métaphysique juive expliquerait le penchant cratylien.

Il est néanmoins exact que Proust poussa jusqu'à la plus extrême radicalité le réalisme qui veut que les choses soient le reflet de leur nom. Et, agissant de la sorte, il se distingue du savant Brichot dont les saillies mondaines se satisfont de la seule et bien pauvre étymologie. Brichot, éclairant ainsi chaque toponyme tandis qu'il bavarde avec le Narrateur dans le petit train de Balbec, sous-estime en effet l'influence délétère du savoir sur le charme puissamment poétique des mots. Il traque leur origine. La trouve donc. Mais reste indifférent à leur vitalité et à leur divinité intrinsèques.

Force est pourtant de constater que l'abondante littérature qui circule au sujet du Proust kabbaliste ne convainc que ceux qui le sont déjà. Une exception cependant, Walter Benjamin (1892-1940), figure attachante et tragique, traducteur allemand (avec Franz Hessel) du premier volume de la *Recherche*, et exemple admirable de la contamination à laquelle s'expose un écrivain qui entreprend de s'immerger dans cette œuvre. « Contamination » est d'ailleurs le mot employé (en alternance avec « empoisonnement ») par Benjamin pour décrire la façon dont un lecteur de la *Recherche*, pour peu qu'il soit lui-même un artiste, prend le risque d'être possédé par Proust. Style, métaphores, vision du monde, conception du judaïsme, des relations sociales, de la vanité humaine, de l'art ou du désir se trouvent en effet, après un long commerce avec la métaphysique proustienne, infléchis – comme si le « dibbouk » de Marcel s'était insinué dans l'âme du proustien à la faveur d'une soumission mimétique, de telle sorte qu'on en arrive à *proustifier* à son insu – et, cela va de soi, en moins bien.

Walter Benjamin – qui vénéra l'œuvre de Proust, plus encore que celle de Kafka et de Baudelaire – fut lui-même la victime consentante de ce sortilège. Mystique du langage, attentif (*via* son maître et ami Gershom Scholem) aux enseignements de la Kabbale, il fut d'abord happé par l'obsession proustienne des noms et des toponymes qui « parce qu'ils sont l'asile des rêves, sont les aimants du désir ». Longtemps avant Roland Barthes, qui insista (dans son article fameux : *Proust et les noms*) sur l'aspect « cratylien » du nom et du signe chez Proust, Benjamin a eu, par anticipation, une intuition de même nature alors qu'il s'apprêtait à traduire *Du côté de chez Swann*. C'est parce que Proust savait que la nomination des lieux ou des êtres rapproche l'écrivain d'une démiurgie quasi divine, que le nom abrite toujours une essence, que Benjamin en fit un écrivain de tradition kabbaliste. Traduire Proust fut ainsi, pour l'auteur de *La Tâche du traducteur*, la meilleure façon d'entrer en littérature, à la manière de son modèle qui y entra lui-même en commençant par traduire Ruskin – alors qu'il ne possédait que des rudiments d'anglais.

→ **Descartes (René), Dibbouk, Étymologie, Judaïsme**

Kimono

Pourquoi le Narrateur, d'ordinaire si curieux, s'abstient-il de lire les lettres qui dépassent du kimono d'Albertine endormie, alors que Swann, son maître en jalousie, finit, lui, par ouvrir la lettre qu'Odette écrit à Forcheville ? Les missives d'Albertine contiennent pourtant peut-être, sûrement, la réponse à la question de savoir si elle est, ou non, lesbienne. Pourquoi, alors qu'il l'épie, qu'il la fait suivre, et qu'il lui inflige d'interminables interrogatoires sur son emploi du temps, néglige-t-il de poser les yeux sur des aveux aussi tangibles ?

Deux réponses (antithétiques) sont ici possibles. Chacun choisira celle qui convient à son caractère...

1/ Le Narrateur, amoureux de sa jalousie, redoute qu'elle ne s'estompe s'il avère ou invalide les soupçons qui sont les siens. Car un jaloux ne veut pas savoir. La vérité ne l'intéresse guère. Et pour cause : un jaloux est soit cocu, soit ridicule. La jalousie n'exige pas davantage l'infidélité réelle (qu'elle finit par provoquer), que l'hypocondrie n'a besoin de la maladie (qu'elle est elle-même). Peu importe au jaloux que sa victime soit coupable ou innocente. Comment souffrir (ce qui est le but du jaloux) quand on sait ? Cruelle ou réconfortante, la vérité est moins douloureuse que l'imagination. Les tourments perdent de leur vague quand ils gagnent en acuité. La jalousie est une présomption de culpabilité qui condamne au détriment du doute. Son but n'est pas de savoir, mais de soupçonner, de dévorer, de torturer l'autre. De là l'écart abyssal entre l'insignifiance de l'être aimé et l'immensité du drame que suscite sa présence – ou son absence. L'air que le jaloux se donne d'être indiscret n'est qu'une habile façon de masquer le plaisir de souffrir en demeurant la dupe de sa défiance. Dans cette perspective, le fait de ne pas lire les lettres d'Albertine est une manière de tisonner le foyer de sa jalousie.

2/ La contemplation d'Albertine endormie est un des rares moments de la *Recherche* où l'amour n'est ni douloureux, ni, donc, jaloux. En témoigne l'infinie délicatesse avec laquelle le Narrateur la touche et la caresse des yeux sans la réveiller – comme si l'amour, pour une fois, endormait la curiosité. En témoigne aussi le fait que, au lieu de gémir en silence face à l'être (l'autre) qui, à l'abri des regards, « *accédait à l'infini* », le Narrateur chérit et bénit la jeune fille qui, quoique encore bien vivante, repose en paix. Dans ce cas, le Narrateur ne lit pas ses lettres tout simplement parce que, pour une fois, il aime vraiment Albertine.

→ *Jalousie (neuf théorèmes), Dix points communs (entre Swann et le Narrateur)*

Kind (One of my)

« *You're one of my kind* » (« Tu es mon genre »), susurre *a capella* Michael Hutchence à la fin du tube *I Need You Tonight* du groupe INXS dont il était la voix.

« *Dire que j'ai gâché des années de ma vie, que j'ai voulu mourir, que j'ai eu mon plus grand amour, pour une femme qui ne me plaisait pas, qui n'était pas mon genre !* », s'exclame Swann, dans un illustre épilogue tout en muflerie.

Que choisir ? Et qui préférer ? La quête de son semblable ou le regret d'une différence ? La star de second ordre ou l'écrivain raté ? Le chanteur qui désire quand il ne trouve pas le sommeil, ou l'esthète qui ne dort pas à l'idée que sa femme est dans les bras d'un autre ? L'adolescent qui se suicide ou le dandy dont les déboires assurent l'immortalité ?

Ni l'un ni l'autre, se dit l'un des deux auteurs de ce dictionnaire, attendri soudain par l'air un peu niais avec lequel sa première petite amie (qui eût été son genre s'ils s'étaient rencontrés plus tard) secouait la tête de droite à gauche en plissant les lèvres à l'écoute de cette chanson.

Kolb (Philip)

C'est au milieu des champs de maïs et de soja, à mi-chemin de Chicago et d'Indianapolis, soit au milieu de nulle part, que se trouve l'université d'Urbana-Champaign. Et c'est dans la bibliothèque de cette université qu'est stockée la plus grande quantité de lettres (environ 2 000…) de Marcel Proust. Ce miracle est dû au labeur de l'admirable Philip Kolb (1907-1992) qui, pendant soixante ans (plus longtemps que ne vécut Marcel…), se donna pour tâche de racheter, rassembler et commenter toute la correspondance disponible de l'écrivain qu'il vénéra et auquel il consacra sa vie.

Si Painter, Tadié, Citati ou Compagnon sont les danseurs étoiles de la religion proustienne, Kolb, d'abord spécialiste en langues romanes, en fut, sans conteste, le plus dévoué des moines copistes. À lui, à lui seul, revient le mérite d'avoir réussi l'impossible : ordonner un « corpus » torrentueux (plus de 30 000 lettres) en datant, autant que faire se pouvait, la moindre missive, le moindre billet. Il en est résulté 21 volumes de correspondance (publiés aux éditions Plon) qui sont et seront la charpente de toutes les *proustologies* de l'avenir.

Philip Kolb est mort un 7 novembre d'une longue leucémie. Maudissons donc la Providence qui aurait

pu, tout de même, accorder à ce saint homme le bonheur de vivre onze jours de plus afin de lui permettre
de s'éteindre, comme son maître, un 18 novembre.
Mais la Providence est-elle proustienne ?

Kung-Fu

À quoi, et à qui, n'a-t-on pas associé le pauvre
Marcel ? Il y avait déjà, dans la série des *Proust et* :
la cuisine, l'escrime, l'équitation, l'héraldique, la porcelaine de Limoges, la géopolitique, les jardins, la
truffe, la psychanalyse, la théologie, l'Italie, la Bretagne (sans compter les autres provinces), l'hygiène,
les tissus, les bordels, l'automobile, les estampes,
la musique, le concile de Trente, etc. À ces collusions improbables, manquait encore la recension de
quelques *curiosa* parmi lesquelles on mentionnera, à
titre d'exemple, un *Proust et le Kung-Fu* – pratique
qui, sauf fracassante révélation, ne faisait guère partie
des activités quotidiennes de l'auteur de la *Recherche*.
Or, cette lacune vient d'être joyeusement comblée
par Marc Lefrançois dont l'ouvrage (précisément intitulé *Marcel Proust, roi du Kung-Fu*) ne manquera
pas de surprendre les proustiens orthodoxes. C'est un
roman, pas plus mauvais qu'un autre, dans lequel est
contée l'histoire d'amour entre Paul, jeune homme qui
ne vit que pour son art martial, et Élodie, une lectrice passionnée de la *Recherche*. Mieux encore, c'est
le docteur Adrien Proust, le propre père de Marcel,
qui aurait facilité (bien que ce ne soit pas son genre)
la rencontre de ces deux tourtereaux d'antipodes car
Paul, souffrant d'on ne sait quels maux, lisait l'un de

ses ouvrages sanitaires lorsque le hasard le mit en présence de sa future – laquelle, soucieuse de convertir ce karatéka à la religion proustienne, l'emmène aussitôt en pèlerinage à Illiers-Combray. S'ensuit un va-et-vient amusant, lettré, tout en clins d'œil, qui divertit par sa gratuité allusive. Coups de pied et coups de cœur s'enchaînent alors sur un tatami d'aubépines, de petites phrases, de catleyas prometteurs. Et l'on s'attarderait volontiers sur l'ultime pirouette de cette pochade aussi plaisante qu'inutile si son entrelacs de détails et de rebondissements érudits ne s'était déjà enfui de notre mémoire – sans y laisser la moindre trace.

La Fosse (de Delafosse)

Léon Delafosse (1874-1951), que tout le monde a presque oublié, ne doit son statut d'infime souvenir qu'à la transfiguration proustienne dont il bénéficia en devenant le modèle le plus incontestable du violoniste Morel, l'infâme et gracieux giton du baron de Charlus.

Élève de Marmontel, ce pianiste de moyenne envergure qui donna quelques concerts à Vienne et à Venise avait pourtant un visage si ravissant, et un charme si trouble, que Marcel (qui l'avait baptisé « *l'Ange* », surnom qu'il attribua plus tard au très gracieux Ilan de Casa Fuerte) songea à devenir son protecteur, avant de s'effacer devant Robert de Montesquiou – qui surclassait la plupart de ses contemporains en capacités protectrices.

C'est ainsi que le jeune artiste fut installé, entretenu, chéri puis haï par le futur baron de Charlus – qui, devant l'ingratitude de son jeune amant, regretta longtemps d'avoir pris la peine de « *tailler comme un if* » un personnage qui eût mérité d'être abandonné à son état originel de buisson sauvage. D'abord flûtiste dans les *Carnets*, Delafosse-Morel devint le violoniste qu'il sera dans la *Recherche*, sans jamais se départir de la psychologie crapuleuse qui lui était officiellement prêtée dans le monde.

Après sa fâcherie avec Montesquiou en juin 1897, cet individu vénal trouva abri et financement sous les ombrelles fortunées de la comtesse Metternich et de la princesse Rachel de Brancovan – ce qui eut pour effet de décupler la haine de Montesquiou. Celui-ci écrivit même un article satirique (dans un *Gil-Blas* de 1910) intitulé *De l'arrivisme au muflisme* où il affirmait que, contrairement aux apparences, Delafosse n'était qu'un « peintre » sans talent.

Quand on interrogeait « Hortensiou » (*alias* Montesquiou) sur les causes de cette hargne si durable, il se contentait de répondre : « Que voulez-vous que j'y fasse si Delafosse est tombé dans son nom ? »

On trouvera dans le *Monsieur de Phocas* du venimeux Jean Lorrain le récit transposé de cette affaire à travers les tourments du « comte de Muzarett », auteur supposé des *Rats ailés*, qui compromet sa réputation en protégeant le musicien « Delabarre »…

Lanterne magique

C'est avec envie, peut-être, que le Narrateur épris d'Albertine songe à ces hommes décrits par La Bruyère, qui « veulent aimer et ne sauraient y réussir, cherchent leur défaite sans pouvoir la rencontrer, et (…) sont contraints de demeurer libres ». Cela suffit-il à rapprocher la *Recherche* du passage fameux de *L'Être et le Néant* où Sartre, constatant que les hommes sont « condamnés à être libres », déclare que, par conséquent, ils portent « le poids du monde tout entier sur les épaules » ? Probablement pas.

Cherchons plutôt dans l'autobiographie sartrienne (*Les Mots*) le souvenir encore palpable d'une longue fréquentation de la *Recherche*. Car les deux livres ont en commun de se pencher sur l'enfance de leurs auteurs : si « Poulou » (Sartre) et « *petit loup* » (Marcel) se ressemblent autant, c'est que, comme tout enfant qu'un adulte continue de porter en lui, ils ont à peu près le même âge. D'abord, ce sont deux romans de l'amour maternel : « *petit loup* » ne trouve pas le sommeil sans le baiser de « maman », « Poulou », débarrassé d'un père trop tôt disparu et dont il ne reste que le portrait d'une moustache au-dessus de son lit, vit et dort avec une mère dont la famille a lentement reconstruit la virginité.

Certes, Sartre donne le sentiment de parler en son nom tandis que Proust se déguise en un Narrateur hétérosexuel qui ne partage avec l'auteur que son prénom ; certes, Marcel est le fils de sa mère tandis que Sartre en est le frère (ne les appelle-t-on pas « les enfants », lui et Anne-Marie ?), mais, comme dit Sartre en une phrase que le Narrateur aurait contresignée : « Aujourd'hui encore, je ne puis voir sans plaisir un enfant trop sérieux parler gravement, tendrement à sa mère enfant ; j'aime ces douces amitiés sauvages qui naissent loin des hommes et contre eux. » Quand Anne-Marie fait la lecture à Poulou, celui-ci, stupéfait, constate qu'elle change de voix : les intonations troublées par la servitude, les phrases inachevées et les mots en retard, mélodieusement effilochés, ont cédé la place à une « voix de plâtre » que n'adoucit aucun sourire. Et pour cause : « c'était le livre qui parlait ». C'est à la métamorphose de sa mère en lectrice que Sartre doit d'avoir compris tout de suite que la littérature était une langue étrangère, intuition à laquelle le Narrateur de la *Recherche* ne se rend que bien plus tard car, à la différence d'Anne-Marie, « maman » (dont le seul tort est de passer les scènes d'amour de *François le Champi*) est « *une lectrice admirable par le respect et la simplicité de l'interprétation, par la beauté et la douceur du son* ».

Et puis, le grand-père de Sartre, qui a le malheur d'être photogénique à une époque où il faut poser longtemps pour obtenir une image nette, ne cesse de se chosifier, de se transformer en tableau vivant, figé dans une attitude avantageuse ; où qu'il aille, cet homme se place pour « obéir aux injonctions d'un photographe invisible » et raffole « de ces courts instants d'éternité où il devient sa propre statue ». Entre le grand-père qui joue à être grand-père et l'enfant qui joue à se jeter dans ses bras avec un essoufflement feint, c'est l'entente cordiale : « Je n'ai gardé, dit Sartre, de mon grand-père que des images raides de lanterne magique. » Or, c'est une lanterne magique également dont on coiffe la lampe du Narrateur pour le distraire en attendant l'heure du dîner, et qui, substituant « *à l'opacité des murs d'impalpables irisations, de surnaturelles apparitions multicolores* », fait apparaître un vitrail sur les plis du rideau, et raconte l'histoire de Golo lancé à la poursuite de Geneviève de Brabant. C'est à convertir en kaléidoscope la lanterne magique, et en mélanges de sensations les reflets immuables d'un carrousel versicolore que travaille le Narrateur tout au long de son livre. Il lui faut, pour cela, comprendre pourquoi le réel est toujours décevant quand on le rêve avant d'en faire l'expérience, distinguer l'appétit d'écrire et le refus de vivre, savoir enfin d'où vient l'étrange tendance à « confondre, comme dit Sartre, le désenchantement avec la vérité ».

→ **Sartre (Jean-Paul)**

Larmes (de Jacques Darriulat)

Nous étions à l'étude dans le salon de Marcel Proust, à Illiers-Combray, quand le professeur entra, un volume de la Pléiade à la main. L'émission pouvait commencer. Assis devant un micro peut-être plus ancien que la maison elle-même, Jacques Darriulat, dont les paroles n'ont besoin que d'une ou deux questions pour prendre leur élan, décrivait magistralement Combray comme « le lieu mystique de l'enfance, c'est-à-dire de la foi et de la communion qui font de l'enfance le domaine préservé d'une union mystique, qui se révélera par la suite également mythique, la fusion encore heureuse, non encore inquiétée par l'angoisse du temps perdu, c'est-à-dire du temps où l'on se perd, où l'on est perdu, où l'on souffre cette sorte d'angoisse et d'agonie proustiennes, qui est le désespoir vécu par celui qu'on abandonne... » quand soudain, à l'évocation de la scène de Montjouvain où l'amie de Mlle Vinteuil crache sur le portrait du compositeur défunt, sa voix s'étrangla, ses yeux s'embuèrent et il s'entendit lui-même pleurer.

Pourquoi des larmes à cet instant ? Pourquoi cet homme merveilleux, ce professeur irremplaçable, cet artiste sans vanité, ce père comblé par des enfants

exemplaires, dut-il réprimer, anéantir un sanglot qui l'eût contraint à s'interrompre s'il s'y fût abandonné ?
À l'en croire, il ne le sait pas lui-même.

Laurent (le restaurant)

Chaque fois que l'un des deux auteurs de ce livre déjeune ou dîne dans ce restaurant réputé des Champs-Élysées, il ne manque pas d'y croiser le fantôme de Marcel Proust qui y forgea, mêlant fiction et réalité, l'un des personnages majeurs de la *Recherche*.

Tout, pour Proust, avait commencé avec la nouvelle de Paul Bourget intitulée *Gladys Harvey*, contant les aventures d'une cocotte (la nouvelle disait, avec un tact douteux, « une horizontale ») qui avait su savamment meurtrir le cœur d'un jeune homme ressemblant, trait pour trait, à Bourget *himself*. Ladite « horizontale », en vérité, se nommait Laure Hayman, cette femme dont Proust n'ignorait pas qu'elle avait été la maîtresse de son oncle Weil. Cette affaire l'intrigua si vivement qu'il prit l'habitude d'aller chez Laurent, de subjuguer les plus anciens de ses maîtres d'hôtel grâce à des pourboires fastueux, afin de leur arracher quelques souvenirs. Il mena son enquête avec une constance qui le requit une année durant.

Enquêtait-il sur Laure ? Sur Gladys ? Il distinguait mal l'une de l'autre. Et c'est de ce va-et-vient que naquit l'anglophile Odette de Crécy.

On trouve encore, dit-on, au menu de ce restaurant, des « œufs meurette en Crécy » – qui ne se rencontrent nulle part ailleurs. Coïncidence ? Hommage lettré ? Hasard culinaire ? Chacun en décidera selon ses références.

→ *Angleterre, Cocotte, Malaparte (Curzio)*

Lecteurs (de la *Recherche*)

La *Recherche* se lit aussi avec les oreilles et les yeux fermés – ou au volant d'une voiture. En effet, il est possible (depuis 2006) de s'offrir l'intégralité de l'œuvre en 111 CD réunis dans 11 coffrets où se succèdent six lecteurs.

André Dussollier, d'abord, à qui revient le privilège de lire (outre *La Prisonnière*) le début et la fin du livre. Pareille à un prénom qui, quand il est bien choisi, semble avoir été attribué pour être ainsi porté, la voix de Dussollier (opportunément empâtée, comme ont blanchi ses cheveux, entre la lecture des deux premiers volumes de *Du côté de chez Swann* et la lecture, quinze ans plus tard, du *Temps retrouvé*) est désormais l'organe officiel du Narrateur dont on apprend, du coup, qu'il ne savait pas prononcer la diphtongue « oi » et disait « vo-yage » au lieu de « voy-age ».

Vient ensuite Lambert Wilson, qui lit d'une voix perchée la fin de *Swann* et *À l'ombre des jeunes filles en fleurs* sans jamais réussir, malgré de nombreuses et audibles tentatives, à se défaire du ton climatologique et mondain qui donne à chacune de ses phrases la forme sonore d'une courbe inévitablement descendante puisque partie de trop haut.

Puis c'est le tour de Robin Renucci (dans la première partie du *Côté de Guermantes*) que l'ostensible certitude de bien lire le livre dispense d'accompagner sa lecture de la moindre ferveur. Il en résulte une ambiance atonale qui convient parfaitement à la longue métaphore filée des mondes marins que le Narrateur découvre en essayant d'identifier les néréides de l'Opéra, mais qui ne fonctionne plus du tout quand il interprète notamment les disputes entre Saint-Loup et Rachel.

Heureusement, la deuxième partie de *Guermantes* et la totalité de *Sodome et Gomorrhe* sont l'œuvre unique de Guillaume Gallienne, lecteur intuitif et Roméo de la *Recherche*, dont l'éventail timbré donne aux fantômes qui lui reviennent la consistance inattendue de personnages palpables : sous sa voix, Albertine est une greluche, Oriane un lampadaire, la « Patronne » un tyran, le Narrateur un fils à maman dont la puberté passe par le deuil... Mais, suprême délicatesse chez cet acteur génial qui révèle, en même temps qu'il la découvre, l'œuvre de Proust : le ton du baron de Charlus, apparemment viril dans *Le Côté de Guermantes*, se dore d'une succulence inouïe au début de *Sodome et Gomorrhe*, à la seconde où le Narrateur découvre son homosexualité. Enfin Gallienne, chanceux comme un audacieux, parvient, à son insu, à enrichir le texte lui-même puisque, lisant à tort « isolément » pour « insolemment » (« *Vous êtes peut-être affligée de surdité intermittente, répondit insolemment M. de Charlus* »), il donne à l'insolence du baron les contours pertinents de l'insularité.

De son côté, Denis Podalydès, qui lit parfaitement tout *Albertine disparue* ainsi que le deuxième tiers du *Temps retrouvé*, souffre néanmoins, dans son interprétation, d'une comparaison avec lui-même : car Podalydès est aussi, et ailleurs, le lecteur du *Voyage au bout de la nuit* : or le souvenir de la gouaille, de l'amertume et de l'humour du *Voyage* (dont il est l'André Dussollier) se superpose en permanence à l'insondable tristesse du Narrateur qui a perdu son Albertine. Comment prendre en sérieux un deuil qui rappelle, malgré lui, les tribulations réflexives de Bardamu ? C'est un problème. Podalydès lecteur de Céline ou Podalydès lecteur de Proust ? Le plaisir commande de choisir l'un aux dépens de l'autre.

Reste Michael Lonsdale, dont le détachement eût peut-être convenu à quelques pages de *Combray* ou à la découverte de Balbec, mais empèse, paradoxalement, l'étrange commencement du *Temps retrouvé*.

→ **Céline (Louis-Ferdinand), Correspondance énigmatique (avec Philippe Sollers), Paris-Balbec**

Le Cuziat (Albert)

Ancien valet de chambre du comte Orloff, du duc de Rohan, puis du prince Radziwill (dont la devise – « *Parler femme est incivil/ Chez Constantin Radziwill* » – résume les mœurs), Albert Le Cuziat, modèle du giletier Jupien, s'était « *entiché de noblesse* ». Céleste, qui le détestait, le comparait à « *un drôle de potage* ». Mais Proust, sensible à l'amour que Le Cuziat portait à sa mère, le qualifiait de « *Gotha vivant* » tant sa science de l'étiquette, des protocoles et des généalogies atteignait des sommets d'érudition mondaine. Spécialiste des vices de chacun, ce tenancier – qui dirigea plusieurs maison, consacrées à la « débauche antiphysique » (telle était la qualification administrative de l'homosexualité) – put ainsi fournir à l'écrivain un grand nombre d'informations recyclées dans la *Recherche*. Il lui fournit également quelques « apaches » dans les établissements spéciaux qu'il ouvrit, d'abord rue Godot-de-Mauroy, puis rue de l'Arcade.

Céleste se méfiait de cet homme de mauvaise réputation, ce « grand échalas breton, blond, sans élégance, avec des yeux bleus, froids comme ceux d'un poisson », auquel elle devait à l'occasion remettre des lettres dont le contenu reste énigmatique. « Il avait quelque chose de traqué et faisait souvent de la petite prison », ajoute-t-elle, en se réjouissant rétrospectivement de la brouille qui l'opposa à Proust.

À propos de cette brouille, les témoignages diffèrent : pour les uns, elle eut pour cause un certain « André », le concierge de la rue de l'Arcade ; pour d'autres, Proust aurait été fort contrarié de l'usage que Le Cuziat faisait des meubles (canapés, fauteuils, tapis...) qu'il lui avait offerts après la mort de ses parents, et dont le tenancier n'hésita pas à décorer ses chambres de passe. On trouvera un écho, pour le moins transposé, de cette contrariété dans la *Recherche* : « *Je cessai, du reste, d'aller dans cette maison (...) (où les meubles) de ma tante Léonie (...) m'apparurent suppliciés par le contact cruel auquel je les avais livrés sans défense ! J'aurais fait violer*

Le Cuziat (Albert)   375

*une morte que je n'aurais pas souffert davantage.
Je ne retournai plus chez l'entremetteuse, car ils me
semblaient vivre et me supplier, comme ces objets en
apparence inanimés d'un conte persan, dans lequel
sont enfermées des âmes qui subissent un martyre et
implorent leur délivrance.* »

Maurice Sachs, qui fréquenta l'établissement sor-
dide que Le Cuziat ouvrit plus tard, rue Saint-Lazare,
avoue dans son *Sabbat* avoir été très émoustillé par la
présence de ce mobilier ayant appartenu à un homme
« dont le nom avait été pour (notre) jeunesse comme
un gage de féerie ». Marcel Jouhandeau évoqua, lui
aussi, la figure de Le Cuziat, « Breton catholique et
très lié à *L'Action française* », qui lui révéla quelques
détails scabreux : « À travers un carreau, (Proust) désignait la personne avec laquelle il voulait passer un
moment. Cette personne était priée de monter, de se
déshabiller (…) et de se masturber devant le lit où
Proust était étendu avec le drap jusqu'au menton. Si
Proust arrivait à ses fins, le garçon disait au revoir
(…) mais si Proust n'arrivait pas à ses fins, le garçon
revenait avec Albert portant deux nasses où l'on avait
mis des rats vivants. On ouvrait les nasses et les rats
s'entre-dévoraient. Et, à ce moment-là, Proust arrivait à ses fins. »

Cette affaire de rats a fait couler beaucoup d'encre,
surtout dans sa variante sadique – selon laquelle
Proust jouissait du supplice infligé aux malheureuses
bestioles quand on les transperçait d'aiguilles. Céleste
la récuse avec la dernière énergie, puisque « Monsieur » avait, dit-elle, « très peur des rats ». Mais
depuis quand, chère Céleste, la peur n'entre-t-elle pas,
en dosages divers, dans la composition d'un plaisir ?

Reste que c'est Le Cuziat qui permit à Proust, blotti derrière son miroir sans tain (devenue miraculeusement un « *œil-de-bœuf* »), d'assister à la flagellation d'un industriel du Nord et d'en tirer les pages terribles que l'on citera ici par pure complaisance :

> « *Tout à coup, d'une chambre qui était isolée au bout d'un couloir me semblèrent venir des plaintes étouffées. Je marchai vivement dans cette direction et appliquai mon oreille à la porte. "Je vous en supplie, grâce, grâce, pitié, détachez-moi, ne me frappez pas si fort, disait une voix. Je vous baise les pieds, je m'humilie, je ne recommencerai pas. Ayez pitié. – Non, crapule, répondit une autre voix, et puisque tu gueules et que tu te traînes à genoux, on va t'attacher sur le lit, pas de pitié", et j'entendis le bruit du claquement d'un martinet, probablement aiguisé de clous car il fut suivi de cris de douleur. Alors je m'aperçus qu'il y avait dans cette chambre un œil-de-bœuf latéral dont on avait oublié de tirer le rideau ; cheminant à pas de loup dans l'ombre, je me glissai jusqu'à cet œil-de-bœuf, et là, enchaîné sur un lit comme Prométhée sur son rocher, recevant les coups d'un martinet en effet planté de clous que lui infligeait Maurice, je vis, déjà tout en sang, et couvert d'ecchymoses qui prouvaient que le supplice n'avait pas lieu pour la première fois, je vis devant moi M. de Charlus.* »

→ **Arcade (11, rue de l'), Fiche de police, Homosexualité, Inversion, Pure matière, Rats (L'homme aux)**

Lièvre

Est-il plus agréable, plus intelligent, plus profitable, plus glorieux, d'écrire un chef-d'œuvre ou de l'inspirer ? De stimuler, en apparaissant, l'imagination d'un écrivain de génie, ou d'être l'écrivain lui-même ?

À ceux qui tiendraient ces alternatives pour ineptes (au motif, par exemple, que la balance n'est pas égale entre le destin d'une baleine blanche et celui d'Herman Melville), on rappellera qu'il est des configurations existentielles plus élaborées. Surtout quand le « sujet », c'est-à-dire le héros du roman, s'est bien diverti, tandis que l'artiste qui l'a éternisé n'a eu, lui, qu'une existence douloureuse...

Désormais, ce cas de figure est plus rare, car les créatures romanesques ressemblent invariablement aux écrivains qui les utilisent comme une panoplie d'eux-mêmes – ce qui explique, au demeurant, l'insuffisance des autofictions plaintives.

Considérons alors le cas inverse : X se contente de vivre, de parader, de jouir, d'aimer et d'être aimé en toute opulence, de respirer à pleins poumons, de se montrer dans les plus agréables villégiatures, tandis que Y, le souffle court, vit en reclus parmi poudres et fumigations, afin d'édifier autour du précédent une cathédrale de mots et de pensées sublimes : est-on bien certain que le sort du damné est plus enviable que le sort de l'élu ?

Tel fut, pourtant, le cas de l'étrange duo formé par Marcel Proust et Charles Haas, le modèle officiel de son Swann. Entre ces deux-là, l'Histoire a tranché : Proust est un demi-dieu ; Haas est un *people* de la Belle Époque. Mais encore...

De ce Charles Haas, athlète mondain, on sait peu
de choses sinon qu'il était juché sur sa belle réputation de *fashionable* : Proust ne le rencontra que deux
ou trois fois, chez les Polignac, et fut sans doute
impressionné par la prestance d'un dandy qui le
considérait en retour comme un « proustaillon » ou
un « petit imbécile » ; riche, caissier des Rothschild,
couvert de femmes (il eut une liaison avec Sarah
Bernhardt), il fut également le seul Juif admis au
Jockey-Club. Un tableau célèbre de James Tissot le
montre, au musée d'Orsay, en compagnie du marquis de Galliffet, du baron Hottinger et de quelques
autres, sur le balcon du Cercle de la rue Royale : il
se tient un peu à l'écart, entre une terrasse lumineuse
et un obscur salon ; sa silhouette, transparente à
force d'avoir été (dit-on) escamotée puis repeinte
pendant l'affaire Dreyfus, laisse transparaître le dessin d'une moulure à travers son corps ; on le sent
marginal, au sens propre, dans cette composition
huppée ; son allure paraît (est-ce une impression
rétrospective ?) hésiter entre le monde réel et le
monde de la fiction.

Depuis, Charles Haas repose au Père-Lachaise
où sa tombe, assez proche de celle de Proust, ne

porte que les deux dates (1832-1902) attestant, s'il
en était besoin, que la mort d'un dandy dure toujours plus longtemps que sa vie. Par chance, par
don, il eut l'habileté de fasciner le jeune Marcel, ce
qui lui permit d'accéder au nirvana littéraire de son
double, le cher Swann qui, avec le même prénom
– mais dont le patronyme « *blanc* » (*dixit* Proust)
s'augmente d'un « n » comme si l'on tenait à ajouter une aile à ce cygne – aura droit à un moins éphémère mausolée de mots.

Proust s'est défendu, en maintes circonstances,
d'avoir mis tout Haas dans son Swann – car à quoi
servirait un roman s'il se contentait de dupliquer une
réalité insuffisante ? Pourtant, il ne manqua jamais
de reconnaître sa dette, tout en précisant avoir « *rempli* » son modèle d'une « *humanité différente* ». Et
cette métamorphose se voulut fidèle à une mystérieuse
logique animalière : Haas (« Hase » en allemand)
désigne en effet un lièvre qui, à travers le patronyme
de Swann, ressuscite en cygne anglais. À croire que le
romancier a ainsi voulu dégermaniser son modèle en
le britannisant, et cette réincarnation intrigue : pourquoi, après l'affaire Dreyfus, Proust s'inspire-t-il d'un
snob en provenance de la *Judengasse* de Francfort
pour en faire un gentleman lié au prince de Galles et
épris d'une cocotte anglophile ? Il y a là toute l'alchi-
mie d'une déjudaïsation qui s'impose à elle-même un
détour par l'Angleterre pour atteindre le cœur de cette
francité quasi mérovingienne dont les Guermantes,
avec leur « *nom de pays* », sont le symbole éclatant.

La *Recherche* : une stratégie de camouflage utile aux parias, Juifs ou invertis, afin qu'un romancier, nouveau Noé à la barre de son arche, puisse parfaire le sauvetage de quelques noms propres...

Reste la seule question qui vaille : qu'avait-il donc de si remarquable, ce Charles Haas, pour prétendre à la haute (trans)position dont il bénéficia, à titre posthume ? Et ne disposait-il pas d'un incontestable génie *anthume* pour réussir sa vie tout en ménageant son immortalité ? En d'autres termes : qu'est-ce que la fascination ? Comment s'exerce-t-elle ? À quelles qualités spéciales, un homme en vue, n'ayant rien produit, et dont le patronyme est promis au néant, doit-il d'être sauvé d'un oubli définitif ? En anoblissant le lièvre en cygne, le « *petit imbécile* » se montra généreux et sans rancune. Mais en l'inspirant, Haas fut sans doute encore plus habile. On peut concevoir le sourire de Marcel lorsque, démiurge, il eut l'idée d'épargner le néant à l'homme qui, sans son intervention, aurait perdu jusqu'à son statut de souvenir.

Mais on peut aussi concevoir le soupir d'aise de Haas qui, allant faire sa promenade au Bois par une glorieuse matinée de printemps, savait qu'un esclave styliste sacrifiait son dernier souffle dans le seul but de lui sculpter une statue de marbre.

→ *Angleterre, Judaïsme, Reniement, Serviette et bottines, Swann (Charles), Tissot (James), Trois détails (concédés aux partisans de Sainte-Beuve), Vivre (ou écrire ?)*

Livre circulaire

Extrait des premières pages du *Monde comme volonté et comme représentation* d'Arthur Schopenhauer :

« Pour qui veut pénétrer la pensée ici exposée, il n'est que de lire ce livre deux fois ; et en vérité, la première fois avec une bonne dose de patience, que l'on puisera seulement dans la confiance spontanée que le début du livre présuppose sa fin, tout comme la fin présuppose le début, et chaque partie celle qui la suit, de même que cette dernière la précédente... »

Ces mots résument tellement ce que Marcel, grand lecteur de Schopenhauer, souhaitait pour son propre ouvrage, et cernent de si près son rêve de « livre circulaire » (l'expression est de Pietro Citati) qu'ils devraient être gravés en lettres de feu sur le marque-page retenu par un fil de soie à tout volume d'*À la recherche du temps perdu*.

→ *Contraire, Schopenhauer (Arthur), Serviette et bottines*

Livre d'or

« Pas de pensée, Monsieur Proust, seulement le nom. »
Ce fut l'ordre qu'un duc intima à Proust en lui ten-
dant le livre d'or qui devait conserver la trace de ses
invités.

Marcel, qui avait déjà commencé, en quasi-secret,
à faire long, se vit ainsi condamné à faire court. C'est
la loi : les mondains veulent toujours abréger. Car le
sérieux prend trop de temps : alors, votre gros livre,
cher Proust, dites-moi donc en deux mots ce qu'il
raconte... La seule façon de leur échapper quand on
ne peut s'empêcher de les fréquenter ? La littérature.
C'est-à-dire : un ramassis de pensées qui n'en finissent pas et qui sont incomestibles dans un raout.

De plus, ce pauvre duc savait-il qu'en demandant
à l'auteur de *Noms de pays, le nom* son « nom » plutôt qu'une « pensée », il lui demandait plus qu'il ne
pensait ?

→ *Jivaro (L'École), Phrase (la longue)*

Long

C'est par cette syllabe – qui s'affirme, d'emblée,
comme une indication d'ampleur – que s'ouvre le
plus long roman de la littérature française. Proust
ignorait, en s'y attelant, que cet incipit avait déjà
l'intuition, peut-être avant son auteur, de sa propre
ampleur. Il ignorait que, des deux volumes initia-
lement prévus (*Temps perdu* et *Temps retrouvé*),
naîtraient trois mille pages auto-engendrées par

l'irruption de la guerre, des Intermittences du cœur et du cycle d'Albertine.

Cette longueur, précisément, fut le premier ennemi de Marcel – « La vie est trop courte, se lamentait Anatole France, et Proust est trop long... » – et lui valut, jusqu'à aujourd'hui, ses régiments d'allergiques ou d'indifférents. C'est pour eux qu'on envisagea, de façon récurrente, d'abréger la *Recherche* en la dépouillant de ses digressions. Mais que serait Proust sans ses digressions ? Existerait-il seulement ?

→ *CQFD (Ceux qui franchement détestent), Jivaro (L'École), Phrase (la longue)*

Look

L'éternisation de soi par l'apparence est l'un des meilleurs stratagèmes dont dispose celui qui veut lutter contre le passage des jours. Dès l'âge de vingt ans, Proust décida donc d'un look, et n'en changea plus, signifiant ainsi qu'il lui plaisait de neutraliser le temps, *via* une certaine mode.

Sur les photographies disponibles, on le surprend figé dans le style de sa jeunesse, avec une grâce et une nuance de dandysme spécial tant que cette jeunesse le tint, et avec une nuance de drame quand cette jeunesse ne fut plus. Puisqu'il est désormais difficile de se faire une idée exacte de son vêtement, ainsi que du mouvement qu'il y faisait naître, retournons aux sources autorisées :

Pour Léon Pierre-Quint, le directeur des Éditions du Sagittaire, Proust semblait « embaumé » dans sa vieille pelisse, et c'est vêtu de la sorte qu'il « apparaissait » – plus qu'il ne se montrait – tel un fantôme jailli d'un passé proche. C'était, écrit-il, un homme « très élégant et très négligé », un « dandy avec chandail et cache-nez ».

Paul Morand, spécialiste du falbala, complète cet oxymore vestimentaire dans *Le Visiteur du soir*, en observant que son ami insomniaque tenait, en tout, à la « mode de 1905 » : « chapeau melon gris, canne gainée de porc et mains gantées de chevreau glacé couleur ardoise ». Il est vrai que la peur de prendre froid guida sans cesse Marcel dans le choix et le nombre de ses pelisses ou gilets – qui étaient si nombreux et si bien enfilés les uns sur les autres que beaucoup de contemporains malveillants ou pertinents ne manquèrent pas de trouver à leur étrange propriétaire une allure d'oignon.

Edmond Jaloux, qui croisa Proust en mai dans le long couloir du Ritz, nota que « sa démarche était lente, presque orientale ». L'ombre laissée par ses fumigations lui avait composé « un visage et une voix mangés par l'usage de la nuit ». Est-ce ce jour-là que Léon Pierre-Quint le compara à l'un de ces princes napolitains qu'on rencontre dans les romans de Paul Bourget ? Ou que Fernand Gregh, l'intime de sa jeunesse, lui prêta des yeux qui, bien qu'épargnés par le strabisme, « semblaient voir par les côtés » ?

En 1913, Cocteau, toujours approximatif, croqua Proust emmitouflé dans son lourd manteau, le menton dissimulé par un col de fourrure sur lequel se posaient des moustaches encore plus noires que les cheveux échappés de son chapeau. Cocteau ajoute à son croquis une bouteille d'eau dont le goulot émerge d'une poche, et ce détail surprend : Proust se déplaçait-il vraiment avec de l'eau minérale, comme les manne-quins filiformes d'aujourd'hui ? Plus nombreux sont les témoignages qui décrivent Proust attablé, toujours au Ritz, devant une bouteille de porto 345 – celui-là même que M. de Cambremer conseille au docteur Cottard, lors d'un dîner Verdurin à la Raspelière, et qui avait, paraît-il, la vertu de combattre l'insomnie.

La touche finale de ce portrait reviendra tout de même à Cocteau qui, dans un texte qui ne traite ni de gilet ni de pelisse, donne à voir – exactement – ce dont Marcel avait l'air : c'était « une lampe allumée en plein jour... une sonnerie de téléphone dans une maison vide... ».

→ **Fétichisme proustien**

Loup

Le Narrateur de la *Recherche* est un loup, « petit » ou « grand » selon l'humeur de sa mère. Un canidé famélique, amoureux d'une chatte qu'il séquestre. Un prédateur qui mange des yeux tous ceux qu'il espionne, dont il s'approche, à leur insu, « à pas de loup ». Voici quelques-unes de ses proies...

Tante Léonie, d'abord, qu'il surprend en plein rêve alors qu'à la demande de sa mère il était seulement monté lui demander si elle n'avait besoin de rien, et dont il découvre, à cette occasion, l'habitude de se parler à elle-même à mi-voix quand elle se croit seule.

Le baron de Charlus, dont le visage aux paupières baissées contre le soleil, ne se sachant pas observé, abandonne provisoirement sa brutalité postiche au profit d'un sourire radieux, ou qu'il découvre au bordel, couvert d'ecchymoses, « *enchaîné sur un lit comme Prométhée sur son rocher, recevant les coups d'un martinet (...) planté de clous* ».

Albertine endormie, incurvée, qui, comme un végétal devenu stradivarius, se laisse effleurer, caresser, dévorer du regard par le fantôme de son amant.

À l'inverse de Morel qui, dans une maison de passe, ne bouge plus d'une oreille à la seconde où il s'avise que derrière une glace sans tain le baron de Charlus est en train de le surveiller, les phénomènes qu'observe le « loup », spectateur lui-même invisible, ne sont jamais altérés par le sentiment de sa présence. Ses yeux silencieux lui révèlent un monde sans témoin ni miroir, et dont, sous son œil de loup, les gestes parfaits ne sont là pour personne.

→ *Bestiaire, Bestiaire (bis), Homosexualité*

Lutte des classes

Personne n'a attendu la *Recherche* pour s'aviser que l'homosexualité est – était ? – un puissant facteur de perturbation sociale, tant par son défi aux bonnes mœurs que par le charivari qu'elle programme, comme une machine infernale, au cœur même des hiérarchies les mieux établies. La description qu'en donne Proust porte cependant à son comble le brassage qui en est la conséquence la plus visible.

L'inverti proustien, qui a « *le snobisme de la canaille* », hâte ainsi la révolution malgré lui, même s'il est conservateur – ce qu'il est, au demeurant, le plus souvent. D'emblée, il s'établit au centre du carnaval où le haut de l'échelle fricote avec le bas, tandis que le riche se soumet au pauvre dans l'ambiance allègre ou lugubre de l'« *amour antisocial* ».

Le baron de Charlus est le *maestro* de ce tourbillon : à Balbec, il invite à dîner un valet que les clients du Grand Hôtel prennent pour un « *Américain très chic* » – aussitôt identifié par le personnel de l'hôtel qui l'a « *flairé à distance comme un animal par certains animaux* ». Car le peuple (Françoise, Aimé, les serveurs...) n'aime pas que la société aille de travers ni se mélange par les mœurs ou le sentiment. Son idéal collectif : chacun sa place – alors que l'aristocrate, lui, peut négliger la hiérarchie qui rassure les domestiques. Telle est, du moins, la vision aristocratique des choses puisque le peuple, en vérité, ne boude ce genre de cul par-dessus tête que parce qu'il y repère un bouleversement factice.

Il n'empêche : Sodome est une menace pour l'ordre social, comme en témoigne l'aventure promise à la nièce de Jupien, jolie couturière d'abord fiancée à Morel qui, une fois « adoptée » par Charlus, devient une « *Mlle d'Oléron* » – ce qui lui permettra, plus tard, d'épouser le marquis de Cambremer. D'où il ressort que, si une couturière, dont l'oncle est tenancier de bordel, peut s'incorporer à une famille dont les branches montent plus haut que celles des Capétiens, cela signifie bien que l'inversion (illustrée par la liaison de Charlus et Jupien) est, pour les ramures les plus élevées de l'arbre social, aussi dangereuse qu'un phylloxéra.

Notons pourtant que ce dispositif, chez Proust, autorise d'étranges baptêmes : suffit-il, en effet, d'être élu par un inverti aristocratique, d'en recevoir l'amour ou le désir comme une eau lustrale, pour que s'estompent sur-le-champ tous les stigmates (éducation, manières, vocabulaire) qui assignent chacun à son rôle dans la vaste machinerie de la comédie humaine ? Proust le croit. En tout cas, il feint de le croire – tout en déployant son génie de l'observation pour signaler ce qui reste des anciennes appartenances chez ceux qui, par grâce ou filouterie, ont su se faufiler à l'étage supérieur.

→ *Homosexualité, Le Cuziat (Albert), Malaparte (Curzio)*

Lyautey (Hubert, futur maréchal)

→ *Anagrammes*

Madeleine (Jacques)

Ruse de la raison ? Facétie ? Hasard suprêmement poétique ? Le fait est : le premier lecteur professionnel et consciencieux de Proust s'appelait... Madeleine, Jacques Madeleine (1859-1941). Écrivain lui-même, versificateur considéré (Catulle Mendès préfaça l'un de ses recueils), cet homme intègre s'occupait du secrétariat général des éditions Fasquelle quand on lui confia le manuscrit qui, malgré les recommandations de Copeau et de Calmette, avait déjà été refusé, quoique à peine feuilleté, chez Ollendorff et à la NRF. Madeleine avait, comme ses collègues, des préjugés défavorables à l'endroit d'un auteur qu'il ne connaissait qu'à travers sa réputation mondaine et ses chroniques du *Figaro*. Il fut d'abord horrifié par ce texte de 712 pages, torrentueux et hérissé de *bis*, voire de *ter*, avec ses phrases « fuyant de partout » comme un lavabo défectueux et trop rempli. « Un cas intellectuel assez extraordinaire », note-t-il dans un rapport de lecture qui, si on veut bien le lire de près,

392 *Dictionnaire amoureux de Marcel Proust*

perçoit finement l'originalité d'un écrivain venu d'ailleurs.

Jacques Madeleine fut-il sensible à la présence décisive d'un biscuit éponyme ? Savait-il que l'héroïne de *François le Champi* s'appelait Madeleine ? Toujours est-il qu'il aurait pu disqualifier à la hâte l'œuvre qu'on lui soumettait, l'expédier avec une désinvolture gidienne, ou la parcourir en diagonale comme il est d'usage dans les grandes maisons d'édition soudain confrontées au travail d'un inconnu. Pourtant, Madeleine fut correct, et plutôt pertinent dans ses perplexités. Son rapport mérite de figurer parmi les témoignages de lucidité qui auraient pu bénéficier à la *Recherche*. Fasquelle sentit tout de même qu'il n'y avait pas de grand profit à attendre de ce bloc raturé et complexe : il l'écarta sans regret pour des raisons commerciales. Cet argument, au demeurant, reste aujourd'hui l'un des plus utilisés lorsqu'un manuscrit passe au-dessus, ou en dessous, du jugement d'un éditeur.

Peu après, René Blum introduisit Proust chez Grasset et, le 11 mars 1913, un contrat à compte d'auteur fut signé. Contrairement à ce que l'on pourrait penser, ce compte d'auteur n'était pas une mauvaise manière faite à Proust – qui, au contraire, le souhaita et s'en réjouit. Il voulait être publié « *sans être lu* », et sans qu'on lui « *donne des conseils* ». Il fut donc satisfait, et au-delà, de l'arrangement raisonnable qu'on lui proposait.

Jacques Madeleine est toutefois l'un des premiers lecteurs de Proust à alimenter la légende d'un écrivain-trop-long-alors-que-la-vie-est-trop-courte. Dans son rapport, on peut lire : « L'auteur concède que son volume pourrait s'arrêter à la page 633 (…).

Mais tout cela pourrait être réduit de moitié, des trois quarts, des neuf dixièmes. Et, d'autre part, il n'y a pas de raisons pour que l'auteur n'ait pas doublé ou même décuplé son manuscrit. Étant donné le procédé (…) qu'il emploie, écrire vingt volumes serait aussi normal que d'en écrire un ou deux. »

C'est sur la base de cette allergie aux supposées « longueurs » proustiennes que sont nées, aux dépens de la *Recherche*, plusieurs tentatives dites « réductionnistes ». On a ainsi envisagé d'alléger Proust de ses digressions, de ses adverbes, de ses cascades d'adjectifs – ou de le « résumer ». Gérard Genette mérite, à cet égard, la palme du réductionnisme, lui qui a poussé fort loin l'audace (et l'ironie) en affirmant que le chef-d'œuvre proustien pourrait se ramener à cette phrase unique : « Marcel devient écrivain. » Des lecteurs attentifs, parmi lesquels Mme Evelyn Birge Vitz, ont protesté : n'était-il donc pas possible d'être « plus précis » ? Ce qui fut fait : on proposa alors de résumer *À la recherche du temps perdu* par ces 29 lettres : « Marcel finit par devenir écrivain. » Comme l'observa Genette dans un livre ultérieur (*Palimpsestes*) : « Cette fois, tout y est. »

→ *Éditeur (à propos de Jacques Rivière), Jivaro (L'École), Long, Papillon, Vertèbres (du front)*

Madeleine (Marie)

C'est à Marie-Madeleine, comme par hasard, que songe le Narrateur après avoir reconnu dans la personne de la maîtresse de Saint-Loup la prostituée juive qu'il avait lui-même, en d'autres temps, surnommée « *Quand-du-Seigneur* » : « *Je détournai les yeux vers les poiriers et les cerisiers du jardin d'en face pour que (Saint-Loup) crût que c'était leur beauté qui me touchait. Et elle me touchait un peu de la même façon, elle mettait aussi près de moi de ces choses qu'on ne voit pas qu'avec ses yeux, mais qu'on sent dans son cœur. Ces arbustes que j'avais vus dans le jardin, en les prenant pour des dieux étrangers, ne m'étais-je pas trompé comme Madeleine quand, dans un autre jardin, un jour dont l'anniversaire allait bientôt venir, elle vit une forme humaine et "crut que c'était le jardinier" ?* »

En fait, tout le monde se trompe ici : Saint-Loup ne sait pas que sa maîtresse est une ancienne prostituée, Marcel prend les arbres pour des dieux étrangers, et Madeleine prend le Christ pour un jardinier. Peu importe… L'essentiel est de comprendre que, telle Madeleine obéissant au Fils de Dieu (« Ne me touche pas », lui dit-il), le Narrateur a désormais, même s'il le désire, l'interdiction de poser les mains sur la femme qui a conquis le cœur de son ami.

→ **Pretty woman**

Maladresses

Au pays de la mémoire involontaire, les souvenirs ne dépendent jamais de l'importance objective d'un événement – sinon l'ingestion d'une petite madeleine ne figurerait pas en tête de liste. Sous l'œil du microscope proustien, l'infiniment petit n'est pas moins vaste que l'infiniment grand, les manies d'une paysanne de

Saint-André-des-Champs ont autant d'intérêt qu'une
soirée chez le prince de Guermantes (dont le Narrateur
ne retient, d'ailleurs, que la forme d'un jet d'eau, l'insolence de Charlus et l'immense « *lâcheté des gens
du monde* »). De même que, chez Darwin, la sélection
naturelle repose non pas sur la force mais sur la capacité d'adaptation d'une espèce, les faits arbitrairement
élus par la mémoire ne doivent d'être tirés de l'oubli
qu'à leur finesse, leur précision, ou au charme d'une
synesthésie. À cette aune, les maladresses des personnages de la *Recherche* ne sont, pas moins ni davantage
qu'autre chose, une occasion d'éterniser le temps perdu.
Inoubliables sont donc les maladroits proustiens…

… tel le duc de Guermantes qui « *piqu*(e) *un soleil* »
après avoir imprudemment félicité le baron de Charlus
de n'avoir « *jamais eu les goûts de tout le monde* »
(alors qu'il en connaît « *sinon les mœurs, du moins la
réputation* »), ou Swann qui, pour se faire pardonner
l'effroi qu'il cause à Odette en entrant dans sa voiture, comble d'attentions inutiles une experte que ses
nombreux amants ont habituée à plus de désinvolture.

Mais alors que, pour certains, la maladresse n'est
qu'une gaffe ou un faux pas, d'autres personnages sont
si constamment balourds qu'on les associe à jamais à
leur balourdise. Ainsi, l'archiviste Saniette, « *sentant
qu'il ennuyait souvent, qu'on ne l'écoutait pas, au lieu
de ralentir (…) tâchait, par un ton badin, de se faire
pardonner le tour trop sérieux de sa conversation, mais
pressait son débit, déblayait, usait d'abréviations pour
paraître moins long, plus familier avec les choses dont
il parlait, et parvenait seulement, en les rendant inintelligibles, à sembler interminable. (…)* »

L'une des formes les plus agaçantes de la maladresse
consiste également à être familier à mauvais escient,

comme le font ceux qui, par inculture mondaine, se méprennent sur les codes en voulant montrer qu'ils les maîtrisent. Mme Verdurin, par exemple, qui appelle « *Madame de Molé* » la comtesse Molé, ou la sotte ambassadrice de Turquie, dont l'intelligence assimilatrice, parce qu'elle a « *fait ses classes* » sans avoir « *suivi la filière* », éclate en une familiarité de mauvais aloi qui la porte à désigner par leur surnom (« *Babal* » et « *Mémé* ») des grands seigneurs qu'elle ne connaît pas. Cette dernière est excusable, pourtant, car le duc de Guermantes (qui se croit à tort vacciné contre la vulgarité par l'emploi préventif d'expressions comme « *je m'en fous* », « *pedzouille* » et « *pelure* ») se transforme volontiers en guide touristique de lui-même, appelant « *cet excellent Gri-gri* » le prince d'Agrigente ou disant « *madame la Duchesse* » pour parler de sa femme à ses amis.

La maladresse tient aussi au fait que tout homme évalue le caractère de son interlocuteur selon ses propres réactions. Ainsi Morel, toujours bête et méchant, croit exciter la cruauté de Charlus en lui disant qu'il veut dépuceler puis abandonner la fille de Jupien – mais le baron, dont le cœur est meilleur que celui de son gigolo, le rappelle fermement à l'ordre.

Enfin, la palme de la maladresse revient à Bloch qui, ajoutant l'insolence à la gaucherie, déclare avec l'orgueil des coupables « *cela ne présente aucune importance, car je ne suis pas mouillé* » après avoir renversé l'un des vases de la marquise de Villeparisis… Il faut avoir de l'indulgence pour les maladroits. Sauf quand ils s'en chargent eux-mêmes.

→ *Agrigente (Prince d'), Ambassadrice de Turquie, Saniette*

Malaparte (Curzio)

On s'interrogera longtemps, quoique en vain, sur les raisons qui, un jour, incitèrent le rutilant Curzio Malaparte à faire du chétif Marcel le héros d'un impromptu en un acte, avec musique et chant, intitulé : *Du côté de chez Proust*.

Cette pièce improbable existe pourtant. Elle fut représentée, pour la première fois, le 22 novembre 1948, sur la scène du théâtre de la Michodière avec Pierre Fresnay dans le rôle de Marcel Proust, Yvonne Printemps dans celui de Rachel et Jacques Sernas dans celui d'un Robert de Saint-Loup qui, pour l'essentiel, ne prononce que des « Oh ! », des « Ah ! » et, plus rarement, des « Mon cher Marcel ».

Qu'espérait donc l'auteur de *La Peau* en s'immergeant dans l'ambiance précieuse du proustisme ? Quelles thèses comptait-il y affûter puisque, *a priori*, il n'existe rien de commun entre le reclus asthmatique et le flamboyant matamore qui choisit son pseudonyme afin d'être « vainqueur à Waterloo et défait à Austerlitz » ? Sur scène, un Marcel plus marcellien que jamais bavarde avec Rachel-quand-du-Seigneur, la maîtresse de Saint-Loup, dans une garçonnière de luxe. Ils échangent, à la diable, des propos plus ou moins pertinents sur l'amour, le monde, ses vanités, ses vices, et Marcel s'y montre assez méprisant, voire humiliant, avec la pauvre fille – qui, après tout, ne manque pas de dignité en assumant sans gêne son métier de prostituée : il va jusqu'à lui jeter son gant, ce qui contrarie Robert de Saint-Loup, qui songe peut-être à un duel avec son meilleur ami…

À la longue, on finit par deviner (avec l'aide de Maurizio Serra, son lumineux biographe) ce que Malaparte voulait démontrer tant ses abondantes didascalies sont explicites : pour lui, Rachel n'est pas seulement « une grue à un louis », mais « une socialiste », presque une rédemptrice, qui va contraindre le monde agonisant des bourgeois et des aristocrates à contempler sa propre décadence hâtée par les progrès de l'uranisme. Rachel (imaginons les roucoulements d'Yvonne Printemps) y lit la *Recherche* – qui n'est encore qu'un projet – en marxiste. Et Proust, décrit comme « un Grec de Smyrne », y constate avec effroi que le faubourg Saint-Germain qu'il va ressusciter n'est déjà qu'un vaisseau naufragé.

Malaparte a toujours eu du goût pour les apocalypses imaginées : il est donc à son affaire en manipulant les mannequins (Marcel et Robert) d'un univers en débâcle. Le plus étrange, dans cette sotie, c'est que Marcel y est campé en bourgeois moraliste. Il y est même – et cela frise l'invraisemblable – impitoyable avec la pauvre fille à qui le sort, plus encore qu'une disposition naturelle, a infligé sa condition vénale. Quelle que soit la considération qui, par ailleurs, revient de droit au souvent génial auteur de *Kaputt*, on ne saurait lui pardonner un tel manque de tact – car Proust, qui avait, comme son Charlus, « *le snobisme de la canaille* » et se flattait de « *placer le gratin au-dessous de la pègre* », mettait un point d'honneur et de bonne éducation à témoigner aux êtres les plus humbles (serveurs, « apaches », livreurs, chauffeurs, pensionnaires de maison close…) des égards inversement proportionnels à leur condition.

Tenons-en pour preuve, entre cent autres, l'anecdote rapportée par Maurice Duplay qui, dans son recueil de souvenirs intimes (*Mon ami Marcel Proust*), décrit avec précision l'attitude de Marcel dans la « maison d'illusions » où il le conduisit au temps de leur

jeunesse bambocharde : c'était un établissement, nous
dit-il, où une maquerelle réputée avait pour habitude
de mettre en scène ses filles, de les vêtir en marquises
ou en comédiennes, afin d'aguicher la clientèle sur
un mode facétieux. Or, une fois en ces lieux, Marcel
– dont on suppose le peu d'entrain à consommer sur
place – se piqua au jeu ; il s'adressa aux prostituées
comme si elles étaient véritablement marquises ou
comédiennes, leur récita des vers, se répandit en bai-
semains, les interrogea sur leur diction ou leurs toilettes (il offrit même une jolie table de trictrac à une
certaine Toinette et obtint pour elle un travail de man-
nequin chez Paquin), de telle sorte que, dans cette
« maison d'illusions », il devint aussitôt professeur
de duperie – ce qui ne manqua pas de charmer toute
la compagnie.

Il eût été plaisant que Malaparte, sans doute plus
familier des bordels militaires ou des établissements
spéciaux de Forte dei Marmi, assistât à cette délicieuse pantomime. Cela l'aurait, à l'évidence, retenu
au bord des contre-vérités psychologiques de son
impromptu qui (et ce n'est que justice) ne rencontra
aucun succès.

→ **Cocotte, Pretty woman**

Malentendu

Qui, parmi les amis mondains de Proust, com-
prit, dès le début, qu'il était génial ? Si l'on écarte
les quelques « professionnels » de son entourage
(Cocteau, Morand, Mauriac, Daudet...), restent surtout

les rigolos, les bambocheurs, les snobs, les convives. À titre d'exemple, ce mot du charmant Albufera (mais on pourrait citer les deux Bibesco, Reynaldo Hahn, Guiche et tant d'autres) à qui Proust demanda un jour ce qu'il avait pensé de *Du côté de chez Swann* : « *Si je l'ai reçu*, répondit Albufera, *tu peux être sûr que je l'ai lu, mais je ne suis pas certain de l'avoir reçu.* » De la littérature considérée comme un genre épistolier...

Manies (marcelliennes)

Marcel, vers la fin, ne vit que pour son « Livre ». Son corps agonisant doit tenir encore, et encore, pour insuffler à ses pages, *via* béquets et paperoles, le reliquat d'existence qui gît en lui. Or, pour servir au mieux ce mécanisme quasi christique de transsubstantiation – le corps transmué en esprit –, il doit observer des rites implacables.

Pour cette messe, Céleste est son assistante unique et zélée. Ensemble, ils en connaissent chaque étape. Et jamais ils n'y dérogent :

1/ L'essence de café : en provenance exclusive de chez Corcellet, rue de Lévis ; Marcel prévient Céleste par un coup de sonnette ; elle doit alors l'apporter avec un pot de lait, un croissant, une cafetière d'argent contenant du liquide pour deux tasses, le tout étant disposé sur une soucoupe gravée aux initiales M.P. ; s'il y a deux coups de sonnette, Céleste doit prévoir deux croissants. Afin que « Monsieur » ne perde pas de temps à attendre, le café est préparé à l'avance et patiente dans un bain-marie.

2/ Le lait : livré chaque matin par une crémière qui en dépose une bouteille devant la porte du palier ; à midi, la crémière repasse ; si la bouteille est toujours là, elle doit la reprendre et en déposer une autre, plus fraîche.

3/ Les fumigations : ce rite précède le premier coup de sonnette ; deux pincées de poudre Legras (achetée par cartouches de dix à la pharmacie Leclerc) sont déposées dans une soucoupe et incendiées à l'aide d'une bougie déjà allumée et de feuilles de papier de couleur rose ; les allumettes sont bannies à cause du soufre qu'elles contiennent.

4/ La toilette : Marcel utilise une vingtaine de serviettes ; il tamponne son corps, plutôt qu'il ne l'essuie, afin de ne pas irriter sa peau ; il ne quitte jamais son caleçon long en laine des Pyrénées de marque Rasurel ; pendant la toilette, Céleste change les draps du lit en veillant scrupuleusement à ne pas ouvrir les fenêtres de la chambre.

5/ Les « boules » : ce sont les bouillottes préparées par Céleste et placées sous les draps ; Marcel en exige deux, l'une pour les pieds, l'autre pour les hanches ; il y en a cependant une troisième, utilisée exclusivement en cuisine pour réchauffer le linge propre (caleçon, veste de pyjama) dont « Monsieur » aura peut-être besoin.

6/ Le courrier : écrit ou dicté ; quand il dicte, Marcel sollicite souvent Yvonne, la nièce d'Odilon Albaret ; si celle-ci – également nommée « *la gémissante* », car elle se plaint souvent – ne peut suivre la dictée, Céleste la remplace.

7/ Le véronal : quand « Monsieur » prend sa dose, cela signifie qu'il veut dormir ; c'est, en général, aux premières heures de l'aube.

L'ensemble du rituel ici détaillé ne s'est accompli que pendant la nuit.

→ *Céleste (Albaret), Datura*

Marbre

« *La frivolité d'une époque quand dix siècles ont passé sur elle est digne de la plus grave érudition, surtout si elle a été conservée intacte par une éruption volcanique ou des matières analogues à la lave projetées par bombardement.* »

Est-ce à la fréquentation quotidienne de Balzac que le baron de Charlus doit une extrême sensibilité à la valeur historique d'un geste en lui-même inconsistant ? Le fait est que le recul chronologique est l'une des modalités favorites de son insolence : « *Qui plus qu'elle serait intéressante à entendre ?* dit-il en parlant, devant elle, de Mme de Saint-Euverte. *Que de souvenirs historiques, vus et vécus du temps du Premier Empire et de la Restauration, que d'histoires intimes aussi qui n'avaient certainement rien de "Saint", mais devaient être très "Vertes", si l'on en croit la cuisse restée légère de la vénérable gambadeuse.* »

En vérité, Charlus, qui devient de son vivant la gravure de lui-même, ne cesse jamais d'expérimenter l'éternité. Son goût pour la beauté (qu'il pourchasse même dans des lieux sordides où il se fait fouetter contre un peu de « *pèze* » par un soldat en permission) l'incline, pour le meilleur, à magnifier la part d'impérissable qu'un détail contient, fût-il laid. Et c'est à la fois en statuaire prussien, en archiviste du temps mondain, en Néron qui croit tirer des cendres de son royaume l'inspiration nécessaire au poète et en Mohican de l'avant-guerre que Charlus rêve à haute voix que « *la lave de quelque Vésuve allemand* » précipitant « *les derniers jours de notre Pompéi* » surprenne Mme Molé en train de mettre « *une dernière couche de fard avant d'aller dîner chez une belle-sœur, ou Sosthène de Guermantes finissant de peindre ses faux sourcils* ». Mais il ne suffit pas d'être artiste pour être un artiste, ni dilettante pour être clairvoyant.

Tout comme Schopenhauer commet l'erreur de croire que c'est l'introuvable extinction du désir (et non son affirmation) qui, seule, dissiperait la douleur d'exister, le baron de Charlus commet l'erreur de chercher comme antidote au temps perdu l'absurde suspension du temps dont les ruines de Pompéi sont le paradigme définitif. Or c'est dans leur mouvement même (et non à ses dépens) qu'un artiste s'empare des êtres. Ce qu'il éternise n'est pas immobile mais éternellement mobile à la manière d'une couleur qui contiendrait toutes les autres ; d'un jet d'eau dont l'apparente uniformité révèle, dès qu'on s'en approche, un véritable feu liquide ; de l'*Éthique* de Spinoza dont une lecture attentive saisit le cœur battant sous la géométrie ; ou d'une surface apparemment plane qui, dès qu'on s'y penche, exhibe crevasses et sommets...

Charlus n'en est pas là, tant s'en faut. Sa grandeur est très largement pittoresque et, comme dirait un Mozart de fiction, son talent propre consiste uniquement à « chier du marbre ».

→ *Pompéi*

Marcel

Ce prénom apparaît à trois reprises dans *À la recherche du temps perdu* – deux fois indirectement, à l'oral ; une fois directement, à l'écrit. C'est la signature, si gracieusement discrète, du peintre dans un coin du tableau… En tout cas, du grain à moudre pour, au moins, plusieurs générations de sainte-beuviens. Sans parler des théoriciens de l'autofiction qui trouveront là la preuve, si délicate à établir, que ce gigantesque roman est bien l'œuvre d'un individu qui s'appelait Marcel Proust…

→ *« Narraproust », Procrastination, Trois détails (concédés aux partisans de Sainte-Beuve)*

Mariage

Proust songea-t-il vraiment à se marier ?

Ce fut, en tout cas, le souhait provisoire de sa mère – qui ne tarda pas à y renoncer, tant ce souhait ne répondait ni à son désir sincère ni aux mœurs de Marcel.

Il n'empêche : des femmes – de la déjà promise Hélène Soutzo à l'insaisissable Marie de Benardaky – traversèrent son cœur célibataire, surtout pendant les « saisons gardénia ». Sans parler de la « veuve Fortoul » avec laquelle les Baignères voulurent le marier, et qui épousa finalement le futur maréchal Lyautey…

Un jour, Proust s'enticha d'une demi-mondaine entrevue au Bois et intrigua si vivement qu'il en obtint un rendez-vous, puis d'autres. L'affaire se précisant, il voulut lui rendre une visite plus solennelle, pour laquelle il tint, comme disait Céleste, à « paraître dans toutes ses élégances ».

Il demanda alors à sa mère de lui procurer une cravate neuve et des gants beurre frais, dont la couleur laisse supposer son intention de formuler une demande.

Mme Proust trouva la cravate mais, pour les gants, elle ne put s'en procurer que des gris – ce qui précipita son fils dans une colère telle qu'il en eut rarement, surtout en présence de sa mère. Il fut même si furieux qu'il se saisit d'un vase chinois, auquel Mme Proust tenait beaucoup, et le jeta contre le parquet. Mme Proust, peu habituée à ce genre de débordements, eut alors ces paroles étranges : « *Eh bien, mon petit loup, ce sera comme dans les mariages juifs... Tu as brisé la coupe, notre affection n'en sera que plus grande...* » Proust eut aussitôt honte, pleura, se réfugia dans sa chambre.

Précisons, pour la petite histoire, qu'il alla tout de même à son rendez-vous, mais n'y parvint qu'au moment où des huissiers saisissaient les meubles de la demi-mondaine, sans doute couverte de dettes et en quête d'un protecteur susceptible d'améliorer sa situation.

On l'aura compris, l'essentiel de cette anecdote, reproduite dans *Jean Santeuil*, vient d'ailleurs : de ce vase brisé (déjà, un « pot cassé… »), du malheur qu'il devait symboliquement conjurer, de ce « mariage juif » avec sa mère. Marcel, ce jour-là, épousa donc Jeanne Weil selon les rites. Et cette union, promise à un grand retentissement, fut même affermie par la mort de « maman ».

→ *Anagrammes, Baiser (du soir), Esther, Judaïsme, Pot*

Marquise(s)

Nombreuses et pittoresques sont les créatures proustiennes qui portent ce titre nobiliaire. Les unes sont grotesques, d'autres sortent à cinq heures, la plupart ne sont que des nénuphars mondains, flottant à la surface d'une société embourbée.

Deux d'entre elles, pourtant, méritent une considération particulière : la marquise de Sévigné, dont le bel exemple crypte les messages que s'adressent avec amour la mère et la grand-mère du Narrateur ; et la tenancière du chalet d'aisance des Champs-Élysées, à l'entrée de l'avenue Gabriel, qui est ainsi désignée sans que l'on sache trop bien pourquoi.

Cette dernière « marquise » possède en tout cas, et au plus haut degré, le snobisme requis par tout marquisat. Elle ne fraie pas avec n'importe qui, et ne donne accès à ses cabinets qu'à des « *gens bien* ». Son « *museau* » est « *énorme et enduit de plâtre grossier* ». Gardienne d'un enfer – Proust eut-il des mœurs de vespasiennes ? – elle est la voix qui annonce, comme un tocsin, l'imminent décès de la grand-mère du Narrateur – qui, à travers la mince cloison du cabinet, entend sa conversation sur la mort avec un jardinier et cite alors cette phrase de l'autre marquise : « *En les écoutant, je pensais qu'ils me préparaient les délices d'un adieu.* »

→ **Caca**

Matrice (Baiser de la)

Véronique Aubouy est une réalisatrice qui s'est si passionnément entichée d'*À la recherche du temps perdu* (ne lui avait-on pas dit que ses premiers courts métrages étaient « proustiens » ?) qu'elle a décidé de filmer, *in extenso*, la *Recherche* lue par plusieurs centaines d'individus anonymes ou célèbres.

Au départ, cette *performer* audacieuse et pieuse estimait que le tournage de ce *Proust lu* (tel était le titre originel de son *work in progress* bientôt rebaptisé, on se demande bien pourquoi, *Le Baiser de la Matrice*) durerait vingt ans, puis cet horizon s'est dilaté : aux dernières nouvelles, elle tient pour acquis qu'il lui faudra bien le double de temps, soit quarante années, pour accomplir un travail qui se confond désormais avec sa vie.

Une société secrète de proustiens épars – du boutiquier à l'intellectuel, de l'acteur au comptable… – s'est ainsi vu recrutée sur le seul critère d'une profession de foi. Une caméra les surprend dans leur décor ordinaire, Mme Aubouy les cadre avec maestria, ils lisent à voix haute les saintes pages. En l'état actuel des choses, ce *Baiser* dure déjà soixante heures et est projeté, ici ou là, lors de biennales, de festivals ou de performances fort appréciées.

Mais la réalisatrice est plus ambitieuse : son film, à l'avenir, pourrait bien durer 100 heures, ou davantage, et comptera quelque 2 000 « lecteurs ». Enivrée, elle rêve même d'une œuvre, la sienne, à jamais inachevée qui durerait autant que sa propre vie. Heureuse d'avoir trouvé, pour son art, « une forme sans fin », elle filme, filme, filme, afin d'entrevoir son *Temps retrouvé* à travers les kilomètres de pellicule de son Temps perdu.

Par-delà ce sympathique délire, notons que seuls Cervantès (dont le *Quichotte* donna lieu à une lecture non-stop en Espagne) et Joyce (célébré chaque année, à Dublin, lors du Bloomsday) eurent droit à des ferveurs semblables.

→ *Effaceur (de Proust)*, *Fin*

Matricide

Henri Van Blarenberghe était une vague relation de Proust qui, après l'avoir rencontré une ou deux fois dans le monde, l'aurait sans doute oublié si cet aimable garçon n'avait, par la suite, défrayé la chronique des faits divers en assassinant sa mère – alors que, peu de jours auparavant, il écrivait encore à Marcel pour le plaindre du décès de la sienne.

Ce crime était atroce à tous égards : pris d'une crise de démence, Van Blarenberghe, qui venait de perdre son père, avait poignardé sa mère qui, en agonisant, lui aurait adressé ces mots de désespoir : « Qu'as-tu fait de moi ! Qu'as-tu fait de moi ! » En vérité, nul ne sait si la victime a réellement prononcé, à deux reprises, ces mots puisque, des deux témoins de la scène, l'un fut poignardé et l'autre se suicida peu après. En tout cas, Proust imagina qu'ils le furent, et il les reproduisit sans scrupule dans le long article du *Figaro* qu'il proposa sur-le-champ à Gaston Calmette. Nous sommes alors en janvier 1907. La mère de Marcel est morte depuis plus d'un an. L'article (deux pleines pages) de Proust s'intitule *Sentiments filiaux d'un parricide* – ce qui est singulier, après tout, puisque c'est la maman qui a été assassinée alors que Proust n'emploie jamais le mot « matricide ». C'est à la faveur de ce fait divers sanglant que le futur auteur de la *Recherche* rode un thème qui lui sera cher : « *nous tuons tout ce qui nous aime* ».

Car la part la plus douloureuse de Proust, la plus dostoïevskienne, gît dans ce double cri imaginé. Et d'abord sa conception de l'amour et de la culpabilité.

Il précise : « *Si nous voulions y penser, il n'y a peut-être pas une mère vraiment aimante qui ne pourrait, à son dernier jour, adresser ce reproche à son fils. Au fond, nous vieillissons, nous tuons tout ce qui nous aime par les soucis que nous lui donnons, par l'inquiète tendresse elle-même que nous inspirons et mettons sans cesse en alarme.* »

Pour étayer sa démonstration – dont nombre de lecteurs du *Figaro* se scandaliseront – Proust mobilise pas moins de deux mythes : Ajax (pour la démence de l'assassin), et Œdipe (pour le parricide et l'autopunition). Ce faisant, il fraie en lui le chemin d'obsessions refoulées : l'amour qui étouffe, inquiète, poignarde ; la profanation du sacré ; le matricide symbolique – dont il avait déjà esquissé le thème dans *La Confession d'une jeune fille*.

D'un point de vue freudien, l'œdipe de Marcel est inversé puisque Van Blarenberghe tua sa mère et non son père (déjà défunt, il est vrai) – mais cela ne change rien au dispositif. Dans la grande scène d'ouverture de *Combray*, le cas du père est vite réglé : un baiser maternel, obtenu de haute lutte, suffit à exécuter un géniteur bien-aimé (« *va donc avec lui* », finit par dire le papa, défait, à son épouse…) mais le cas du matricide est plus subtil : Proust avait, en effet, le sentiment de faire mourir sa mère (de chagrin) en ayant des mœurs dont elle ne devait rien ignorer, bien qu'il ne lui en ait jamais fait l'aveu explicite. Celle-ci, une fois morte, est donc remobilisée au service d'une culpabilité rétrospective : Marcel l'a tuée à petit feu. Dans la foulée, il (le Narrateur) se croira également coupable de la mort d'Albertine, voire de sa grand-mère (qui avait négligé sa maladie pour « *faire la coquette* » et poser devant l'objectif de Saint-Loup avec la sainte intention de laisser un joli portrait d'elle à son petit-fils).

Ces scènes méritent, bien entendu, d'être placées en regard de « la profanation de Montjouvain », quand l'amie de Mlle Vinteuil crache sur le portrait de son père, ainsi que de l'hypothétique crachat sur le portrait de sa mère dans l'établissement de Le Cuziat. Notons au passage que, sur quatre mille pages, le Narrateur ne se sent jamais coupable de la mort d'un homme. La psychanalyse devra s'y faire : c'est Oreste (bien qu'innommé), et non Œdipe, qui hante Marcel.

D'aucuns ont voulu interpréter autrement la cruauté aimante de Proust à l'endroit de sa mère : il aurait, selon un schéma classique, « endossé » le rôle de son père défunt qui causa le malheur de son épouse en la trompant sans vergogne – on trouvera un écho de ce schéma dans la tristesse de Mme Cottard découvrant, après la bataille, l'infidélité dont son mari avait bien profité dans les bras d'Odette. Qu'il nous soit pourtant permis d'être sceptique : Marcel se prenant pour son père ? Cela mérite un sourire...

Citons encore l'article de Proust : « *J'ai voulu (...) montrer (...) que le pauvre parricide n'était pas une brute criminelle, un être en dehors de l'humanité (...), mais un fils tendre et pieux, que la plus inéluctable fatalité (...) a jeté (...) dans un crime et une expiation dignes de demeurer illustres.* » Et, plus loin : « *J'ai voulu montrer dans quelle pure, dans quelle religieuse atmosphère de beauté morale eut lieu cette explosion de folie et de sang qui l'éclabousse* (l'assassin) *sans parvenir à le souiller.* »

Un assassin sanctifié ? Un crime absout ? Proust, dans sa plaidoirie, n'y va pas de main morte. Et l'affaire est d'autant plus étrange qu'il ne s'attarde même pas sur le fait que, dans la réalité, le policier qui fut chargé d'enquêter sur l'affaire Van Blarenberghe se serait lui-même nommé... Proust ! (Nous devons cette précision, extravagante à tous égards, à Diane de Margerie [*Proust et l'obscur*, page 119] qui la tient elle-même d'on ne sait qui...)

L'article du *Figaro* allait jusqu'à rappeler qu'Œdipe et Ajax avaient été punis puis honorés par les Grecs qui considéraient leurs tombeaux de Colone et de Salamine comme des pèlerinages sacrés. Calmette crut devoir censurer ce dernier paragraphe afin de ménager un lectorat peu enclin à une telle mansuétude. Proust en fut bouleversé. On le privait de sa conclusion. De sa morale. De sa rédemption. Il se vengera en écrivant *À la recherche du temps perdu*.

« Qu'as-tu fait de moi », demandent à leur fils toutes les mères qui, de leur vivant, hésitent entre le rôle de victimes (on tue toujours ceux que l'on aime) ou de tendres assassines (sois toujours malade afin que je ne te perde pas).

Proust, à sa façon, lui répondra : « Ce que j'ai fait de toi ? Un livre. »

Connaissait-il (oui, c'est presque certain…) les vers d'Oscar Wilde dans sa *Ballade de la geôle de Reading* ?

> *« Pourtant tout homme tue ce qu'il aime*
> *Que tous entendent ces paroles*
> *Certains le font d'un regard dur*
> *D'autres avec un mot flatteur*
> *Le lâche tue d'un baiser*
> *Et le brave d'un coup d'épée. »*

Rappelons enfin que Proust envisagea lui-même, quoique brièvement, et de façon fort alambiquée, de commettre un « matricide » (qu'il nomme, bien sûr, « parricide »), comme en témoigne cette confidence à Maurice Duplay :

« Quand j'ai perdu maman, j'ai eu l'idée de disparaître. Non de me tuer, car je n'aurais pas voulu finir comme un héros de fait divers. Mais je me serais laissé mourir en me privant de nourriture et de sommeil. Alors j'ai réfléchi, qu'avec moi disparaîtrait le souvenir que je gardais d'elle, ce souvenir d'une ferveur unique, et que je l'entraînerais dans une seconde mort, celle-ci définitive, que je commettrais une sorte de parricide. »

→ **Baiser (du soir), Dostoïevski (Fiodor), Freud (Sigmund), Profanation, Wilde (Oscar)**

Mauriac (Claude)

Cet homme généreux, modeste, mélancolique – qui figure en intrus, vu l'académisme de son inspiration, sur l'illustre photographie de groupe qui lança le Nouveau Roman – possédait le don rarissime d'admirer, et il ne rata jamais l'occasion d'engranger une admiration nouvelle. Gide, de Gaulle, Foucault avaient été, de son propre aveu, les phares de son existence – avec son père bien sûr, dont il avait par instants l'allure efflanquée, tout en étant moins préoccupé de grâce ou de salut.

Il avait entrepris, comme une course de fond, son œuvre bizarre, ce *Temps immobile*, où, en gros, il prenait le parti de mêler passé et présent dans un vrac qui, à la longue, produisit l'effet d'une composition. Pour les uns, il injectait une temporalité moderne et chahutée dans le projet des Goncourt. Pour d'autres, il tenait le Journal d'un Amiel qui aurait été perturbé par Robbe-Grillet.

Pourtant, ces étiquettes importaient peu à Claude Mauriac. Elles lui importaient moins, en tout cas, que sa proximité d'esprit avec le projet proustien, dont il se voulait, à voix basse, presque honteux, le pieux héritier. Le hasard, à cet égard, avait bien fait les choses puisqu'un lignage familial (son épouse, Marie-Claude, était la fille de Suzy Mante-Proust, elle-même fille de Robert, le frère de Marcel) avait eu la délicatesse de doubler un lignage littéraire.

Tout cela – augmenté d'une biographie qui l'avait placé, tel un véritable trait d'union, entre la sociologie proustienne et celle du structuralisme – culmina dans l'épisode du tapuscrit retrouvé par sa propre fille, Nathalie, qui permit l'établissement d'une version définitive, quoique problématique, d'*Albertine disparue* – dont Jacques Rivière et Robert Proust n'avaient pas eu connaissance. De ce fameux tapuscrit, on a beaucoup glosé : Proust, par un rajout, y fait mourir Albertine sur les bords de la Vivonne, ce qui autorise d'amples suppositions saphiques. Mais, par-delà cette péripétie, c'est le trouble de Claude Mauriac qui émeut : en voyant sa fille, arrière-petite-nièce de Proust, exécuter, par-delà le temps, les ultimes volontés de son grand-oncle, scellant ainsi, par le sang autant que par l'érudition, l'alliance des Mauriac et des Proust, le mémorialiste défaille. Il y voit une approbation posthume du maître pour son disciple, une complicité d'explorateurs du temps. Qui, ayant un peu fréquenté ce lettré charmant, oserait ramener cette complicité à de plus justes proportions ?

Mauriac (François)

L'auteur de *Thérèse Desqueyroux* et du *Nœud de vipères* s'en voulait beaucoup de ne pouvoir admirer pleinement la *Recherche* – dont il percevait pourtant l'ampleur. Mais, à ce dévot accoutumé au commerce clandestin du soufre et du péché, il fallait bien, sous peine de n'être plus lui-même, déplorer, dans cette œuvre, « l'absence de Dieu » et une « hardiesse parfois hideuse » qui ne pouvait s'expliquer que par un défaut de Grâce.

Quinze jours après la mort de Proust, il s'en afflige officiellement : « Nous ne sommes point de ceux qui lui reprochent d'avoir pénétré dans les flammes, dans les décombres de Sodome et Gomorrhe, mais nous déplorons qu'il s'y soit aventuré sans l'armure adamantine. »

Quand, en 1923, parut *La Prisonnière*, il loua ce livre, mais déplora qu'on y décrivît si crûment l'homosexualité de Charlus. « Le Charlus secret des premiers livres, dont le mal ne se trahit que par un regard, une fleur ou un mouchoir trop vif, ici éclate, crève, coule comme un abcès qui n'en finirait pas de se vider (...) ce Charlus effroyable n'est plus un malade, c'est une maladie. »

L'inversion – qui tourmenta si intensément le futur prix Nobel – serait-elle la preuve d'une céleste malédiction ? Le Dieu de Mauriac aurait-il choisi d'abandonner les gays ? Et par quel curieux cheminement une particularité sexuelle aurait-elle de si coûteuses conséquences théologiques ?

Chacun aura compris qu'en avouant de tels effrois, Mauriac – qui avait « choisi de ne pas être libre » – songeait moins à Proust qu'à lui-même. En fait, le Bordelais, qui se voulait « condamné à la pureté », se serait contenté de peu : au moins un saint, quelque part dans l'œuvre, ou un petit miracle, ou une trouée de transcendance, lui aurait suffi...

Or, si le « jansénisme de la chair » de Mauriac l'empêcha de vénérer pleinement l'œuvre de Proust – qu'il estimait tout de même inférieure à celle de Balzac ou de Dostoïevski –, c'est parce que, au fond, il aurait aimé que Proust en restât à ses débuts, à *Swann* et aux *Jeunes Filles en fleurs*, moins vénéneux, et où le « cancer sexuel » (*sic*) n'a pas encore dévoré l'âme de l'écrivain. Son enchantement sincère cesse donc là où s'accomplit véritablement le génie proustien.

Le reste ? Mauriac s'en tient à son surmoi bourgeois-de-Bordeaux, et préfère mettre de la distance entre lui et cette « flétrissure de tous les sentiments humains » ; entre lui et cette immense « souillure généralisée (qui) calomnie la vie »...

D'ailleurs, dans son *Journal d'un homme de trente ans*, Mauriac se laisse aller : après un dîner en compagnie de Rochat dans la chambre de Marcel, il note : « *draps douteux, odeur de meublé, tête de Juif avec sa barbe de dix jours, revenu à la saleté ancestrale* ». On ne pouvait pas, tout de même, trop en demander à un chrétien effrayé de se contempler dans le miroir (sexuel) proustien... Il fallait que quelque chose – disons la « race » – le dissuadât fermement de s'y reconnaître.

→ *Dieu*

Mauve (et rose)

C'est la meilleure parure, et la couleur qu'Elstir préfère donner aux cheveux et aux fleurs. Du coup, le Narrateur en met partout.

Mauve est la couleur du ciel quand le soleil est rouge. Mauves sont les ailes de soie d'un papillon qu'on aurait mis sous verre, l'épi fin des asperges, les joues fouettées (par les larmes et la pluie) de sa grand-mère, le panache de plumes des lilas et l'effusion en « *lustres des bulles délicates de leurs fleurs* ».

Mauve est aussi la première cravate que porte la duchesse de Guermantes dans l'église de Combray le jour du mariage de la fille du docteur Percepied (c'est d'ailleurs le seul point commun entre la somptueuse Oriane de Guermantes et l'insipide Mme Sazerat dont la cravate est, étrangement, de la même couleur).

Mauve est une matinée d'hiver, la fleur des jacinthes ou le front des vieillards fébriles. Mauves sont les méduses, ces « *orchidées de la mer* ». Mauve est la couleur des prunes en fin de journée, mauves sont les reflets de la mer à l'heure du dîner mais aussi « *l'agitation des flots que charme et bémolise le clair de lune* » ; enfin, « *compact, lisse, mauve et doux* » est le nom de Parme – et donc les murs de ses demeures.

Le mauve, qui dégénère en violet quand c'est à la mémoire volontaire que le Narrateur confie la tâche de lui rappeler les alentours de Combray, redevient doux, neuf, brillant, évasif et précis dès qu'une coïncidence évoque, sans qu'il s'y attende, les grandes figures de son enfance. Mauve est ainsi l'ombrelle d'Odette de Crécy, comme son fin peignoir en crêpe de Chine et les pétales des catleyas dont la forme guide naturellement le dard de l'amant-insecte : « *Mme*

Swann apparaissait, épanouissant autour d'elle une toilette toujours différente mais que je me rappelle surtout mauve. »

Mauve ou rose ? En vérité, c'est incertain. Car Odette est aussi la « *fille en rose* » que croise le Narrateur chez son oncle Adolphe, et le « semi-travesti » dont Elstir fait, en 1872, le portrait en « *Miss Sacripant* » (que le Narrateur contemple juste avant que le rebord de la fenêtre de l'atelier du peintre ne vire lui-même au rose). Quant aux mains d'Albertine (cette « *fleur rose devant la mer mauve* »), leur douceur est « *comme en harmonie avec la coloration rose, légèrement mauve, de sa peau* ».

Et si le mauve, qui appartient au champ chromatique du rose, montrait plus qu'il ne dit, ou disait plus qu'il ne montre ?

Et si le mauve, ce viol de rose, empourprait la délicatesse comme le baron de Charlus (qui préfère les hommes aux roses) recouvre de violence la bonté de son caractère ?

Et si le mauve était, plus qu'une couleur, un « dégradé » qui mesure l'écart entre le réel et la fiction ? Entre la femme et l'homme qu'elle menace de devenir ?

Méchanceté

Hormis le Narrateur ou sa grand-mère – qui est la seule créature vraiment pure de la *Recherche* – et, peut-être, Elstir et Saniette, tout le monde est méchant dans l'univers romanesque de Proust : Morel (qui aime déflorer les vierges avant de les abandonner),

Charlus (qui rêve de tuer Morel) et Forcheville (qui sadise Saniette) sont spécialement cruels ; Oriane de Guermantes jouit de persécuter ses domestiques ; le médecin Cottard, pourtant soucieux de son sacerdoce, ne voit aucun inconvénient à laisser des gens mourir ou souffrir dès lors qu'il a enfilé son gilet de soirée ; quant aux Verdurin, ils se surpassent, en pouffant, aux dépens de Saniette – dont le principal défaut mondain est d'être dépourvu de toute malveillance.

À la fin de la *Recherche*, on apprend tout de même que les Verdurin ont fait, sans s'en vanter, une petite pension à leur souffre-douleur – ce qui, d'un coup, pourrait les créditer d'une nature généreuse. Mais si les Verdurin agissent ainsi, c'est peut-être parce que la bonté leur apparaît comme une faiblesse humaine, au même titre que l'infidélité ou l'amour du jeu et que, partant, il est excusable d'y céder. Ce qui est remarquable dans leur cas, c'est que cette faiblesse leur semble surtout ridicule – et que la décence, plus encore que l'élégance, commande de la dissimuler. Swann lui-même, enfin, Swann si bon, si délicat de sentiments, n'est pas à l'abri de ces pulsions mauvaises, lui qui, parfois, « *éprouvait de la haine pour Odette, il aurait voulu crever ses yeux qu'il aimait tant tout à l'heure, écraser ses joues sans fraîcheur* ».

Remarquons au passage que, dans la *Recherche*, les méchants savent toujours qu'ils le sont, ce qui témoigne d'un reliquat de conscience morale. Les autres, ceux qui sont mauvais sans le savoir, ne semblent pas intéresser l'éminent baudelairien qu'était Proust.

→ **Bonté, Saniette**

Mensonge (par omission)

Ce n'est pas pour se simplifier l'existence que les grands menteurs forgent des histoires, tant il est moins coûteux de dire la vérité – et la banale réalité qu'ils transforment n'est que l'alibi du mensonge où le faussaire donne libre cours à son imagination.

En cela, le meilleur représentant du mensonge est peut-être, chez Proust, l'ingénieux ingénieur Legrandin qui, pour ne pas admettre le simple fait que sa propre sœur, marquise de Cambremer, habite les environs de Balbec où le père du Narrateur a prévu d'envoyer son fils passer deux mois, pousse l'art de ne pas répondre et le mensonge par omission jusqu'au délire sylvestre et géologique sur la Côte fleurie – « *comme cet escroc érudit qui employait à fabriquer de faux palimpsestes un labeur et une science dont la centième partie eût suffi à lui assurer une situation plus lucrative, mais honorable* ». Connaissez-vous du monde dans ce coin-là ? demande le père. « *Là comme partout, je connais tout le monde et je ne connais personne, répondit Legrandin (...) ; beaucoup les choses et fort peu les personnes. Mais les choses elles-mêmes y semblent des personnes, des personnes rares, d'une essence délicate et que la vie aurait déçues. Parfois c'est un castel que vous rencontrez sur la falaise, au bord du chemin où il s'est arrêté pour confronter son chagrin au soir encore rose où monte la lune d'or et dont les barques qui rentrent en striant l'eau diaprée hissent à leurs mâts la flamme et portent les couleurs ; parfois c'est une simple maison solitaire, plutôt laide, l'air timide mais romanesque, qui cache à tous les yeux quelque secret impérissable de bonheur et de désenchantement.* »

Peu de paroles sont aussi drôles, révélatrices et impitoyables pour le mythomane que les manœuvres dilatoires de Legrandin dont l'affectation de misanthropie n'est qu'un snobisme déçu, et qui « *aurait fini par édifier toute une éthique de paysage et une géographie céleste de la basse Normandie, plutôt que de nous avouer qu'à deux kilomètres de Balbec habitait sa propre sœur* ».

Mais Legrandin est inoffensif, prend la fuite et ne nuit qu'à lui-même quand il est confondu : « *"Bonne nuit, voisin", ajouta-t-il en nous quittant avec cette brusquerie évasive dont il avait l'habitude et, se retournant vers nous avec un doigt levé de docteur, il résuma sa consultation : "Pas de Balbec avant cinquante ans, et encore cela dépend de l'état du cœur."* »

Menu

Pendant plus de vingt ans, Marcel ne mit guère de fantaisie dans ses repas quotidiens : deux œufs à la crème, une aile entière de poulet rôti, un plat de pommes de terre, du raisin, plusieurs cafés et un quart d'eau de Vichy ingurgité neuf à dix heures après sa dernière bouchée. Aucun « *manger finement mijoté* » comme chez les Verdurin, aucun perdreau à la Guermantes ne vint perturber l'immuable agencement des plats qu'on lui servait. C'est à peine si sa familiarité campagnarde avec les pommes de terre lui suggéra, dans sa description d'un déjeuner à la Raspelière, une jolie comparaison avec des « *boutons d'ivoire* ». Rappelons d'ailleurs que lesdits « *boutons d'ivoire* » se retrouvent, sous un autre nom, dans l'ultime repas de Bergotte – et déclenchent l'indigestion qui lui sera fatale.

→ **Cuisine nouvelle, Dîner (sans dames)**

Métaphore

Établir un lien de nécessité entre des entités distinctes ; rapprocher ce qui s'éloigne en apparence ; penser ensemble ou donner à voir conjointement des formes, des concepts, des manèges humains, situés à des antipodes respectifs et appartenant à des ordres jusque-là exclusifs l'un de l'autre : tel est le privilège des métaphores. Leur revient donc, de plein droit, le premier rang dans la hiérarchie des tropes en usage dans la *Recherche*.

« *La vérité*, écrit Proust, *ne commencera qu'à partir du moment où l'écrivain prendra deux objet différents, posera leur rapport (...) approchant une qualité commune à deux sensations, et dégagera leur essence (...) en les réunissant l'une et l'autre, pour les soustraire aux contingences du temps, dans une métaphore.* »

Or, Proust est (avec Shakespeare) le plus grand métaphoriste de la littérature. Pour lui, la belle métaphore (dont il ne trouve, curieusement, aucun exemple chez Flaubert...) suppose une vision du monde. Elle est le seul artifice par lequel un écrivain peut « *donner de l'éternité au style* ». Et il mobilise, dans cet exercice de reconfiguration de la réalité, des dons déconcertants dont les effets mériteraient une longue liste glorieuse.

Citons, à titre d'exemple, l'étincelante métaphore dans laquelle Proust compare Françoise, allant faire des achats pour préparer son bœuf en gelée, au Michel-Ange qui, dans les carrières de Carrare, choisit les blocs de marbre dans lesquels il va sculpter ses chefs-d'œuvre ; ou celle qui lui permet de comparer les tables rondes du café de Rivebelle aux planètes autour desquelles gravitent des serveurs devenus satellites (« *une force d'attraction irrésistible s'exerçait entre ces astres divers (...). L'harmonie de ces tables astrales n'empêchait pas l'incessante révolution des servants innombrables. (...) leur course perpétuelle finissait par dégager la loi de leur circulation vertigineuse et réglée* ») ; ou encore celle qui montre Swann, ivre d'amour, auquel parviennent les premières mesures de la sonate de Vinteuil qu'il compare au surgissement d'une déesse qui aurait revêtu « *un déguisement sonore* » ; ou, enfin, celle qui éternise le baron de Charlus figé dans une expression inhabituelle de désarroi qui rappelle au Narrateur « *l'épouvante des nymphes poursuivies par le dieu Pan ...* ».

Chaque fois, s'établit un court-circuit entre deux réalités disjointes et infréquentées l'une par l'autre jusqu'à leur rencontre provoquée par une image ou une trouvaille stylistique jaillie d'un monde que nul n'aurait cru devoir convoquer à cet instant. Ce faisant, unissant un ici et maintenant à un ailleurs imprévisible, Proust vérifie que la métaphore est bien, dans sa physique personnelle, l'équivalent spatial de la mémoire involontaire.

À propos d'un de ses personnages, il observe que « *son regard étroit et velouté se fixait, se collait sur* (une) *passante, si adhérent, si corrosif, qu'il semblait qu'en se retirant il aurait dû emporter la peau* ». Il en va de même avec ses métaphores qui se collent si fermement

424   *Dictionnaire amoureux de Marcel Proust*

aux réalités qu'elles convoquent, qu'elles semblent prêtes à arracher la peau des choses si un mauvais génie, soudain, venait à leur ôter leur parure de mots.

Proust rebrodait sans cesse ses métaphores. Il les ouvrageait jusqu'à ce qu'elles « *tombent* » impeccablement, comme des vêtements taillés sur mesure et à même le corps (du texte) – ne pas oublier qu'il compara sa *Recherche* à une « *cathédrale* », mais aussi à une « *robe* ».

La nature, qui s'y entend à fabriquer des télescopages fortuits, l'avait, à son insu, mis sur la piste de l'art : « *n'était-elle pas* (la nature) *commencement d'art elle-même, elle qui ne m'avait permis de connaître, souvent longtemps après, la beauté d'une chose dans une autre, midi à Combray que dans le bruit de ses cloches, les matinées de Doncières que dans les hoquets de notre calorifère à eau ? Le rapport peut être peu intéressant, les objets médiocres, le style mauvais, mais tant qu'il n'y a pas eu cela, il n'y a rien eu.* »

Sur ce point, Jean-Yves Tadié a raison de remarquer que Proust, contrairement à Claudel, n'abîme jamais son texte en le retravaillant. Il l'embellit à chaque repeint. Et de rappeler qu'il retravailla longuement l'ultime métaphore (dite « des échasses ») du *Temps retrouvé* avant de parvenir à la merveille qu'on reproduira ici encore, pour le plaisir :

« *comme si les hommes étaient juchés sur de vivantes échasses grandissant sans cesse, parfois plus hautes que des clochers, finissant par leur rendre la marche difficile et périlleuse, et d'où tout d'un coup ils tombent* ».

→ **Cliché, Échasses (et amitié), Flaubert (Gustave)**

Métempsycose

Que vaut une mémoire sans souvenirs ? Que reste-t-il
d'un rêve au réveil ? De l'amour fou dont il suffit d'ouvrir les yeux pour tuer la pensée ? Comment renouer
avec l'heure exquise où l'intelligence, soluble dans
l'objet qu'elle se donne, a pris les contours d'une église,
d'un quatuor, d'un corps de femme ou d'une rivalité
entre deux souverains ? Si les rêves ont la netteté de
la connaissance, la connaissance a-t-elle l'irréalité du
rêve ? Pour répondre à de telles questions, le Narrateur
s'en remet au plus offrant : Bible, bouddhisme, palin-
génèse, « croyances celtiques » et transmigration proposent alternativement leurs services consolateurs à cette
âme en peine dont aucune théorie n'épuise le chagrin.
Car l'enjeu n'est pas seulement de retrouver les personnages de son rêve, mais de survivre à sa propre mort.

La disparition des « êtres » qui, dans le monde du
sommeil, donnaient pourtant au dormeur le sentiment
d'être enfin chez lui, n'est comparable qu'à l'efface-
ment des pensées antérieures lors de la métempsycose.
À quoi bon se survivre si nous n'en savons rien ?
Pourquoi devenir quelqu'un d'autre si l'on cesse, du
même coup, d'être celui qui le devient ? S'il savait se
satisfaire de la dilution du moi dans le grand tout, s'il
aimait l'existence au point de ne pas s'accrocher à sa
petite vie comme un enfant hésite à sauter du grand
rocher, Marcel ne serait pas écrivain ; il n'essaierait
pas avec les outils du langage, comme on voudrait
entrer dans un livre en s'endormant sur sa lecture, de
concevoir un mode de contrebande ou de téléporta-
tion qui fasse passer la douane du réveil aux rêves les
plus doux. Il ne se pencherait pas, comme un archéo-
logue, sur les reliques poussiéreuses d'un rêve défunt,

ou, comme un paléontologue, sur les fossiles de son enfance pour en extraire l'ADN et leur rendre vie.

S'il ne craignait pas de mourir, il ne redouterait pas, en mourant, c'est-à-dire en oubliant, de tuer une seconde fois ceux que la vie ne lui laisse pas le temps de ressusciter : « *La résurrection au réveil (...) doit ressembler au fond à ce qui se passe quand on retrouve un nom, un vers, un refrain oubliés. Et peut-être la résurrection de l'âme après la mort est-elle concevable comme un phénomène de mémoire.* »

Car le monde du sommeil, dont le décor fictif tempère la cruauté des impressions que l'intelligence et la volonté ont cessé de filtrer, contient toutes les réponses et toutes les expériences, sinon la faculté de les mettre à disposition du rêveur. Par conséquent, pour peu qu'on se souvienne de ses rêves et qu'on entende la langue des signes, le « *bienfaisant accès d'aliénation mentale* » qu'on appelle « sommeil » est une voie royale vers le réel autrement appelé « littérature ».

C'est ainsi que l'ambition orphique, titanesque, démesurée, de voyager sans se perdre entre la veille et le songe reprend des forces en cas de deuil. De Swann (avec Odette) au Narrateur (avec sa grand-mère puis avec Albertine), c'est toujours au terme d'un rêve qu'à la crainte d'oublier la morte succède l'indifférence retrouvée.

→ *Postérité*

Météo

L'ancien jeune homme (de nos connaissances) qui racontait à ses amis que, quand il était adolescent, il lui arrivait de traverser la journée en ignorant tout du temps qu'il faisait, savait-il qu'il rejouait ainsi la scène de la première rencontre de Bloch avec le père du Narrateur ?

« — *Mais, monsieur Bloch, quel temps fait-il donc ? est-ce qu'il a plu ? Je n'y comprends rien, le baromètre était excellent.*

Il n'en avait tiré que cette réponse :

— Monsieur, je ne puis absolument vous dire s'il a plu. Je vis si résolument en dehors des contingences physiques que mes sens ne prennent pas la peine de me les notifier.

— Mais, mon pauvre fils, il est idiot ton ami, m'avait dit mon père quand Bloch fut parti. Comment ! il ne peut même pas me dire le temps qu'il fait ! Mais il n'y a rien de plus intéressant ! C'est un imbécile. »

… Non, l'ancien jeune homme ne le savait probablement pas – car la scène n'est pas flatteuse. Mais n'est-ce pas ainsi que la nature, à son insu, imite l'art ?

Modèle

Marcel ne « décalque » jamais les êtres qu'il a sous l'œil ou sous la main pour composer ses personnages. Il prétend au contraire, ce qui n'est pas toujours inexact, qu'il faudrait « *dix clefs pour ouvrir une seule serrure* ». Face à ses « modèles », il procède donc à l'ancienne : il en convoque un essaim, puis le broie et le dissout, afin d'en extraire la gelée qui fera Vaugoubert, Bréauté,

Swann ou Charlus. Muni de ce viatique, le proustien de base tient à l'honneur de croire l'écrivain sur parole, même si cette profession de foi s'apparente davantage à une dénégation qu'à une technique romanesque.

À cet égard, l'exemple le plus amusant, et le plus triste, concerne la comtesse Adhéaume de Chevigné qui, avec quelques autres, prêta son auguste lignage et plusieurs de ses traits à Oriane de Guermantes.

Il est vrai qu'avec cette créature juchée, Proust n'eut guère de chance : ayant flairé, d'emblée, qu'une incontestable descendante du marquis de Sade, de surcroît dame d'honneur du dernier prétendant au trône de France, ferait son miel littéraire, il s'employa de bonne heure, mais en vain, à lui être présenté. Puisqu'elle habitait, comme Cocteau, au 8 de la rue d'Anjou, il rendit de fréquentes visites à ce dernier qui, devinant les raisons mondaines de cette amitié intéressée, s'appliqua à ne jamais introduire Marcel chez sa voisine. Pendant plus de vingt ans, l'écrivain tenta, sans y parvenir, de se faire remarquer, tout en jalousant (sur ce seul point) Cocteau qui avait le privilège d'être le sigisbée de la comtesse – lorsque ces deux-là pénétraient dans le salon de l'ambassade d'Angleterre, l'aboyeur ne déclamait-il pas : « comte et comtesse d'Anjou » ? Il écrivit des lettres à cette femme-mirage, offrit des sucreries à son chien Kiss – celui-là même que Cocteau avait le droit d'embrasser, ce qui inquiétait sa propriétaire : « Jean, veillez à ne pas mettre votre poudre de riz sur le museau de mon chien » –, guetta sa silhouette sur le trottoir de la rue d'Anjou, noua des amitiés inutiles dans le seul but de l'approcher – rien n'y fit.

Plus tard, quand la *Recherche* fit de son auteur un homme célèbre, il crut, toujours à tort, que sa jeune

gloire allait lui faciliter les choses. Mais la comtesse,
à son habitude, n'ouvrit jamais les longues missives
qui accompagnaient l'envoi des premiers volumes.
Plus cruel : elle refusa obstinément de lire l'œuvre
qui l'éternisait – tout en demandant à son sigisbée
et à sa petite-fille, la bientôt fameuse Marie-Laure
de Noailles, de lui cocher les passages concernant la
duchesse de Guermantes.

Du point de vue de l'art, n'était-ce pas grotesque ?
Les cénacles d'Europe, de la Suède à la Hollande, dis-
sertaient déjà sur le génie de Proust, tandis qu'une aristocrate bénéficiant quasiment d'un rôle-titre lui battait
froid... Celle qui, lorsqu'il l'abordait jadis avenue du
Bois, abrégeait leurs échanges par un laconique « *Fitz-
James m'attend* » – la réplique se retrouve, intacte, dans
la *Recherche*, assurant audit « *Fitz-James* » sa seule
rente d'immortalité –, poussa enfin son sadisme originel
jusqu'à prier sa petite-fille de brûler les « dindonnades
de ce raseur de Marcel » – ce qui eut pour conséquence
de nous priver de quelques centaines de lettres.

Marcel eut, par chance, le loisir de se venger en
ajoutant quatre volatiles sur le blason de son modèle
– comme en témoigne une lettre du 1er juin 1921
à Armand de Guiche : « *elle ressemble à la poule
coriace que je pris jadis pour un oiseau de paradis
et ne savait, comme un perroquet, que me répondre
"Fitz-James m'attend" quand je voulais la capturer
sous les arbres de l'avenue Gabriel. En faisant d'elle
un puissant vautour, j'empêche au moins qu'on la
prenne pour une vieille pie* ».

Mais c'était trop tard. Le modèle n'avait pas voulu
du peintre. Et il n'avait même pas pris acte qu'on
était en train de le peindre... Ingratitude ? Snobisme ?
Sagesse des incultes ?

Moins prudent, Robert de Montesquiou ne se remit jamais, lui, de la lecture qui, tel un miroir, le figeait à jamais en Charlus. L'étonnement de Proust, dans cette affaire, surprend par sa naïveté : il eût été si simple, pour lui qui le savait, de s'aviser (selon la formule de Cocteau) que les insectes ne lisent pas les traités d'entomologie.

→ *Cocteau (Jean), Lièvre, Oiseaux, Particule élémentaire*

Modiano (Patrick ou Marcel ?)

Sans conteste : le plus proustien (à son insu ?) des écrivains vivants. Avec un syncrétisme (flou + mélancolie + enfance irréversiblement perdue) qui le rapproche, par effets discrets, du Narrateur, voire de Marcel lui-même.

Mais, avec Modiano, il s'agit d'un proustisme involontaire. Soit : à l'économie, jouant l'allusion contre le scalpel, le bref contre le long, le fondu enchaîné contre la psychologie à quatre dimensions. Modiano, grand lecteur de la *Recherche*, aurait été proustien même s'il n'avait pas posé un seul regard sur l'œuvre de son maître secret. Illustration parfaite de cette filiation par l'affect qui, de toutes, est la plus fiable…

À quoi cela tient-il ? Peut-être au fait que Patrick Modiano fût, par hasard, jeté dans les mêmes initiales que Proust Marcel ou que Petite Madeleine ; ou alors au fait que la fréquentation partagée du quartier de Monceau ait produit des similitudes de tempérament ; ou au fait qu'ils soient, l'un comme l'autre, pétris de ce judaïsme tortueux, partiel, essentiel, escamoté, qui s'y entend pour engendrer des jumeaux nés à un demi-siècle de distance ? Ne sous-estimons pas, non plus, cet ADN littéraire à base de mémoire, de micro-perceptions, d'attention flottante, de désarrois songeurs…

Pourtant, l'auteur de *Dora Bruder* et de *Villa triste* est un proustien privé de *Temps retrouvé* : ce que perdent ses héros (un ami, un amour, un visage, une légèreté rieuse…), ils ne le récupèrent jamais. Et la déception reste la note ultime de leurs vies. Chez lui, aucune résurrection ne vient donner sa chance à ce qui s'est égaré dans le temps.

Passeur professionnel, Emmanuel Berl servit de relais à ces deux écrivains dont il fut également l'ami. Son *Interrogatoire*, conduit par Modiano, est le livret de cette famille selon l'esprit et la sensibilité.

Signalons enfin que celui que nous pourrions nommer « Marcel Modiano », artiste du flou et « turnerien » d'instinct, associe curieusement Proust à Louis-Ferdinand Céline, l'anti-Proust officiel – qu'il rapproche dans un destin commun de moines acharnés à parfaire leurs œuvres. Est-ce, de sa part, une concession à l'air du temps ? Une façon de suggérer qu'il est capable de penser, et de sentir, contre lui-même ? Il y a là une énigme heureusement insoluble.

→ **Berl (Emmanuel), Céline (Louis-Ferdinand)**

Mondialisation

Avant de désigner l'expansion des échanges, le transfert des connaissances, l'interdépendance économique, les crispations de l'État-nation ou la diffusion planétaire de l'information, la mondialisation consiste plus modestement à *ne pas être dépaysé* quand on voyage. Et le premier signe distinctif du village global, c'est l'immanquable déception de celui qui croit trouver du nouveau en changeant de latitude.

Une telle déception ne date pas d'aujourd'hui. Car le réel « offre du brouet à celui qui espère des crèmes » (comme dit la Roxane de *Cyrano*) – et mille régals à celui qui ne désire que ce qu'il a. Or, un livre, dont le Narrateur ne cesse de vérifier que les humains se ressemblent plus qu'ils ne se différencient, ne saurait faire l'économie d'une telle expérience : après avoir « *gravi les hauteurs inaccessibles du nom de Guermantes* » jusqu'à dîner régulièrement chez eux, Marcel éprouve « *à y trouver les noms, familiers ailleurs, de Victor Hugo, de Frans Hals et, hélas, de Vibert, le même étonnement qu'un voyageur (...) éprouve à découvrir, une fois traversé un rideau d'aloès géants (...) des habitants qui sont en train de lire Mérope ou Alzire* ». À quoi bon l'Olympe, si les tableaux sont les mêmes qu'ici ? Pourquoi aller au Japon si c'est pour faire des emplettes chez

Zara ? À quoi bon aller du côté de Guermantes si on y lit Voltaire comme le font de simples mortels ?

Mais combattre la mondialisation n'est pas la comprendre (alors que l'inverse est vrai), et comme il est impossible de revenir sur ses pas et d'oublier, une fois qu'on l'a entrevue, l'accablante banalité des grands de ce monde, mieux vaut faire contre mauvaise fortune bon cœur, adopter la modernité qui nous désole et chercher dans le réel (ou la cendre des rêves éveillés) la matière première d'une seconde surprise : « *Que Mme de Guermantes fût pareille aux autres femmes, ç'avait été pour moi d'abord une déception, c'était presque, par réaction, et tant de bons vins aidant, un émerveillement.* » Espérer de la différence et tomber sur du semblable, ce n'est pas toujours perdre au change.

La mondialisation est heureuse, chez Proust, comme est heureuse Albertine le jour où elle comprend qu'il est désormais possible « *d'aller dans un même après-midi à Saint-Jean et à la Raspelière. Douville et Quetteholme, Saint-Mars-le-Vieux et Saint-Mars-le-Vêtu, Gourville et Balbec-le-Vieux, Tourville et Féterne, prisonniers aussi hermétiquement enfermés jusque-là dans la cellule de jours distincts que jadis Méséglise et Guermantes, et sur lesquels les mêmes yeux ne pouvaient se poser dans un seul après-midi, délivrés maintenant par le géant aux bottes de sept lieues, vinrent assembler autour de l'heure de notre goûter leurs clochers et leurs tours, leurs vieux jardins que le bois avoisinant s'empressait de découvrir* ». Aux antipodes des géomètres de l'existence qui spatialisent le temps, le tiennent pour linéaire et caressent le rêve de le parcourir dans les deux sens (en dé-mondialisant, par exemple), le Narrateur, conscient que « *les distances ne sont que le rapport de l'espace au temps et varient avec lui* », temporalise l'espace lui-même, célèbre la célérité des voitures à moteur et compare, avant l'heure, à l'ère de Planck (« *un univers où 2 et 2 font 5 et où la ligne droite n'est pas le chemin le plus court d'un point à un autre* »), l'incroyable liberté d'être successivement ici et là en un même après-midi.

Monocles

« *Le monocle du général* (de Froberville), *resté entre ses paupières comme un éclat d'obus dans sa figure vulgaire, balafrée et triomphale, au milieu du front qu'il éborgnait comme l'œil unique du cyclope...*

« *(...) celui que M. de Bréauté ajoutait, en signe de festivité, aux gants gris perle, au "gibus", à la cravate blanche (...) comme une préparation d'histoire naturelle sous un microscope, un regard infinitésimal et grouillant d'amabilité, qui ne cessait de sourire à la hauteur des plafonds, à la beauté des fêtes, à l'intérêt des programmes et à la qualité des rafraîchissements.*

« *(...) Le monocle du marquis de Forestelle était minuscule, n'avait aucune bordure et, obligeant à une crispation incessante et douloureuse l'œil où il s'incrustait comme un cartilage superflu dont la présence est inexplicable et la matière recherchée, il donnait au visage du marquis une délicatesse mélancolique, et le faisait juger par les femmes comme capable de grands chagrins d'amour. Mais celui de M. de Saint-Candé, entouré d'un gigantesque anneau, comme Saturne, était le centre de gravité d'une figure qui s'ordonnait à tout moment par rapport à lui, dont le nez frémissant et rouge et la bouche lippue et sarcastique tâchaient par leurs grimaces d'être à la hauteur des feux roulants d'esprit dont étincelait le disque de verre, et se voyait préférer aux plus beaux regards du monde par des jeunes femmes snobs et dépravées qu'il faisait rêver de charmes artificiels et d'un raffinement de volupté ; (...) derrière le sien, M. de Palancy qui, avec sa grosse tête de carpe aux yeux ronds, se déplaçait lentement au milieu des fêtes en desserrant d'instant en instant ses mandibules comme pour chercher son orientation, avait l'air de transporter seulement avec lui un fragment accidentel, et peut-être purement symbolique, du vitrage de son aquarium, partie destinée à figurer le tout qui rappela à Swann, grand admirateur des Vices et des Vertus de Giotto à Padoue, cet Injuste à côté duquel un rameau feuillu évoque les forêts où se cache son repaire. »*

Montjouvain (Première vision de)

La maison de Vinteuil, Montjouvain, est en contre-bas d'un monticule buissonneux qui permet au Narrateur de demeurer invisible tout en étant à cinquante centimètres de la fenêtre du salon du second étage.

Avant d'y observer les ébats saphiques de Mlle Vinteuil, le Narrateur, discret comme un prédateur à l'affût, assiste à une première scène qu'il n'aurait pas dû voir, celle de Vinteuil père qui, quand les parents du Narrateur lui rendent visite, se hâte de mettre en évidence sur le piano un morceau de musique puis se ravise, le retire et le range dans un coin de la pièce, craignant sans doute « *de leur laisser supposer qu'il n'était heureux de les voir que pour leur jouer de ses compositions* ». Dans le monde des faits, de tels va-et-vient révèlent seulement la discrétion d'un prodigieux compositeur déguisé en humble professeur de piano.

Mais en littérature, tant de modestie n'est pas innocente : tout porte à croire, évidemment, que la partition exhumée, puis immédiatement dissimulée, contient le texte de la fameuse « *petite phrase* » qui incarnera l'amour de Swann pour Odette et du Narrateur pour Albertine. Et que « *l'amie de Mlle Vinteuil* », exauçant le désir du compositeur, parviendra à transformer en un somptueux septuor. Rappelons qu'il s'agit de la jeune fille sans nom qui crache sur le portrait de Vinteuil avant d'embrasser sur le front sa maîtresse incapable de résister à « *l'attrait du plaisir qu'elle éprouverait à être traitée avec douceur par une personne si implacable envers un mort sans défense* ». Ainsi le père cache-t-il une partition dont la maîtresse de sa fille saura tirer l'essence précieuse pour lui donner un corps de gloire.

Il y a plus : juste avant de passer à l'acte, l'amie dit à la fille (qui feint d'avoir des remords) : « *Crois-tu qu'il pleurnicherait, qu'il voudrait te mettre ton manteau, s'il te voyait là, la fenêtre ouverte, le vilain singe ?* » Or, c'est le Narrateur qui est à la place du « *singe* » et qui, plusieurs années après, à la toute fin de *Sodome et Gomorrhe*, anéanti d'apprendre qu'Albertine connaît très bien Mlle Vinteuil et son amie (« *oh ! pas du tout le genre de femmes que vous pourriez croire !* »), hallucine à travers la fenêtre du Grand Hôtel de Balbec, derrière le lever du soleil et les mouvements de la mer qui lui semblent soudain n'être qu'un « *voile morne, superposé comme un reflet* », la même scène qu'à Montjouvain mais avec Albertine dans le rôle de la profanatrice, déclarant « *Eh bien ! si on nous voit, ce n'en sera que meilleur. Moi ! je n'oserais pas cracher sur ce vieux singe* ». Autrement dit, le « *vilain* » singe est devenu « *vieux* ». Le compositeur est devenu écrivain. Le mort est devenu un jeune homme que la peur de mourir conduit à épouser celle qui l'humilie, comme on choisit Charybde au lieu de Scylla.

→ *Invisible et Innommée, Loup, Profanation*

Morand (Paul)

L'amitié qui lia Proust et Morand inspire des considérations aussi enthousiastes qu'affligées tant elle fut légendaire, inégale, truquée (surtout de la part de Morand) et, finalement, remarquable. Le maître et son complice s'y révélèrent à leur meilleur : généreux et excessif, en ce qui concerne Proust ; médisant, infidèle, intéressé, de la part d'un Morand tel qu'en lui-même.

Entre ces deux relayeurs de la littérature, la course fut exquise, ambiguë et toute de balancements. L'antisémitisme, l'ambition, le tact, les salons, l'homophobie y eurent leur belle part, ainsi que les arrière-pensées avec lesquelles chacun ne sut pas toujours s'accorder. Ce fut un manège sophistiqué avec reprises et voltes. En juge-arbitre, la princesse Soutzo, épouse Morand, dont l'œil froid, ne pouvant détester le Juif Proust à cause de son génie, se résigna à l'adorer – si tant est qu'un sentiment aussi noble ait jamais pu se faufiler dans son cœur spontanément haineux et calculateur.

Du *Journal d'un attaché d'ambassade* au *Journal inutile*, en passant par *Le Visiteur du soir*, Paul Morand a cent fois détaillé sa rencontre avec le grand écrivain asthmatique qui fut son modèle et son antipode.

Du côté de chez Proust, la maladie, le torse chétif, le confinement toxique, l'immobilité de la non-vie, et ces « *gants trop serrés qui lui font des mains en bois* »...

Du côté de chez Morand, le corps athlétique, le grand air, la vitesse, l'enthousiasme de celui qui « *s'est baigné dans tous les lacs du monde* »...

En 1914, Bertrand de Fénelon conseille à Morand de lire *Du côté de chez Swann* qu'il trouve « rudement plus fort que Flaubert ». Ce compliment, rapporté par un ami commun, grise Proust qui débarque une nuit, à l'improviste, chez Morand. L'aîné trouve que son cadet a un air « *innombrable* » (lettre de 1918), et sent d'instinct sa duplicité, tout en ne pouvant s'empêcher d'être séduit sur-le-champ par ce jeune homme singulier ; Morand, lui, comprend sans tarder qu'il gagnera à fréquenter ce génie bizarre qui ressemble déjà à « une lampe allumée en plein jour… à une sonnerie de téléphone dans une maison vide » (c'est du Cocteau, mais Morand aurait pu l'écrire).

Bientôt, Morand présente son nouvel ami à la princesse Soutzo – dont il a bien l'intention d'épouser la fortune. Mais ne soyons pas injustes : il aima sa princesse, si tant est que l'amour ait quelque signification entre deux cailloux.

Celle-ci, née Hélène Chrissoveloni, séjourne alors au Ritz qui sera le théâtre d'un duo, promptement transformé en trio, bien dans le goût de Proust – qui, depuis son initiation avec Albufera et Louisa de Mornand, puis avec Caillavet et Jeanne Pouquet, apprécie les relations triangulaires qui lui permettent, sans risque, de faire le joli cœur auprès d'une dame.

Proust sort aussitôt son grand jeu : invitation chez Prunier, envoi de chrysanthèmes rehaussés de billets en vers, convocation nocturne du Quatuor Poulet « *afin d'écouter un peu de César Franck* »... Morand est flatté. Hélène, qui sort d'un divorce, se change les idées. Proust ne sait pas trop ce qu'il veut – mais il fait son possible pour l'obtenir.

Le « triangle », avec hauts et bas, durera jusqu'en 1922 lorsque Morand, à son tour, deviendra le dernier *Visiteur du soir* d'un Proust barbu et allongé sur son lit de mort.

Cette amitié connut pourtant des orages : le premier fit suite à la publication de l'*Ode à Marcel Proust* que Morand publia dans son recueil, *Lampes à arc*, en 1919. Il y était écrit :

« *Proust, à quels raouts allez-vous donc la nuit*
Pour en revenir avec des yeux si las et si lucides ?
Quelles frayeurs à nous interdites avez-vous connues
*Pour en revenir si indulgent et si bon ? *»

Proust prit fort mal cette allusion à ses mœurs et, après avoir donné « *une leçon d'amitié* » à Morand, il le bouda pendant quelque temps – jusqu'à la préface qu'il offrit, comme un certificat de qualité, à *Tendres Stocks*. Après quoi, il s'en tint au rôle de chevalier servant auprès d'Hélène – qui laissa entendre, par la suite, qu'il l'avait demandée en mariage. Sur ce point, on en restera à une perplexité de principe : pourquoi Proust, « si bon », juif, et qui n'aimait guère les femmes, aurait-il voulu épouser une antisémite aussi virulente ? De fait, Morand et sa princesse, qui ne rataient jamais une occasion de médire, ne furent pas des proustiens fiables, et Marcel ne l'ignorait pas.

Disons qu'il leur pardonna par avance. De toute façon, Proust n'attendait rien de l'amitié, pas même la déception que l'amour lui donnait. Sa probable déconvenue, en la circonstance, ne fit que confirmer ses hypothèses mélancoliques : « *Comment*, écrit-il à Hélène (29 mars 1919), *peuvent être contemporains en* (Morand) *Mosca et Fabrice ? Mais j'espère qu'il ne finira pas en chartreux, même à Parme.* »

On ne saurait écarter, par ailleurs, le thème de l'homosexualité, voire de ce que Morand appelait le « bimétallisme », avec lequel l'auteur de *Ouvert la nuit*, requis par ses préjugés, ne fut jamais à l'aise. En vérité, Morand prétendit n'avoir « jamais vu très clair » dans les intentions de Proust – qui s'employa, à force de *proustification*, à les opacifier.

D'où les allusions, les bons mots, les petites trahisons morales de Morand aux dépens de l'écrivain qui l'honorait de son affection mais qui, dans *Sodome et Gomorrhe*, avait lui-même qualifié les invertis d'« *amis sans amitiés* ». D'où, aussi, ses indélicatesses quand il consigne, dans le *Journal inutile* – il est à peu près certain qu'il ne s'en priva pas en public –, qu'« Albertine devait chausser du 44 » et que Proust « lui fait mettre les mains dans les poches de sa robe de chambre en oubliant que les peignoirs de femme n'en ont pas ». Il joua même à l'ingénu, plus tard, en feignant de découvrir, lors de la publication de la biographie de George Painter, que Reynaldo Hahn et Lucien Daudet étaient les amants de Marcel.

Afin de se venger de ces petitesses, mais l'aimant tout de même, Proust offrit à Morand en partance pour Rome les six volumes de l'*Histoire de l'affaire Dreyfus* de Reinach, afin de lui « *apprendre à ne pas être antisémite* ».

Quant à Hélène, elle se retrouva en 1971, quasiment infirme, telle « une Minerve qui aurait avalé sa
chouette » (Cocteau), au musée Jacquemart-André,
devant le portrait de Lévy-Dhurmer qui la représentait cinquante ans plus tôt : s'avisant alors que nul, pas
même elle, n'échappait au « Bal de têtes », c'est-à-
dire au génie du « petit Juif », elle murmura : « Proust
eût écrit une page admirable. »

→ *Amour, Poulet (le Quatuor)*

Mort à jamais ?

La question surgit à deux reprises dans la *Recherche*.
Une première fois, juste avant l'expérience de la
Petite Madeleine, pour désigner le « *reste de Combray* », c'est-à-dire toutes les fleurs du jardin, celles
du parc de M. Swann, les nymphéas de la Vivonne,
l'église, les petits logis et les bonnes gens du village…
Tout Combray en somme, sauf les éléments qui composent le décor du coucher dramatique – à savoir le
petit salon de la maison du Narrateur, le vestibule, la
salle à manger, l'amorce de l'allée obscure par où arrivait Swann (dont la présence le prive du baiser maternel), « *le petit couloir à porte vitrée pour l'entrée de
maman* », enfin le « *pan lumineux* » que dessinaient,
juste avant 7 heures du soir, les deux étages de la maison reliés par un mince escalier,.. Avant de renouer,
via la saveur d'une madeleine trempée dans du thé,
avec le théâtre de ses premières années, la mémoire
involontaire du Narrateur était cantonnée aux caprices
de son enfance : tout ce qui n'était pas relié au baiser

de paix dont dépendait son sommeil n'ayant aucun intérêt à ses yeux, ne pouvait être saisi que par la mémoire de l'intelligence dont les souvenirs volontaires décrivent le passé mais n'en disent rien. C'est à la Petite Madeleine que la mémoire du Narrateur doit de se décentrer, de s'étendre au-delà de ses angoisses afin d'exhumer ce qu'il tenait jusqu'ici pour « *mort à jamais* ».

La question surgit une seconde fois juste après la mort de Bergotte en 1901, terrassé par une indigestion de pommes de terre alors qu'il contemple la *Vue de Delft* (dont l'horloge qui est en son milieu indique, comme par hasard, qu'il est 7 heures moins 10, sans que la lumière indécise qui baigne le tableau permette de dire si c'est le soir ou le matin). « *Mort à jamais ? Qui peut le dire ?* », se demande le Narrateur, avant de reprendre l'argumentaire que Platon développe à la fin de la *République*, selon lequel « *tout se passe dans notre vie comme si nous y entrions avec le faix d'obligations contractées dans une vie antérieure* ». Comment expliquer, se demande le Narrateur, qu'un artiste cultivé « *se croie obligé de recommencer vingt fois un morceau dont l'admiration qu'il excitera importera peu à son corps mangé par les vers* » autrement qu'en imaginant un « *monde entièrement différent de celui-ci, et dont nous sortons pour naître à cette terre, avant peut-être d'y retourner revivre sous l'empire de ces lois inconnues auxquelles nous avons obéi parce que nous en portions l'enseignement en nous, sans savoir qui les y avait tracées* » ? Mais, de même que l'élection d'un corps par une âme qui oublie ce qu'elle sait en s'incarnant n'est qu'une façon populaire, pour Platon, de désigner le courage de savoir ce que nous savons déjà mais que nous voulons ignorer, l'hypothèse proustienne d'une vie antérieure et de l'immortalité de l'âme ne fait que traduire en langage laïc ce qui relève avant tout d'une aristocratie artistique, à savoir la capacité de transformer les phénomènes d'un monde inhumain en autant de miracles.

Du « *pan lumineux* » de la maison de Combray dont le souvenir lui est dicté par la peur de mourir en s'endormant, au « *petit pan de mur jaune* » du tableau de Vermeer auquel Bergotte compare imprudemment l'ensemble de son œuvre en se disant que celle-ci ne fait pas le poids, la reprise de la question « *mort à jamais ?* » permet à l'écrivain de marquer une progression entre l'aptitude à regarder le réel séparément du besoin qu'il en a (ce que lui enseigne la Petite Madeleine) et le prodigieux talent, qui distingue les artistes, d'extraire l'éternité du transitoire.

→ *Métempsycose*

Motordu (Prince et princesse de)

Tout parent d'élève connaît (ou devrait connaître) *La Belle Lisse Poire du prince de Motordu* dont les expressions approximatives donnent le jour à un univers merveilleux : le prince habite un « chapeau » surmonté de « crapauds » bleu blanc rouge, dont il adore la « salle à danger » et où il fait des batailles de « poules de neige » au point d'en être « salade » et d'avoir des éruptions de « moutons » sur la peau, avant de tomber sous le charme d'une « jeune flamme » en train de cueillir des « braises », etc.

On sait moins en revanche que les grands-parents littéraires du prince de Motordu et de son « râteau à voiles » ne sont autres que Françoise et le directeur du Grand Hôtel de Balbec (qui, d'ailleurs, ne se connaissent pas). En effet, tel cet acteur belgo-français de films d'action qui se mit à l'anglais avant d'avoir fini l'apprentissage du wallon, le directeur, peut-être parce qu'il est « *d'originalité roumaine* », à mesure qu'il apprend de nouvelles langues, parle plus mal les anciennes. D'une voix « *pleine de cicatrices* », il se déclare « *frivole de fruit* », déplore l'absence de « *moyens de commotion* », invoque des raisons « *tout à fait nécessiteuses* » pour « *induire d'huile* » les gonds d'une porte et mettre le vin dans de grandes « *bour-riques* », menace de « *rouler de coups* » les serveurs incapables de préparer une « *saule* », tient « *équi-voque* » pour « *équivalent* », se soigne au « *calyptus* » depuis « *l'âge de la pureté* », ne lit des journaux que les « *premiers paraphes* », s'indigne que M. Caillaux mette la France « *sous la coupole de l'Allemagne* », se méfie des virus qui fermentent dans les « *eaux accroupies* », se moque des lâches qui « *décrépis-sent* » au moindre péril et regrette qu'une vie « *pleine de déboires* » ait précipité le trépas du bâtonnier de Cherbourg.

Quant à Françoise, dont le parler populaire et « *pourtant un peu individuel* » mêle de Moyen Âge les mots du XXᵉ siècle dans un verbiage où « *le diable lui-même y perdrait son latin* », et qui déforme les paroles comme Platon déformait celles de Socrate ou « *saint Jean celles de Jésus* », son langage est un poème dont l'évidence et la cohérence transforment l'inculture en dictionnaire.

Ainsi, sous son parler délicat, la princesse de Sagan devient-elle « *la Sagante* », ce qui est inexact mais logique. À ses yeux, les plagiaires (comme Bloch) ne sont que des « *copiateurs* » – ce qui est bien envoyé. Du marquis de Saint-Loup, mort dans les tranchées, défiguré par un obus, elle dit qu'il est « *tout dévisagé* », ce qui crève les yeux. D'une personne (Mme Octave) dont l'emploi du temps suit des horaires immuables, elle dit qu'elle est « *bien routinée* ». Enfin, quand le Narrateur, anxieux, s'attarde dans la cuisine en songeant à Albertine, elle le met en garde contre une envie de dormir qui lui « *coupe la figure* ». On ne saurait mieux dire.

Et l'on aurait tort de railler tant d'erreurs car, comme l'univers du prince de Motordu doit toute sa cocasserie aux objets improbables auxquels, pris au pied de la lettre, les cuirs du prince donnent le jour, les prononciations vicieuses « *selon lesquelles nos ancêtres faisaient subir aux mots latins et saxons des mutilations durables* » sont « *devenues plus tard les augustes législatrices des grammaires* » et « *ces mots français que nous sommes si fiers de prononcer exactement ne sont eux-mêmes que des "cuirs" faits par des bouches gauloises qui prononçaient de travers le latin ou le saxon* » : autrement dit, Françoise et le directeur, latinistes dissidents, sont aussi, en un mot, les démiurges qui, de la matière première d'une syntaxe, enfantent littéralement la langue de demain.

→ *Céleste (Albaret)*

Mots croisés

C'est au défunt Michel Laclos – cruciverbiste de génie, ami de Magritte et de Queneau, fondateur de la revue *Bizarre* – que l'on doit la grille à 400 cases des « Mots croisés Marcel Proust » figurant dans *Le Grand Livre de Proust* publié aux Belles Lettres en 1996.

Il eût été plaisant de reproduire ici ce monument d'érudition joueuse et complice, tant les lecteurs de ce *Dictionnaire amoureux* auraient pu y faire une halte divertissante – mais les lois ingrates de la propriété littéraire ont rendu impossible cet innocent larcin. Nous nous contenterons donc d'allécher le proustien cruciverbiste en lui proposant d'amusantes bribes...

Ainsi : qui est, horizontalement, cet avatar de Palamède de Guermantes en 5 lettres ? Ou la spécialité du Narrateur en 2 lettres ? Et quel est, toujours en 5 lettres, ce Bergotte qui a perdu sa tête ? Qu'est-ce que Mme Verdurin avait (en 12 lettres) dans le nez ?

Réponses : Delon, Je, Gotte, rhino-goménol...

Verticalement, on ne s'amuse pas moins : jugement de Jean d'Ormesson sur Proust en 7 lettres ? Comment appelle-t-on, chez Proust, des hommes du monde très joueurs (8 lettres)? Qu'est-ce qui figurait, en 2 lettres, sur les billets proustiens ?

Réponses : épatant, cercleux, EV...

Cent autres surprises, et autant de confirmations, sont promises aux curieux qui se reporteront à cette grille majestueuse qui, pour l'heure, gît dans un ouvrage, hélas, épuisé depuis longtemps – et qu'on aura peut-être la chance de trouver chez un bouquiniste ou un soldeur.

Mouettes

Les mouettes ne sont là pour personne.

Elles profitent volontiers des déchets ou du poisson des humains et prospèrent à proximité des étals, mais dans une indifférence éternelle à l'endroit de leurs bienfaiteurs. N'étaient les effets mécaniques d'un conflit de territoire (envol et atterrissage dix mètres plus loin), aucun de leur comportement n'est dicté par la présence de l'homme. Les mouettes pullulent, c'est tout. C'est l'animal obscur aux autres. Elles croissent, souillent et disparaissent. Les mouettes sont sottes. Leur cri s'appelle « un cri » – c'est dire. Et on en parle toujours au pluriel. Les mouettes sont une masse en pointillé. Elles ont la sensibilité d'une bactérie et le comportement d'un automate. Les mouettes sont les poules de la mer, des moutons volants, les ambassadrices et les déjections d'un ciel qui se moque de nous être agréable.

C'est peut-être aussi pour cette raison que le Narrateur songe à une « *bande de mouettes* » quand il voit s'avancer pour la première fois « *cinq ou six fillettes, aussi différentes, par l'aspect et par les façons, de toutes les personnes auxquelles on était accoutumé à Balbec* ». Métaphore liminaire qui inscrit les jeunes filles en fleurs sous le sceau de l'indolente indifférence et de l'« *inintellectualité* » (quoiqu'elles fussent toutes extrêmement instruites, voire, en ce qui concerne Albertine et Andrée, presque des femmes savantes).

Or l'indifférence agace le désir du chétif qui se sent étranger au monde. La *Recherche* est aussi le roman d'un homme fluet qui eût moins écrit s'il avait joui davantage mais qui, compensant l'atrophie de ses organes vitaux par l'hypertrophie de ses sens, se trouve au bon endroit pour décrire les vibrants qui se contentent de vivre – et ne sauraient donc, eux-mêmes, nous renseigner là-dessus. Albertine « *foulant le sable, ce premier soir* », sera donc « *marine comme une mouette* ». L'indifférente apprivoisée, la chatoyante actrice de la plage devenue « *grise prisonnière, réduite à son terne elle-même* », est une incarnation de choix pour le morne volatile. À double titre, en vérité...

Car la mouette n'est pas seulement l'oiseau insipide dont le cri exaspère, mais aussi l'émissaire et le témoin d'un monde mobile, l'oiseau qui traverse les règnes et quitte son « *incognito de fleurs* » en un battement d'ailes. La mouette vole contre le vent mais accompagne le basculement du ciel – et son pelage, d'une blancheur hospitalière, exauce et réfracte les changements de lumière.

« *Je les aime beaucoup, j'en voyais à Amsterdam, dit Albertine. Elles sentent la mer, elles viennent la humer même à travers les pierres des rues.* »

La mouette est un oiseau de passage. Non parce qu'elle migre (migre-t-elle, d'ailleurs ?), mais parce qu'au contraire elle est sédentaire et se satisfait d'évoluer dans le cadre d'un tableau marin qu'elle tire vers le vivant ou d'une page où, si les mots marchaient sur la tête, elle serait un accent circonflexe. Quand les mouettes se reposent, immobiles comme des nymphéas, et se laissent ballotter par les flots auxquels elles ont l'air d'offrir un but inerte, c'est à la demande du soleil, pour mieux changer de couleur et, telles des aubépines, rosir un peu leur corolle blanche.

« *Leurs ailes de géants les empêchent de marcher* », déclame la marquise de Cambremer, confondant les mouettes avec les albatros, ce qui serait pathétique si ce n'était intéressant : toute la différence entre

Proust et Baudelaire tient peut-être à la prédilection du second pour le « vaste oiseau des mers » tandis que le premier se satisfait d'un piaf côtier. Il faut encore à Baudelaire un sujet noble, fût-ce une charogne. Proust n'en a plus besoin. Au poète « exilé sur le sol » succède l'écrivain qui met du ciel partout.

Naître (prince ou duc)

Question absurde (mais intéressante) : que se serait-il passé si Marcel Proust avait été le rejeton d'un illustre lignage ? Et si, plutôt que de le jeter dans une tribu bourgeoise et un peu juive de la Plaine Monceau, la Providence l'avait expédié dans les altitudes d'une généalogie quasi mérovingienne ? Aurait-il sacrifié sa vie à se *faire un nom* ?

Car ce qui fascine Marcel, dans l'aristocratie du faubourg Saint-Germain, c'est que ses enfants n'ont pas d'efforts à accomplir pour jouir de n'être qu'eux-mêmes. À ceux-là, il suffit d'habiter une histoire, de tenir un rang (puisque *noblesse oblige*), de se poser sur une branche de leur arbre millénaire et d'attendre la mort en se contentant de respirer, de faire la guerre et d'aller au bal. Rien ne peut les atteindre, ces Élus, puisque, par un décret inique, leur nom ne saurait périr. Quel délice, n'est-ce pas, qu'une vie où le sort dispense de la sueur, du travail, de l'incessant labeur de la survie-pour-soi ? Pas besoin, dans cette configuration, de partir *à la recherche du temps perdu*. De faire une œuvre provisoirement immortelle puisque l'hérédité et la postérité en tiennent lieu.

D'où il ressort que les aristocrates, par nature, ne sont que des « artistes involontaires », donc des non-artistes, ce qui présente beaucoup d'avantages et de terribles inconvénients.

Mais Proust n'a pas le choix, et il le sait : il est requis par sa transcendance à lui. Sinon, c'est la mort idiote. La disparition sans appel. Tel est bien, d'ailleurs, le grand reproche que le Narrateur adresse à son cher Swann : il avait tout, celui-là, pour écrire son chef-d'œuvre sur la peinture, et pour durer plus longtemps que sa belle prestance. Hélas, il a préféré plaire aux femmes, bavarder, se tourmenter pour rien, et fréquenter les imbéciles du Jockey. Il a perdu son temps. Il ne mérite que d'être abandonné sur les marches de l'hôtel de Guermantes par des mondains qui l'oublieront dans l'heure. L'immortalité à laquelle il aurait pourtant pu prétendre sera réservée à Charles Haas, son double non fictif. Et le démiurge de cette immortalité, c'est Proust, le non-aristocrate.

À ce propos, Proust commit, sur une paperole ajoutée à la dernière minute au manuscrit de *La Prisonnière*, un curieux lapsus : « *Et pourtant, cher Charles Swann (...). Si dans le tableau de Tissot représentant le balcon du Cercle de la rue Royale, où vous êtes entre Galliffet, Edmond de Polignac et Saint-Maurice, on parle tant de vous, c'est parce qu'on voit qu'il y a quelques traits de vous dans le personnage de Swann.* »

N'est-il pas absurde, en effet, de dire à un Swann, directement interpellé, qu'il y a quelques traits de lui dans le personnage qui le représente ? En vérité, Proust, sans doute épuisé et fiévreux, voulait certainement s'adresser à Charles Haas, le modèle de Swann – mais comment l'aurait-il pu ? Le lecteur n'aurait rien compris au surgissement de ce patronyme inconnu. Mais Proust tenait là sa petite revanche de dispensateur d'immortalité…

→ *Lièvre, Particule élémentaire, Prévost (Marcel), Snobisme (de maman), Trois détails (concédés aux partisans de Sainte-Beuve)*

« Narraproust »

Le coup de génie de Marcel fut d'inventer un « Narrateur » qui lui ressemblait absolument tout en étant, sous quelques aspects décisifs, le contraire de lui-même.

Ainsi de ses mœurs, de sa santé, de son existence quotidienne – puisque celui-ci n'écrit pas jusqu'à la

456 *Dictionnaire amoureux de Marcel Proust*

fin de son roman-fleuve, adore les jeunes filles en fleurs, et prend un étrange plaisir à projeter l'humanité qui l'entoure dans les flammes de Sodome. Sainte-beuviens et contre-sainte-beuviens s'en arrachent les cheveux, Marcel pouffe sous son gant tourterelle, il s'est moqué de tout le monde, bien que son prénom réel soit mentionné dans la *Recherche* : « *Dès qu'elle retrouvait la parole elle disait : "Mon" ou "Mon chéri" suivis l'un ou l'autre de mon nom de baptême, ce qui, en donnant au narrateur le même nom qu'à l'auteur de ce livre, eût fait : "Mon Marcel", "Mon chéri Marcel".* »

N'est-il pas extravagant de rendre anonyme le « je » d'une narration quand, par ailleurs, on ne cesse de souligner l'importance des patronymes sur l'imagination ? Par chance, le subtil Claude Arnaud, expert en identités flottantes, a eu, afin d'arbitrer le vain pugilat entre les zélotes de l'autofiction classique et ceux de l'œuvre réduite au *moi profond* de son auteur, recours (dans son merveilleux ouvrage consacré au *mano a mano* entre Proust et Cocteau) au patronyme-valise de « Narraproust ». Avec cette tierce personne, pure chimère mi-Proust et mi-« je », il a su renvoyer chaque *doxa* dans les cordes d'un ring où l'exégète s'essouffle en vain. Béni soit-il.

Que serait devenu ce « Narraproust » de nos jours, à l'heure de l'autofiction triomphante ? On n'ose l'imaginer. Un *outing* tonitruant et revanchard ? Des personnages moins composites ? Un « je » sans fard ? Un Proust, tel qu'en lui même, sans Narrateur ? La *Recherche* se serait-elle alors distinguée de son modèle saint-simonien ? Et sa robe-cathédrale aurait-elle été autre chose qu'un livre de Mémoires ? Eût-il inventé son « Narraproust » s'il n'avait eu, par conformisme d'époque, besoin de dissimuler son inversion ? C'est bien cela : la vérité aurait tué le roman. Qui dira les vertus de l'ordre moral ?

→ **Fatuité (du Narrateur), Homosexualité, « Je » et « Il », Trois détails (concédés aux partisans de Sainte-Beuve)**

Nerfs (et pastiches)

Ses nerfs, son « nervosisme », il les adorait. Certes, il souffrait de cette hypersensibilité et de cette aptitude à tout éprouver de façon paroxystique, mais il savait aussi que la meilleure part de ses dons d'écrivain se tenait là, prête à exploiter les intuitions de son corps et de sa perception aiguisée par des sens à l'affût. Ses connaissances neurologiques, puisées dans le manuel du docteur Brissaud, étaient dignes d'un professionnel de la médecine, et l'on en entend l'écho en maints endroits de la *Recherche*.

Dans *Le Côté de Guermantes*, il fait dire au docteur du Boulbon des choses qui méritent d'être prises très au sérieux : « *Il n'y a pas de maladie que* (le nervosisme) *ne contrefasse à merveille. Il imite à s'y méprendre la dilatation des dyspeptiques, les nausées de la grossesse, l'arythmie du cardiaque, la fébricité du tuberculeux. Capable de tromper le médecin, comment ne tromperait-il pas le malade ?* » Ce qui signifie : « le nervosisme est un pasticheur de génie ». Peu importe, en vérité, que ce que la faculté appelait « nervosisme » se nomme aujourd'hui « névrose ». L'essentiel est dans cette affinité entre son « mal sacré » et cette capacité à tout pasticher.

En littérature, Proust – qui n'eut jamais l'intention de guérir – fut un immense pasticheur. Quand l'affaire Lemoine éclata, il était prêt : son « nervosisme » lui avait, depuis longtemps, enseigné les techniques de la contrefaçon, du *à la manière de*. C'est grâce à ses nerfs détraqués et mimétiques que Proust sut devenir le ventriloque de Balzac, de Flaubert, des Goncourt, de Saint-Simon, de Sainte-Beuve. Ajoutons à cela qu'il n'était pas de mauvaise méthode, avant de s'atteler véritablement à la *Recherche*, de se purger de toute influence en descendant jusqu'au cœur des styles d'autrui. Par ailleurs, on sait que Proust était en société un imitateur de génie et qu'il savait, pour le plus grand plaisir de ses compagnons, s'approprier l'intonation, les tics de langage ou d'allure, le phrasé d'une voix ou d'un geste.

Il avait été, plus qu'un autre, à l'école de ses nerfs.

→ *« **Albumine mentale** », **Flaubert (Gustave)**, **Métaphore***

Nez

Il n'est pas innocent que, de tous les médecins de la *Recherche*, le seul à ne porter aucun nom (« *le spécialiste X* ») soit également celui qui, tel le bonnet carré du *Malade imaginaire* réduisant à une affection pulmonaire toutes les douleurs d'Argan, prétend que les migraines, les coliques, les arythmies et les diabètes ne sont que des maladies du nez mal comprises. « *"Voilà une petite cornée que je serais bien aise de revoir. N'attendez pas trop. Avec quelques pointes de feu je vous débarrasserai." (...) nous nous demandâmes : "Mais débarrasser de quoi ?" Bref tous nos nez étaient malades ; il ne se trompa qu'en mettant la chose au présent. Car dès le lendemain, son examen et son pansement provisoire avaient accompli leur effet. Chacun de nous eut son catarrhe.* »

En réalité, le spécialiste X ne se trompe pas complètement. Son erreur est de croire que le nez est au principe des pathologies du corps, alors qu'il est le témoignage des maladies de l'âme, et qu'en matière de nez, la forme en dit plus long que le contenu.

À l'exception de l'obscur écrivain Bornier qui traverse brièvement *Sodome et Gomorrhe*, et dont la prose est assez « sentie » (« *Senti est très juste pour un auteur aussi odorant, interrompit ironiquement Mme de Guermantes* »), les frémissements qui agitent le nez sont, dans la *Recherche*, dictés par les émotions, jamais par les parfums (davantage perceptibles sous la forme d'un paysage ou d'un aliment embelli par les senteurs qu'il exhale).

Qu'il soit « *grec* » comme celui d'Aimé, « *busqué* » comme celui de Swann, « *court et mutin* » comme celui des paysannes de Combray, « *large* » comme celui de Rosemonde, « *droit* » comme celui de Morel, « *noblement arqué* » comme celui de Mme de Villeparisis, « *rougi par le froid* » comme celui d'Odette, « *dessiné* » comme celui de toutes les laitières, « *froncé* » comme celui de Mme Verdurin, « *en crochet* » comme celui du duc de Châtellerault, « *raviné* » comme celui des maîtres d'hôtel ou des académiciens, « *rouge en forme de coquille de colimaçon* » comme celui de Bergotte, « *effilé* » comme celui de Gilberte, « *recourbé* » comme celui d'Eulalie, « *étroit* » comme celui d'Andrée, « *parfait* » comme celui de Saint-Loup, « *en croissant de lune* » comme celui de Rachel (et, avec elle, de tous les êtres qui ne sont beaux que de loin), « *juif* » façon « *Mascarille* » (si le Juif est assimilé) ou « *Salomon* » (si la présence d'un Juif honteux comme Bloch comble encore le goût d'exotisme de la bonne société parisienne), qu'il soit dérisoire ou arrogant comme l'autre appendice de l'homme, ou « *amusant* » comme le nez du valet de pied que le baron de Charlus (lui-même au « *nez fort* ») touche du doigt en disant « *pif* », qu'il se place de travers au-dessus de lèvres charnues comme celui du marquis de Cambremer ou qu'il soit en bec d'oiseau comme le nez de la duchesse de Guermantes, le nez ne parle pas. Le nez ne dit rien. Le nez prend toute la place. Sa présence est bête comme le silence. Et s'il est possible de « *saisir une âme individuelle* » dans la ligne d'un nez, si le caractère d'un homme se montre comme le nez au milieu de la figure, c'est que « *le nez est généralement l'organe où s'étale le plus aisément la bêtise* ».

Deux paradoxes orchestrent, chez Proust, l'entrée en scène de cet orifice nasal :

1/ Le nez est une expérience de l'absurde : alors que la forme d'un nez est généralement ce qu'il y a de plus difficile à retenir, il est impossible, une fois qu'on a identifié le nez de quelqu'un, d'y voir autre chose. Le nez mange le visage, « *comme un malade qui ne s'était pas regardé depuis longtemps, et composant à tout moment le visage qu'il ne voit pas d'après l'image idéale qu'il porte de soi-même dans sa pensée, recule en apercevant dans une glace, au milieu* d'une figure aride et déserte, l'exhaussement oblique et rose d'un nez gigantesque comme une pyramide d'Égypte ».

2/ Pourtant, le nez est aussi volatil qu'immuable : s'il arrive qu'on « *adapte dix fois au néant du visage un nez différent* », la faute en revient à l'inattentif comme au nez lui-même, car le nez évolue, à l'image du nez proéminent d'Oriane qu'une voilette résorbe miraculeusement, des nez dont un busquage tardif détruit l'air « *droit et pur* », du nez de Bloch dont la grosseur et la rougeur disparaissent grâce à la coiffure « *comme semble presque droite une bossue bien arrangée* », ou du nez d'Albertine, d'abord « *pareil à une vaguelette qu'enfle délicieusement une eau matinale et qui semble immobile* », mais *in fine* toujours à la merci d'un « *gros nez* » sous-jacent, surgissant de la coulisse où il se tient « *prêt à entrer en scène* ».

Que de déceptions promises par l'organe où la tyrannie du particulier (c'est-à-dire l'inconvénient de n'être que soi-même) se mêle à des mutations indéfinies ! Mais quelle source d'émerveillement, aussi, que cette queue du visage dont la flexibilité, « *comme la forme de la vague, du vent ou du sillage que garde à jamais la coquille ou le bateau* », culmine dans un mouvement que l'amant, quand il est peintre, saisit et fige à sa naissance ! Déceptif et décevant, « *l'élément inéluctable du nez* » empêche de rêver en hâtant le moment du choc avec le réel : « *pour le baiser, nos narines et nos yeux sont aussi mal placés que nos lèvres mal faites – tout d'un coup, mes yeux cessèrent de voir, à son tour mon nez s'écrasant ne perçut plus aucune odeur, et sans connaître pour cela davantage le goût du rose désiré, j'appris à ces détestables signes, qu'enfin j'étais en train d'embrasser la joue d'Albertine* ».

Mais stupéfiant, magnifique, absurde et ciselé par le temps, un « *nez nouveau* » ouvre parfois « *des horizons qu'on n'eût pas osé espérer* ». Comme un secret à ciel ouvert – et à la différence des oreilles, des yeux et des lèvres – le nez, glorieux et unique, est incomparable. Et quand on en saisit l'absence de détours, l'idiotie du nez, son absolue simplicité, le préserve durablement de l'imbécillité.

→ *Asthme, Olfaction (et émotion)*

Noms de pays

La toponymie – cette science inventée par Jules Quicherat, l'un des auteurs fétiches de Marcel – est bien ingrate avec l'auteur de la *Recherche* : en effet, on compte à peine trente rues Marcel Proust en France, alors que le général Leclerc, Victor Hugo, Léon Gambetta ou Émile Zola ne savent plus, par centaines, où donner de l'avenue, de la bouche de métro et du boulevard.

Deux courageuses écoles primaires (à Limoges et Orléans), un cours privé (à Paris) et deux collèges (à Illiers-Combray et Cabourg) portent fièrement un nom que l'on devine sans doute trop sulfureux pour des lycéens en quête de droit chemin.

À Cabourg, on fera également quelques pas sur une « promenade Marcel Proust » – ce qui est la moindre des choses. Et, par chance, la bibliothèque de La Canourgue, en Lozère, a choisi Céleste Albaret pour enseigne, ce qui devra être retenu pour un hommage indirect à l'insomniaque qu'elle servit avec dévouement. Signalons également l'existence d'un « pavillon Proust » à l'hôpital Tenon – bien qu'il s'agisse là d'un geste pieux visant à célébrer le frère de l'écrivain, médecin de son état, qui y exerça jusqu'à sa mort.

À Paris, deux « voies » Marcel Proust ont échappé à l'uniformisation Leclerc-Hugo-Gambetta-Zola : l'une se trouve près des Champs-Élysées, l'autre dans le quartier de Passy. Notons enfin qu'une « avenue Marcel Proust » est localisable à Chartres, dans la « ZUP de la Madeleine », non loin d'une station d'épuration des eaux tandis qu'une rue Marcel Proust est située à Saint-Étienne.

→ *Étymologie, Patronymes (et toponymes)*

Norpois (Marquis de)

Le présent de conjugaison est un temps trop périlleux pour ce diplomate spécialisé dans le sous-entendu et l'arrondissage d'angles aigus. Du coup, il choisit volontiers le conditionnel et l'optatif, ces merveilles de la rhétorique où, par tradition, l'âme des prudents s'exerce naturellement à une brasse torve. Ainsi masqué, le marquis de Norpois (qui n'a pas de prénom, afin de s'adapter plus facilement, comme un masque, sur le type humain qu'il incarne) peut s'avancer dans le monde de la *Recherche* – dont il est, selon Antoine Compagnon, l'un des rares personnages qui ne changent jamais, y compris dans ses sentiments puisqu'il aime, non sans calcul, la marquise de Villeparisis d'un bout à l'autre de son temps perdu.

Bel homme, grand, équipé d'yeux bleus remarqués par les dames, son expression d'ensemble s'est figée dans celle d'une marionnette. Né vers 1830, opportuniste *a minima*, il fut ministre plénipotentiaire sous l'Empire avant de rallier Mac Mahon. Sa conversation est plate comme le trottoir où il se pavane, pas mécontent de son insignifiance, avec un filet à conformismes qui capture tout ce qui ne mérite pas de l'être. Ultra-nationaliste pendant la guerre, partisan du « réalisme » en littérature (ce continent quasi balkanique où il ne s'aventure que pour montrer à sa vieille maîtresse qu'il peut se passionner pour des choses sensibles), Norpois tient à ce que le monde soit glorieusement banal – et telle est la première raison de son allergie à Swann, qu'il trouve « *puant* » à cause de sa manie d'être original en tout. D'où le répertoire conventionnel et gris où il s'épanouit.

Il a appris à parler dans la bible dont il ne se sépare jamais – bien qu'il ne semble pas en connaître l'existence : le *Dictionnaire des idées reçues*. Son programme ? Pas de scandale, amortir les chocs, applaudir du bout des gants, rétablir l'ordre, s'opposer avec « *esprit de gouvernement* ».

À cet homme, qui n'exprime jamais son opinion (en a-t-il une ?), le Narrateur doit tout de même une fière chandelle : c'est grâce à lui que le docteur Proust encourage la vocation littéraire de son fils. En effet, Norpois – antisémite par principe, antidreyfusard (quoique…) de circonstance – ne tient pas à ce que les « *Hébreux* » soient trop nombreux dans les

ambassades ou au Quai. On ne saurait donc lui chica-
ner notre gratitude – redoublée par chacune de ses
hilarantes apparitions.

→ *Joueurs de flûte*

Octave

Octave n'est pas le mari de tante Léonie (mieux connue de Françoise sous le nom de « *madame Octave* »), mais l'élégant adolescent que croise le Narrateur, lors de son premier voyage à Balbec, tandis qu'il se promène avec Albertine – et dont, comme l'atteste le portrait féroce et faussement nonchalant qu'il en fait, il est, à son insu, immédiatement jaloux.

Ses traits réguliers et l'impassibilité qu'il affecte montrent qu'il se figure « *évidemment* » la froideur comme une « *distinction suprême* ». Certes, il est élégant, mais chez ce jeune homme « *la connaissance de tout ce qui était vêtements, manière de les porter, cigares, boissons anglaises, cheveux, – et qu'il possédait jusque dans ses moindres détails avec une infaillibilité orgueilleuse qui atteignait à la silencieuse modestie du savant – s'était développée isolément sans être accompagnée de la moindre culture intellectuelle* ». Il gagne des prix dans « *tous les concours de boston, de tango* » – mais ses talents de danseur ne lui vaudront qu'un joli mariage « *dans le milieu des "bains de mer"* », et l'instinct supérieur qui lui permet de savoir en un clin d'œil comment se vêtir (« *smoking ou pyjama* ») se double d'une remarquable inaptitude à maîtriser les règles les plus élémentaires de la syntaxe. « *Il ne pouvait jamais "rester sans rien faire" quoique il ne fît d'ailleurs jamais rien. Et comme l'inactivité complète finit par avoir les mêmes effets que le travail exagéré, aussi bien dans le domaine moral que dans la vie du corps et des muscles, la constante nullité intellectuelle qui habitait sous le front songeur d'Octave avait fini par lui donner, malgré son air calme, d'inefficaces démangeaisons de penser qui la nuit l'empêchaient de dormir, comme il aurait pu arriver à un métaphysicien surmené.* »

En d'autres termes, il est beau mais il est bête – ce qui est consolant. Il a l'insouciance et la grâce des êtres sublimes que les écrivains sont réduits à décrire et dont l'impuissant, soudain haineux, imagine l'ardente sensualité. Il y a de la méchanceté de rachitique dans les sentences snobs, vaniteuses, fielleuses et pourtant bien senties que le Narrateur, en jaloux qui s'ignore, adresse en silence à l'importun qu'il envie. La mesquinerie est parfois bonne muse.

Œil (Histoire de l')

Proust apprécie les sonorités en « euil » ou en « yeux » – Jean Santeuil, Vinteuil, deuil, Étreuilles (premier nom de Combray), Bayeux « *illuminée par le vieil or de sa dernière syllabe* »… Souvenir musical de sa naissance à Auteuil ? Équivalent phonique de l'*œil* ? Pourquoi pas…

Des yeux innombrables, en tout cas, constellent la *Recherche* et la transforment en roue de paon. C'est par l'œil que le Narrateur mange ainsi, en apercevant Gilberte, le fruit défendu dans le paradis de Combray ; et c'est encore par l'œil que, lors de l'épisode de Montjouvain, le Narrateur enregistre le spectacle du vice et de la profanation tandis que les deux vicieuses jouissent aussi d'être vues (« *quand même on nous verrait, ça n'en est que meilleur* ») ; il y a aussi la séance de l'« œil-de-bœuf » dans la cour de l'hôtel de Guermantes et dans le claque de Jupien ; et, dans *La Confession d'une jeune fille*, c'est par l'œil que la mère découvre le spectacle dont elle va mourir ; dans *Les Sentiments filiaux d'un parricide*, enfin, l'œil de l'infortuné Henri pend sur l'oreiller après qu'il s'est suicidé...

Partout, l'œil proustien reste l'organe de la perversion, de la jouissance, de la culpabilité, de la mort possible. La *Recherche*, une Histoire de l'œil ? On l'a prétendu, en hommage à Georges Bataille. Restent le nez, le toucher, la saveur, l'ouïe – qui, ensemble, jouent leurs partitions respectives. Le grand Casanova l'avait noté : « on ne saurait être vicieux, ni prendre son plaisir, par un seul sens... »

Dans le second volume de sa biographie, George D. Painter mentionne que Proust, en 1908, fut très intrigué par le frontispice vaguement obscène du *H.B.* de Prosper Mérimée où l'on voit Stendhal épiant les ébats de l'une de ses maîtresses à travers le trou d'une serrure.

Stendhal, professeur d'œil et d'indiscrétion proustienne ? C'est là une filiation qui mérite d'être explorée. Mais nous ne le ferons pas ici.

→ **Arcade (11, rue de l'), Montjouvain (Première vision de), Profanation, Stendhal**

Oiseaux

Le Narrateur n'est pas ornithologue : les fleurs l'intéressent plus que les oiseaux dont – hormis les mouettes, les colombes et quelques hirondelles – il néglige en général de dire l'espèce.

C'est au gazouillement des grives (dans les *Mémoires d'outre-tombe*) qu'il compare pourtant l'expérience de la Petite Madeleine : « *"Hier au soir je me promenais seul... je fus tiré de mes réflexions par le gazouillement d'une grive perchée sur la plus haute branche d'un bouleau. À l'instant, ce son magique fit reparaître à mes yeux le domaine paternel ; j'oubliai les catastrophes dont je venais d'être le témoin et, transporté subitement dans le passé, je revis ces campagnes où j'entendis si souvent siffler la grive."* »

Et puis, les volatiles, en tant que tels, ont une place de choix dans l'azur proustien. Leur chant « *relève les distances* » et décrit « *l'étendue de la campagne déserte* » dont ils exaltent, en l'interrompant, le silence, la solitude et l'incurie. C'est aux oiseaux que pense aussi le Narrateur quand l'amie de Mlle Vinteuil vole un baiser profane dans l'échancrure du corsage de sa maîtresse, avant de cracher sur le portrait de son père. Enfin, les tournoiements erratiques des marabouts donnent au clocher de Combray, faute de l'accompagner dans sa route vers le ciel, « *quelque chose d'ineffable* ».

Qu'est-ce que Proust entend par là ? Qu'est-ce qui ne peut pas être exprimé ? Qu'y a-t-il dans le vol des oiseaux que la langue ne saisit pas ? Bref, de quoi les oiseaux sont-ils l'âme ou le nom ? De la musique. Des instants que l'on voudrait saisir malgré le temps. Des objets qu'il faudrait affranchir du

quotidien en y prélevant quelques atomes d'éternité…
C'est la raison pour laquelle le Narrateur s'émerveille
parfois, alors qu'il est entouré de leurs piaillements,
d'apercevoir un oiseau voleter d'un arbre à l'autre :
la disproportion entre les chants en bataille qui ber-
cent sa rêverie et le « *petit corps sautillant, étonné et
sans regard* » d'un oiseau rappelle à s'y méprendre
l'abîme qui sépare un être de chair et de sang, promis à la mort, de son équivalent littéraire que la grâce
d'un style préserve durablement de l'oubli.

D'ailleurs (la musique étant, plus encore que la
littérature, un opérateur d'éternité), c'est « *comme
un oiseau abandonné de sa compagne* » que le piano
solitaire entame sa plainte avant d'être rejoint par
le violon : « *Est-ce un oiseau, est-ce l'âme incom-
plète encore de la petite phrase, est-ce une fée, invisible et gémissant, dont le piano ensuite redisait
tendrement la plainte ? Ses cris étaient si soudains
que le violoniste devait se précipiter sur son archet
pour les recueillir. Merveilleux oiseau ! le violoniste semblait vouloir le charmer, l'apprivoiser, le
capter.* »

Mais comment apprivoiser un oiseau sans lui couper les ailes ? Comment le mettre en cage sans se priver de son chant ? La séquestration d'Albertine est, à
cet égard, un dilemme redoutable : « *c'était une chose
curieuse comme, à travers les murs de sa prison, le
destin, qui transforme les êtres, avait pu passer, la
changer dans son essence même, et de la jeune fille
de Balbec faire une ennuyeuse et docile captive (...)
parce que le vent de la mer ne gonflait plus ses vêtements ; parce que, surtout, je lui avais coupé les ailes,
qu'elle avait cessé d'être une Victoire, qu'elle était une
pesante esclave dont j'aurais voulu me débarrasser* ».

Les clochers de Martinville qui sont la première victoire du Narrateur, le premier spectacle dont il parvient, par l'écriture, à surmonter l'éphémère en révélant ce qu'ils « *cachent* », ressemblent à « *trois oiseaux posés sur la plaine, immobiles et qu'on distingue au soleil* ». Et ce n'est pas un hasard si, après être parvenu à les décrire, le Narrateur, joyeux, se compare lui-même à une « *poule* » qui chante à tue-tête après avoir pondu un œuf.

Mais plus qu'au gallinacé sans mémoire et sans ailes, le Narrateur s'identifie volontiers à la « *colombe* » dont les roucoulades ornent le faîte de la pompe et de l'auge où il s'assoit après le repas pour *tuer le temps* rue du Saint-Esprit. C'est Françoise, d'ailleurs, dont le curieux génie est la seule forme d'intelligence qui l'intéresse chez une femme, qui, profitant de l'absence d'Albertine, lui apprend un jour que son pyjama blanc et ses « *mouvements de cou* » lui donnent « *l'air d'une colombe* ». Et Bergotte en personne ne lui apparaît-il pas, la première fois qu'il le rencontre, comme « *ces prestidigitateurs qu'on aperçoit intacts et en redingote dans la poussière d'un coup de feu d'où s'envole une colombe* » ? Enfin, la transformation de la sonate en septuor évoque, à ses oreilles, la métamorphose de la colombe en coq, du roucoulement en chant mystique, de la mélodie sans objet en « *appel ineffable, mais suraigu, de l'éternel matin* ».

→ *Modèle, Phrase (la petite)*

Olfaction (et émotion)

La psychologie expérimentale a, depuis longtemps, établi un lien solide entre ce l'on sent et ce que l'on ressent. Par gratitude, elle a même nommé « syndrome de Proust » le va-et-vient complexe qui, né dans les narines ou le palais, s'empresse de vivifier des émotions tapies dans le cerveau archaïque.

À cet égard, il est avéré que les odeurs sont des *stimuli* sensoriels de première force et que les perceptions de l'enfance s'y incrustent mieux que si elles avaient été recueillies par d'autres organes. Le professeur Rachel Herz, spécialiste de la psychologie des odeurs, a mobilisé un lourd appareillage technique avant de conclure que les souvenirs d'un individu sont d'autant plus incrustés qu'ils sont associés, non à des mots, mais à des parfums – d'herbe, de bois, de gâteau, de boisson. Par ailleurs, l'équipe suédoise du professeur Maria Larsson a su distinguer les particularités de cette sorte de souvenirs : d'une part, ils sont plus anciens, donc plus proches de l'enfance, que les souvenirs visuels ou auditifs – qui s'associent, eux, à des perceptions d'adolescence ; d'autre part, ces souvenirs olfactifs se manifestent plus rarement et se chargent d'une électricité plus radicale car peu sollicitée. Ils procurent alors une sensation de vie restituée particulière et fidèle à la perception originelle puisque peu « usée » par une mémoire récurrente.

C'est dire tout ce que la science doit à Proust – qui, rappelons-le, était fils et frère de médecin. Les fondements neuronaux du « syndrome de Proust » demeurent cependant peu connus. D'après les experts, on sait seulement que les zones cérébrales qui reçoivent des informations ou des reviviscences d'origine olfactive appartiennent toutes au système limbique, plus spécialement interconnecté, et siège anatomique de la mémoire et des émotions. Plusieurs thérapies, dites olfactives, exploitent cet état de chose afin de réactiver les souvenirs d'individus devenus amnésiques à la suite d'un traumatisme.

→ *Asthme, Nez*

Onomastique

Proust n'en finit jamais de crypter son texte, d'en trafiquer les sonorités, de rebroder sur un mode quasi talmudique son alphabet personnel. Pour lui, c'est un jeu secret, sans doute voluptueux. Et pour les herméneutes autorisés (de Barthes à Doubrovsky, de Luzius Keller à Julia Kristeva), un régal dont chaque proustien aura sa miette savoureuse…

Ainsi, rien n'est plus fascinant, *via* les *Carnets* ou les versions successives de la *Recherche*, de suivre la métamorphose sonore des prénoms : « *Albertine* », née de l'aubépine (*Albaspina* en latin) s'enchaîne par six lettres à « *Gilberte* », autorisant – impliquant ? – dans *Albertine disparue* la méprise d'une signature et la glissade des sentiments qui s'y attachent ; mais « *Albertine* » tient encore, par sa syllabe centrale, à « *Robert* » (de Saint-Loup), tandis que « *Charlus* » s'enchaîne (avant de s'enchaîner véritablement dans l'établissement de Jupien) à « *Charlie* » (Morel), lequel habite un nom de famille qui s'appuie sur les mêmes harmoniques fluides et labiales que celles de « *Marcel* ». Remarquons encore – grâce à une découverte, jugée capitale par certains, de Serge Doubrovsky – que si Proust a tenu à écrire ici ou là « *Petite Madeleine* » avec deux majuscules (ce n'est pas une erreur typographique, les manuscrits le prouvent...), c'est sans doute afin d'inscrire ses propres initiales, « P.M. », à l'intérieur même de son œuvre et à les suspendre, comme sur un cintre, au biscuit le plus officiellement proustien de la *Recherche* – qui, avant d'être une madeleine, fut une biscotte.

Un autre titan de la *proustologie*, Pierre Pachet, est allé plus loin en signalant que le patronyme « Proust » est lui-même enchâssé, sous forme d'anagramme, dans le mot féminisé de « *septuor* » qui, nul ne l'ignore, n'est pas sans quelque incidence sur les intermittences du cœur marcellien. Tous ces jeux, distribués à la surface des signifiants, sont sans conséquence fondamentale – mais ils esquissent le profil d'un Proust orfèvre en onomastique, et perpétuellement facétieux. Libre aux plus aventureux de prolonger ces jeux gratuits par des trouvailles personnelles dont on peut parier sans risque qu'elles seront innombrables. Le concours s'achèvera à la fin du prochain millénaire. Le vainqueur recevra son poids en sachets de thé.

→ *Albertine, Étymologie, Eucharistie, Kabbale*

« On se retrouve toujours… »

— Vous avez remarqué, c'est Albertine qui le dit au Narrateur…

— Ah bon ? Comment une jeune insensée qui ne se trompe jamais en vient-elle, tout d'un coup, à dire des choses aussi sages que fausses ?

— La scène se passe en deux temps. Lors d'un arrêt à Saint-Pierre-des-Ifs, « *une splendide jeune fille qui, malheureusement, ne faisait pas partie du petit groupe* », monta dans le tortillard qui conduisait les membres du petit clan au château de la Raspelière où les Verdurin ont établi leurs quartiers de printemps. Admirablement faite et dotée d'une « *chair de magnolia* », la voyageuse appartient à la famille innombrable de ces passantes que le Narrateur chérit comme autant de vies possibles. « *Au bout d'une seconde elle voulut ouvrir une glace, car il faisait un peu chaud dans le compartiment, et ne voulant pas demander la permission à tout le monde, comme seul je n'avais pas de manteau, elle me dit d'une voix rapide, fraîche et rieuse : "Ça ne vous est pas désagréable, Monsieur, l'air ?" J'aurais voulu lui dire : "Venez avec nous chez les Verdurin", ou : "Dites-moi votre nom et votre adresse." Je répondis : "Non, l'air ne me gêne pas, Mademoiselle." Et après, sans se déranger de sa place : "La fumée, ça ne gêne pas vos amis ?" et elle alluma une cigarette. À la troisième station elle descendit d'un saut.* » *Exit*, le rêve.

— Bonjour, la nostalgie !

— Le lendemain, le Narrateur, avec une muflerie dont seul un homme est capable, demande à Albertine qui cela peut être :

— Comme si toutes les femmes se connaissaient entre elles...

— « *Albertine me dit, je crois très sincèrement, qu'elle ne savait pas. "Je voudrais tant la retrouver, m'écriai-je. – Tranquillisez-vous, on se retrouve toujours."* » Albertine se trompe : la jeune fille a disparu pour toujours, mais Marcel ne l'a pas oubliée et il lui arrive souvent, « *en pensant à elle, d'être pris d'une folle envie* ». Or, la nostalgie désigne, plus que la souffrance de la perte, la déception des retrouvailles ; sa ferveur est immédiatement atténuée par le fait que, pour retrouver la jeune fille avec le même plaisir, il faudrait aussi revenir « *à l'année, qui a été suivie depuis de dix autres pendant lesquelles la jeune fille s'est fanée* ».

— Bon, mais tout cela ne nous dit pas pourquoi Albertine lui fait cette drôle de réponse...

— C'est vrai. La clef du mystère se trouve quelques centaines de pages plus loin, dans *La Prisonnière*, quand le baron de Charlus, défiant les apparences, parle de sexe avec « *deux ducs, un général éminent, un grand médecin, un grand avocat* ».

— Il manque un prélat.

— Taisez-vous, vous n'y entendez rien. Je disais donc que, discutant des faveurs qu'un cocher ou un valet de pied pourrait consentir aux vieux messieurs qu'ils sont devenus, le baron de Charlus, pour consoler celui de ses interlocuteurs qui déplore le retour en Pologne d'un « *grand gaillard de deux mètres* », lui dit, comme Albertine au Narrateur : « *On se retrouve toujours dans la vie.* »

— Voulez-vous dire que cette phrase est propre aux invertis dont la sexualité clandestine est pourtant constamment satisfaite, et qu'Albertine lui a répondu avec la sérénité des lesbiennes comblées ?

— Pourquoi pas ?

— C'est tout ? C'est un peu court. Je vous soupçonne d'y entendre autre chose...

— Vous n'avez pas tort. « *On se retrouve toujours* » est aussi la phrase d'un écrivain dont le livre obstinément attaché à éterniser le transitoire est d'abord un cimetière de vivants.

— Là, je vous suis. Mieux vaut retrouver, dans un livre, la femme qu'on a aimée, que remplir son lit, tous les soirs, avec une femme qu'on paie pour qu'elle s'en aille, à qui l'on ne se soucie pas de plaire, et qu'on se satisfait de ne plus jamais revoir...

Onze (douze) regards

Voici, dans l'ordre croissant, les onze (douze) plus beaux regards (à nos yeux) de la *Recherche* :

11/ Le regard de Saint-Loup lors de sa première rencontre avec le Narrateur qui, dupe de préjugés qu'il prend pour des impressions, voit indûment dans sa dureté le signe d'une nature hautaine et orgueilleuse : un regard « *impassible, ce n'est pas assez dire* », aussi « *implacable, dépouillé de ce vague respect qu'on a pour les droits d'autres créatures, même si elles ne connaissent pas votre tante* ».

10/ Le premier des deux regards incrédules de la princesse de Parme qui feint de connaître les œuvres de Gustave Moreau mais dont les mimiques intenses ne parviennent pas « *à remplacer cette lumière qui reste absente de nos yeux tant que nous ne savons pas de quoi on veut nous parler* ».

9/ Le regard de la princesse de Guermantes qui, pour ne pas avoir à faire la conversation à la totalité de ses invités, se contente parfois de « *leur montrer ses admirables yeux d'onyx, comme si on était venu seulement à une exposition de pierres précieuses* ».

8/ Le regard mélancolique et distrait de la duchesse de Guermantes qu'elle éclaire « *d'une flamme spiri-tuelle* » quand elle s'adresse à un ami, et que, par paresse, elle laisse « *allumé pour toute la soirée* » quand elle est en situation mondaine.

8/ (*ex aequo*) Le regard de « *complicité dans le mal* » qu'Odette lance à Forcheville après que celui-ci eut publiquement humilié Saniette devant les Verdurin… un regard confraternel, en somme, qui veut dire « *voilà une exécution, ou je ne m'y connais pas* ».

7/ L'œil mort de la marquise de Villeparisis à l'ins-tant de saluer Bloch dont le duc de Châtellerault vient de dénoncer le judaïsme : « *Comme Bloch s'appro-chait d'elle pour lui dire au revoir, enfoncée dans son grand fauteuil, elle parut à demi tirée d'une vague somnolence. Ses regards noyés n'eurent que la lueur faible et charmante d'une perle. Les adieux de Bloch, déplissant à peine dans la figure de la marquise un languissant sourire, ne lui arrachèrent pas une parole, et elle ne lui tendit pas la main. (...) La marquise fit le léger mouvement de lèvres d'une mourante qui vou-drait ouvrir la bouche, mais dont le regard ne recon-naît plus. Puis elle se tourna, débordante d'une vie retrouvée, vers le marquis d'Argencourt tandis que Bloch s'éloignait persuadé qu'elle était "ramollie".* »

6/ Le regard meurtri qui échappe à Legrandin quand le jeune Narrateur lui demande s'il connaît la « *châte-laine de Guermantes* » : « *à ce nom de Guermantes, je vis au milieu des yeux bleus de notre ami se ficher une petite encoche brune comme s'ils venaient d'être percés par une pointe invisible, tandis que le reste de la prunelle réagissait en sécrétant des flots d'azur* ».

5/ Le second regard incrédule de la princesse de Parme à qui la princesse d'Épinay relate un bon mot de la duchesse de Guermantes sur le baron de Charlus : « *"Ah ! Taquin le Superbe", disait la princesse de Parme, les yeux écarquillés par une admiration a priori, mais qui implorait un supplément d'explications.* »

4/ Le regard fixe, inexpressif et vaguement souriant d'une fillette blonde cachée par une haie d'aubépines.

3/ La première fois que, tel un pressentiment, sans se connaître encore, Albertine et le Narrateur croisent leur regard « *comme ces ciels voyageurs des jours d'orage qui approchent d'une nuée moins rapide, la côtoient, la touchent, la dépassent. Mais ils ne se connaissent pas et s'en vont loin l'un de l'autre. Tels nos regards furent un instant face à face, ignorant chacun ce que le continent céleste qui était devant lui contenait de promesses et de menaces pour l'avenir* ».

2/ Le « *trait différent et momentané qui trace dans les prunelles comme le sillon d'une fêlure et qui provient d'une pensée que nos paroles, à leur insu, ont agitée en l'être à qui nous parlons, pensée secrète qui ne se traduira pas par des mots, mais qui montera, des profondeurs remuées par nous, à la surface un instant altérée du regard* » de la princesse de Guermantes (secrètement amoureuse de Charlus) à la seconde où le Narrateur lui dit que le baron éprouve « *en ce moment un assez vif sentiment pour une certaine personne* ».

1/ Le regard, non plus meurtri mais tout à la fois intense, amical, absent, tendre, vague, sincère et distrait de Legrandin, tandis qu'il cherche un moyen de ne pas répondre au père du Narrateur qui, sans pitié pour le snob dont la sœur y possède un château, lui demande à plusieurs reprises s'il connaît « *quelqu'un à Balbec* ».

Ouin-ouin

Le proustien de souche qui consultera le site (hilarant) des « Boloss des Belles Lettres » ou bien le livre éponyme désormais paru chez Flammarion – où des esprits facétieux se sont fait une spécialité de retranscrire à l'attention des « walouf » les chefs-d'œuvre de la littérature – risque d'être surpris par le résumé d'*À la recherche du temps perdu* qui y est proposé :

« *en gros c'est comême l'histoire d'un ouin-ouin qui fait rien qu'à se mitonner tout seul comme un pauvre crevard dans son coin qui se respecte pas. dit comme ça c'est pas sexe mais tu veux quoi putain un mytho ou la vérité moi je dis si t'es assez grand pour fixer un pot ninja seul-tout t'es assez grand pour qu'on te dise la vérité bim bam boum alors revenons à nos salade tomate oignon. ouin-ouin il est tout pourri de l'intérieur tendance je suis si fragile je suis une catin qu'on me tienne la main représente mylène. résultat il dort jamais il a les yeux total foncedé comme s'il méfu des splifs gros comme ma teub et comme il a plus de piles dans sa gameboy color il est trop gâché il se rappelle des ptits délires qu'il a eus quand il était haut comme trois couilles à genoux*

*là où il a zoné là il a créché les potos de son crew
les ptites meufs qu'il a pécho même si bon de ce
côté là c'est plutôt 40 ans toujours puceau que
american pine mdr et résultat ouin-ouin en deux
deux il commence à raconter sa ptite vie. (...)
moi je m'appelle MARCEL c'est ça le twist final
plus fort que inception chef c'est la quête d'une
vie et la quête d'une œuvre qui se mêle avec la
vie c'est la recherche du temps perdu. »*

Voir : bolossdesbelleslettres.tumblr.com

Palimpseste

Certaines créatures de la *Recherche* se plaisent souvent à suggérer, par l'allusion d'un geste, d'une manie, d'une inclination ou d'un mot, qu'elles ont été engendrées par la littérature elle-même. Par-delà leur existence spécifiquement proustienne, elles révèlent alors, comme des palimpsestes à peine recouverts, qu'elles vivaient déjà, un peu, chez les maîtres dont la lecture hanta les nuits sans sommeil de l'écrivain du temps perdu et retrouvé. Telle est, avec le pastiche, la signature marcellienne par excellence.

Du Balzac de *Ferragus*, du *Colonel Chabert* ou de *La Femme abandonnée*, naissent ainsi bien des figures présentes dans le décor de *Swann* ; Legrandin apprécie, comme Vautrin, les fleurs de sédum ; les Guermantes ressemblent, par leur indéfinissable « esprit », aux Mortemart de Saint-Simon ; le comte Mosca offre plus d'un trait à Norpois ; les parures de la princesse de Cadignan enlacent, par transports naturels et lettrés, le cou d'Oriane tandis que la ventripotence de Nucingen anticipe de celle de Nissim Bernard.

À ces palimpsestes littéraires, s'en ajoutent de plus humains : Anatole France derrière Bergotte, les mots d'Émile Mâle sur les églises normandes dans les propos d'Elstir, etc.

La *Recherche* comme vaste système de citations et de renvois ? La lumière d'un livre provient aussi, dans ses plus subtils éclats, d'un autre livre...

Papillon

Lorsque les hiérarques de la NRF s'avisèrent de la bévue gidienne, ils n'eurent de cesse que de reconquérir Proust et entamèrent, devant lui, une danse des sept voiles qui trouva son épilogue pendant la Grande Guerre. De fait, Proust avait toujours eu envie de rejoindre la bande de lettrés fédérée par Gaston Gallimard, mais Bernard Grasset avait été très correct avec son « compte d'auteur », et il n'eût pas été dans les manières de Marcel d'être infidèle. Or, Grasset était au front, il mourrait peut-être dans une tranchée, Proust était pressé de publier *À l'ombre des jeunes filles en fleurs*, et les hiérarques ne manquaient pas une occasion de se faire pressants et flatteurs.

Devant leur obséquiosité, Proust se délectait : « *Ils ont trouvé la fleur*, confia-t-il à Céleste, *et ils s'agitent maintenant comme des papillons...* » Il prit ainsi un malin plaisir à les faire patienter, à les humilier un peu, avant de céder, à son heure, et conformément à son premier désir.

Cette NRF métaphorisée en papillon avide de bon pollen eut pourtant longue vie, et c'est ainsi que Proust et Céleste désignèrent, dans leur idiolecte, les Gide et les Rivière qui se relayaient boulevard Haussmann pour capturer dans leur nasse l'auteur qu'ils avaient eu la maladresse de laisser filer.

On imagine alors l'émotion de Céleste, après les obsèques de Proust, quand un homme de belle prestance, qu'elle avait à peine croisé le jour du Goncourt, dans l'antichambre du « 102 », vint lui présenter ses condoléances. Cet homme, c'était Gaston Gallimard. Et sur toutes les photographies qui le montrent, on peut, aujourd'hui encore, constater qu'il porte toujours… un nœud papillon.

→ *Céleste (Albaret), Éditeur (à propos de Jacques Rivière), Gide (Le rêve de)*

Parenthèses

Elles sont – avec le double tiret – le symbole de la ponctuation proustienne. S'ouvrant au milieu de la phrase, y dégageant l'espace d'une nuance ou d'un rajout, elles sont parfois le début d'une cascade d'espaces supplémentaires, encastrés les uns dans les autres comme des poupées russes que le bon sens exige de rebaptiser *poupées proustiennes*. Leur combinaison avec le double tiret, complice naturel d'une prose intérieurement ouverte et extérieurement fermée – en cela, la *Recherche* est, aussi, une mathématique –, donne une impression d'infini, comme deux miroirs se faisant face, ou « *comme un éventail que la lecture déploie* ».

Plus que tout, les parenthèses proustiennes, rebrodées sur le texte, sont le truchement visuel qui a permis à la *Recherche* de devenir cet organisme autonome et proliférant, nourri de béquets, d'ajoutages, d'incises, de germinations intempestives, de paperoles, comme d'autant de folles injections – qui donnent à l'ensemble, selon Charles Dantzig, ce goût de truffade auvergnate, « *ce plat de pomme de terre concassées et mélangées à de la tome, le tout étiré comme des mèches de cheveux qu'on arracherait du sol avec force, habileté et patience, pour en sortir une Ophélie enterrée* ».

Propices au récit dans le récit (et, parfois, le récit contenu dans la parenthèse est plus long que la phrase qui l'accueille), ces parenthèses cousent le texte. Et l'on comprend mieux, devant elles, pourquoi Proust, après avoir proclamé qu'il bâtissait son livre comme une cathédrale, choisit une métaphore moins grandiloquente en affirmant qu'il le tisse « *comme une robe* » faite de bouts d'étoffes et surpiquée.

Cet aspect « rhapsode » ou « couturière » de Marcel à ses exégètes au premier rang desquels doit figurer Mme Isabelle Serça (*Esthétique de la ponctuation*) qui semble avoir consacré son existence au dénombrement des accents, des points, des virgules – que Proust méprisait un peu – et, bien sûr, des parenthèses-tirets dans le corpus proustien. Qu'elle reçoive, ici, l'expression de notre considération respectueuse et perplexe.

→ **Guillemets, Robe**

Paris-Balbec

« *Il y a des jours montueux et malaisés qu'on met un temps infini à gravir et des jours en pente qui se laissent descendre à fond de train en chantant.* »
Neuf heures sonnaient à peine, ce jour de mars, quand l'un des deux auteurs de ce *Dictionnaire amoureux* prit la route pour Cabourg en écoutant Guillaume Gallienne lire la seconde arrivée à Balbec du Narrateur d'*À la recherche du temps perdu*. Il n'en fallait pas davantage pour qu'aussitôt le temps se déployât en deux séries parallèles quoique susceptibles, à l'occasion, de se croiser...
Le conducteur était à hauteur des Invalides quand, de son côté, le Narrateur apprit la mort du bâtonnier de Cherbourg – dont le directeur du Grand Hôtel lui parla comme d'un vieux « *routinier* » (entendez, un vieux roublard) dont la fin avait été avancée « *par une vie de déboires* », ce qui signifiait de débauches. Tandis que la voiture franchissait le pont de l'Alma, Mme de Cambremer, scintillante comme une baleine, fit savoir au Narrateur que, sur la recommandation du marquis de Saint-Loup, elle ne manquerait pas de l'inviter bientôt à ses garden-parties. Le conducteur était à proximité du George V quand le Narrateur, dans son tortillard, fit la connaissance d'une petite paysanne.

La voiture tournait sur les Champs-Élysées quand le Narrateur entama une promenade sur la digue. C'est porte Maillot, dans le vacarme des klaxons, que, dans un bruit de rêve qui s'enfuit, penché sur ses bottines, le jeune Marcel aperçut soudain, dans sa mémoire, le visage « *tendre, préoccupé et déçu* » de sa grand-mère…

Arrivé au péage de l'A14 (que personne n'emprunte, parce que les gens sont pauvres ou pingres et refusent de dépenser 7 euros pour rouler sans encombre jusqu'à Orgeval), alors que le conducteur sortait son portefeuille, le Narrateur fut en proie à l'une de ces douleurs intéressantes dont on redoute qu'elles s'estompent avec le temps.

Alors que, rejoignant l'A13, la voiture croisait l'aire Nord de Morainvilliers, le Narrateur, plongeant dans le monde du sommeil, retrouva les grandes figures solennelles du rêve au seuil duquel « *l'intelligence et la volonté momentanément paralysées ne pouvaient plus* (le) *disputer à la cruauté de* (ses) *impressions véritables* ». Désormais sanglé dans une automobile roulant à tombeau ouvert, et sous prétexte de se rendre à Cabourg, le conducteur fut littéralement embarqué sur le sommeil de Marcel. Les deux temps ne firent qu'un. Le trajet devint un voyage intérieur.

À hauteur des Mureaux, le conducteur entendit que « *les grand-mères n'oublient jamais* ». Devant l'usine de Porcheville (Forcheville ?) et ses carrières de calcaire, il entendit le père du Narrateur lui dire en rêve que les morts ne manquent de rien. Tandis que l'auditeur se faisait flasher par un radar, le Narrateur, tel un homme qui renouvelle avec succès l'opération délicate du retournement de la paupière, découvrait non sans plaisir qu'il se sentait chez lui, maître des lieux, dans ce grand hôtel où, quelques années plus tôt, il avait eu si peur.

À hauteur de Magnanville, dans la bouche du directeur du Grand Hôtel, les « *soles* » devinrent des « *saules* ». À Vironvay, la vie n'était plus qu'un songe. À Criquetot, il entendit « Criqueboeuf ». Pont-l'Évêque était tout proche quand, de son côté, la marquise de Cambremer s'incrusta comme un gros gâteau de miel sur la terrasse du Grand Hôtel pour expliquer au Narrateur qu'en art on n'est « *jamais assez à gauche* ». La voiture croisait la pancarte qui annonce la présence du château de Champ de Bataille quand le Narrateur (dans une illusion rétrospective où se donne à entendre la parole de l'écrivain sous le récit d'un jeune homme) promit de décrire bientôt un deuil si vaste que la perte de sa grand-mère n'en serait que l'avant-goût. La mère du Narrateur entrait à pas timides dans une chambre pleine de fumigations quand le conducteur fit une pause sur l'aire de Rougemontier. La souffrance empoisonnait le monde, et la troupe des chasseurs désœuvrés tuait le temps dans l'escalier du Grand Hôtel quand la voiture croisa, à quarante kilomètres de Caen, mal cachée par une allée de peupliers sans feuilles, la biblique aire de Josaphat. À la gare de péage de Dozulé, ce fut l'appel des aubépines. Et à l'entrée de Cabec (ou de Balbourg, c'est selon) après deux heures et demie de route, Albertine en personne mit en garde le conducteur en ces termes : « *Balbec est assommant cette année. Je tâcherai de ne pas rester longtemps. Il n'y a personne. Si vous croyez que c'est folichon.* » Elle ne se trompait pas. Albertine a toujours raison.

C'était une matinée de printemps.

→ **Lecteurs (de la Recherche)**

Parisian Proust Tour

La plupart des lieux proustiens, ainsi que les « pays » qui balisent ses scènes primitives ou secondaires, sont déréalisés. Combray n'est pas Illiers ; Balbec n'est pas Cabourg ; la Normandie se mêle d'une Bretagne qui prend des teintes angevines ; chaque église se compose de plusieurs églises qu'aucun cartographe ne saurait localiser avec certitude, et le vitrail de l'une migre volontiers vers la nef de l'autre. Mieux : Doncières est proche de Balbec tout en étant à deux pas de Fontainebleau. C'est dire que la *Recherche* est une contrée à géographie variable, mouvante, fluide.

Pourtant, il est un paysage avec lequel Proust ne divague jamais : Paris. Là, le Narrateur se veut précis, arpenteur, enquêteur, rigoureux, comme le Joyce de Dublin ou le Svevo de Trieste. Le proustien débutant prendra plaisir à vérifier, des Champs-Élysées à la place Saint-Augustin, les détails de pierres ou d'ambiances qui eurent l'honneur d'une description fidèle. Fétichiste, il se grisera à l'idée que telle rampe d'escalier, telle cour d'immeuble gris, tel boulevard fut véritablement celui ou celle qui entra en contact avec le gant gris tourterelle, la canne ou le regard de Marcel.

On recense ainsi sept adresses parisiennes, distribuées dans deux arrondissements, qui jalonnent le parcours d'un sédentaire qui déménagea souvent. Elles forment un chemin de croix réservé aux mystiques du *Parisian Proust Tour* :

– *96, rue La Fontaine* – soit l'ancien chemin de Passy – où Proust naquit le 10 juillet 1871, dans la propriété de son grand-oncle Louis Weil. Les charmilles qui s'y trouvaient jadis n'ont pas résisté au percement de l'avenue Mozart et, face à l'immeuble disgracieux qui s'y dresse aujourd'hui, un minimum de songerie est requis. Lieu de naissance, premières sensations de vie, visites du dimanche jusqu'à l'âge de trois ans... C'est donc là, Ô Bethléem ! L'œil, privé de l'Auteuil d'autrefois – comme le Narrateur, qui devra apprendre à vivre sans cet Auteuil primordial ressuscité dans *Jean Santeuil* ou *San(s Au)teuil* –, se contentera de quelques photographies d'époque. Quant à l'oreille et l'odorat, ils n'auront qu'à s'enivrer par l'imagination des bruits et des senteurs de ce quartier excentré où il dut être plaisant de prendre contact avec le monde.

– *8, rue Roy* (dans le 8ᵉ arrondissement), où ses parents habitèrent de 1870 à 1873 : immeuble pour individus en voie d'ascension sociale ; anonymat bourgeois et idéal pour un médecin en début de carrière. C'est l'adresse qui laissa le moins de traces dans la mémoire proustienne. Toute personne qui prendra la peine de s'y rendre et de contempler les fenêtres du deuxième étage sur rue comprendra qu'il n'y avait pas lieu de s'en souvenir.

– *9, boulevard Malesherbes*, où Proust vécut de 1873 à 1900 : proximité prometteuse de la Plaine Monceau, premier degré du confort moderne, décor cossu et mieux en rapport avec la position du désormais célèbre docteur Adrien Proust – qui loua cet appartement, sis au deuxième étage sur rue.

– *45, rue de Courcelles* (de 1900 à 1906) : Adrien Proust y meurt en 1903 ; Jeanne Weil en 1905. C'est la maison des parents. Son deuxième étage sur rue suggère une vie urbaine et sans charme. Impossible de passer devant cet immeuble sans avoir le cœur serré au souvenir du jeune et fringant mondain qui y aiguise ses sens. Notons cependant que c'est sur la table de la

salle à manger de cet appartement que Marcel commença à écrire.

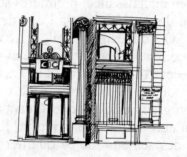

– *102, boulevard Haussmann* (de 1906 à 1919) :
Proust y est le locataire de sa tante dans un décor
– « *digne d'un Nucingen moins riche et beaucoup
plus tardif* » – jadis conçu par Louis Weil. Pour les
aficionados de la *Recherche*, le « 102 » est l'antre
majeur, la forge avec calorifère, le temple aux murs
de liège, le sarcophage, le premier tombeau. Quand
sa tante décida de vendre l'immeuble, Proust – qui
l'eût volontiers acheté si on l'avait prévenu – fut mis
devant le fait accompli. Il aurait pu en demeurer le
locataire, mais la banque Varin-Bernier avait acquis
le rez-de-chaussée et comptait bien y établir ses gui-
chets – ce qui promettait bruit, poussière et agitation. Le CIC y a désormais installé sa succursale, qui
mentionne l'existence de Proust dans son dépliant
publicitaire. Imaginons, avec un effroi mêlé de compassion, ce qu'a dû être le déménagement de Marcel :
ses papiers, ses béquets, ses « boulos », ses plaques de
liège… D'ailleurs, que devait-on faire de celles-ci ?
Le fidèle Lionel Hauser suggéra qu'on les vendît à un
fabriquant de bouchons.

– *8 bis, rue Laurent-Pichat* : location provisoire (quelques mois) du troisième étage sur rue. L'immeuble appartenait à la tragédienne Réjane qui avait ému Proust, âgé de seize ans, par son interprétation de Germinie Lacerteux. Proust ne s'y sent pas à l'aise, à cause de la proximité du Bois et de ses pollens, et parce qu'il entend ses voisins de cloison (l'acteur Le Bargy et son épouse) faire l'amour : « *une seule chose fait plus de bruit que la douleur, c'est le plaisir...* ». Et, ce bruit, il ne le supporte pas : « *Quand je pense que, pour moi, cette sensation est plus faible que celle de boire un verre de bière fraîche, j'envie des gens qui peuvent pousser des cris tels que, la première fois, j'ai cru à un assassinat...* » Au quatrième, sur sa tête, demeure Mme Pelé, la femme de ménage d'Aristide Briand. On lui fait une rente coquette afin qu'elle ne se rende coupable d'aucun son. L'appartement est petit. On brade en salle de vente les meubles de la famille Proust. Certains d'entre eux sont expédiés dans l'établissement d'Albert Le Cuziat.

– *44, rue Hamelin* (de 1919 à 1922) : c'est donc dans le 16e arrondissement, où il naquit, que Proust mourut. C'était un appartement – situé entre le musée Guimet, le Trocadéro et la Seine – assez modeste et guère chauffé. On se consolera en remarquant que le Majestic et le Théâtre des Champs-Élysées sont tout proches, ce qui dut rendre plus supportable à Marcel ce quartier ennuyeux. Toujours est-il que cette rue et cet immeuble furent les derniers points de contact de Proust avec le monde. Difficile, à ce titre, de ne pas les anoblir. Comme la pierre noire sur laquelle certains prophètes prennent leur élan avant de bondir vers le ciel. Comme un Golgotha situé au cinquième étage sur cour.

Particule élémentaire

Francis de Croisset (1877-1937), *alias* Franz Wiener, l'un des modèles du Bloch proustien – privilège qu'il partage toutefois avec Pierre Quillard et Horace de Finaly –, avait eu l'audace, qui fascinait Proust, de s'anoblir tout seul : il avait transformé Franz en Francis, jeté aux oubliettes son patronyme allemand, annexé le Croisset de Flaubert et, par un miracle de parthénogenèse imaginative, troqué son quartier juif contre un quartier de noblesse. Au début, ce prodige du *making of myself* n'abusa personne puis, le succès de ses comédies aidant, l'époque n'y vit que du feu.

Proust, qui haïssait son nom, enviait cette désinvolture : le Juif se réinvente, les gens ricanent, c'est un peu gros au début, mais tout s'oublie, même le nom qu'on ne porte plus... Et ce stratagème peut réussir puisque Francis de Croisset finit par devenir le gendre de la comtesse de Chevigné, celle-là même qui éconduisait Marcel par son pathétique « *Fitz-James m'attend* »...

Faute de s'anoblir, le futur-écrivain-mondain avait d'abord insisté pour qu'on l'appelât Marcel Proust, et non Proust, avant de se réfugier (dans *Le Figaro* ou la *Revue verte*) sous le masque hermaphrodite de « Dominique ». Dès ses premiers textes consacrés aux mondanités et à la mode (rassemblés, en 2012, aux Éditions des Busclats), le jeune Marcel s'abritait déjà sous des pseudonymes (« Étoile filante », « de Brabant », « Fusain », « Horatio », « Pierre de Touche ») qui, par-delà leur préciosité, signalaient leur aspiration à la féerie et à l'aristocratisme.

On peut donc rêver, comme lui, dans les parages du nom, du titre et de la particule élémentaire qui auraient pu faire son bonheur s'il avait eu la joyeuse

insolence de Franz Wiener. Un « Marcel de Balbec »,
par exemple, aurait fait merveille ; ou un « marquis
de Courcelles » ; « Marcel de la Digue » était également prometteur ; sans compter l'évident « Marcel
de Prou » (puisqu'on prononçait ainsi « Proust »
à Illiers). Cette audace, à laquelle il aspirait passionnément, aurait tout simplifié tant cette affaire patronymique lui empoisonna la vie jusqu'à l'obsession,
comme la suprématie des ducs sur les bâtards royaux
pour Saint-Simon. Il se vengea drôlement, dans son
Temps retrouvé, en faisant de Bloch un « *du Rozier* »
assigné, par sa propre et incurable maladresse, à son
ghetto d'origine.

En attendant, Francis de Croisset, lui, eut une vie
plaisante et toute de ce succès qui adore se suspendre
au front des individus sans pudeur. Contrairement à
son double romanesque, il ne fut guère vaniteux, ne
traita jamais Musset de « *coco des plus malfaisants* »,
et n'exigea jamais que Marcel l'appelât « Maître ».

Rappelons, à son sujet, la plaisante remarque de
Paul Léautaud : « *Maeterlinck ne peut entrer à l'Académie parce qu'il est belge, Mme de Noailles parce
qu'elle est une femme, Porto-Riche parce qu'il est
juif, mais Croisset est certain d'être élu quoiqu'il soit
les trois...* »

De cette obsession proustienne du nom et de sa
céleste particule, doit être rapproché l'épisode de la
Recherche où le Narrateur, entrant dans le salon des
Guermantes, entend avec effroi un huissier lui demander le nom qu'il doit aboyer, et le lui donne « *aussi
machinalement que le condamné à mort se laisse attacher la tête sur le billot* » avant de l'entendre gron-
der « *comme un tonnerre obscur et catastrophique* ».
Louis-Ferdinand Céline, plus tard, en rajoutera en

résumant la *Recherche* à un vain « *Prout-Prout ma chère* ».

C'est dire que Proust dut jubiler quand, enfin, il put voir son nom sur le seul emplacement où il le trouvait supportable : la couverture d'un livre.

→ *Agrigente (Prince d'), Bloch (Albert), Naître (prince ou duc), Patronymes (et toponymes), Sans nom*

Pascal (Blaise)

Quand le Narrateur demande au marquis de Saint-Loup s'il verrait quelque ennui à leur tutoiement, ce dernier lui répond en citant le *Mémorial* de Pascal (« *Comment m'ennuyer, mais voyons ! joie ! pleurs de joie ! félicité inconnue !* »). Accordons à Saint-Loup que sa réaction lyrique lui vient d'une nature enthousiaste. Reste que Proust cite l'apologiste de la religion chrétienne pour qualifier les progrès d'une amitié – ce qui est blasphématoire dans la mesure où l'amitié, parce qu'elle est sélective, n'a jamais été une vertu chrétienne. Mettre une formule de Pascal au principe d'une déclaration d'amitié, c'est comme mettre un aphorisme de saint Augustin au fronton d'un établissement financier ou une phrase de Galilée en épigraphe de la Bible.

En vérité, Pascal est toujours malmené dans la *Recherche*.

Quand le duc de Guermantes, pour remercier Charlus d'avoir été agréable avec la marquise de Surgis-le-Duc, le prend par le bras et l'abreuve de souvenirs communs, il commence de cette manière : « *Te rap-pelles-tu le vieux père Courveau : "Pourquoi est-ce que Pascal est troublant ? parce qu'il est trou... trou... – Blé", prononça M. de Charlus comme s'il répondait encore à son professeur. – "Et pourquoi est-ce que Pascal est troublé ? parce qu'il est trou... parce qu'il est trou... – Blanc. – Très bien, vous serez reçu, vous aurez certainement une mention, et Mme la duchesse vous donnera un dictionnaire chinois."* »

Quand « tante Flora » déclare à Swann qu'elle trouve « *parfois agréable* » la lecture des journaux (laissant entendre, de cette manière, qu'elle n'a pas raté le paragraphe flatteur du *Figaro* sur l'un des tableaux de sa collection), ce dernier répond en repro-chant aux journaux « *de nous faire faire attention tous les jours à des choses insignifiantes tandis que nous lisons trois ou quatre fois dans notre vie les livres où il y a des choses essentielles* » et pérore en suggé-rant qu'on mette « *dans le journal (...) les... Pensées de Pascal !* ». Mais l'emphase ironique avec laquelle, pour ne pas sonner pédant, il détache ce titre, donne aussi, malgré Swann, le sentiment que son élégante et orgueilleuse modestie se satisfait de piétiner un livre.

D'ailleurs, dans une page sublime où il explique pourquoi « *la muse qui a recueilli tout ce que les muses les plus hautes de la philosophie et de l'art ont rejeté, tout ce qui n'est pas fondé en vérité, tout ce qui n'est que contingent mais révèle aussi d'autres lois, c'est l'Histoire* », bref, où il parle de l'Histoire comme de la voiture-balai qui récupère les artistes qui s'abî-ment et les philosophes qui décrochent, le Narrateur compare les potinages de famille aux gens qui, après avoir été sensibles à la beauté éternelle, deviennent avec l'âge les touristes de leurs propres émotions et se flattent, comme des Japonais sur la place des Grands Hommes, de poser le pied sur le « *pavé presque pensant qui recouvre la dernière poussière d'Arnauld ou de Pascal* ».

Mais, plus que tout, Proust et Pascal ont en commun la détestation des demi-habiles – c'est-à-dire des gens qui croient qu'il suffit d'être savants pour ne plus être sots. Aux antipodes de la « *compréhension instinctive* » que Proust reconnaît à Françoise, Mme Verdurin, « *persuadée que les hommes vraiment remarquables font mille folies* » (une « *idée fausse où il y a pourtant quelque vérité* »), rappelle, à son insu, que, comme dit Pascal, « *encore que les opinions du peuple soient saines, elles ne le sont pas dans sa tête, car il pense que la vérité est où elle n'est pas. La vérité est bien dans leurs opinions, mais non pas au point où ils se figurent* ».

C'est pourtant aux dépens des *Pensées* que le Narrateur affirme l'équivalence morale des phénomènes : de même que des meetings sportifs sont des motifs aussi intéressants qu'un carnaval au temps de Véronèse, « *on peut faire d'aussi précieuses découvertes que dans les Pensées de Pascal dans une réclame pour un savon* ». Étrange hommage.

Patriotisme

Ce n'est pas la sagesse, mais une germanophilie héritée de sa mère duchesse de Bavière, qui vaut au baron de Charlus de dénoncer la sottise des francophiles de son temps et de souhaiter, sinon que l'Allemagne soit victorieuse, du moins qu'elle ne soit pas écrasée. Qu'ils aient tort ou raison (c'est-à-dire, aux yeux du Narrateur, qu'ils soient pour l'Allemagne ou pour la France), les patriotes sont faits du même métal affectif : « *La logique qui les conduit est tout intérieure et perpétuellement refondue par la passion, comme celle de gens affrontés dans une querelle amoureuse ou domestique, comme la querelle d'un fils avec son père, d'une cuisinière avec sa patronne, d'une femme avec son mari.* » Même celui qui a raison « *donne parfois de son bon droit des arguments qui ne lui paraissent irréfutables que parce qu'ils répondent à sa passion* ». Bref, quand un patriote dit vrai, c'est toujours par hasard. Quand son opinion est saine, c'est une coïncidence : le patriote, qui prend son épiderme pour un critère, commet toujours l'erreur de tenir sa conviction pour une vérité – alors qu'en bonne rigueur elle devrait l'inviter au doute.

Ce faisant, cessant de penser, le patriote se conduit comme un atome : « *dans les nations, l'individu, s'il fait vraiment partie de la nation, n'est qu'une cellule de l'individu : nation. (...) Le véritable bourrage de crâne on se le fait à soi-même par l'espérance qui est un genre de l'instinct de conservation d'une nation si l'on est vraiment membre vivant de cette nation* ». Être patriote, c'est faire droit à la partie de soi-même qui est soluble dans la foule, à l'instinct grégaire qui prend les atours flatteurs d'un sentiment noble. Telle est la leçon d'un Narrateur... lui-même patriote, mais dont le patriotisme, dans un perpétuel renversement du pour au contre, se méfie de la ferveur : « *les sots sont en tous pays les plus nombreux ; nul doute que, vivant en Allemagne, les sots d'Allemagne défendant avec sottise et passion une cause injuste n'eussent irrité le baron de Charlus ; mais vivant en France, les sots français défendant avec sottise et passion une cause juste ne l'irritaient pas moins* ».

→ **Politique**

Patronymes (et toponymes)

Chaque nom propre est, pour le romancier attentif, un appel de fiction, et Proust fut particulièrement exigeant dès lors qu'il dut en choisir un afin de hâter l'existence du moindre de ses personnages. Il fallait que ce nom, d'individu ou de pays, fût déjà un placenta propice, presque la matrice d'un destin ou l'écrin d'une mémoire. Il le voulait lourd d'un onirisme possible, d'une saveur, d'une histoire qui précéderait la sienne – on pense au Flaubert de *Salammbô* confiant aux Goncourt qu'avec ce roman il voulait faire « quelque chose de pourpre ».

D'où l'extrême vigilance du Proust qui nomme. Le cas le plus intéressant concerne, précisément, *Le Côté de Guermantes*, voire le patronyme Guermantes lui-même, dont la sonorité le séduisit par « *la lumière orangée qui* (émanait) *de cette syllabe :* "*antes*" ». Il veilla ainsi, auprès de la famille Pâris, à ce que Guermantes ne fut plus que le toponyme d'un village de l'actuelle Seine-et-Marne avant de l'emprunter, comme s'il fallait qu'un nom fût nobiliairement tombé avant de mériter sa résurrection littéraire : « *Savez-vous*, écrit-il a Georges de Laurio, *si Guermantes qui a dû être un nom de gens, était déjà alors dans la famille Pâris, ou plutôt pour parler un langage plus décent, si le nom de comte ou marquis de Guermantes était un titre de parents de Pâris, et s'il est entièrement éteint et à prendre pour un litté-rateur... Connaissez-vous d'autres jolis noms de châ-teaux ou de gens ? »*

Avec Guermantes et sa « *lumière orangée* », Marcel tient donc son éclairage, une mémoire possible, le nid duveteux dans lequel il va déposer sa progéniture. Guermantes, pour lui, c'est l'analogue de Parme : « *le nom (...) m'apparaissant compact, lisse, mauve et doux, si on me parlait d'une maison quelconque de Parme dans laquelle je serais reçu, on me causait le plaisir de penser que j'habiterais une demeure lisse, compacte, mauve et douce, qui n'avait de rapport avec les demeures d'aucune ville d'Italie puisque je l'imaginais seulement à l'aide de cette syllabe lourde de nom de Parme, où ne circule aucun air, et de tout ce que je lui avais fait absorber de douceur stendha-lienne et du reflet des violettes* ».

Il en va de même pour Florence qui s'impose à lui comme « *une ville miraculeusement embaumée et semblable à une corolle, parce qu'elle s'appe-lait la cité des lys et sa cathédrale, Sainte-Marie-des-Fleurs* ». Même opération mentale pour Balbec : « *Quant à Balbec, c'était un de ces noms où comme sur une vieille poterie normande qui garde la cou-leur de la terre d'où elle fut tirée, on voit se peindre encore la représentation de quelque usage aboli, de quelque droit féodal, d'un état ancien de lieux, d'une manière désuète de prononcer qui en avait formé les syllabes hétéroclites et que je ne doutais pas de retrouver jusque chez l'aubergiste qui me servirait du café au lait à mon arrivée, me menant voir la mer déchaînée devant l'église, et auquel je prêtais l'as-*

pect disputeur, solennel et médiéval d'un personnage de fabliau. »

On parvient ici, par des chemins hautement poétiques, au cœur alchimique de la création proustienne, comme en témoignent ces lignes magiques :

> « *comment choisir plus qu'entre des êtres individuels, qui ne sont pas interchangeables, entre Bayeux si haute dans sa noble dentelle rougeâtre et dont le faîte était illuminé par le vieil or de sa dernière syllabe ; Vitré dont l'accent aigu losangeait de bois noir le vitrage ancien ; le doux Lamballe qui, dans son blanc, va du jaune coquille d'œuf au gris perle ; Coutances, cathédrale normande, que sa diphtongue finale, grasse et jaunissante, couronne par une tour de beurre ; Lannion avec le bruit, dans son silence villageois, du coche suivi de la mouche ; Questambert, Pontorson, risibles et naïfs, plumes blanches et becs jaunes éparpillés sur la route de ces lieux fluviatiles et poétiques ; Bénodet, nom à peine amarré que semble vouloir entraîner la rivière au milieu de ses algues, Pont-Aven, envolée blanche et rose de l'aile d'une coiffe légère qui se reflète en tremblant dans une eau verdie de canal ; Quimperlé, lui, mieux attaché et, depuis le Moyen Âge, entre les ruisseaux dont il gazouille et s'emperle en une grisaille pareille à celle que dessinent, à travers les toiles d'araignées d'une verrière, les rayons de soleil changés en pointe émoussées d'argent bruni* ».

D'une manière plus générale, Marcel hésitait beaucoup avant de s'arrêter sur le son du nom élu, surtout lorsqu'il s'agit d'êtres humains. Elyane Dezon-Jones signale, dans son introduction au premier volume du *Côté de Guermantes* (édition Garnier-Flammarion de 1987), que le choix définitif d'un nom propre a souvent été précédé de tergiversations (nourries par ses lectures de Saint-Simon, de Tallemant des Réaux ou de la correspondance de la Princesse Palatine), ce dont les manuscrits proustiens conservent la trace.

Ainsi Norpois se nomma Montfort ; Charlus fut successivement un Guercy puis un Fleurus ; Jupien naquit sous le nom de Borniche et ne dut son nom ultime qu'à la « jupe » qui semblait convenir à ses mœurs et à sa profession de giletier ; Saint-Loup fut baptisé Jacques ou Charles de Montargis ; Oriane de Guermantes fut une Rosemonde de Guermantes ; Basin de Guermantes, quant à lui, accéda à sa propre fiction sous le prénom d'Astolphe ; Albertine fut une Marion ; Balbec fut d'abord Querqueville puis Bricquebec ; et le nom Guermantes lui-même fut précédé de Villebon et de Garmantes...

À propos de la distinction toponyme/patronyme, la charmante anecdote de Céleste demandant à Marcel pourquoi on ne dit pas « Du côté de chez Guermantes » alors que « Monsieur » a publié un *Du côté de chez Swann* : « *parce que le nom des gens, chère Céleste, n'est pas un nom de lieu* », répondit naturellement Marcel. Réponse prévisible, certes. Mais, dès lors que l'on s'engage dans la poétique proustienne, est-ce bien certain ?

→ *Kabbale, Onomastique, Palimpseste, Particule élémentaire, Véritable origine (de Charlus)*

Pavés

Qu'est-ce qu'un souvenir sonore ? La vibration prolongée d'une solitude environnante à laquelle répond « *un choc (...) redoublé de silence et d'immobilité* ». Le frissonnement languide qui continue d'ébranler les murs après le passage de la tempête. L'écho d'une fanfare enfin, émietté et pulvérulent, « *tenu en suspens sur les pavés de la ville* ».

Car les pavés sont les caisses de résonance favorites du souvenir sonore. Doivent-ils ce privilège au *staccato* des sabots dont la discontinuité, tempérée par le rythme, donne l'impression que la voiture roule plus rapidement, « *plus doucement, sans bruit, comme quand les grilles d'un parc s'étant ouvertes on glisse sur les allées couvertes d'un sable fin ou de feuilles mortes* » ? Peut-être. Le fait est que les pavés sont toujours associés par le Narrateur à une exaltation qui, à Paris comme à Venise ou à Doncières, lui donne le sentiment de bondir quand il marche : « *chacun de mes pas, après avoir touché un pavé de la place, rebondissait, il me semblait avoir aux talons les ailes de Mercure* », et surtout quand il trébuche : « *au cri du wattman je n'eus que le temps de me ranger vivement de côté, et je reculai assez pour buter malgré moi contre des pavés assez mal équarris derrière lesquels était une remise. Mais au moment où, me remettant d'aplomb, je posai mon pied sur un pavé qui était un peu moins élevé que le précédent, tout mon découragement s'évanouit devant la même félicité qu'à diverses époques de ma vie m'avaient donnée la vue d'arbres que j'avais cru reconnaître dans une promenade en voiture autour de Balbec, la vue des clochers de Martinville, la saveur d'une madeleine trempée dans une infusion, tant d'autres sensations dont j'ai parlé et que les dernières œuvres de Vinteuil m'avaient paru synthétiser. Comme au moment où je goûtais la madeleine, toute inquiétude sur l'avenir, tout doute intellectuel étaient dissipés ».*

Il n'est pas anodin, mais évident, que ces gardiens mal taillés d'une mémoire auditive soient également ceux qui, les premiers, chassent définitivement en lui le sentiment de la vanité de son existence et délivrent au Narrateur la clef de ses joies et le fin mot de son travail.

« Ô privilège du génie ! Lorsqu'on vient d'entendre un morceau de Mozart, disait Guitry, le silence qui lui succède est encore de lui. »

Perdu

Le premier personnage de Proust à partir, littéralement, à la recherche du temps perdu n'est pas le Narrateur mais son père féru de météorologie, constamment équipé d'un baromètre et portant aux nues les conversations (que les imbéciles trouvent ennuyeuses) sur le *temps qu'il fait*. Mais le père est également un homme-boussole qui retrouve, comme par miracle, au cours des promenades dont il annonce ainsi le terme, la porte du jardin…

Et si, pareil à Socrate qui se prétendait « sage-femme » comme sa mère (à cette différence près qu'une accoucheuse soigne le corps des femmes tandis qu'un philosophe donne le jour à l'esprit des hommes), le Narrateur exerçait, au fond, la même

activité que son père ? Et si la *Recherche*, cette volu-
mineuse robe taillée pour les épaules de sa mère, était
aussi le roman reconnaissant d'un fils qui, sans aimer
son père outre mesure, aurait transposé dans le temps
la maîtrise paternelle de l'espace ?

Qu'est-ce qu'*À la recherche du temps perdu*, sinon
une méthode pour s'orienter dans la durée comme le
père du Narrateur parvient à retrouver son chemin, et
sauver un phénomène de l'oubli comme le père, semblant « *l'avoir sorti de son veston avec sa clef* », fait
apparaître la porte du jardin sous les yeux ébahis de
son garçonnet ? Toute chose – coin de nature, bout
de jardin, heure du passé, parfum d'aubépine, bruit de
pas ou « *bulle formée contre une plante aquatique par
l'eau de la rivière* » – est perdue ou promise à l'être
tant qu'un sorcier (c'est-à-dire un écrivain) n'a pas
réussi, comme son père en promenade, à lui faire traverser « *tant d'années successives, tandis qu'alentour
les chemins se sont effacés et que sont morts ceux qui
les foulèrent et le souvenir de ceux qui les foulèrent* ».

Le temps perdu... Père-du, dirait Lacan, non sans
raison pour une fois. « *Je suis perdu !* », murmure le
Narrateur comme par hasard quand le père fait son
apparition dans la cage d'escalier où il s'était élancé
pour obtenir le baiser de « maman ». Petit Marcel ne
croit pas si bien dire car, l'instant d'après, il devra à
son père le cadeau empoisonné d'une nuit à côté de sa
mère : « *Mais va donc avec lui, puisque tu disais justement que tu n'as pas envie de dormir, reste un peu
dans sa chambre, moi je n'ai besoin de rien. – Mais,
mon ami, répondit timidement ma mère, que j'aie
envie ou non de dormir, ne change rien à la chose, on
ne peut pas habituer cet enfant... – Mais il ne s'agit
pas d'habituer, dit mon père en haussant les épaules,*

tu vois bien que ce petit a du chagrin, il a l'air désolé, cet enfant ; voyons, nous ne sommes pas des bourreaux ! » Rien n'est moins sûr.

Comment rembourser une telle dette ? Où payer ? Et combien ?

« *J'aurais dû être heureux : je ne l'étais pas.* » On le comprend.

→ **Dibbouk, Météo, Phrase (la petite)**

Perse

« Un poète persan dans une loge de portier… » Tel fut le diagnostic de Barrès sur Proust (juste avant le fameux « c'était notre jeune homme » que la postérité a plus volontiers retenu) le jour de son enterrement…

Sur ce mot – « persan » –, les proustiens versés dans la psychologie des grandes profondeurs divaguent à loisir. Car le thème « Perse » est, dans la *Recherche*, aussi présent qu'instructif, depuis le tableau « familial » de Francken le Jeune représentant le mariage d'Esther et Assuérus au vitrail de Combray qui transpose une Perse rêvée au cœur de la francité mérovingienne, des *Mille et Une Nuits* (dont Proust célèbre cent fois l'influence qu'elles eurent sur lui) à la princesse de Sagan qui, sur la Côte normande, habite dans « une villa perse ». Rappelons, de plus, que le paillasson de l'hôtel de Guermantes a pour motif un minaret et des palmiers ; que Charlus prend parfois la grande allure d'un « calife de Bagdad » ; que le prénom « Oriane » contient un début d'Orient ; et que, de la lanterne magique de Combray à la lampe d'Aladin d'où jaillissent les étoffes de Fortuny, le « Levant » est sans cesse présent dans l'œuvre du Proust qui vécut couché. Le nom de Balbec lui-même, dès sa première occurrence, est qualifié de « *presque persan* » et aussitôt associé à l'évocation du Baalbek libanais...

Par ailleurs, les Perses, grands persécuteurs de Juifs, furent mobilisés au service de vaticinations proustologiques plus douteuses : Marcel ne fut-il pas conçu au retour du périlleux voyage d'Adrien Proust en Perse ? Et « persan » ne peut-il s'entendre « perçant », voire « père-sans » – ce qui, on en conviendra, fait écho au mythe d'Œdipe et au désir de Marcel de faire couple, sans paternelle présence, avec sa mère ?

D'aucuns iront même jusqu'à observer que le médecin de Mme Proust porte le patronyme de « *Percepied* » – où Œdipe se signale par deux fois : *via* le pied blessé et les yeux percés –, qui redit cette Perse fantasmée, territoire des onguents magiques et des remèdes aux maux incurables. Prudents, nous choisirons de voguer avec scepticisme sur cet océan de signifiants bavards.

→ *Balbec au Liban, Esther, Étymologie, Lanterne magique, Onomastique*

Petites perceptions

La passion du Narrateur pour les vétilles qui l'entourent est, au détail près, l'équivalent littéraire de la théorie leibnizienne des « petites perceptions ».

Au cours d'une soirée chez la princesse de Guermantes, à laquelle, n'étant pas certain d'avoir été invité, il se rend à reculons, le Narrateur, d'abord distrait par les manœuvres qu'il doit faire pour être présenté aux hôtes des lieux, retrouve soudain son attention devant le jet d'eau d'Hubert Robert dont la continuité linéaire et dense, qui donne « *à distance l'impression d'un unique élan* », recouvre, en réalité, mille gouttelettes éparses apparemment imperceptibles mais inconsciemment perçues. Comme l'écrit Leibniz, « il faut bien qu'on entende les parties qui composent ce tout... quoique chacun de ces petits bruits ne se fasse connaître que dans l'assemblage confus de tous les autres ensemble ».

Inaccessibles aux cartésiens (qui ne comptent pour rien ce dont on ne s'aperçoit point), les « petites perceptions » de Leibniz désignent la matière première de nos synthèses, tout ce qu'on voit sans savoir qu'on le voit, la nouveauté sous l'habitude, le « détail sans bornes » sous chaque généralité, la goutte sous la vague, en un mot, le « je ne sais quoi qui enveloppe l'infini » ; de son côté, comme on retrouve la mémoire après un long étourdissement, ou comme un palais délié perçoit les saveurs infimes d'un alcool fort, l'œil désintéressé du Narrateur s'attarde sur les objets que l'usage dédaigne, les sentiments assoupis par la coutume et chacune des voix qui composent une rumeur. Au tumulte des « vagues innumérables » chères à Leibniz, dont le murmure confus témoigne d'une infinie variété de perceptions, correspond, chez Proust, « *le bruit distinctement perçu de chaque flot* » dont l'effondrement « *dans sa douceur et dans sa netteté* » contient « *quelque chose de sublime* ».

Leibniz rêve d'un monde en transparence ; Proust recherche l'éternité des sensations – et pour ces deux pédagogies du regard, le savoir est d'abord un amalgame d'impressions troubles que l'univers dépose en nous comme autant de diamants à tailler. « En conséquence de ces petites perceptions, dit Leibniz, le présent est plein de l'avenir et chargé du passé, tout est conspirant et, dans la moindre des substances, des yeux aussi perçants que ceux de Dieu pourraient lire la suite des choses de l'univers. » Le Narrateur n'en demande pas tant. L'avenir l'intéresse moins que le présent : il lui suffit de découvrir une qualité commune à deux émotions, le visage d'une femme sous la figure d'un baron et les « *lois d'un art secret* » dans une scène de la vie quotidienne.

→ *Harmonie (préétablie)*

Photographie

Ses visiteurs le savent : Proust est assommant avec sa manie d'exhiber ses collections de photos à quiconque vient lui tenir compagnie à Cabourg ou dans l'un de ses trois domiciles parisiens. Et les récits sont innombrables qui détaillent son besoin frénétique d'avoir sous la main, sans cesse, les photos des siens ou de ceux qu'il admire, qu'il s'agisse d'un éphèbe anglais rencontré la veille, d'un quasi-inconnu ou de la tragédienne Réjane – dont le portrait fut la première pièce de sa collection.

Cette manie, chez lui, rejoignit vite l'obsession, le culte bizarre, voire une passion dont l'emprise jamais ne le lâcha, et qui embrasse bien des aspects de son existence. Offrir son portrait, en demander à des intimes ou à de vagues relations mondaines, en enrichir sans cesse ses reliquaires, rendre de fréquentes visites à Otto, le portraitiste de la rue Royale, n'est pas seulement un trait pittoresque de son caractère – comme l'habitude de donner des pourboires excessifs ou d'enfiler ses pelisses l'une sur l'autre –, mais une disposition plus profonde de son tempérament et de son art.

De fait, la photographie (dont l'essor coïncide avec le déploiement de la *Recherche*) est l'analogue mécanique de la technique proustienne : par son aptitude à retenir le temps, à figer « *l'instantané de ce qui dure chez un être* » (lettre à Mme Straus), elle accomplit à sa manière ce que Marcel traque par l'écriture. D'où la native complicité de l'écrivain, de ces « plaques ultra-sensibles » que sont le corps et la mémoire involontaire, et des plaisirs de résurrection que l'artiste peut y empocher. « *Il en est des plaisirs comme des photographies. Ce qu'on prend en présence de l'être aimé n'est qu'un cliché négatif, on le développe plus tard, une fois chez soi, quand on a retrouvé à sa disposition cette chambre noire intérieure dont l'entrée est "condamnée" tant qu'on voit du monde.* »

À cet égard, le lexique proustien en dit déjà beaucoup : combien, dans cette prose, d'« *impressions* », de « *clichés* », de « *fixages* » ? Sans parler de cette fameuse « *chambre noire* » (Roland Barthes, lui, parlait de « chambre claire ») qui désigne à la fois la mémoire, la transfiguration par l'art et la cellule close aux murs de liège où Marcel « développa » les négatifs de son existence.

Le monde s'imprime vainement, une première fois, sur la plaque ultra-sensible nommée Marcel avant de s'enrichir des saveurs, des couleurs, des sensations, que seul autorise le labeur dans la chambre noire du *Temps retrouvé*.

On ne s'étonnera guère, dès lors, que les photos tiennent, dans la *Recherche*, un rôle éminent d'accélérateur d'intrigue, et que plusieurs épisodes majeurs s'articulent autour de certaines d'entre elles : quand Gilberte veut reconquérir Saint-Loup, elle se procure des portraits de cette Rachel dont elle le croit encore épris ; c'est une photo qui sert de prétexte à l'étonnement du même Saint-Loup lorsque le Narrateur lui fait l'aveu de sa passion pour Albertine (« *C'est ça la jeune fille que tu aimes ?* ») dont les traits évoquent ceux, très mêlés, d'une fille et d'un garçon ; lors de sa dernière visite chez les Guermantes, Swann offre à la duchesse une photographie géante d'un bas-relief représentant les Chevaliers de l'ordre de Malte ; et c'est enfin grâce à une photo jadis entrevue chez son grand-oncle Adolphe, puis revue sous forme d'aquarelle dans l'atelier d'Elstir, que le Narrateur comprend qu'Odette, la « *dame en rose* » et « *Miss Sacripant* » forment une seule et même personne.

« Chaque photographie est un miroir qui se souvient », écrivit Montesquiou – qui, lui-même, connut sa dernière passion en voyant un portrait du jeune prince Sevastos. Et, en effet, ces miroirs sont des machines à restituer le passé, tel qu'il fut, tel qu'on l'ignorait sans elles, et tel qu'il demeurerait sans la métamorphose romanesque qu'elles enclenchent.

Mais, d'un autre côté, ce sont aussi des machines capables de hâter de puissantes profanations.

Deux épisodes illustrent ce dernier point.

L'un – qui fit scandale – appartient à l'œuvre elle-même et concerne la photographie de Vinteuil, sur laquelle l'amie de sa fille, lors d'une visite à Montjouvain, ose cracher.

L'autre, également scabreux, appartient à la vie de Proust qui, selon certains, ne se rendait jamais dans le bordel de Le Cuziat, rue de l'Arcade, sans les photographies d'êtres chers, comme sa mère ou la comtesse Greffulhe. Une fois installé derrière son miroir sans tain, d'où il pouvait jouir par le regard, il disposait ses portraits de telle sorte que leur soit infligée, à eux aussi, une dose de souillure. D'après Maurice Sachs – mais faut-il croire Maurice Sachs ? –, Proust demanda même, un jour, à un garçon boucher qui y louait ses faveurs, de cracher sur le portrait de Jeanne Proust. Céleste Albaret a toujours nié la possibilité d'un tel sacrilège. Mais Céleste, il est vrai, refusait aussi bien de croire que « Monsieur » fréquentait ces « *vilains établissements* ».

→ **Barthes (Roland), Cliché, Dernière photo, Œil (Histoire de l'), Profanation**

Phrase (la petite)

La petite phrase de la sonate de Vinteuil qui (c)hante l'ensemble d'*À la recherche du temps perdu* évoque tantôt la mauve agitation des flots « *que bémolise le clair de lune* », la passante dont celui qui la croise ignore où elle fuit, l'arc-en-ciel qui éclate avant de s'éteindre, le décalage entre un amour et les qualités objectives de la jeune femme qu'il prend pour souffre-douleur, les mille petits baisers que les amants se donnent en riant, la dilution des soucis matériels en une réalité supérieure aux choses concrètes, la lumière d'une lampe qui efface soudain jusqu'au souvenir de l'obscurité, les becs de gaz qu'on éteint boulevard des Italiens, la trace indélébile de la sécheresse de la vie…

Comment cinq notes parviennent-elles à dire tant de choses ? À quelle grâce – ou quel malentendu – une mélodie doit-elle d'être à la fois si précise et tellement vaste ? Comment une phrase sans mots devient-elle le langage commun de la tristesse, de l'amour, de la joie ?

Est-ce d'être l'ectoplasme qui, par inconsistance, épouse la forme de l'émotion qu'il accompagne, tel un vêtement de ville qui, bien repassé, convient aussi aux mondanités ? Ce serait réduire la petite phrase à un ornement, et la musique à une distraction – ou pire : à une consolation.

Est-ce de parler, à mots couverts, une langue secrète dont l'acuité tient précisément à son caractère évasif, et qui devient immatérielle à mesure qu'elle s'incarne ?

Car les mots font défaut (et les notes prennent le pouvoir) non quand on est imprécis, mais au contraire quand ce qu'il faudrait dire est tellement singulier qu'on ne lui trouve aucun équivalent. Manquer de mots, c'est reconnaître implicitement l'impuissance du langage à saisir la réalité dont il nous sépare à coups de généralités – comme l'intelligence nous éloigne du monde par les moyens qu'elle nous donne de le connaître. « Nous ne voyons pas les choses mêmes, nous voyons les étiquettes qu'on a posées sur elles, écrit Bergson. (…) Le mot, qui ne note de la chose que sa fonction la plus commune et son aspect banal, s'insinue entre elle et nous, et en masquerait la forme à nos yeux si cette forme ne se dissimulait déjà derrière les besoins qui ont créé le mot lui-même. » Autrement dit : le réel excède les mots pour le dire ; l'existence est d'une étoffe qu'aucune généralité n'est en mesure de caresser ; la vie de chaque instant mérite mieux que les ustensiles du quotidien. L'humble trésor musical (fût-il légèrement obscurci par le texte d'une chanson) délesté de l'obligation d'avoir un sens ou de représenter quoi que ce soit, jaillissant à l'insu des paroles elles-mêmes, donne le jour à l'inestimable singularité d'une réalité littéralement inouïe, sans réplique et sans miroir, dont la floraison transcende l'intelligible et l'objectif au profit de l'inhumanité du monde.

« *De même*, dit le Narrateur, *que certains êtres sont les derniers témoins d'une forme de vie que la nature a abandonnée, je me demandais si la musique n'était pas l'exemple unique de ce qu'aurait pu être – s'il n'y avait pas eu l'invention du langage, la formation des mots, l'analyse des idées – la communication des âmes. Elle est comme une possibilité qui n'a pas eu de suites ; l'humanité s'est engagée en d'autres voies, celle du langage parlé et écrit.* » À la différence des mots qui parlent pour ne rien dire, pareil au baron de Charlus redressant la taille, affichant une expression de prophète, foudroyant de regards enflammés les retardataires « *assez indécents pour ne pas comprendre que l'heure était maintenant au Grand Art* » et dont les jacassements souillent la musique de son amant, le silence des hommes est un sacrement dont la musique a besoin pour prendre la parole, les notes exigent que cessent les bavardages pour que leur succession transcende la discontinuité du quotidien et donne à entendre, enfin, ce que Bergson appelle « la mélodie ininterrompue de notre vie intérieure ».

Aux dédits du langage et à ses lieux communs, la musique objecte une communication intuitive, un retour à l'inanalysé comme à l'harmonie qui précède la forme, et que chacun est forcément libre d'interpréter comme il l'entend – ou comme ça lui chante.

Loin d'être l'ornement labile de toutes les émotions, la petite phrase de Vinteuil est l'ambassadrice de nos mutismes, l'interprète adéquat des mille et une nuances d'un sentiment singulier, l'émissaire en exil d'un monde révolu – le nôtre, mais enfin débarrassé de la tentation de prendre ses désirs pour des réalités. La petite phrase vient d'ailleurs, c'est-à-dire d'ici, d'« *un monde*, écrit Proust, *pour lequel nous ne sommes pas faits* », du paradis toujours déjà perdu par les hommes déchirés entre le souvenir du bonheur et l'espoir d'y parvenir. « *Chaque artiste semble ainsi comme le citoyen d'une patrie inconnue, oubliée de lui-même, différente de celle d'où viendra, appareillant pour la terre, un autre grand artiste.* » Aux antipodes d'une existence infestée d'images, de reflets et des rêves éveillés qui, pour en conjurer l'âpreté, en diluent également la saveur, le pays sage de la musique donne le jour à l'unique réalité sans réplique dont l'épreuve est, indifféremment, douleur et joie.

Si, comme Morel y excelle avec son violon et comme Odette s'y essaie maladroitement au piano, la petite phrase se déchiffre mais ne s'explique pas, si elle bouleverse Swann comme le Narrateur en étant à la fois l'hymne de leur amour et la compagne de l'abandon, si elle décrit « *la vanité de ce bonheur dont elle montre la voie* », c'est que, tel un vampire à l'aube, comme l'amertume que laisse au

cœur du rêveur le souvenir évanescent des personnages abolis par le réveil, comme un chef-d'œuvre
qui balaie toutes les règles pour en produire de nouvelles, comme la fumée de cigarette que le voyageur
n'a pas eu le temps de cracher avant que la porte du
train ne se referme, comme les poils d'un mort qui
demeurent dans les lames du rasoir dont il se servait
tous les matins, ou bien les gens qui marchent dans
la rue avec un air décidé sans pourtant savoir où ils
vont, la petite phrase décrit le miracle d'une intuition
qui survit à son exécution – c'est-à-dire à son *interprétation*.

« *En sa petite phrase*, ajoute Proust, *quoiqu'elle
présentât à la raison une surface obscure, on sentait
un contenu si consistant, si explicite, auquel elle donnait une force si nouvelle, si originale, que ceux qui
l'avaient entendue la conservaient en eux de plain-pied
avec les idées de l'intelligence.* » L'anamnèse musicale n'est pas un retour en arrière mais, à l'inverse, la
découverte impérative, fulgurante et inoubliable, qu'au
sein du temps à l'état pur, les hommes sont les contemporains de toutes leurs émotions. Par-delà mensonge
et vérité, loin de l'espoir comme du regret, la petite
phrase est la rivière qu'on ne voit pas mais dont un
rideau de peupliers dessine le cours, la promeneuse
que masque le rideau d'une cascade, l'esclave dont les
chaînes font saillir les muscles, la prisonnière d'une
sonate elle-même enfermée dans un septuor : une singularité charnue, aérienne et malléable, un morceau
disperdu dans l'univers des lieux communs, un point
si simple qu'aucune phrase de mots, fût-elle interminable, n'en fait jamais le tour, bref : un souvenir du
présent. Une défaite de l'écriture, d'où naît l'art d'être
surpris par ce à quoi on s'attend.

Peu importe de savoir si le véritable auteur de la petite phrase s'appelle Fauré, Debussy, Mozart ou César Franck. Une telle question revient à remplacer l'étonnement par la curiosité, la candeur par l'érudition. La petite phrase plaît à tous – même, à leur grande surprise, aux mondains dont le concert de Morel n'est que l'occasion de recruter pour leurs propres raouts – car, loin de flotter entre ciel et terre, elle explore, exauce et nourrit l'intimité.

La sonate embrasse toutes les émotions par excès de précision et non de généralité : la théophanie mélodique prend tout, ne survole rien, exprime tout ce qu'elle prend et transforme chaque phénomène, voire chaque souvenir, en l'énigme nourricière d'un bonheur « *noble, inintelligible et précis* », offerte à qui saura la résoudre. Plus elle précise nos sensations, plus elle ouvre l'âme, plus elle le fouille, plus elle dilate le monde. L'universel qu'elle met en œuvre n'a rien à voir avec la constance d'un théorème ou la généralité d'une opinion, mais repose sur la découverte en soi, propre à chacun, d'une originalité qui élargit la pensée. La petite phrase n'est pas de l'espéranto, mais de la poésie : aux antipodes d'une langue universelle ou d'une grammaire générale, dont l'établissement repose sur l'utopie d'une concorde acquise par la réduction des différences, la petite phrase est une finalité sans fin, un langage rétif à la transposition, tissé de signifiants sans signifiés, qui, loin de se donner immédiatement à comprendre à tous, accomplit le tour de force bien supérieur d'être accessible à celui qui, pourtant, n'y est pas préparé et n'en connaît pas l'alphabet.

On la croise toujours par hasard, mais on l'éprouve chaque fois comme nécessaire : en témoigne le fait qu'elle surgisse au détour de la *Recherche*, telle la petite porte de derrière du jardin de Combray que le père du narrateur semble avoir sortie de sa poche, « *comme, dans un pays qu'on ne croit pas connaître et qu'en effet on a abordé par un côté nouveau, lorsque, après avoir tourné un chemin, on se trouve tout d'un coup déboucher dans un autre dont les moindres coins vous sont familiers, mais seulement où on n'avait pas l'habitude d'arriver par là, on se dit : "Mais c'est le petit chemin qui mène à la petite porte du jardin de mes amis X... ; je suis à deux minutes de chez eux", et leur fille est en effet là qui est venue vous dire bonjour au passage ; ainsi, tout d'un coup, je me reconnus, au milieu de cette musique nouvelle pour moi, en pleine sonate de Vinteuil ; et, plus merveilleuse qu'une adolescente, la petite phrase, enveloppée, harnachée d'argent, toute ruisselante de sonorités brillantes, légères et douces comme des écharpes, vint à moi, reconnaissable sous ces parures nouvelles* ».

→ **Bergson (Henri), Perdu**

Phrase (la longue)

On s'engage dans la plus longue phrase de la *Recherche* comme sur un toboggan : la tête tourne, on oublie vite ses repères, on s'accroche ici à ce « *cadre de soleil sectionnant l'atmosphère* », là à un coussin ou à un porte-bouquets, mais rien n'y fait, on se perd, on se grise, on reprend ses esprits et, quand cesse le tourbillon, on regrette que le vertige n'ait finalement duré que pendant 394 mots et 2 417 caractères (espaces compris)...

« *Canapé surgi du rêve entre les fauteuils nou-*
veaux et bien réels, petites chaises revêtues de
soie rose, tapis broché de table à jeu élevé à la
dignité de personne depuis que, comme une per-
sonne, il avait un passé, une mémoire, gardant
dans l'ombre froide du quai Conti le hâle de l'en-
soleillement par les fenêtres de la rue Montalivet
(dont il connaissait l'heure aussi bien que
Mme Verdurin elle-même) et par les baies des
portes vitrées de Doville, où on l'avait emmené
et où il regardait tout le jour, au delà du jardin
fleuri, la profonde vallée, en attendant l'heure où
Cottard et le flûtiste feraient ensemble leur par-
tie ; bouquet de violettes et de pensées au pastel,
présent d'un grand artiste ami, mort depuis, seul
fragment survivant d'une vie disparue sans lais-
ser de traces, résumant un grand talent et une
longue amitié, rappelant son regard attentif et
doux, sa belle main grasse et triste pendant qu'il
peignait ; incohérent et joli désordre des cadeaux
de fidèles, qui ont suivi partout la maîtresse de la
maison et ont fini par prendre l'empreinte et
la fixité d'un trait de caractère, d'une ligne de
la destinée ; profusion des bouquets de fleurs, des
boîtes de chocolat, qui systématisait, ici comme
là-bas, son épanouissement suivant un mode de
floraison identique ; interpolation curieuse des
objets singuliers et superflus qui ont encore l'air
de sortir de la boîte où ils ont été offerts et qui
restent toute la vie ce qu'ils ont été d'abord, des
cadeaux du Premier Janvier ; tous ces objets
enfin qu'on ne saurait isoler des autres, mais qui
pour Brichot, vieil habitué des fêtes des Verdurin,

avaient cette patine, ce velouté des choses aux-
quelles, leur donnant une sorte de profondeur,
vient s'ajouter leur double spirituel ; tout cela
éparpillait, faisait chanter devant lui comme
autant de touches sonores qui éveillaient dans
son cœur des ressemblances aimées, des rémi-
niscences confuses et qui, à même le salon tout
actuel, qu'elles marquetaient çà et là, décou-
paient, délimitaient, comme fait par un beau jour
un cadre de soleil sectionnant l'atmosphère, les
meubles et les tapis, et la poursuivant d'un cous-
sin à un porte-bouquets, d'un tabouret au relent
d'un parfum, d'un mode d'éclairage à une pré-
dominance de couleurs, sculptaient, évoquaient,
spiritualisaient, faisaient vivre une forme qui
était comme la figure idéale, immanente à leurs
logis successifs, du salon des Verdurin. »

Cela dit, et contrairement à une légende tenace, Marcel n'écrit pas toujours long. Jean-Yves Tadié, précieux géomètre, estime même que les deux tiers des phrases proustiennes sont brèves et tintent comme celles des stylistes du xviiie siècle.

À titre d'exemple, il cite celle-ci, qui l'émeut (bien qu'elle soit plus longue qu'il ne le prétend) : « *Là où la vie emmure, l'intelligence perce une issue* ». Ou bien celle-ci, peut-être la plus courte de toute la *Recherche* : « *Bouleversement de toute ma personne.* » Pourtant, rien n'y fait : la légende du Proust-trop-long est tenace.

Citons, pour conclure, cette description définitive de la phrase proustienne par Paul Morand – qui, à cette occasion, force sa nature en essayant, sans y parvenir, de fabriquer autant de méandres que son antimodèle dans l'ordre du style :

« *Cette phrase chantante, argutieuse, raison-neuse, répondant à des objections qu'on ne songerait pas à formuler, soulevant des diffi-cultés imprévues, subtile dans ses déclics et ses chicanes, étourdissante dans ses parenthèses qui la soutiennent comme des ballons, vertigineuse par sa longueur, surprenante par son assurance cachée sous la déférence, et bien construite mal-gré son décousu, vous engaine dans un réseau d'incidents si emmêlés qu'on se serait laissé engourdir par sa musique si l'on n'avait été sol-licité soudain par quelque pensée d'une profon-deur inouïe ou d'un comique fulgurant.* »

→ **Cliché, Flaubert (Gustave), Métaphore, Style (et gastronomie)**

Plantevignes (ou l'autre Marcel)

Le Bottin proustien accorde peu d'importance à l'infortuné Marcel Plantevignes qui, pendant trois étés, fut pourtant le confident, le giton et le souffre-douleur de Marcel au Grand Hôtel de Cabourg – et cela semble parfaitement injuste.

Certes, ce pauvre garçon, dragué sur la digue, est en extase perpétuelle devant le beau parleur qui lui fait la leçon dans sa chambre. Il n'a pas le charme d'un Reynaldo Hahn ni le panache d'un Bertrand de Fénelon, et même si, comme Proust le note dans son

Carnet de 1908, « *il est meilleur d'aimer ce qui est du pays* », il n'a même pas eu la chance de posséder un physique aussi avantageux que celui de certains liftiers ou secrétaires.

Mais cet « autre Marcel » est toujours enveloppé d'une « *écharpe de jeune fille* » (est-ce une allusion à son vêtement ? Aux jeunes garçons qui l'escortent ?). De plus, délicat, il attendit sa fin de vie (en 1966, soit trois ans avant sa mort) pour rentabiliser son intimité passée avec l'auteur de la *Recherche*, en publiant un volume de 685 pages (*Avec Marcel Proust. Causeries – Souvenirs sur Cabourg et le boulevard Haussmann*) qui est une mine de détails et de naïvetés. Proust ira même jusqu'à le provoquer en duel – enfin, il provoqua son père, avant d'y renoncer... – à la suite d'une sombre affaire de médisances devant lesquelles Plantevignes ne se serait pas montré aussi chevaleresque qu'il l'aurait dû.

Malgré ce passif, fatal pour qui voudrait accéder à une postérité digne de ce nom, « l'autre Marcel » (c'est ainsi qu'il s'autodésignait) aurait eu plus d'un titre à faire valoir pour entrer dans la confrérie des proustiens labélisés. Ainsi, pendant trois étés, Proust ne le nomma que « *Prince Fantaisie* » – ce qui, après tout, n'est pas rien. Notons surtout que Plantevignes avait un faible pour la mauvaise poésie, dont la muse lui dictait d'abondants clichés. C'est dans ce contexte qu'il lut un soir, à voix haute, sa composition de la semaine : il s'agissait d'un sonnet insipide dont le titre – *À l'ombre des jeunes filles et de leurs confidences fleuries* – retint pourtant l'attention de son unique auditeur. On connaît la suite...

Dans son volumineux livre de souvenirs, Plantevignes exagère démesurément le rôle qu'il tint dans la vie de Marcel (qui fut l'unique phare de sa terne existence), et sans doute réaménage-t-il sa mémoire en y injectant beaucoup de mensonges rétrospectifs – mais n'est-ce pas la loi du genre ?

Dans sa *Colombe poignardée*, Pietro Citati compare Plantevignes au Gustav Janouch qui, à la même époque, était le confident un peu benêt de Kafka, et cette comparaison n'est pas infondée. Les grands esprits ont souvent besoin, à leurs côtés, d'un esprit de moindre envergure qui en rajoutera inévitablement à titre posthume. C'est pourtant dans ce genre de livres, mal fichus et enflés, qu'on entend le mieux la vraie voix du champion qui sut embellir la petite existence de leurs auteurs.

→ *Duel*

Plotin

Que nul n'entre dans la *Recherche* s'il est géomètre.

La beauté y est affaire de connaissance, mais elle n'est ni l'ancillaire du vrai ni le résultat (comme chez Platon) d'une symétrie soluble dans l'explication. Reste l'énigme souveraine, l'étrange éclat de ce qui existe et qu'à ce titre on ne saurait expliquer sans en perdre la saveur.

Chaque page de la *Recherche* traduit en mots des émotions indicibles. Ce qui fait de Proust sinon le disciple de Plotin, en tout cas un écrivain de la même école. Car Plotin – philosophe néoplatonicien du IIIe siècle dont le nom n'apparaît qu'une seule fois dans la *Recherche* – est le premier, dans l'histoire des idées, à détacher la beauté de la science et de la symétrie. En effet, se demande-t-il, si la beauté est symétrique, comment « dire de l'or qu'il est beau ? Et de l'éclair qu'on voit dans la nuit ? et des astres ? ». Non... La beauté ne se mesure pas. La beauté n'est pas une science exacte. La beauté ne s'enseigne pas. Et la beauté d'une œuvre ne dépend pas du sujet qu'elle se donne, mais de la façon dont un artiste en extrait la sève. Tout est beau, de la forme d'un clocher à la hideur d'un visage.

Trois exemples suffisent à plaider l'influence possible du mysticisme plotinien sur le talent de Proust : la grâce de Saint-Loup, le regard d'Albertine, le coucher du Narrateur.

Quand le marquis de Saint-Loup monte sur des banquettes de velours rouge et marche sur leur rebord comme sur un fil jusqu'à la table du Narrateur pour déposer, avec une impeccable précision, un manteau de vigogne sur ses épaules, son corps « *significatif et limpide* » disparaît littéralement sous la grâce (et l'élégance) dont il témoigne en risquant le ridicule pour être aimable à son ami. Telle la statue de Vénus dont le burin du sculpteur a ôté le superflu pour n'en laisser que l'âme (« redresse tout ce qui est travers, dissipe toute opacité et travaille à te rendre tout à fait limpide, sans cesser jamais de sculpter ta propre statue », recommande Plotin), Saint-Loup n'apparaît au Narrateur que sous la forme apparemment paradoxale d'un *phénomène abstrait*. Ses gestes, ses colères, ses promesses et sa beauté sont filtrés par l'œil d'un homme qui ne voit en son ami qu'une forme idéale de l'aristocrate, une œuvre d'art dont toutes les parties sont, à son insu, harmonieusement réglées par une idée générale. Ainsi, les mouvements de la « *course légère* » que Saint-Loup a « *déroulée le long du mur* » semblent au Narrateur « *intelligibles et charmants ainsi que ceux de cavaliers sculptés sur une frise* ». Il faut attendre la mort de Saint-Loup pour que Marcel vante enfin, pour elles-mêmes, les immenses qualités d'un homme qu'il n'aimait jusque-là que d'une amitié tempérée par le plaisir de l'observer – car ce que montre Saint-Loup (ou ce qu'il désire) est peu de chose à côté de ce qu'il exprime (et qui lui échappe).

Aux yeux de Plotin, le narcissisme est une haine de soi puisque, si on lui donne le choix entre lui-même et son image, Narcisse choisit l'image. La considération de soi nous rend étrangers à nous-mêmes, l'égoïsme interpose le « moi » entre le monde et nous : il ne faut donc jamais s'attacher à son reflet mais tourner le regard vers le principe auquel nous devons d'être ce que nous sommes – et l'âme perd la vue, sinon la vie, quand elle oublie, ainsi, de se dépouiller de son corps. Or, quand le Narrateur, pour la vexer, dit à Albertine que la cousine de Bloch et sa maîtresse enlacées à l'autre bout du salon du Grand Hôtel ne l'ont pas regardée une seule fois, celle-ci répond étourdiment qu'elles n'ont en réalité fait que cela. « *Mais vous ne pouvez pas le savoir, vous leur tourniez le dos. – Eh bien, et cela ?* » *répondit-elle en me montrant, encastrée dans le mur en face de nous, une grande glace que je n'avais pas remarquée, et sur laquelle je comprenais maintenant que mon amie, tout en me parlant, n'avait pas cessé de fixer ses beaux yeux remplis de préoccupation.* » Encombrée d'elle-même, Albertine n'a jamais été moins désirable qu'à l'instant où elle est hypnotisée par sa propre image.

Enfin, la première phrase de la *Recherche* (« *Longtemps, je me suis couché de bonne heure* ») fait écho au syntagme « Souvent je m'éveille à moi-même... » par lequel Plotin commence la plus belle de ses *Ennéades*. De quoi s'agit-il chez Plotin ? De s'élever soudain à une extase contemplative où plus rien ne sépare un sujet du spectacle qu'il admire. Un tel instant de grâce ne dure pas davantage qu'un œuf en équilibre sur l'arête d'un toit, mais il suffit à changer la vie. Or le Narrateur, surpris par le sommeil qui le capture avant qu'il n'ait le temps de se dire « *je m'endors* » et dont le songe, comme une vie antérieure encore palpable, survit à son réveil sous la forme d'une courbature ou d'un sanglot, est l'héritier du philosophe dont les méditations culminent en visions et dont les visions gouvernent ensuite les méditations. La songerie d'un homme qui s'éveille en voulant s'endormir (et répand sur les mirages sensibles la lumière de ses rêves) est parente de l'extase d'un homme qui, tout au monde et débarrassé d'un corps qui lui gâche la vue, entrevoit alors une beauté « aussi merveilleuse que possible ».

→ **Bergson (Henri), *Échasses (et amitié)*, *Pure matière***

Poignée de main

Le prince Antoine Bibesco, charmant fêtard, aimait beaucoup Marcel, auquel il trouvait des yeux « *semblables à de la laque japonaise* ». Ne partageant en rien les inclinations de son ami, et souhaitant pour lui des manières moins efféminées, il lui fit remarquer que sa main, lorsqu'il la tendait pour un salut, était trop « *pendante et molle* », et que Marcel gagnerait à adopter, comme Bibesco lui-même, une poignée de main «*ferme et virile*». Ce qui lui valut la réponse suivante : «*Si je suivais ton exemple, on me prendrait pour un inverti*» – ce qui en dit long sur la tortueuse façon de penser proustienne.

En effet, selon Proust, un homosexuel se doit de serrer mollement la main d'un hétérosexuel afin que celui-ci ne le prenne pas pour un homosexuel essayant de se donner des manières d'hétérosexuel. C'est donc en aggravant la mollesse pendante de sa main qu'il tromperait le mieux son monde – puisque telle fut, durablement, son illusoire idée fixe.

Comme dit le Narrateur (à propos du baron de Charlus qui croit, à tort, se cacher en pleine lumière et dissimuler son homosexualité en jouant avec le feu, en revendiquant des «*goûts bizarres*» ou en vantant la beauté des Anglais) : «*le plus dangereux de tous les recels, c'est celui de la faute elle-même dans l'esprit du coupable. La connaissance permanente qu'il a d'elle l'empêche de supposer combien généralement elle est ignorée, combien un mensonge complet serait aisément cru, et, en revanche, de se rendre compte à quel degré de vérité commence pour les autres, dans des paroles qu'il croit innocentes, l'aveu*».

→ **Homosexualité, Inversion**

Poires et néant

Selon Bergson, le rien n'est rien. Comme son nom l'indique, le néant n'existe pas.

Ce n'est qu'un mot qui traduit les données de notre perception dans la langue de notre attente. Qui cherche des vers et tombe sur de la prose déclare « ce ne sont pas des vers » alors qu'en toute rigueur il n'a pas vu une absence de vers. Parler de « rien », de « néant », ou même désigner par une négation le phénomène qui contrarie notre espérance, n'est qu'une manière comme une autre de méconnaître le réel en l'évaluant à l'aune du besoin que nous en avons. Les mots « rien » ou « néant » signalent souvent chez celui qui les emploie le désir pathétique d'être au centre de l'attention.

Ainsi, le baron de Charlus, constamment humilié par un homme hermétique à son rêve d'amour, ne cesse d'employer avec Morel des expressions que le violoniste ne connaît pas (« *Demandez au maître d'hôtel s'il a du bon chrétien. – Du bon chrétien ? je ne comprends pas* »), ce qui lui permet de reprendre la main, de sauver la face par intermittence et de dire, par exemple, à son gigolo : « *Je vois, du reste, que vous ne savez rien. Si vous n'avez même pas lu Molière...* »

Au terme d'un dîner lugubre dans un restaurant où le violoniste (qui a pour tâche de parler aux serveurs et de payer les notes) a des airs de « *gentilhomme trop bon* » tandis que le grand seigneur ressemble à un « *vieux domestique* » capricieux et ruiné, Charlus hèle soudain lui-même le maître d'hôtel pour lui demander une poire, alors qu'il sait que l'établissement médiocre, où on leur a servi du mousseux en guise de champagne, n'en possède aucune : « *avez-vous de la Doyenné des Comices ? (...) – Non, Monsieur, je n'en ai pas. – Avez-vous du Triomphe de Jodoigne ? – Non, Monsieur. – De la Virginie-Dallet ? de la Passe-Colmar ? Non ? eh bien, puisque vous n'avez rien nous allons partir* ».

→ **Bergson (Henri)**

Politesse (au contre-pied de la lettre)

On pourrait écrire des traités (qui existent peut-être) sur la politesse dans la *Recherche*. Une seule anecdote suffit pourtant à tout en dire :

> « *C'était à une matinée donnée par la duchesse de Montmorency pour la reine d'Angleterre ; il y eut une espèce de petit cortège pour aller au buffet, et en tête marchait la souveraine ayant à son bras le duc de Guermantes. J'arrivai à ce moment-là. De sa main libre, le duc me fit au moins à quarante mètres de distance mille signes d'appel et d'amitié, et qui avaient l'air de vouloir dire que je pouvais m'approcher sans crainte, que je ne serais pas mangé tout cru à la place des sandwichs. Mais moi, qui commençais à me perfectionner dans le langage des cours, au lieu de me rapprocher même d'un seul pas, à mes quarante mètres de distance je m'inclinai profondément, mais sans sourire, comme j'aurais fait devant quelqu'un que j'aurais à peine connu, puis continuai mon chemin en sens opposé.* »

Être poli, c'est avoir l'intelligence de ne pas prendre au pied de la lettre celui qui, parce qu'il est lui-même poli ou parce qu'il se sent responsable de l'être inférieur que vous figurez à ses yeux, vous fait signe de vous approcher alors qu'il serait fâché d'avoir à discuter avec vous, ou vous invite à faire « comme chez vous » alors qu'il serait scandalisé de vous voir mettre les pieds sur la table basse du salon. Être bien élevé, c'est avoir l'humilité de ne pas se mettre à la hauteur des géants qui vous y invitent.

« *J'aurais pu écrire un chef-d'œuvre, les Guermantes m'en eussent moins fait d'honneur que de ce salut. Non seulement il ne passa pas inaperçu aux yeux du duc, qui ce jour-là pourtant eut à répondre à plus de cinq cents personnes, mais à ceux de la duchesse, laquelle, ayant rencontré ma mère, le lui raconta en se gardant bien de lui dire que j'avais eu tort, que j'aurais dû m'approcher. Elle lui dit que son mari avait été émerveillé de mon salut, qu'il était impossible d'y faire tenir plus de choses. On ne cessa de trouver à ce salut toutes les qualités, sans mentionner toutefois celle qui avait paru la plus précieuse, à savoir qu'il avait été discret.* »

Personne n'est plus mal élevé que l'importun qui s'ignore et qui, continuant de chercher son profit alors qu'on lui a discrètement signifié son congé, contraint à l'impolitesse celui qu'il a la sottise de prendre au mot : ainsi de Mme Verdurin qui insiste pour monter dans la calèche d'Albertine et du Narrateur (lequel, pour son bonheur, trouve la force d'être impoli et de s'y opposer) ; ainsi de Saniette qui répond « *Je resterai une heure un quart, et après je partirai* » à l'hôte souffrant qui lui demande d'attraper le prochain train ; ou du musicien bavarois à grands cheveux qui, au lieu de respecter le protocole et de s'éloigner, sollicite auprès de la duchesse « *l'honneur d'être présenté au duc* », ce qui lui vaut un bon coup de boule.

→ *Zinedine (de Guermantes)*

Politique

Le 25 novembre 1921, Proust écrit : « *je ne m'occupe pas de politique et ne m'en suis jamais occupé ; à moins qu'on appelle s'occuper de politique avoir, il y a vingt-cinq ans, signé une liste pour la révision du procès Dreyfus* ».

→ *Antisémitisme (dreyfusard)*

Polo

Lorsque Proust devint, vers 1920, la coqueluche des Anglais, la plupart des échotiers se passionnèrent pour ce reclus mondain, amateur de thé de surcroît (du moins, le crut-on à tort, à cause de la madeleine trempée), dont le *Swann's Way*, traduit par Scott Moncrieff, avait su émouvoir une *gentry* exigeante. On voulut alors tout savoir de l'écrivain, et surtout de l'homme.

C'est la raison pour laquelle Proust reçut un jour, d'un magazine *fashion*, la demande d'une photo de lui en tenue de… polo. Certes, le magazine en question avait noté que Marcel était membre du Polo Club du bois de Boulogne, mais on imagine le malentendu . lui, sur un cheval ? Avec maillet et bottes ? Et sanglé dans le seyant et sportif appareil qui allait si bien à Boni de Castellane, à Hélie de Pourtalès ou au comte d'Harcourt ? Marcel répondit sans doute avec sa politesse habituelle. Songea-t-il, à cet instant, à toutes les vies qu'il ne vivrait jamais ?

Signalons cependant, avec étonnement, qu'il existe une course hippique (le « Grand Prix Marcel Proust ») qui emprunte mystérieusement le patronyme d'un asthmatique qui se tint toujours à distance des chevaux. Ce « Grand Prix » se tient, en octobre, sur l'hippodrome de Cabourg. Y ont déjà participé des animateurs de télévision, des noceurs réputés romantiques, des mondains en perte de vitesse, des journalistes *people*.

Pompéi

Le Proust de seize ans qui suivait les cours d'Alphonse Darlu au lycée Condorcet vouait un véritable culte à Pline le Jeune, et plus particulièrement aux deux lettres fameuses dans lesquelles celui-ci, témoin de l'éruption du Vésuve, raconte comment il parvint à sauver sa mère en la prenant dans ses bras tandis que les flots de lave allaient déferler sur Pompéi et Herculanum.

On devine aisément que cet acte de bravoure filiale (qui reste un standard des névroses adolescentes) parut hautement désirable à l'écrivain qui tenait pour son « *plus grand malheur* » le fait d'« *être séparé de maman* » : sauver sa mère, n'est-ce pas lui rendre la vie qu'elle a donnée ? Et usurper le rôle de papa ? Et personne ne saurait jurer que, lui prouvant qu'on veut la sauver au péril de sa propre existence, elle ne consentirait pas à disqualifier son mauvais époux pour en choisir un meilleur – son fils, par exemple...

D'où, prévisibles et récurrentes, les allusions à Pompéi dans la *Recherche* : une voiture à cheval, dans laquelle le Narrateur raccompagne sa grand-mère après son malaise aux Champs-Élysées, y projette son ombre sur un mur « *comme un char funèbre dans une terre cuite de Pompéi* » ; et Paris, sous les bombardements de la Grande Guerre, y est naturellement comparée (par Charlus) aux villes promises à l'enfer par leur dilettantisme. Cette fois, c'est un « *Vésuve allemand* » qui menace d'engloutir la cité corrompue dont le vice, aujourd'hui comme hier, a justifié un châtiment céleste.

Proust y ajoute cependant la frivolité, qui n'entre pas pour rien dans la chute des civilisations : peut-être, et plus tard, un bas-relief reproduira-t-il dans les livres d'histoire illustrée Mme Molé figée dans une lave à l'instant où elle « *allait mettre une dernière couche de fard avant d'aller dîner chez une belle-sœur* » ?

→ **Marbre, Mariage**

Postérité

Antoine Compagnon fait observer quelque part que l'une des raisons du succès planétaire de Proust tient au fait que son chef-d'œuvre *finit bien*. Mieux, en tout cas, qu'*Anna Karénine* ou *Madame Bovary*... Mais ce *happy end* – le temps perdu est retrouvé ; le Narrateur devient écrivain ; sa vocation peut enfin endosser les prestiges d'une résurrection – n'explique pas tout. Il y faut encore des apôtres érudits et zélés, des missionnaires susceptibles de porter l'Évangile...

À cet égard, rien n'est plus poétique que le concert des noms qui font une sarabande proustienne autour du monde. Derrière chaque patronyme, se dissimule sans doute une vie de labeur et de dévotion en l'honneur de Tansonville, de Beg-Meil, du Grand Hôtel, de Bloch – et l'on rêvera longtemps au philologue australien, au comparatiste catalan ou moldave, à l'archiviste finnois qui, tapis dans leurs antres studieux, ont offert à la *Recherche* son rayonnement universel.

Citons leurs noms, en hommage. Ce sont les fantassins d'une armée d'encre et de plumes et forte d'une logistique glorieusement nuancée : Cynthia Gamble pour l'Angleterre et Reiner Speck, président de la *Marcel Proust Gesellschaft*, ainsi que le facétieux Luzius Keller ; les Syriens Elias Badiwî et Jamal Chehayed ; l'Arménienne Nvard Vartanian ; Emily Eells, William C. Carter pour l'Amérique ; l'orthographe des noms suédois, sud-africains, guatémaltèques et taïwanais étant trop hérissée de consonnes hétérogènes, on évitera de les citer tout en saluant pieusement l'abnégation des proustiens locaux ; gloire, également, aux habitants du petit village italien de Mirabello Monferrato, près de Turin, qui ont entrepris, dans le sillage de Marcel, de *proustifier* leur pays en tenant registre de leurs mémoires sensorielles, des saveurs de leur enfance, et de leurs haies de lilas ou d'aubépines ; quant à l'Asie, mystérieusement fanatique de Swann et de Charlus, elle s'illustre avec les Japonais Yoshikawa et Yoshida tandis que le Chinois Hejn Xu consacre sa vie à la traduction des sept volumes sacrés. Le professeur Kim Hi-Young, pour sa part, s'est lancé dans une version coréenne qui promet d'être fameuse et dont on attend la parution avec une légitime impatience...

Pot

On rencontre plusieurs pots dans la *Recherche*, ainsi que dans la biographie et la correspondance de Marcel Proust. Ces pots, qui sont des vases à l'occasion, surgissent le plus souvent dans des circonstances saugrenues, et n'hésitent pas à se briser par hasard, à être cassés à dessein, à embaumer – comme celui qu'apprécie le Narrateur après son dîner d'asperges.

Mais ces pots sont surtout, dès l'enfance, propices à des allusions sexuelles explicites, comme en témoigne cette lettre stupéfiante que le jeune Marcel (il a alors dix-sept ans) écrivit en 1888 à son grand-père pour lui réclamer « 13 francs » : « *Papa m'a donné 10 francs pour aller au bordel, mais 1/ dans mon émotion, j'ai cassé un vase de nuit 2/ Dans cette même émotion, je n'ai pas pu baiser. Me voilà donc comme devant attendant 10 francs pour me vider et en plus les 3 francs de vase.* »

Passons sur l'information selon laquelle le distant docteur Proust encourageait son fils à aller « *se vider* » au bordel – afin de prévenir, comme il était alors d'usage, ses habitudes onanistes ; passons encore sur la franchise du Proust adolescent qui dit les choses telles qu'elles sont. Et restons sur ce pot cassé qui renvoie à deux hauts moments proustiens :

1/ La scène (romanesque) de *La Prisonnière* où Albertine préférerait se « *faire casser* » le… plutôt que de dépenser de l'argent pour inviter les Verdurin à dîner (ce passage, Proust l'a rajouté sur la dactylographie de *La Prisonnière*, deux mois avant sa mort, comme si l'aveu de son appartenance à la « *race maudite* » n'avait plus d'importance). Dans cette page, Proust attribue cette expression à une lesbienne alors qu'elle caractériserait davantage (quoique…) la sexualité d'un sodomite. Elle dit, en tout cas, qu'on veut bien payer (des « apaches » ?) pour se « *faire casser* » le…

2/ La scène, autobiographique celle-là, où Proust, dans un accès de colère devant sa mère, brise un vase en verre de Venise – ce qui permettra à « maman » de dire que ce verre brisé scelle leur mariage, comme cela se fait, « *au temple* », dans les cérémonies juives.

Observons, de plus, que lorsque le Narrateur se retrouve dans la chambre 43 du bordel de Jupien, d'où il peut observer le supplice infligé au baron de Charlus, il veut se rafraîchir et commande un verre de « *cassis* » – ce même « *cassis* » que l'on retrouve dans « *le petit cabinet sentant l'iris* » (où le Narrateur se masturbe) et dont la fenêtre laisse passer une branche dudit cassis…

Des meutes freudiennes se sont jetées avec voracité sur cet enchaînement de sexe, d'argent, d'inversion, de vases brisés, de cassis et de mariage incestueux. Certains y ont même ajouté des considérations sur Vermeer, que Proust orthographiait « *Ver Meer* » – donc « vers mère », ou mieux : « verre/mère ». Nous resterons cependant prudents, une fois de plus, et sans opinion, face à ce déferlement de signifiants.

→ *Freud (Sigmund), Homosexualité, Mariage*

Poulet (le Quatuor)

Lors de la rédaction de *La Prisonnière*, Marcel a besoin de parfaire ses pages sur le septuor de Vinteuil que le Narrateur entend chez les Verdurin. Mais il doit d'abord exciter son oreille, rafraîchir ses sensations, et creuser le mystère des sonorités qui, comme des filets jetés en direction du passé, en rapportent leur pêche miraculeuse de poissons-souvenirs. Le *Quatuor en ré majeur* de César Franck fera l'affaire. Et Proust écrit à l'altiste Amable Massis, du Quatuor Poulet, afin qu'il vienne l'interpréter à deux heures du matin, avec ses trois acolytes (Poulet, Gentil et le violoncelliste Ruyssen), dans le salon exigu de la rue Hamelin.

À l'heure dite, Proust vérifie que Céleste a bien bouché le conduit de cheminée (afin que l'acoustique ne souffre pas d'un courant d'air), s'installe tel un chat persan sur le canapé de velours marron qu'on a transporté depuis le vestibule, et guette ce que cette aubade nocturne saura lui révéler.

Tout cela coûte très cher, d'autant que les pourboires seront royaux, mais qu'importe : Marcel visualise enfin « *le rougeoyant septuor* » de Vinteuil – que son esprit malade prolonge aussitôt vers les tourments de Swann et la jalousie du Narrateur à l'endroit d'Albertine qui se livre à on ne sait quels jeux gomorrhéens avec la fille de son compositeur imaginé.

Évoquant cette scène dans son livre si sensible, « *Notre cher Marcel est mort ce soir* », Henri Raczymow note que Marcel, ce soir-là, se persuada définitivement que l'Art existait bel et bien, et qu'on avait raison de lui consacrer sa vie. C'est ce que Bergotte, Elstir et Vinteuil – soit : l'écrivain, le peintre, le musicien, soit : les trois visages du créateur proustien – avaient compris et que Swann, le pauvre Swann, ne se résolut jamais à accepter.

→ **Elstir (ou les sept jours de Dieu), Phrase (la petite)**

Pourboire

Le Narrateur de la *Recherche*, comme Proust lui-même, est un *overtipper* qui comble de pourboires le moindre féal, ce qui a la double vertu de l'en débarrasser tout en lui assurant sa reconnaissance – fictive garantie contre les nuisances répétitives du zèle...

Mais (pudeur ou paresse ?) sa générosité n'apparaît que sous la forme des effets qu'elle produit. Ainsi, au début du troisième chapitre de *Sodome et Gomorrhe*, alors qu'il tombe de sommeil, le Narrateur écoute en silence la joyeuse confidence du chasseur louche qui profite du voyage en ascenseur jusqu'à son étage pour lui raconter que son jeune frère a été vendu par son père à un « *prince indien* », que sa sœur, prostituée à un « *Monsieur si riche* », est « *très jolie* », « *un peu trop fière mais ça se comprend* », que c'est une « *grande dame* » dont la marque d'esprit est de se « *soulager* » dans une armoire, une commode, voire une voiture, « *pour laisser un petit souvenir à la femme de chambre qui aura à nettoyer* » ; bref, que la chance est dans sa famille (« *qui sait si je ne serai pas un jour président de la République ?* »). Heureusement, l'interminable ascension (sociale) s'achève enfin quand le Narrateur atteint son étage : « *Bonsoir, Monsieur. Oh ! merci, Monsieur. Si tout le monde avait aussi bon cœur que vous il n'y aurait plus de malheureux. Mais, comme dit ma sœur, il faudra toujours qu'il y en ait pour que, maintenant que je suis riche, je puisse un peu les emmerder. Passez-moi l'expression. Bonne nuit, Monsieur.* » Entre « *Bonsoir, Monsieur* » et « *Oh ! merci, Monsieur* » le Narrateur a certainement donné un pourboire énorme au liftier mais, fidèle à sa pudeur, il ne s'étend pas sur son geste. C'est à la grâce rétroactive du remerciement qu'il suscite qu'on doit de le savoir princier.

→ *Cadeau, Fatuité (bis)*

« Précaution inutile »

Au début des années 1920, Marcel a une drôle d'idée : lui, le lauréat du prix Goncourt, l'écrivain officiel de la NRF, celui qu'on admire partout, le nouvel *alter ego* de Balzac et de Shakespeare, décide d'être infidèle à Gallimard et de confier à la revue de Duvernois, *Les Œuvres libres* – qui ne publie « que de l'inédit », précise la publicité d'époque –, une (voire plusieurs...) tranche capitale de son « roman d'Albertine ». Cela doit s'intituler *Jalousie, Précaution inutile* et, si l'auteur en a le loisir, *Albertine disparue*. C'est, en gros, un résumé (240 000 contre 1 020 000 signes) de *La Prisonnière* – que personne n'a encore lu et qui ne paraîtra qu'après la mort de son auteur.

Un « résumé », en effet... Même pas un extrait du livre à venir, une sorte de vitrail ou de miniature, ce qui est d'autant plus étrange que Proust – plutôt du genre écrivain à rajouts – haïssait toute forme de résumé...

Pourquoi a-t-il ainsi choisi de déflorer son roman d'Albertine, lui qui était si soucieux de la cohérence globale de son projet ? Et pourquoi confier ce vitrail, cette miniature, à une revue qui n'était pas la NRF et qui, de surcroît, accueillait plutôt des écrivains du second rayon comme Henry Bataille ou Claude Farrère ? Quel besoin eut-il donc, à quelques encablures de la mort, de résumer ce qui n'était pas encore publié ?

Proust invoque un besoin d'argent – qui ne tient évidemment pas ; ou le désir de trouver son livre « dans des gares » – ce que Gallimard obtient pour Morand, mais pas pour lui ; ou l'impérieux désir de « *mettre Gallimard au lit* » – résultat qui fut obtenu si l'on en juge par la fureur de Gaston.

Alors quoi ? L'université et les spécialistes se sont souvent penchés sur ce mystère que personne, en vérité, ne peut expliquer, sinon en risquant une hypothèse : et si Proust avait eu envie, comme Albertine, de s'échapper ? Et s'il avait eu envie que Gaston

Gallimard, affolé, se dise « Marcel est parti » comme il sera dit au début de *La Fugitive* : « *Mademoiselle est partie* » ? Coup de folie, sans doute. Mais aussi vertige d'ultime liberté.

Comme si l'écrivain, au bout du rouleau, voulait s'offrir une dernière escapade avec son héroïne bien-aimée. Non plus une promenade en majesté, dans le puissant convoi funéraire des sept volumes de la *Recherche*, mais une fugue, une fuite, avec son *être de fuite* préféré ? Albertine était une virtuose de la fugue. Pour qu'elle tienne compagnie à Marcel, pour qu'ils ne se quittent pas (comme dans les « romans de gare »), il fallait que son créateur se sauvât avec elle.

Vu sous cet angle, ce *Précaution inutile* – qui s'achève sur la phrase de Françoise (« *Mademoiselle Albertine est partie* ») justifiant ainsi le titre qui suggère que le jaloux n'a pas réussi à prévenir la fuite de sa bien-aimée : toutes ses précautions furent « inutiles »… – émeut. C'est la dernière envie de vie d'un écrivain déjà avalé par la mort.

Par ailleurs, dans son essai sur Proust, *L'Ange de la nuit*, Giovanni Macchia avance l'hypothèse selon laquelle l'édition Mauriac Dyer d'*Albertine disparue* qui fit si grand bruit parmi les proustiens serait, de fait, le volume « résumé » – en l'occurrence « abrégé » – que Proust destinait, en troisième livraison, aux *Œuvres libres*. Nul ne saurait l'affirmer. Mais c'est une piste plausible…

› *Jivaro (l'École)*

Pretty woman

L'épisode où le Narrateur identifie la femme dont Saint-Loup est éperdument épris à une prostituée qui, quelques années plus tôt, se donnait pour un louis dans une maison de passe (qu'en raison de son prénom, Rachel, le Narrateur baptisa « *quand-du-Seigneur* » en référence au « Rachel, quand du Seigneur » de *La Juive* d'Halévy), a l'extrême particularité de n'être qu'une facétie ordinaire de la mémoire.

Nulle extase ici, nul univers dans une madeleine, nul cataclysme à partir d'un détail… Juste la surprise de comparer une personne à elle-même, d'y reconnaître quelqu'un d'autre et de constater malgré soi « *tout ce qu'une imagination humaine peut mettre derrière un petit morceau de visage (...). Ce visage, avec ses regards, ses sourires, les mouvements de sa bouche, moi je l'avais connu du dehors comme étant celui d'une femme quelconque qui pour vingt francs ferait tout ce que je voudrais. (...) Mais ce qui m'avait en quelque sorte été offert au départ, ce visage consentant, ç'avait été pour Robert un point d'arrivée vers lequel il s'était dirigé à travers combien d'espoirs, de doutes, de soupçons, de rêves. Il donnait plus d'un million pour avoir, pour que ne fût pas offert à d'autres, ce qui m'avait été offert comme à chacun pour vingt francs* ».* Certes, Rachel travaillait le soir au médiocre bordel dont Bloch avait révélé l'existence à son camarade – où elle avait la réputation de contenter à merveille les lubies de ses clients. Et le fait que Saint-Loup tombe amoureux d'une prostituée est, en soi, suffisamment intéressant pour justifier la discrète stupéfaction que lui témoigne Marcel et que le marquis, dont l'amour-propre augmente la crédulité, prend à tort pour de l'admiration. Mais il y a plus à dire de cette retrouvaille avec l'ancienne (et irrespectueuse) p...

Quand le Narrateur avait ses habitudes audit bordel, la maquerelle lui avait maintes fois promis de le « *fiancer* » avec « *la Juive* » à l'étroit visage – mais, le jour où il se décida à la prendre, elle était dans d'autres bras, et la fois d'après elle s'occupait d'un « *vieux monsieur qui ne faisait rien d'autre aux femmes que verser de l'huile sur leurs cheveux déroulés et les peigner ensuite* ». Or, dans le système proustien, un être ne vous devient indifférent que quand on le possède : « *Combien y en a-t-il dans nos souvenirs, combien plus dans notre oubli, de ces visages de jeunes filles et de jeunes femmes, tous différents, et auxquels nous n'avons ajouté du charme et un furieux désir de les revoir que parce qu'ils s'étaient au dernier moment dérobés ?* » Et l'on a beau, dans le cas d'une prostituée, se consoler de sa propre malchance en imaginant tous ceux qui l'ont prise et souillée, elle n'en trône pas moins sur le piédestal bancal d'un caprice inassouvi.

Telle est Rachel. L'Aimé du Narrateur. L'Aimé. Non l'aimée. Car *Aimé*, le maître d'hôtel, infligea malgré lui au baron de Charlus le même genre de déconvenue sensuelle, dont témoigne la lettre folle que le vieux seigneur lui écrivit ensuite : « *vous avez probablement cru vous donner de l'importance, ignorant qui j'étais et ce que j'étais, en me faisant répondre, quand je vous faisais demander un livre, que vous étiez couché (...). À ma demande que vous me rapportiez un livre, vous avez fait répondre que vous aviez à sortir. Et ce matin, quand je vous ai fait demander de venir à ma voiture, vous m'avez, si je peux, parler ainsi sans sacrilège, renié pour la troisième fois.* »

Qu'est-ce à dire ? Que Rachel est indifférente au Narrateur (qui la sait vulgaire et vénale) – mais qu'il aimerait bien coucher avec elle. Or, Marcel n'ose pas même confier à son livre une telle pensée. Cet homme ordinairement impitoyable avec lui-même n'ose pas s'avouer que, tout en la méprisant, tout en sachant ce qu'elle est et tout en aimant d'une amitié véritable le marquis, il serait heureux de se l'offrir enfin.

— *Une si mauvaise pensée vous déshonore... De quel droit soupçonnez-vous le pire ?*

— Du passage, dans *Le Temps retrouvé*, où le Narrateur nomme « *nous-même* » l'étranger que nous portons en nous et auquel « *nous mentons le plus parce que c'est celui par qui il nous serait le plus pénible d'être méprisé* ».

— *À d'autres ! Il n'y a aucune preuve de ce que vous avancez...*

— Si, Monsieur le lecteur, il y en a une. Comment expliquez-vous, sans l'hypothèse d'une envie de coucher avec Rachel, la jalousie qu'éprouva le Narrateur le jour où Saint-Loup avait rencontré Albertine à Doncières ?

— *C'est trop fort ! Vous dites que s'il soupçonne Saint-Loup, qui est insoupçonnable, d'être sensible aux agaceries d'Albertine, c'est qu'il est lui-même sensible au souvenir de celle qu'il appelle parfois « Rachel poule » ?*

— Et pourquoi cela ne serait-il pas ?

— *Je ne suis pas convaincu. À mon avis, c'est avec Saint-Loup que le Narrateur a envie de faire l'amour. Encore faudrait-il qu'il s'avouât à lui-même l'homosexualité dont il s'exempte étrangement.*

— C'est que vous vous obstinez à comparer un personnage de fiction à la figure de celui qui l'a engendré et que, à ce compte, un roman n'est plus que le paravent des penchants de son auteur...

→ **Madeleine (Marie), Malaparte (Curzio)**

Prévost (Marcel)

« *Je suis entièrement inconnu*, note Proust en 1912... *Quand les lecteurs, chose rare, m'écrivent au Figaro après un article, ils envoient les lettres à Marcel Prévost dont mon nom semble n'être qu'une faute d'impression.* »

Cet aveu d'humilité – d'orgueil blessé ? – passerait pour une agacerie de futur glorieux si Proust n'y était revenu à plusieurs reprises dans sa correspondance avec Bibesco et Albufera.

Impatience devant la notoriété ? Amertume du chroniqueur assigné à résidence mondaine ? Rage de l'imminent génie aux prises avec des quasi-homonymes mieux en cour ? On sourit – puis la curiosité s'en mêle : qui était donc ce Prévost, brièvement immortalisé par les seules mentions proustiennes, dont le « v » semblait, en 1912, l'emporter sur le « u » d'un encore obscur ?

L'enquête est amusante : elle précise – photos, mèche et moustache à l'appui – que ledit Prévost Marcel (1862-1941) était, au physique, un parfait sosie d'un Adolf Hitler qui ne s'était pas encore fait connaître ; qu'il fut polytechnicien avant d'embrasser une carrière littéraire ; que ses premiers romans (*Chouchette*, publiée en 1888, fait rêver...) évoquaient, selon les rares prévostologues, la vie de province et ses émois étouffés, avant que leur auteur ne se consacre, selon les spécialistes, à « l'étude du caractère des femmes analysé d'un point de vue strictement masculin ». Voilà qui intrigue, et qui dut irriter l'écrivain qui couvait, lui aussi, une longue « étude » de caractères (apparemment) féminins. S'ensuivirent, chez Prévost, une vingtaine d'ouvrages dont tout signale la fascinante médiocrité mais qui, après le triomphe des *Demi-vierges* publiées en 1894 (et qui lui valurent d'être traité de « demi-écrivain » par Octave Mirbeau), bientôt complétées par *Les Vierges fortes* et *Les Don Juanes* (méditons sur la fascinante vulgarité de ce « s »...), le conduisirent jusqu'à l'Académie où il occupa le fauteuil de Victorien Sardou.

Ses thèmes de prédilection ? Les jeunes filles, les coquines nubiles, dépravées le plus souvent, et dévoyées par la vie parisienne, mais soucieuses de conserver un hymen intact. En d'autres termes, les « vierges » de Prévost avaient préféré, par calcul sexuel, la sodomie au coït ordinaire – ce qui en faisait d'assez bons modèles pour la *Recherche*.

Proust a-t-il lu Prévost ? Rien ne le prouve. Tout le suggère. Il y avait, en tout cas, plus qu'un « u » ou un « v » entre eux. Il y avait des « jeunes filles », en grand nombre, avec leurs joues roses, leurs indécisions stratégiques, leurs perversités diverses, leur art de se corrompre sans gâter un reliquat de pureté. Proust, comme il se doit, l'emporta. Et eut à peine le temps de savourer son triomphe. Gageons cependant que Prévost dut, après la mort d'un rival aussitôt sanctifié, recevoir quelques lettres adressées, *via Le Figaro*, à l'écrivain qui s'apprêtait à ouvrager le même matériau que lui, qu'il inspira peut-être, et qu'il n'avait académiquement surclassé qu'en début de course.

D'ailleurs, un épisode (en date du 12 juin 1922) le prouve : ce jour-là, Proust passe en coup de vent à une réception donnée par Mme Hennessy dans son hôtel de la rue de la Faisanderie ; ce n'est pas une réception très chic, on y croise beaucoup de Guiche, de Cambremer, un Boni de Castellane et quelques Verdurin, mais enfin, Proust est devenu célèbre, et il ne déteste pas le remous que suscite sa seule présence. Dès son arrivée, des jeunes gens font cercle autour de lui, dont le murmure admiratif lui procure une volupté légitime. C'est alors que Marcel Prévost, lui-même présent à ce raout, tente de capter son attention : « Cher Monsieur Proust, imaginez-vous que... » Marcel fait son distant, mais ne peut esquiver l'échange : « Imaginez-vous, reprit Prévost, que pas plus tard que l'autre jour, on nous a confondus, vous et moi, et il m'arrive souvent de recevoir du courrier qui vous est adressé... » Donc, le même épisode qu'en 1912, du courrier qui se trompe de destinataire – mais cette fois à l'avantage de Proust...

D'après les témoins, Marcel aurait alors répondu à son quasi-homonyme : « En effet, Monsieur, nous partageons les mêmes initiales, mais c'est à peu près tout » – avant de tourner les talons et de s'en retourner vers son cercle d'admirateurs.

→ *Gloire, Particule élémentaire, Patronymes (et toponymes)*

Procrastination

Pendant trois mille pages, le Narrateur n'écrit rien, remet toujours à plus tard l'écriture de son livre, s'en croit incapable jusqu'à l'épilogue, bavarde dans des salons, tarde à s'endormir et barbote dans le remords de ne pas accomplir son salut. C'est, avec Hamlet – qui n'en finit pas de remettre au lendemain l'exécution de son beau-père félon –, le plus troublant exemple de procrastination de la littérature mondiale.

Or, pendant que le Narrateur se lamente, Proust traduit Ruskin, écrit *Les Plaisirs et les Jours*, ses *Pastiches*, ses articles, *Jean Santeuil, Contre Sainte-Beuve* et... *À la recherche du temps perdu*. Le livre est dans les mains de son lecteur quand, à sa dernière page, son acteur principal prétend qu'il va commencer à l'écrire. Comment le croire ?

→ **Deleuze (Gilles), « Narraproust »**

Profanation

Le thème de la profanation – souiller ce qui est sacré, jouir de cette souillure, puis en concevoir un long remords – est si obsessionnel, si récurrent, chez Proust, qu'on peut le tenir, sans risque d'erreur, pour l'un des thèmes majeurs de la *Recherche*.

Dès *Combray*, une scène (dite « de Montjouvain ») montre le Narrateur qui, dissimulé – comme il le sera dans la cour de l'hôtel de Guermantes devant le ballet nuptial de Charlus et Jupien –, surprend le manège de Mlle Vinteuil et de son amie : les deux lesbiennes s'embrassent, se caressent, s'excitent l'une l'autre quand, soudain, la fille du musicien permet à sa partenaire d'insulter le portrait de son père défunt (« *vieille horreur* », « *vilain singe* »…) puis de cracher sur lui.

Cette profanation est d'autant plus étrange que l'amie de Mlle Vinteuil est aussi celle qui, par son patient labeur d'archiviste, saura établir le génie musical de celui qu'elle jouit d'offenser – de sorte qu'on ne sait plus, au final, si cette profanation n'est pas, comme chaque fois que revient ce thème, la figure inversée d'une secrète vénération.

On comprend l'usage que Georges Bataille fera de ce dispositif, lui qui tiendra pour acquis que le sacrilège trouve toujours sa raison d'être dans l'adoration pour le père, c'est-à-dire la loi (« c'est dans l'excès érotique que l'on célèbre le mieux la règle que l'on est en train de violer »). Commentant, dans *La Littérature et le Mal*, la scène lesbienne entre Mlle Vinteuil et son amie, il poussera son hypothèse jusqu'à prétendre que « la fille de Vinteuil personnifie Marcel » et que « Vinteuil est la mère de Marcel ». Pourquoi pas ? Il était d'usage, au cours des *fifties*, d'inverser l'évidence des sexes selon les besoins d'une démonstration.

L'épisode de Montjouvain, indéfiniment modulé, se rencontrait déjà dans *La Confession d'une jeune fille* – où l'héroïne tue littéralement sa mère en jouissant devant elle – et, de manière encore plus explicite, dans l'article du *Figaro* sur le « parricide » d'Henri Van Blarenberghe.

Par ailleurs, ce thème s'entend également dans l'affaire du « mobilier de tante Léonie » que le Narrateur installa dans le bordel où Bloch l'avait conduit, et dont Proust compare le gémissement silencieux à celui des âmes captives des contes orientaux. De fait, ce n'était pas le « mobilier de tante Léonie », mais bien celui des parents de Proust qui fut cédé à Le Cuziat. Et, si l'on en croit le témoignage, certes douteux mais toujours suggestif, de Maurice Sachs, la clientèle des lieux, pour peu qu'elle fût lettrée, éprouvait des frissons particuliers à souiller de luxure les lits, canapés ou miroirs qui firent le décor d'enfance de Marcel. Lui-même, à ce que l'on en sait, s'aventura quelques fois à exiger de son « apache » qu'il crachât sur des portraits de sa famille, à commencer par celui de Mme Proust, que Marcel aimait à transporter dans son royaume de turpitudes : « *toutes les vertus qu'on respirait dans la chambre de ma tante à Combray m'apparurent suppliciées par le contact cruel auquel je les avais livrées sans défense ! J'aurais fait violer une morte que je n'aurais pas souffert davantage* ».

Rappelons enfin que Charlus, dans son délire de séduction devant Bloch, tient au Narrateur des propos « *affreux et presque fous* » dans lesquels il demande à assister à quelque cérémonie juive où l'on voit le fils « *frapper à coups redoublés sur sa charogne de mère* » traitée de « *vieux chameau* ». Charlus, précisément, qui se vante d'avoir remarqué – et, semble-t-il, apprécié – le goût spécial du sacrilège dont « la race juive » sait faire preuve à l'occasion...

Cet assemblage scabreux (adoration + sacrilège + sadisme + remords) balise au plus près l'âme douloureuse de Marcel. Nul n'entre, sans affinité, dans l'intelligence d'une telle complexion.

On se contentera ici de le plaindre tendrement, lui qui, par cette façon d'être et de sentir, dut s'infliger mille souffrances qu'on espère, au moins, assorties de quelques plaisirs.

→ **Dostoïevski (Fiodor), Matricide, Montjouvain (Première vision de)**

Proustifier

Au fond, personne ne sait qui – Fernand Gregh ? Robert Dreyfus ? Cocteau ? Reynaldo Hahn ? Robert de Billy ? – aurait réellement inventé ce verbe.

Ce qui semble établi, en revanche, c'est sa signification : *proustifier* désignerait un trait particulier et précoce du caractère de Marcel qui, même lorsque rien ne l'y contraignait, avait une aptitude peu commune au lyrisme de la sympathie, au compliment torsadé, à la flagornerie, au dithyrambe, au « chichi » interminable.

Sa correspondance, ses petits billets joints à des envois de fleurs ou de chocolats, ses remerciements de château furent – avec ses compliments oraux, puisque Marcel était un « conversationniste » hors pair quoique lucide (« *nous parlons pour les autres, mais nous nous taisons pour nous-mêmes* ») – les media privilégiés de la proustification dont Laure Hayman, une cocotte de haute volée et inspiratrice d'Odette, reçut les premiers témoignages : « *je propose d'appeler ce siècle-ci, le siècle de Laure Hayman* », lui écrit-il alors qu'il vient à peine de la croiser dans la villa d'Auteuil de Louis Weil, son grand-oncle qui fréquenta sur le tard cette ancienne maîtresse du duc d'Orléans, du roi de Grèce et de quelques autres.

Laure fut sensible à cet hommage pour le moins démesuré, ainsi qu'aux quinze chrysanthèmes à longues tiges qui l'accompagnaient. Elle devint aussitôt l'amie du jeune Proust qui, dès lors, imagina sans doute que l'on pouvait durablement s'attacher les êtres en ne lésinant pas sur l'excès.

Robert de Montesquiou, Anatole France, Mme Straus, Gaston Calmette furent bientôt les destinataires d'une proustification de même nature – mais c'est à la vaporeuse Anna de Noailles que l'on doit la métamorphose du « chichi » proustien en véritable genre littéraire : « *Ce qui tombera de votre cerveau sera toujours précieux comme sera toujours fine l'odeur des fleurs d'aubépine.* » Proust n'hésita pas, par la suite, à comparer la parution de son roman médiocre, *La Domination* (1905), à « *la naissance d'une planète offerte à la contemplation des hommes* », avant d'ajouter : « *je n'ai rien à envier à Ulysse car mon Athénée est plus belle, a plus de génie, et sait plus de choses que la sienne* ». Outre Homère, la poétesse fut également, et à son avantage, comparée à Victor Hugo et à Baudelaire…

À la baronne de Pierrebourg, *alias* « Claude Ferval », qui lui envoie son dernier livre, *La Vie et la Mort de Cléopâtre*, où le lecteur le plus charitable compterait dix clichés par page, il adresse des compliments auxquels rien ne le contraint, alors qu'il se moque bien de cette auteure mondaine. Hypocrisie ? Inaptitude à la vérité ? Ou simple bonne éducation à la Philinte ? Proust, de fait, ne savait pas doser l'éloge. Par chance, nul ne lui en tint rigueur – comme on pardonne sa toux au malade qui ne peut s'empêcher de tousser.

Seuls Charles Haas et Charles Ephrussi (deux modèles de Swann) se moquèrent mondainement de ce petit « *proustifiant* » dont le verbiage excessif et décoré leur tournait la tête. C'est grâce à ses inlassables *proustifications* que Marcel parvint cependant à charmer, sans exception, les mères de ses amis qui conservaient précieusement ses lettres de château. Mais il lui arrivait aussi d'écrire des billets fort méchants – qu'il n'expédiait jamais.

On peut même tenir *À la recherche du temps perdu*, dans son ensemble, pour le plus long de ces billets non postés.

→ *Dédicaces*, « *Tutti frutti* » (à propos d'Anna de Noailles)

Pure matière

Qu'est-ce que la « *pure matière* » ?

La matière toute seule, la matière toute nue, la matière et rien que la matière ? Ou bien la matière devenue « pure », ciselée, clarifiée, dépouillée, spiritualisée ? Les trois occurrences de ce syntagme dans la *Recherche* permettent d'en explorer l'ambivalence.

C'est après la messe, un dimanche, à Combray, que la « *pure matière* » fait sa première apparition sous la forme incongrue de la « *croupe* » de Legrandin que son snobisme déçu contraint à la misanthropie sauf en de rares occasions comme ce jour-là, devant la femme d'un gros propriétaire terrien : « *il fit un profond salut avec un renversement secondaire en arrière, qui ramena brusquement son dos au delà de la position de départ et qu'avait dû lui apprendre le mari de sa sœur, Mme de Cambremer. Ce redressement rapide fit refluer en une sorte d'onde fougueuse et musclée la croupe de Legrandin que je ne supposais pas si charnue ; et je ne sais pourquoi cette ondulation de pure matière, ce flot tout charnel, sans expression de spiritualité et qu'un empressement plein de bassesse fouettait en tempête, éveillèrent tout d'un coup dans mon esprit la possibilité d'un Legrandin tout différent de celui que nous connaissions* ». La « *pure matière* » (autrement dit le cul du snob) désigne, en l'occurrence, tout ce que l'esprit n'est pas : la chair, la graisse et, par extension, l'abjection morale.

C'est apparemment de la même manière (ou de la même matière), c'est-à-dire « *sans plus jamais demander son opinion au sentiment moral* », que le baron de Charlus, tout en sang, couvert d'ecchymoses, « *enchaîné sur un lit comme Prométhée sur son rocher* » et « *recevant les coups d'un martinet (...) planté de clous* », se fait « *clouer par la Force au Rocher de la pure matière* ». « *Pourtant*, précise le Narrateur un peu plus loin, *j'ai peut-être inexactement dit : Rocher de la pure matière. Dans cette pure matière il est possible qu'un peu d'esprit surnageât encore.* » Car le baron de Charlus n'ignore pas que son gigolo fouetteur n'est pas un « apache », ni un vrai méchant, ni même un assassin, mais l'excellent patriote Maurice, un chic type, un brave soldat en permission qui gagne son pain (50 francs par séance) en fouettant sur commande, en traitant de « crapule » et en attachant au lit les vieux dégoûtants de son espèce.

Y a-t-il une rédemption possible dans la contrefaçon d'un supplice ? Charlus est fou mais il le sait ; l'espoir est-il donc permis ? Peut-on espérer, comme le Narrateur, que, « *même dans ses aberrations, la nature humaine* (trahisse) *encore le besoin de croyance par des exigences de vérité* » ? Si c'est le cas, cela signifie que la « *pure matière* » n'est pas seulement une chose qui se défait, un geste qui se fige dans la fange et l'antimatière (trou noir ?) d'un postérieur, mais aussi, déjà (ou encore) un commencement de spiritualité.

Or, c'est peut-être en ce sens qu'il faut comprendre l'image de « *Prométhée* » (déjà employée par le Narrateur pour se décrire lui-même, « *enchaîné à* (son) *strapontin comme Prométhée* » dans la calèche de Mme de Villeparisis, et pleurant l'escamotage des trois arbres croisés sur la route d'Hudimesnil, dont l'apparition lui avait un instant donné le sentiment confus qu'ils étaient les personnages d'une fiction) car le Titan honni des dieux pour avoir dérobé le feu sacré de l'Olympe est aussi le démiurge qui créa les hommes avec des restes de boue – c'est-à-dire de la « pure matière ». L'image hallucinante du baron de Charlus enchaîné « *au Rocher de la pure matière* » désigne autant l'échec d'une vie sacrifiée aux plaisirs immédiats, l'abjection d'un vieillard que son goût pour la canaille porte aux pires extrémités... que la rédemption paradoxale d'une matière épurée par l'artiste qui n'a peur de rien.

Pyjama (fuchsia)

C'était la couleur habituelle du vêtement de nuit d'Henri Rochat, l'avant-dernière tocade de Marcel, rencontré au Ritz où il officiait comme valet de pied.

Un garçon charmant, ce Rochat, un peu boudeur, et plutôt tordu d'esprit, quoique disposant d'une fort belle écriture qui avait pu faire croire à Marcel qu'il en ferait un excellent secrétaire. Céleste détestait ce parasite qui croyait en son destin d'artiste-peintre (Albertine, elle aussi, prenait plaisir à pastelliser. Sans doute doit-elle à Rochat cette inclination...) mais qui passait son temps à dormir et qui, de surcroît, avait une « habitude » féminine rue des Acacias.

La nuit, quand Marcel recevait ses visiteurs, il n'était pas rare que Rochat, vêtu de son pyjama fuchsia, fît son apparition et prît part à la conversation avec un Mauriac ou un Morand pour le moins surpris... Sans gêne, dépensier (avec l'argent de Marcel), il détaillait alors ses emplettes du jour – ce qui finit par contrarier son protecteur qui, bientôt, ne l'aima plus.

D'où la douloureuse question : comment se débarrasser de Rochat ? Marcel s'y employa par tous les moyens. Et finit par solliciter son ami Horace Finaly : certes, Rochat était paresseux, n'entendait rien à l'orthographe et s'embrouillait avec les chiffres, mais ne pourrait-on pas lui trouver un emploi dans une banque ? C'est ce qui advint. Et Rochat fut expédié dans une succursale argentine de la Banque de Paris et des Pays-Bas. L'« habitude » de la rue des Acacias tenta, en vain, de retenir cet amant capricieux qui, au fond, fut à Alfred

Agostinelli ce que *Jean Santeuil* fut à la *Recherche* : un brouillon – étant entendu que, dans le cas de Rochat, ce fut un brouillon paradoxalement postérieur à la grande histoire déjà vécue et bientôt écrite.

→ *Agostinelli (Alfred)*

Questionnaire

Les 100 questions qui suivent permettront d'évaluer le niveau de proustisme de celui ou de celle qui y répondra.

Chaque bonne réponse – elles figurent, (presque) toutes, dans cet ouvrage – rapporte 1 point. Avec 20 points, on obtient le grade respectable de *Proustien amateur* ; le club des *Proustiens cum laude* accueillera volontiers ceux qui atteignent un total de 40 points ; on devient *Proustien de compétition* avec 60 points ; à 80 points, on mérite le grade, envié entre tous, de *Proustien hors concours*.

Quant aux élus susceptibles de dépasser un total de 80 points, le ciel marcellien leur est ouvert.

Qu'ils y vivent heureux et en paix.

Questions

1/ Quel est le prénom de M. de Norpois ?

2/ Où Robert de Saint-Loup a-t-il perdu sa croix de guerre ?

3/ Qui est « la Charité » ?

4/ De quel « parricide » Proust a-t-il pris la défense ?

5/ Quel est le nom de famille d'Albertine ?

6/ Qu'est-ce qu'un « *laïft* » ?

7/ Quel est le nom de l'amie de Mlle Vinteuil ?

8/ Où le Narrateur rencontre-t-il la femme de chambre de la baronne Putbus ?

9/ Comment se nomme la filleule du baron de Charlus ?

10/ Quel fut le dernier mot écrit par Proust ?

11/ Quelle est la « sœur indécente » d'Odette ?

12/ Qui est Babal ?

13/ Quel est le seul nom de roi dont le Narrateur fait un adverbe ?

14/ Faut-il écrire « petite madeleine » ou « Petite Madeleine » ?

15/ Proust a-t-il été élu à l'Académie française ?

16/ Dans quelle rue est-il né ?

17/ Et dans quelle rue est-il mort ?

18/ Qui, dans la *Recherche*, aimerait plutôt « se faire casser le… » ?

19/ Contre qui Proust a-t-il obtenu le prix Goncourt ?

20/ Quel était le premier métier de Jupien ?

21/ Quel est le titre du seul livre que Mme Verdurin offre au baron de Charlus ?

22/ À qui est dédié *Du côté de chez Swann* ?

23/ À quelle fleur le baron de Charlus compare-t-il les yeux de la duchesse de Guermantes ?

24/ Qui sont « Miss Sacripant » et « la dame en rose » ?

25/ Quel est « l'hymne national » de l'amour de Swann ?

26/ Qui devient l'époux de Mme Verdurin après la mort de son mari ?

27/ Qu'est-ce qu'un « salaïste » ?

28/ Qui sont les « courrières » du Grand Hôtel de Balbec ?

29/ Qui sont les deux auteurs de prédilection de la grand-mère du Narrateur ?

30/ Quel rapport y a-t-il entre Marcel Proust et l'Olympia (la salle de concert) ?

31/ Où se trouve Charles Haas dans le tableau de James Tissot ?

32/ Quelles sont les trois œuvres favorites de Mme Verdurin (peinture, musique et sculpture) ?

33/ À quoi Céleste compare-t-elle les poèmes de Saint-John Perse ?

34/ Qui nommait Marcel « mon petit saxe psychologique » ?

35/ De quoi meurt Bergotte ?

36/ Qu'avait-il mangé avant d'aller contempler la *Vue de Delft* ?

37/ Comment se prénomme l'héroïne de *François le Champi* ?

38/ Combien de volumes compte la *Recherche* ?

39/ Quel est le titre nobiliaire de M. de Norpois ?

40/ Combien de « l » à paperol(l)e ?

41/ Qui traitait Proust de « proustaillon » ?

42/ Quelle est, selon Marcel, la dernière trace de l'amour ?

43/ Qui est, en réalité, le (pourtant bien réel) « Antonio de La Gandara » de *Jean Santeuil* ?

44/ Proust était-il dreyfusard ? Antidreyfusard ?

45/ Quel est le prénom de Mme Verdurin ?

46/ Qui épousa finalement Inès de Bourgoing, veuve Fortoul, que les Baignères voulurent d'abord marier à Proust ?

47/ Qui est le grand amour de M. de Norpois ?

48/ De quel tableau proviennent la couleur et les motifs du « manteau de Fortuny » d'Albertine ?

49/ Que voit-on sur le paillasson de l'hôtel de Guermantes ?

50/ Combien de fois le nom d'Albertine est-il mentionné dans *À la recherche du temps perdu* ?

51/ À quoi ressemble le nez de Bergotte ?

52/ Combien y a-t-il de « Théodore » dans la *Recherche* ?

53/ Qui est le premier mari d'Odette ?

54/ Que signifie « Champi » (dans le roman de George Sand *François le Champi*) ?

55/ À quel personnage peint par Botticelli Swann compare-t-il Odette ?

56/ Pourquoi Nissim Bernard, l'oncle de Bloch, déteste-t-il les tomates ?

57/ Comment se nommait le « correcteur » chargé par Gallimard de relire les premières épreuves du *Côté de Guermantes* ?

58/ Où se trouve le grain de beauté d'Albertine ?

59/ Qui sont, après Albertine, les deux personnages le plus souvent mentionnés dans la *Recherche* ?

60/ Comment se prénomme le cocher de Swann ?

61/ Qui est Saniette ?

62/ Quel personnage est, par dérision, surnommée « la Marquise » ?

63/ Que doit-on penser de la fille de la Berma ?

64/ Quelle est la seule personne attristée par la mort de M. Verdurin ?

65/ Charlus est-il le frère cadet ou aîné de Mme de Marsantes ?

66/ Combien de fois Proust cite-t-il Plotin dans la *Recherche* ?

67/ Quels sont les surnoms d'Elstir chez les Verdurin ?

68/ Comment se prénomme la fille de Françoise ?

69/ Quelle est la forme du nez de Guermantes ?

70/ Qui est « Howsler » ?

71/ Quel nom prendra Legrandin dans *Le Temps retrouvé* ?

72/ Comment se nomme le jeune « apache » qui flagelle le baron de Charlus ?

73/ Morel est-il violoniste ou pianiste ?

74/ Quel est le surnom d'Octave ?

75/ Quel est l'opéra de Fromental Halévy d'où provient l'expression « Rachel-quand-du-Seigneur » ?

76/ Robert de Saint-Loup est-il dreyfusard ?

77/ Quel est le point commun entre Proust et le Venezuela ?

78/ Que répond le duc de Guermantes quand on lui parle d'un chef-d'œuvre dont il ne se souvient pas ?

79/ Marcel Proust était-il buveur de thé ou de café ?

80/ À quel portrait ressemble Bloch, selon Swann ?

81/ Quel est le cri d'armes des Guermantes ?

82/ Quel est, selon Cottard, le comble de la distraction ?

83/ Qui est l'amant d'Odette dans le rêve de Swann ?

84/ Quels sont les trois mots que Françoise met indûment au féminin ?

85/ Qui est Zézette ?

86/ Quel est le nom du yacht que le Narrateur voulait offrir à Albertine ?

87/ Quelle est la couleur des yeux de Swann ?

88/ Qu'est-ce que le grand monde juge le plus sévèrement ?

89/ Qu'est-ce qui fait autant de bruit que la douleur ?

90/ Quels sont les derniers mots adressés par Albertine au Narrateur ?

91/ Combien y a-t-il de mots (à quelques milliers près) dans *À la recherche du temps perdu* ?

92/ Quels sont les adjectifs qui désignent le tintement du carillon qui retentit quand Swann vient dîner à Combray ?

93/ Points communs entre Mme Verdurin et Mme Sazerat ?

94/ Quel était le métier du père de Swann ?

95/ Qui est « Gri-gri » ?

96/ Qu'est-ce qui caractérise la « race teutonne » selon Brichot ?

97/ Quelle heure est-il à l'horloge qui se trouve au centre de la *Vue de Delft* de Vermeer ?

98/ Par quels mots la comtesse de Chevigné, l'un des modèles d'Oriane, congédiait-elle Proust lorsque celui-ci l'abordait avenue du Bois ?

99/ De quel endroit Proust parle-t-il (à l'occasion) comme d'une « oasis d'horreur dans un désert d'ennui » ?

100/ Quelle lettre est gravée au fond du chapeau du baron de Charlus ?

Réponses

1/ Nul ne le sait.

2/ Dans le claque de Jupien.

3/ C'est ainsi que Swann, en hommage à Giotto, désigne une servante de Combray.

4/ Henri Van Blarenberghe.

5/ Simonet.

6/ Un « *lift* » mal prononcé par Bloch.

7/ Elle n'est jamais nommée.

8/ Il ne la rencontre jamais – sinon dans ses rêves.

9/ Mlle d'Oléron.

10/ Forcheville.

11/ Une orchidée.

12/ Hannibal de Bréauté-Consalvi, ami des Guermantes.

13/ Louis-Philippe (qui donne : « louisphilippement »).

14/ Au choix. Les vrais idolâtres choisiront les majuscules pour y retrouver les initiales de leur saint patron.

15/ Non. Bien qu'il y ait songé.

16/ Rue La Fontaine, à Auteuil.

17/ Rue Hamelin.

18/ Albertine.

19/ Roland Dorgelès.

20/ Giletier.

21/ *Parmi les hommes*, de Roujon.

22/ À Gaston Calmette, directeur bientôt trucidé du *Figaro*.

23/ À des myosotis qui disent « ne m'oubliez pas ».

24/ Odette de Crécy.

25/ La sonate de Vinteuil.

26/ Le duc de Duras (qui mourra peu après son mariage, ce qui permettra à « la Patronne » d'épouser le prince de Guermantes en troisièmes noces).

27/ Un inverti.

28/ Céleste Albaret et Marie Gineste.

29/ Madame de Sévigné et Madame de Beausergent. La seconde est fictive.

30/ Bruno Coquatrix fut maire de Cabourg.

31/ À droite, au bord du cadre.

32/ *La Ronde de Nuit* (« le plus grand chef-d'œuvre de l'univers »), la *Neuvième* symphonie et la *Samothrace*.

33/ À des « devinettes ».

34/ Laure Hayman.

35/ D'une crise d'urémie, suivie d'une indigestion.

36/ Des pommes de terre.

37/ Madeleine.

38/ Sept.

39/ Marquis.

40/ Un seul « l ».

41/ Charles Ephrussi, l'un des modèles de Swann.

42/ « *Un reste de crainte.* »

43/ Jacques-Émile Blanche.

44/ Dreyfusard.

45/ Sidonie.

46/ Hubert Lyautey, futur maréchal de France.

47/ La marquise de Villeparisis.

48/ Du *Patriarche di Grado exorcisant un possédé* de Carpaccio.

49/ Un minaret et des palmiers.

50/ 2 360 fois.

51/ Il est « en colimaçon ».

52/ Deux.

53/ Le comte de Crécy.

54/ « Enfant trouvé » (en patois berrichon).

55/ À Zéphora, l'épouse de Moïse.

56/ Parce qu'il confond régulièrement avec son frère jumeau (hétérosexuel) le jeune chasseur du Grand Hôtel qui lui accorde ses faveurs, et que l'un et l'autre ont une « tête de tomate ».

57/ André Breton.

58/ Au-dessus de la lèvre supérieure – mais il migre, tantôt vers le menton, tantôt vers le nez.

59/ Swann (mentionné 1 643 fois) et « maman » (1 395 fois).

60/ Rémi.

61/ Le beau-frère de Forcheville, souffre-douleur des Verdurin, archiviste malingre et cardiaque.

62/ La tenancière du petit pavillon d'aisance des Champs-Élysées.

63/ Qu'elle est méchante, snob et cupide.

64/ Elstir. Car M. Verdurin était un grand critique d'art. Et un spécialiste de Manet, de Whistler…

65/ Cadet.

66/ Une seule fois.

67/ « Biche » ou « Tiche ».

68/ Marguerite.

69/ Il est busqué.

70/ Le cocher des Verdurin.

71/ Legrandin de Méséglise.

72/ Maurice.

73/ Violoniste.

74/ « Dans les choux », parce qu'il emploie sans cesse cette expression.

75/ *La Juive.*

76/ Oui, jusqu'à sa rupture avec Rachel.

77/ Reynaldo Hahn (natif de Caracas).

78/ « Si c'est à voir, je l'ai vu ! »

79/ Non. Vous vous trompez. Il buvait du café.

80/ Au portrait de Mahomet II par Bellini.

81/ Passavant !

82/ De prendre l'édit de Nantes pour une Anglaise.

83/ Napoléon III.

84/ Été, hôtel, air.

85/ Rachel, ainsi surnommée par Saint-Loup.

86/ Le Cygne (en hommage à Mallarmé).

87/ Ils sont verts.

88/ Le désir éperdu de fréquenter des gens du grand monde.

89/ Le plaisir (début de *Sodome et Gomorrhe*).

90/ « Adieu, petit, adieu, petit. »

91/ 1 230 000.

92/ « Rebondissant, ferrugineux, interminable, criard et frais ».

93/ Elles sont toutes les deux antisémites et pourtant dreyfusardes.

94/ Agent de change.

95/ Le prince d'Agrigente.

96/ Le manque de psychologie.

97/ Sept heures moins dix (du soir ou du matin ? Nul ne sait).

98/ « Fitz-James m'attend. »

99/ L'hôtel Ritz.

100/ Un « G » (puisque c'est un Guermantes).

Raphaël

C'est, dans la *Recherche*, le prénom d'un archange guérisseur avant d'être celui d'un peintre – lequel, sauf pour qualifier les tableaux « *raphaëliques* » d'Elstir, est toujours cité en compagnie de Vélasquez et de Boucher.

Charlus parle souvent à l'archange Raphaël comme à son intercesseur pour qu'il communique ses prières au « *Père Éternel* » que le baron a le sentiment de faire attendre en ne mourant pas. Mais il arrive aussi au baron de s'identifier au saint pour annoncer à Morel qu'à la fin de son service militaire, c'est lui-même, Charlus, qui le ramènera à son père « *comme fit l'archange Raphaël envoyé par Dieu au jeune Tobie* ». Rappelons que Raphaël a pour mission, dans la Bible, d'accompagner le fils de Tobie sur le chemin d'Ecbatane puis de guérir son père, le vieux Tobie, de la cécité, et sa future épouse, la jeune Sara, d'une malédiction homicide.

Or Charlus, que la crainte d'être quitté par son amant porte à des délires herméneutiques, pousse un soir l'interprétation sauvage du Livre de Tobie jusqu'à présenter Raphaël (c'est-à-dire lui-même) comme le « *père spirituel* » de Tobie, c'est-à-dire de Morel : « *Il a tout de suite compris que le Père auprès duquel il allait désormais vivre, n'était pas son père selon la chair, qui doit être un affreux valet de chambre à moustaches, mais son père spirituel, c'est-à-dire Moi. Quel orgueil pour lui ! Comme il redressait fièrement la tête ! Quelle joie il ressentait d'avoir compris ! Je suis sûr qu'il va redire tous les jours : "Ô Dieu qui avez donné le bienheureux Archange Raphaël pour guide à votre serviteur Tobie, dans un long voyage, accordez-nous à nous, vos serviteurs, d'être toujours protégés par lui et munis de son secours."* » À voir la moue de Morel quand Charlus déraisonne, il est permis d'en douter.

D'ailleurs, après l'humiliation publique que Morel, un peu plus tard, sous l'influence fétide de Mme Verdurin, inflige à son protecteur, Charlus n'ose plus se reconnaître dans la figure de l'archange. Le ciel s'est éloigné de lui, quoiqu'il fût très malade. Crucifié par l'affront du violoniste et rongé par la pneumonie, Charlus verse naturellement dans le mysticisme intermittent des grands pécheurs en fin de course : son éloquence « *détachée des violences qu'elle avait ornées si souvent, (n'est) plus qu'une éloquence quasi mystique qu'embellissaient des paroles de douceur, des paraboles de l'Évangile, une apparente résignation à la mort* ». Enfin, ce n'est plus lui, mais Brichot, qu'il confond avec l'émissaire du ciel en insinuant que si le vieux professeur de la Sorbonne consentait à lui ramener rapidement Morel, sa brebis égarée, « *peut-être l'Archange Raphaël consentirait-il à lui rendre la vue comme au père de Tobie* ». Car Brichot est aveugle évidemment, comme l'est le père de Tobie et comme le sera bientôt… le baron de Charlus.

→ **Anges et aéroplanes**

Rats (L'homme aux)

Une légende ? Une médisance ? Une particularité de la sexualité marcellienne ? En tout cas, c'est une sombre histoire que celle, très hypothétique, des « rats de Proust » – une histoire dont personne, pour finir, ne sait le dernier mot et qui, de ce fait, n'en finit pas de stimuler les imaginations torves. On y trouvera tout un bazar de fantasmes hétéroclites qui auraient pu sortir d'une œuvre d'Octave Mirbeau, d'Alfred Binet et de son *Fétichisme dans l'amour*, ou de quelque « décadentiste » fasciné par la dépravation. Mais reprenons les choses – dans leur désordre…

Au départ, il y a cet aveu de Proust qui reçoit Gide, rue Hamelin, dans la nuit du 13 au 14 mai 1921 : après avoir disserté sur le cas Baudelaire – dont Marcel affirme, face à un Gide légitimement perplexe, qu'il était assurément « uraniste » puisqu'il adorait les lesbiennes –, il lui confie que, pour sa part, il ne rencontre la volupté qu'à la condition de « réunir en faisceau les sensations et les émotions les plus hétéroclites » – tels sont les mots de Gide, vers la fin de sa vie, dans *Ainsi soit-il ou Les jeux sont faits*. Il ajoute : « la poursuite des rats, entre autres, devait trouver là sa justification. En tout cas, Proust m'incitait à l'y voir ».

Cet aveu, qui ne surprend guère vu la complexion de Marcel, et qui permet de supposer tout et son contraire, va alors servir de base à d'invérifiables élucubrations dont Maurice Sachs fut le douteux colporteur. Celui-ci, dûment informé par un Le Cuziat complaisant, affirmera, dans son *Sabbat*, que le fantasme de Proust consistait effectivement à poursuivre des rats, à s'en saisir, puis à les transpercer d'épingles à chapeau.

Cette confession quasi « dostoïevskienne » (c'est le qualificatif choisi par Jean-Yves Tadié) avait été précédée par l'imagination des uns et des autres, au premier rang desquels on trouve un Marcel Jouhandeau (qui ne ratait jamais l'occasion de prêter à autrui des perversions plus vastes que les siennes) et un Jean Cocteau qui eut toujours des comptes à régler avec Proust : son *Livre blanc*, publié en 1928, évoque ainsi un « moraliste » en qui l'on reconnaît Proust, qui « n'obtenait sa jouissance qu'au spectacle d'un hercule tuant un rat avec une épingle rougie au feu ». Cocteau, à l'évidence, tenait cette « information » de Sachs qui avait lui-même évoqué un « Marcel Proust des grandes profondeurs terribles (…) tourmenté par des angoisses qui touchent au sadisme lorsqu'il se fait apporter un rat vivant qu'on pique devant lui avec des épingles à chapeau ».

Gide fut fasciné par de telles pratiques, fort peu dans la manière de son corydonisme solaire, mais, finalement indulgent, il n'y vit que l'aveu « d'une sorte d'insuffisance physiologique » et plaignit le malheureux à qui il fallait « tant d'adjuvants pour parvenir au paroxysme ». Rappelons enfin que Céleste Albaret, pour sa part, récusa avec constance ces « ragots » au motif que « Monsieur ne supportait même pas la vue d'un rat ».

De tout cela, il ressort que Marcel avait probablement une sexualité « déviante, anale et infantile » (c'est ainsi que parle sans doute la Faculté freudienne) dont les manifestations affleurent, ici et là, dans la *Recherche*. Ainsi, ce rêve, dont Proust dit qu'il fut un cauchemar : « *les cauchemars, avec leurs albums fantaisistes, où nos parents qui sont morts viennent de subir un grave accident qui n'exclut pas une guérison prochaine. En attendant nous les tenons dans une petite cage à rats, où ils sont plus petits que des souris blanches et, couverts de gros boutons rouges, plantés chacun d'une plume, nous tiennent des discours cicéroniens* ».

Ajoutons à ces bizarreries la litanie des indiscrétions, *gossip* ou autres malveillances qui, de Boni de Castellane à Bernard Faÿ et à George Painter (qui les officialisa en quelque sorte), n'a cessé d'ajouter du pittoresque aux perversions proustiennes. Le fidèle Lionel Hauser s'y mit aussi, à l'occasion, qui raconta comment Marcel, un jour, le pria de le conduire dans une boucherie où il demanda à un commis : « Racontez-moi comment on tue un veau. »

Un Anglais, John Agati – moins malveillant que Sachs ou Jouhandeau –, fait état de témoignages assez convaincants sur cette affaire dans son livre intitulé *Ego*. De plus, Jean-Yves Tadié lui-même cite, de première main, un duc de Valmont qui, en passant devant le ratodrome de la porte de Champerret, lui aurait dit : « C'est ici que Proust se procurait ses rats. » Rappelons enfin que le père de Marcel, spécialiste de l'hygiène publique, s'intéressait beaucoup (et scientifiquement) aux rats qui, selon lui, étaient les agents privilégiés de la diffusion de certaines épidémies – Camus utilisa ses travaux pour écrire *La Peste*. « Les rats, les rats, il n'y a que ça », aurait dit le docteur Proust, un jour, à un journaliste...

Il faudra s'y faire : Marcel était, sous certains aspects, un type franchement bizarre. Nous nous garderons bien, ici, de noircir son « moi profond ». Mais il ne sera pas question, non plus, d'en ignorer les sombres tentations.

→ *Cocteau (Jean), Gide (Le rêve de), Le Cuziat (Albert), Spinoza (Baruch)*

Réincarnation

Marcel, de son vivant, n'en finit jamais d'annoncer l'imminence de sa mort. C'était, chaque fois, pour tout à l'heure, ou pour tout de suite, et nul n'aurait osé, en sa présence, disconvenir de cette tragique, puis drolatique, prophétie. Un rien, d'ailleurs, annonçait le pire qui, Providence oblige, n'advenait guère. Chacun s'était habitué à ce rituel dément et sans conséquence sur lequel flottait pourtant une ombre de vérité. « *Cher ami, dit-il une nuit à un visiteur, vous causerais-je beaucoup de désagrément si je vous demandais d'ôter le mouchoir de votre veston car, sans cela, je risquerais de m'étouffer avant la fin de notre conversation...* » Et de préciser à tel autre : « *La dernière fois que vous êtes venu, j'ai été obligé d'exposer dans la cour, pendant trois jours, le fauteuil sur lequel vous étiez assis et qui était tout imprégné de votre parfum...* » Tout cela était excessif, on n'y prêtait guère attention : c'était le jeu de la fausse mort proustienne. Un malade imaginaire ? Il le fut, bien sûr – jusqu'à ce que vraie mort s'ensuive.

À la longue, plus personne ne le prit au sérieux. Il lui fallut donc, à la moindre occasion, pour convaincre les sceptiques, ajouter de nouveaux détails à sa souffrance : une promenade dans le taxi d'Odilon (vitres fermées) dans les environs de Cabourg, une chambre trop exposée au soleil, une ombrelle sournoisement translucide, une ouate mal imbibée de camphre, une pelisse refroidie par un cintre ennemi, et sa mort imaginée revenait le cueillir alors qu'il avait encore des choses amusantes à raconter. L'hypertrophie de son système nerveux – qui lui fut d'un grand profit littéraire – avait eu pour résultat de rendre incrédules les plus compréhensifs de ses amis, d'où sa vigilance : « *Ne dites à personne la gravité de mon état. Car si après cela je vis encore quelque temps, on ne me le pardonnera pas. Je me rappelle des gens qui ont "traîné" des années. On croyait qu'ils avaient joué la comédie. Comme Gautier qui avait tant tardé à partir pour l'Espagne que les gens lui disaient en le voyant : "Vous êtes revenu !" Ne pouvant pas admettre que je ne sois pas encore mort, on dirait que je me suis réincarné.* »

Longtemps, Marcel se réincarna ainsi en lui-même.

Auprès de lui, on s'entretenait avec un fantôme qui, moquant sa prochaine inexistence, se plaisait à la devancer et, partant, à la conjurer.

→ **Asthme, Nerfs (et pastiches)**

Reine (de Naples)

Quand un personnage réel débarque dans la *Recherche*, Proust veille à le peindre d'après nature. Ainsi de la reine de Naples, sœur glorieuse de l'impératrice Elisabeth d'Autriche, qui, après la soirée chez les Verdurin, se conduit auprès des fictions proustiennes, et surtout du baron de Charlus, comme elle l'aurait fait dans la réalité.

Marcel n'ignorait pas que ce haut personnage avait fait le coup de feu lors d'une insurrection populaire. Il n'eut donc aucun mal à lui prêter ces mots charmants lorsqu'elle proposa son bras au baron humilié par les Verdurin : « *Vous savez qu'autrefois, à Gaëte, ce bras a déjà tenu en respect la canaille.* »

Après la mort de Proust, la vieille reine, qui vivait pauvrement à Neuilly, et loin des fastes de ses Deux-Siciles, se fit lire *La Prisonnière* par une dame de compagnie : « C'est curieux, déclara-t-elle, je n'ai pas connu ce monsieur Proust, mais lui a l'air de me connaître puisqu'il m'a fait agir comme je l'aurais fait... »

Relativité

C'est à Jacques-Émile Blanche (dans son ouvrage, *Dates*, publié en 1921) que l'on doit le premier rapprochement – métaphorique, littéraire et mondain – entre la *Recherche* et les théories d'Albert Einstein. Dans son sillage, en 1922, Camille Vettard reprit ce poncif dans un article de la NRF où il était dit, de façon fort confuse, que l'univers proustien était,

comme son homologue physico-mathématique, un
« univers à quatre dimensions » semblable à l'univers einsteinien défini par la théorie de la relativité restreinte. Telle était l'humeur de l'époque face
à une « œuvre en expansion », dont la psychologie
de chaque personnage n'existait jamais comme un
absolu, mais évoluait à l'infini selon des points de
vue successifs. Proust lui-même, cela va de soi, n'entendait rien aux théories d'Einstein. Cette comparaison le flattait pourtant à la manière d'un compliment
obscur, et il se satisfaisait volontiers de ce parallé-
lisme sans grande signification, sinon qu'il y voyait
que sa conception du temps pouvait enrôler un allié
de poids. Sur le fond, le « relativisme généralisé » des
valeurs, tel qu'on le rencontre dans la *Recherche* – où
Bien et Mal ne se figent jamais, et fluctuent au point
de devenir souvent leur contraire –, n'est évidemment
pas sans rapport avec la vision du monde définie par
les sciences dures. Mais la comparaison devrait s'en
tenir là.

→ **Contraire**

Reniement

La plupart des grands héros proustiens, de Vinteuil
à Charlus, finissent par être reniés. Ils ont été admi-
rés, nobles ou craints, puis la vie, si cruelle et si sotte,
en arrive à leur cracher dessus – comme consentaient
à le faire, dit-on, les « apaches » payés par Marcel
sur les photographies de sa mère disposées devant le
miroir sans tain du bordel de Le Cuziat. Mais, de tous

ses reniés, aucun ne l'est davantage que Swann, que Proust adore pourtant.

Pauvre Swann... Sa dernière apparition, devant l'hôtel des Guermantes, fait peine : il est déjà possédé par un « *eczéma ethnique* », est affublé d'un nez arcimboldien, et sa meilleure amie Oriane lui témoigne moins d'égards qu'à sa paire de souliers rouges... Charlus va bientôt salir sa mémoire en le présentant comme l'inverti qu'il n'a jamais été. Sa propre fille, Gilberte, a honte de son nom, qu'elle veille à mal prononcer (« *Souann* »...) comme pour mieux souligner son origine orientale, avant de l'escamoter au profit du patronyme « Forcheville » dont la particule est un sésame aristocratique. Proust lui-même se laisse aller, vers la fin de la *Recherche*, à railler ce personnage qui, trop désœuvré, aurait vécu pour rien, puisque l'amour n'était pas son genre et qu'il n'écrivit jamais son livre sur Vermeer.

Cette ironie surprend : pourquoi Marcel eut-il à ce point besoin de piétiner le plus charmant, le plus gracieux de ses héros ? Et de transformer son cygne merveilleux en bouc émissaire ? Il y a là un parti pris qui évoque celui de Dante abandonnant Virgile aux portes du paradis. Encore que... Virgile était l'auteur de l'*Énéide*, tandis que Swann n'était que l'artisan de son élégance.

→ *Dix points communs (entre Swann et le Narrateur), Souliers (noirs ou rouges), Swann (Charles)*

Renseignements

Picasso, en connaisseur, l'avait noté : « Proust travaille sur le motif. » Écrivain, il se renseigne inlassablement, se déplace pour vérifier, comparer, déduire, compléter. Espion, il a son réseau d'agents bien dressés au premier rang desquels il place Camille Wixler, le maître d'hôtel du Ritz, qui n'a pas son pareil pour remarquer que le duc de Lévis-Mirepoix a osé boire du porto avant 18 heures ou que la princesse Van Reeth, contre tous les usages, portait des escarpins rouges avec une robe myosotis. C'est Wixler, par exemple, qui sera chargé par Proust de fréquenter les marchés parisiens des quatre-saisons afin de noter les cris des commerçants et les boniments des camelots (« *merlans à frire, à frire* », « *à la bonne crevette !* », « *j'ai de la raie toute en vie, toute en vie* »).

Et puis, il y a surtout Olivier Dabescat, le second de Wixler, qui s'y connaît comme personne en plans de table : Proust peut-il inviter, ensemble, Joseph Reinach et le duc de Clermont-Tonnerre qui, tout de même, descend de Charlemagne ? Et quel est l'ordre de préséance entre Fauré qui n'est plus tout jeune et Béraud qui est susceptible ? Mais ce sont là des broutilles, et Proust veut de l'inédit, de l'énorme, de la vérité.

Pour ce dernier article, personne ne surclasse Le Cuziat, expert en vices et turpitudes. Proust le rétribue avec excès, lui offre le mobilier de ses parents – et en obtient, *via* quelque miroir sans tain, un excellent retour sur investissement.

Quand il a besoin d'un renseignement « *capitalissime* » (la couleur d'une étoffe, un secret sexuel, un détail généalogique sur une famille royale de

Transylvanie...), il accepte les invitations de la princesse Soutzo. Non que celle-ci en sache beaucoup, ou consente à parler, mais parce que ses dîners regorgent de bavards qui savent, ou croient savoir, ce dont les journaux ne parlent jamais.

Proust devient alors, selon le mot de Céleste, « le pèlerin de ses personnages ». Il oublie sa perpétuelle agonie, enfile les cinq ou six gilets qui lui donnent l'allure d'un bombyx, se calfeutre le col avec des touffes d'ouate camphrée, et se met en chemin vers la place Vendôme ou les hôtels du Faubourg. Parfois, il rentre bredouille et il est furieux : « *deux heures perdues, chère Céleste, vous vous rendez compte...* » Il s'en veut de n'avoir pas osé interpeller le comte Untel qui aurait pu l'informer sur le marquis X... Il déplore l'absence du valet de pied qui, justement, était le seul à savoir si... Il soupçonne Morand d'avoir monopolisé la conversation avec Vaudoyer dont il espérait pourtant obtenir quelques détails sur la technique de « *Ver Meer* ». Dans ces cas-là, les retours rue Hamelin sont sinistres. Proust a perdu son temps. Une soirée pour rien. Comment vais-je rattraper mon retard, chère Céleste ? Oui, comment ?

Plus tard, quand le succès sera au rendez-vous, et tel le Truman Capote de *Prières exaucées*, il dut se dire bien souvent, face aux mondains qui se plaignaient d'un portrait trop juste ou d'un détail trop cruel : « Croyaient-ils donc que je les voyais pour le plaisir, tous ces gens ?... »

→ **Grains de sable, Le Cuziat (Albert), Modèle, Ritz**

Rhino-goménol

C'est la substance préférée de Marcel, sa potion magique, son élixir de tranquillité – l'équivalent du vitriol pour le pape Alexandre VI. Elle se présente sous la forme d'un tube de pommade prolongé par une canule qui s'enfonce profondément dans la narine afin d'y déposer son principe actif enrobé de lanoline et d'huile d'amande. Provenant des feuilles myrtacées d'un arbre de Nouvelle-Calédonie, le niaouli – Marcel le savait certainement... –, cette médecine est, pour lui, le *nec plus ultra* des remèdes, et il s'en sert quotidiennement comme d'un mur invisible entre lui et le monde extérieur. Car le rhino-goménol désinfecte et prévient ; il se dresse, infranchissable, entre les miasmes du dehors et la pureté (toute relative) du dedans ; c'est un bouclier odorant contre les porteurs de germes – et, à ce titre, il mérite de figurer, avec le datura et le liège, sur le blason marcellien.

Dans la *Recherche*, il est cependant mobilisé pour des usages plus mondains : ainsi, Sidonie Verdurin, conseillée par un disciple de Cottard, doit s'en graisser le nez avant de s'offrir à la musique de Vinteuil – car il lui est impossible « *d'écouter ces machines-là*

sans cesser de pleurer », et ses larmes lui déclenchent immanquablement « *des rhumes à tout casser* » qui lui donnent « *l'air d'une vieille poivrote* ». Sans rhino-goménol, pas de Vinteuil – telle est sa loi.

Et aussi celle de Proust, qui le recommande à ses amis dans des lettres où, se prenant pour son père ou son frère, il n'hésite pas à rédiger de véritables ordonnances. Or, Céleste oublia, un jour, d'en asperger les narines d'Odilon – qui avait attrapé un microbe en faisant ses courses dans Paris. C'est de cette façon – Proust n'en doutait pas – qu'un pneumocoque fatal put se glisser jusque dans le biotope de la rue Hamelin. Longtemps, Céleste se reprocha sa coupable désinvolture.

→ *Asthme, Nez, Rire (de Mme Verdurin)*

Rire (de Mme Verdurin)

De quelle façon faites-vous semblant de rire ?

Êtes-vous du genre à jeter en arrière le dossier de votre chaise jusqu'au point d'équilibre avant de vous récupérer *in extremis* ?

Êtes-vous de ceux qui rient de leurs propres blagues jusqu'à ce que les autres finissent au moins par sourire poliment ?

Riez-vous grassement, d'un air complice, en enfonçant des portes ouvertes ?

Essuyez-vous une larme imaginaire au coin de l'œil ?

Feignez-vous de vous écrouler sur l'épaule du type assis, de dos, devant vous, avant de vous redresser à la vitesse d'un ressort, comme font les bons maîtres d'hôtel ?

Riez-vous en inspirant, dans un bruit rauque ? Riez-vous en canard (« hain, hain, hain ») ? En ronflant (« rrr… rrr… rrr… ») ?

Riez-vous tout rouge en topant là dans la main du voisin ?

Feignez-vous, comme M. Verdurin, de vous étouffer avec la fumée de votre pipe au risque que ça finisse par vous arriver ?

Vous tenez-vous le ventre en mimant une crampe de rire, comme l'adolescente qui veut plaire à son premier jeune homme ?

Êtes-vous de ceux qui, comme un avion supersonique se fait voir avant de se faire entendre, commencent par dessiner une banane silencieuse avec la bouche avant qu'un « Ah ! » tonitruant n'éclate à la face des convives, rapidement suivi d'une série de soupirs (« hou, hou, hou… ») destinés à montrer que vous reprenez votre souffle après un élan de gaieté qui, s'il s'était prolongé, vous aurait coûté la vie ?

Quoi que vous fassiez pour signifier la bonne humeur, vous n'arriverez pas au talon de Mme Verdurin, car la « *Patronne* », s'étant une fois décroché la mâchoire à force de rire à gorge déployée, a mis au point deux mimiques signifiant « *sans fatigue ni risques pour elle* » qu'elle rit aux larmes.

La première est sublime : « *elle poussait un petit cri, fermait entièrement ses yeux d'oiseau qu'une taie commençait à voiler, et brusquement, comme si elle n'eût eu que le temps de cacher un spectacle indécent ou de parer à un accès mortel, plongeant sa figure dans ses mains qui la recouvraient et n'en laissaient plus rien voir, elle avait l'air de s'efforcer de*

réprimer, d'anéantir un rire qui, si elle s'y fût abandonnée, l'eût conduite à l'évanouissement. »

La seconde est pratique : « *si celle-ci était à peu de
distance, la Patronne s'accrochait à l'aisselle de la
princesse* (Sherbatoff), *y enfonçait ses ongles, et cachait
pendant quelques instants sa tête comme un enfant qui
joue à cache-cache. Dissimulée par cet écran protecteur, elle était censée rire aux larmes et pouvait aussi
bien ne penser à rien du tout que les gens qui, pendant
qu'ils font une prière un peu longue, ont la sage précaution d'ensevelir leur visage dans leurs mains.* »

Ritz

À chaque proustien, sa Mecque : les uns se font
pèlerins de Cabourg ou de Venise ; la religion des
autres ne vibre que devant la façade sinistre du 102,
boulevard Haussmann ou à proximité du Golgotha de
la rue Hamelin ; d'autres encore, moins exigeants, se
contentent d'une loge à l'Opéra ou de la sinistre haie
d'aubépines d'Illiers-Combray. Pour le plus âgé des
deux auteurs de ce *Dictionnaire amoureux*, c'est à
l'allure meringuée du Ritz qu'il doit, depuis toujours,
le plus authentique de ses frissons proustiens.

Ce miracle de résurrection s'accomplit surtout la
nuit, quand le palace sommeille devant la colonne
Vendôme, unique bougie d'un gâteau de meulière et
d'ardoise, qui vit si souvent Marcel bavarder avec les
grooms qui l'escortaient jusqu'au taxi d'Odilon afin
d'empocher l'un de ses pourboires royaux.

Ce soir-là, Proust – dont le fantôme aurait beaucoup commenté le spectacle d'une princesse de Galles

passant le tourniquet qui fut sa Porte des Enfers – est venu s'entretenir avec Olivier Dabescat, le maître d'hôtel qui tient registre des étoffes, des plans de table, des collusions mondaines. Il lui a demandé, c'est certain, si la princesse Metternich a bu du champagne ou du vermouth pour accompagner sa sole, ou si Diaghilev s'est acquitté d'un entrechat après son dîner avec un grand-duc de ses relations. Olivier sait tout. Et, quand il ne sait plus, il invente. Il a du génie pour restituer avec précision le monde qui, dans les prochaines heures, va se laisser capturer par les filets de prose proustienne. Marcel fit-il une bonne pêche, ce soir-là ? Passa-t-il un bon moment sous le plafond « *horriblement comique* » du palace ? Y retrouva-t-il ce climat de fin de saison qui, en ce lieu, se laisse éternellement orchestrer par des stucs rococo ? À coup sûr, car le Ritz (qu'il décrivait, grâce au Baudelaire du *Voyage*, comme « *une oasis d'horreur dans un désert d'ennui* ») était l'endroit du monde où il se sentait le plus à l'aise. Il y avait établi, selon l'expression de Léon Pierre-Quint, son « quartier général d'enquêteur » – et, malgré quelques infidélités en faveur du Carlton ou du Ciro's, c'est là qu'il planta son dernier bivouac.

Il y arrivait vers minuit, seul, sanglé dans un habit bombé par des touffes d'ouate, avide de vérifier le détail d'un tapis ou le murmure d'une vaisselle délicatement entrechoquée. Il demandait à Olivier un café très fort, « *un café qui en vaille deux* », assorti d'une bière glacée.

Parfois, lorsqu'il traitait quelques amis, Proust se faisait servir dans un cabinet particulier, mais il aimait à s'attarder après leur départ afin de s'entretenir avec les serveurs, qui devinrent parfois ses amants, et dont l'air louche ne lui déplaisait guère : qui étaient donc ces deux dames qui dînaient dans un coin peu éclairé de la salle à manger ? Et cette jeune fille, vêtue d'une capeline anglaise, qui semblait si déçue de ne pas trouver l'homme – ou la femme – qui aurait dû l'attendre ? Il notait mentalement les réponses. Bientôt, il les décomposerait, puis les alourdirait de mille rajouts compliqués et raccordés les uns aux autres par une sarabande de mots. Il attribuerait aux deux dames des mœurs nécessaires à la suite de son intrigue et, à la jeune fille, des mobiles complexes pour expliquer pendant trois pages le mystère de son expression déçue.

Le Ritz recèle toute cette mémoire marcellienne pour qui tend l'oreille. Il ne demande qu'à parler. On le devine même satisfait de partager avec des amateurs ces souvenirs dont les touristes russes, arabes ou chinois, désormais, ne semblent plus se soucier.

→ **Renseignements**

Robe

« ... *je bâtirais mon livre, je n'ose pas dire ambitieusement comme une cathédrale, mais tout simplement comme une robe.* »

Quelle robe ?

La robe de satin noir qu'Albertine porte à Paris ?

La robe « *sombre, duveteuse, tachetée, striée d'or comme une aile de papillon* » que Fortuny a faite d'après d'antiques dessins de Venise et que porte à merveille la duchesse de Guermantes ?

Ne vous emballez pas...

La robe qui sert de modèle à cet écrivain délicat est une « *jaquette* » qu'Odette confie au Narrateur un jour de grand chaud, et dont la chemisette contient « *mille détails d'exécution qui avaient eu grande chance de rester inaperçus comme ces parties d'orchestre auxquelles le compositeur a donné tous ses soins, bien qu'elles ne doivent jamais arriver aux oreilles du public* ».

Or, telle est la *Recherche* – qu'il faut regarder longuement et lire dans tous les sens pour en découvrir les détails fabuleux. Ce monolithe en sept volumes qui recommande à son lecteur de scruter le réel pour en saisir les merveilles latentes ménage lui-même la divine surprise d'être aussi massif que ciselé, imposant que délicat, et de contenir, inaperçues, des perles en bataille.

Il faut donc lire la *Recherche* comme son Narrateur ose regarder l'intérieur de la veste d'Odette : « *je voyais, je regardais longuement, par plaisir ou par amabilité, quelque détail exquis, une bande d'une teinte délicieuse, une satinette mauve habituellement cachée aux yeux de tous, mais aussi délicatement travaillée que les parties extérieures* ».

L'équivalent moral d'une telle élégance (littéraire ou vestimentaire) est à chercher dans la figure introuvable d'un grand seigneur qui parviendrait à se faire aimer de ses domestiques bien que ceux-ci aient un accès illimité à l'envers du décor.

→ *Fortuny (Mariano)*

Roman d'apprentissage

Quand il était enfant, la « *Recherche* » était un syntagme familier, ou familial, que l'un des deux auteurs de ce livre attrapait au vol, régulièrement, d'une oreille distraite, au hasard des conversations entre son père et d'autres géants du même âge.

Sans avoir l'idée précise de ce que désignait le bloc râpeux et floral de ces trois-quatre syllabes (*La-re-cher-che...* une démarche ? Un lieu ? Une formule magique ? Un jeu, peut-être ?), il en soupçonnait la valeur à force de les entendre. Telle une habitude qu'on prend à son insu, elles déposèrent en lui le souvenir araméen d'une matière confusément informée, d'une beauté universelle et indéfinie, d'une mission de la plus haute importance mais qu'on aurait oubliée en chemin : le leitmotiv d'une langue étrangère qu'il apprendrait en temps voulu.

Il ne faut jamais oublier l'époque où l'on ne comprend rien ; sous couvert d'ignorance, la dupe du cœur y fait ses premières armes. Pour lui, c'est d'abord *à ce titre*, longtemps avant de le lire, qu'il a élu ce livre. Sans qu'il le sache, le plus important avait déjà commencé.

Puis c'est en première, à seize ans – grâce à son merveilleux professeur de français – qu'il a enfin ouvert le grand livre comme on visite l'appartement témoin acheté sur plan longtemps avant la construction de l'immeuble. Ses premières pages – ou ses premiers pas – furent celles d'*Un amour de Swann* dont les péripéties qui sont les seules à précéder la naissance du Narrateur (bien que formant la deuxième partie du premier volume) servent de préhistoire au récit de l'amour avec Albertine.

Mais avant de décrire, par le menu, les feux tournants de la jalousie, *Un amour de Swann* raconte, avec une puissance comique seulement égalée par les diatribes coprophiles du baron de Charlus dans *Sodome et Gomorrhe*, les « *petits dîners* » du mercredi chez Gustave et Sidonie Verdurin, où Charles Swann, abjurant provisoirement la fréquentation de la bonne société pour celle des grands bourgeois, courtise une femme (Odette) autrement plus laide que lui.

Dans ce club inepte où l'élégance que Swann ne parvient pas à dissimuler précipitera sa disgrâce, sévissent les calembours du docteur Cottard (bronze « *et un font douze* », « *blague à tabac* », « *Chateaubriand aux pommes* ») systématiquement accompagnés par les faux rires de Mme Verdurin qui, pour ne plus se décrocher la mâchoire quand elle veut montrer qu'elle rit aux larmes, choisit, à tout propos, de pousser un petit cri, de fermer les yeux et de plonger la figure dans ses mains comme pour réprimer le rire qui l'eût conduite à l'évanouissement si elle s'y était abandonnée…

C'est à ce portrait de Mme Verdurin (où il découvrait, fasciné, combien les gens sont drôles quand ils feignent de rire) qu'il doit l'intuition selon laquelle ce qu'on veut dire compte moins que ce qui nous échappe – tout comme la question de l'existence de Dieu compte moins que la question de savoir d'où vient le besoin qu'on a de croire en lui.

S'il appartient au mélancolique de tenir le monde pour une scène de théâtre, ce n'est pas uniquement parce que la métaphore théâtrale décrit la vanité de toute chose, mais c'est aussi, et d'abord, parce que la mélancolie est une méthode pour transformer chaque phénomène en énigme. En retrouvant pour la première fois, dans un livre plus vieux que lui, des émotions qui, jusqu'ici, n'étaient que les siennes, il crut comprendre pourquoi le Narrateur éprouve le besoin de chercher en amont de sa vie, dans la série des jours oubliés, le secret de son chagrin. Par la grâce d'un rire démasqué, le goût de la vérité disparut derrière l'examen des pathologies dont nos croyances sont les symptômes. Il découvrait la candeur : les rires le faisaient rire. Il était mûr pour la philosophie.

Cette leçon, la devait-il à la *Recherche* ou l'avait-il tirée de son cœur ? C'est indécidable. Mais il n'en fallut pas davantage pour qu'à la lecture d'*Un amour de Swann* (comme du *Réel et son double* de Clément Rosset et, plus tard, de l'*Éthique* de Spinoza) il pleure de joie « *comme dans les bras d'un père retrouvé* ».

Dix ans plus tard, lisant *La Prisonnière* pour les besoins d'une émission de radio avec Nicolas Grimaldi (dont la voix, lui rappelant celle de Vladimir Janké-lévitch, semblait ressusciter les morts, et dont la nais-sance à la philosophie remontait au jour où, regardant un champ de blé de sa fenêtre, Grimaldi eut l'idée que la nature ne le concernait pas), il crut rêver en s'identifiant lui-même au Narrateur penché sur Alber-tine endormie. D'un homme qui, parce qu'il renonce à savoir qui est vraiment celle qu'il aime, parvient à contempler les fantômes de son visage et à décrire l'être nouveau qu'elle devient chaque fois qu'elle remue la tête, à « *s'embarquer* » littéralement sur son sommeil en laissant pendre sa jambe « *comme une rame qu'on laisse traîner et à laquelle on imprime de temps à autre une oscillation légère, pareille au battement intermittent de l'aile qu'ont les oiseaux qui dorment en l'air* », il tira l'idée qu'il était possible, sinon nécessaire, d'être étranger – sans être indifférent – au monde, d'être détaché tout en étant conscient, de dire « je » sans s'en tenir au moi mais, au contraire, pour *partir de soi* – sauf dans ce *Dictionnaire* où, par une modestie qui ne déplaît pas à leur orgueil, les deux auteurs se sont imposé de parler d'eux-mêmes à la troisième personne.

C'est peut-être au désarroi souverain d'un homme soudain capable de rester à la surface, à la démission d'un amant suspicieux qui se moque, pour un instant, de savoir si la poche intérieure du kimono que sa maîtresse a jeté sur un fauteuil contient toujours les lettres de ses « *bonnes amies* », qu'il doit d'adhérer, de tout son cœur, à l'oxymore aronien de « spectateur engagé », et d'aimer les antiradicaux qui, de Spinoza à Camus en passant par Bergson et Merleau-Ponty, tentent de comprendre comment on peut rencontrer l'univers dont, pourtant, on fait partie.

En réalité, depuis que, pour son bonheur, la *Recherche* est entrée dans sa vie, il n'en est plus jamais sorti. Et la finesse des acteurs insoucieux, l'esthète qui reconnaît un tableau dans chaque visage, l'illusion sacrée qui élève le sexe à la hauteur d'un amour, les sociétés inintellectuelles et joyeuses où l'adolescent mendie l'asile sentimental, les êtres les plus ordinaires dont les « *sentiments involontairement exprimés manifestent des lois qu'ils ne perçoivent pas, mais que l'artiste surprend en eux* », bref, le monde et ses beautés qui s'ignorent ont cessé d'être solubles dans l'explication qu'on leur trouve.

Faire de la philosophie quand on est proustien, c'est remplacer la vérité par le singulier, le goût de l'absolu (une maladie dont Aragon, juste avant d'y céder, déclarait qu'elle était « aussi répandue que la grippe ») par l'art de « tirer l'éternité du transitoire », et convertir, en un mot, le sentiment de reconnaître ce qu'on découvre en aptitude à être surpris par ce qui est familier, ou familial.

→ **Jalousie (neuf théorèmes), Rire (de Mme Verdurin)**

Rosset (Clément)

Ce n'est pas sans la tristesse qui suit le désamour comme son ombre, ni sans la volupté qui accompagne les aveux qu'on se fait à soi-même, que l'un des deux auteurs de ce livre se voit contraint, par honnêteté, de contredire son maître à penser et de désavouer la lecture (d'abord crue géniale) que Clément Rosset propose de la *Recherche* dans son *Traité de l'idiotie*.

Rosset ne commet pas l'erreur de reprocher à Proust une résurrection du passé (entreprise vaine et propice à des épanchements romantiques auxquels la *Recherche* est aussi étrangère que rétive), mais celle – plus subtile et donc plus grave – de reprocher à l'écrivain un certain goût pour l'éternité (ou plutôt le goût d'une certaine éternité) que le philosophe oppose, à tort, à la jubilation du présent.

Et Rosset de résumer ainsi la *Recherche* : « Je suis heureux quand j'éprouve quelque chose qui, étant en rapport à la fois avec le temps passé et le temps présent, n'est pas en rapport avec le présent qui passe – qui est donc sans rapport avec le présent et sa pauvreté. » Or, ce n'est pas du tout le cas. Au contraire. La *Recherche* est un grand livre sur le réel, le présent, c'est-à-dire le passage des choses, des affects et des êtres.

D'ailleurs, Rosset ne l'ignore pas : « La réminiscence proustienne, écrit-il, ne remémore rien parce qu'elle est précisément – et c'est là tout son intérêt – la première "représentation" du réel, c'est-à-dire sa présentation inaugurale, qui signale l'émergence d'un certain réel à la surface de la conscience. » Mais Rosset croit que le Narrateur, en somme incapable de comprendre son propre travail, présente comme une échappatoire au réel le livre qui en est, malgré lui, l'inégalable exhausteur de goût.

Dans cette affaire, Clément Rosset, pourtant excellent philologue, fait peu de cas des formules comme celle-ci : « *la façon fortuite, inévitable, dont la sensation avait été rencontrée contrôlait la vérité d'un passé qu'elle ressuscitait, des images qu'elle déclenchait, puisque nous sentons son effort pour remonter vers la lumière, que nous sentons la joie du réel retrouvé* ». Proust et le Narrateur savent bien, l'un et l'autre, que leur Graal n'est pas un monde intelligible où les phénomènes et les sentiments, solubles dans la géométrie, sacrifieraient leur saveur sur l'autel de la sérénité. L'enjeu de la *Recherche* n'est pas de s'enfuir mais d'aimer. Le monde de l'art est un ici, pas un ailleurs. L'autre monde est aussi notre monde, dépouillé non pas de son charme et de ses parfums mais de nos besoins, de nos ambitions et des désirs qui se prennent pour la réalité. Le but avoué de la *Recherche* n'est pas (comme Rosset croit le penser) de débusquer la vérité sous les apparences ni l'éternité sous le passage du temps, mais la vérité des apparences elles-mêmes et l'éternité du passage comme tel. Proust est platonicien, certes, mais c'est un platonicien du sensible qui réconcilie la saveur et le savoir.

En d'autres termes : Rosset se trompe. C'est l'arroseur arrosé.

À quelle faute de frappe Rosset doit-il de commettre sur Proust le même contresens que les historiens de la philosophie commettent à l'endroit de Parménide (quand ils le rattachent à la tradition métaphysique, faute de voir – ce que Rosset montre au début des *Principes de sagesse et de folie* – que la tautologie parménidienne, « ce qui existe existe et ce qui n'existe pas n'existe pas », n'est pas un éloge de l'immuable mais plutôt une manière de dire qu'il n'est de présence que du présent quand bien même le présent ne s'offre à nous que sur le mode du passage) ? À quoi tient l'erreur de Rosset ? À l'atmosphère sorbonnagre, métaphysique et Troisième République du lexique proustien qui le porte à dire parfois « âme » pour « esprit » et « vérité » pour « singularité » ? À l'image peu amène de l'ermite, rue Hamelin, dont il faut se frotter les yeux pour voir en lui le prophète d'une réconciliation avec le réel ? Peut-être.

Mais plus sûrement au fait que Rosset tient abusivement l'imagination pour le moteur de la *Recherche* et son fin mot, alors que le roman se donne, entre autres, pour but de remplacer l'imagination par la sensibilité. À l'appui de son propos Rosset cite indûment le passage suivant (qui se trouve dans *Le Temps retrouvé*) : « *Tant de fois, au cours de ma vie, la réalité m'avait déçu parce que, au moment où je la percevais, mon imagination, qui était mon seul organe pour jouir de la beauté, ne pouvait s'appliquer à elle, en vertu de la loi inévitable qui veut qu'on ne puisse imaginer que ce qui est absent.* »

Mais il omet d'en donner la suite, qui récuse et surmonte ce qui vient d'être cité : « *voici que soudain l'effet de cette dure loi s'était trouvé neutralisé, suspendu, par un expédient merveilleux de la nature, qui avait fait miroiter une sensation – bruit de la fourchette et du marteau, même inégalité de pavés – à la fois dans le passé, ce qui permettait à mon imagination de la goûter, et dans le présent où l'ébranlement effectif de mes sens par le bruit, le contact avait ajouté aux rêves de l'imagination ce dont ils sont habituellement dépourvus, l'idée d'existence et, grâce à ce subterfuge, avait permis à mon être d'obtenir, d'isoler, d'immobiliser – la durée d'un éclair – ce qu'il n'appréhende jamais : un peu de temps à l'état pur.* »

Si Clément Rosset regrette que « Proust, si attentif à cette éclosion du réel à la surface de la conscience, ait cru devoir le congédier sitôt né, et ait fait reposer l'intimité de son bonheur sur sa faculté à l'évacuer », qu'il se console : l'erreur était sienne. C'est lui, Rosset, non Proust, qui a cru qu'« éterniser » signifiait « figer ». Rosset reproche à Proust de présenter comme un souvenir ce qui relève, selon lui, de la saisie du réel, or Proust ne le présente pas comme un souvenir du passé mais un *souvenir du présent*. L'art proustien ne conjure pas le transitoire, mais l'exalte. L'art ne déserte pas, mais accueille le réel avec la candeur qu'il mérite. Le temps retrouvé n'est pas un rêve de pierre mais la coïncidence éternellement fugace de l'être et du savoir : Proust ne veut pas échapper au monde, mais l'aimer en chacune de ses parties comme en chacun de ses instants.

→ *« Au passage », Bergson (Henri), Spinoza (Baruch)*

Rousseauismes

Le Narrateur est un enfant fragile, capricieux, fier, docile et décevant qui, comme dirait Céline, fait souvent « son petit Jean-Jacques »…

Mais c'est à Combray, le jour de Pâques, juste après le sermon, dans le désordre d'une matinée solaire, que Marcel, s'échappant du côté de Guermantes (dont le plus grand charme est qu'on y longe tout le temps le cours de la Vivonne), rêve de pouvoir imiter, quand il sera libre d'agir à sa guise, *« un rameur, qui, ayant lâché l'aviron, s'était couché à plat sur le dos, la tête en bas, au fond de sa barque, et la laissant flotter à la dérive, ne pouvant voir que le ciel qui filait lentement au-dessus de lui, portait sur son visage l'avant-goût du bonheur et de la paix »*. Jolie déclaration d'amour à Rousseau qui, dans la Cinquième *Rêveries du promeneur solitaire*, se décrit seul dans un bateau, au milieu du lac, étendu *« tout de* (son) *long dans le bateau les yeux tournés vers le ciel (…) plongé dans mille rêveries confuses mais délicieuses »*.

Il faut rappeler que Rousseau lui-même, imitant par avance le Narrateur proustien, se flattait déjà de

soutenir l'attention du lecteur « sans aventures merveilleuses » – contrairement à ceux qui se facilitent la
tâche en « présentant incessamment et des événements
inouïs et de nouveaux visages, qui passent comme les
figures de la lanterne magique ».

Mais la raison véritable de la présence de Rousseau
dans ce *Dictionnaire amoureux de Marcel Proust*
tient à l'usage particulier que l'écrivain-philosophe
fait, comme le Narrateur, de la déception. Aucun personnage littéraire ne ressemble autant à Jean-Jacques
déçu par Paris que le Narrateur déçu par sa première
rencontre avec Bergotte.

« Je m'étais figuré, dit Rousseau, une ville aussi
belle que grande, de l'aspect le plus imposant, où l'on
ne voyait que de superbes rues, des palais de marbre
et d'or. En entrant par le faubourg Saint-Marceau, je
ne vis que de petites rues sales et puantes, de vilaines
maisons noires, l'air de la malpropreté, de la pauvreté,
des mendiants, des charretiers, des ravaudeuses, des
crieuses de tisane et de vieux chapeaux » ; « *mon salut
m'était rendu par un homme jeune, rude, petit, râblé
et myope, à nez rouge en forme de coquille de colimaçon et à barbiche noire* », raconte le Narrateur.
« *J'étais mortellement triste, car ce qui venait d'être
réduit en poudre, ce n'était pas seulement le lan-
goureux vieillard, dont il ne restait plus rien, c'était
aussi la beauté d'une œuvre immense que j'avais pu
loger dans l'organisme défaillant et sacré que j'avais,
comme un temple, construit expressément pour elle,
mais à laquelle aucune place n'était réservée dans le
corps trapu, rempli de vaisseaux, d'os, de ganglions,
du petit homme à nez camus et à barbiche noire qui
était devant moi* ».

Rousseau, cependant, se fait une trop haute idée de ses propres idées pour jamais sortir du régime de la déception (sauf une fois, devant le pont du Gard, seul objet qui passât son attente), tandis que le Narrateur apprend, défaite après défaite, à chercher son bonheur ailleurs qu'ailleurs – c'est-à-dire ici. La dure loi selon laquelle on ne peut imaginer que ce qui est absent culmine chez Rousseau dans la certitude qu'« il n'y a rien de beau que ce qui n'est pas » alors qu'elle est abrogée, dans la *Recherche*, par le miroitement simultané d'une sensation (madeleine, serviette ou pavée) dans le passé et dans le présent.

Rousseau compense l'espoir par le souvenir et se désole, après le « court bonheur de sa vie », d'avoir à renouer avec les mensonges des hommes, les douleurs de sa prostate et la promesse de mourir ; le Narrateur, tirant les leçons de la mémoire involontaire, découvre qu'il est loisible à l'artiste de s'affranchir de l'ordre linéaire du temps et, par conséquent, de la peur de la mort. En un mot, son imagination tourmente Rousseau, « fait diversion à (sa) mémoire » et l'empêche de se rappeler « ceux qui ne sont plus », tandis que le Narrateur la remplace par la sensibilité (« *comme des gens dont l'estomac est incapable de digérer chargent de cette fonction leur intestin* »), car la souffrance, les efforts et les conflits sont une matière aussi consistante, sinon davantage, que les caprices d'une imagination fatalement désappointée.

› *Déception*

Rumeur

La rumeur – bavardage, cancan, commérage, potin, *gossip* – est l'une des principales électricités de la *Recherche*. Elle circule, fait intrigue, construit ou abat des fantasmagories, accélère le surgissement de la vérité qui, agrippée à son contraire, avance d'abord sous le masque de l'illusion ou du mensonge. Proust tient le mystère de la rumeur pour un agent de première force. Il tente même, en maints endroits, d'en produire la théorie – qu'il accroche, étrangement, à la technique littéraire ou picturale de Dostoïevski, d'Elstir et de la marquise de Sévigné. Par quelle bizarrerie ? Précisons…

L'auteur des *Frères Karamazov* et l'éminente épistolière ont en commun, en effet, de considérer le monde – et de le raconter – du point de vue des effets et non des causes. Ils savent – comme Elstir lorsqu'il peint ses roses ou ses marines – donner à voir l'illusion qui enveloppe la réalité.

En termes de narration, cela implique que le romancier doive attacher son récit au monde tel qu'il s'offre, dans le flou et l'à-peu-près des perceptions – et non tel qu'il se comprend après rectifications.

L'intelligence et la vérité viendront plus tard, si elles arrivent jamais…

Cette conception de la littérature explique largement que les premiers lecteurs de Proust ne comprirent rien à son entreprise. Et, symétriquement, elle explique le bonheur que Proust éprouva lorsque Jacques Rivière sut enfin lire comme il convient le premier volume que la NRF lui avait refusé : « *J'ai trouvé plus probe et plus délicat comme artiste de ne pas laisser voir, de ne pas annoncer, que c'était justement à la recherche de la Vérité que je partais, ni en quoi elle consistait pour moi. Je déteste tellement les ouvrages idéologiques où le récit n'est tout le temps qu'une faillite des intentions de l'auteur que j'ai préféré ne rien dire. Ce n'est qu'à la fin du livre, et une fois les leçons de vie comprises, que ma pensée se dévoilera. Celle que j'exprime dans ce premier volume (...) est* le contraire *de ma conclusion.* »

Ce genre d'épiphanies tardives fait le secret de Dostoïevski, de la marquise de Sévigné et de Proust lui-même. Tel est le charme de la peinture d'Elstir dont la méthode gagnerait à être généralisée : « *À supposer que la guerre soit scientifique, encore faudrait-il la peindre comme Elstir peignait la mer, par l'autre sens, et partir des illusions, des croyances qu'on rectifie peu à peu comme Dostoïevski racontait une vie.* »

C'est ainsi, par antipositivisme, que Proust revient à la rumeur qui accroît les médisances, propulse les faux-semblants, brouille les amis, les intuitions, les époux et les peuples, et contraint vertueusement l'esprit à la vigilance. Antoine Compagnon note, à cet égard, que « la *Recherche* est "rumoreuse" comme une forêt est giboyeuse ».

Il serait vain de recenser ici les potins qui font le sel du grand roman proustien, du faux mariage de Saint-Loup au futur divorce des Guermantes, du judaïsme ou de l'inversion dissimulés par l'un, à la catholicité douteuse ou à l'hétérosexualité truquée affichées par l'autre. Toutes ces rumeurs, bribes d'apparence, morceaux de puzzle, exacerbées par le snobisme et les habitudes du faubourg Saint-Germain qui en sont la rhétorique, ne sont là que pour être recomposées *via* le temps.

Sans rumeur, les romans s'ennuient.

Ils abattent trop vite leur jeu.

Ils ressemblent à ces musiques qui, dès leurs premières mesures, lâchent les plus mélodiques de leurs accords et qui, ensuite, s'écoulent comme des gargouillis d'eau après l'orage.

→ **Dostoïeski (Fiodor)**

Sagan (Prince de)

Deux bonnes raisons justifient l'intérêt particulier que l'on doit porter à cet aristocrate – sans doute imaginé à partir de Charles Boson de Talleyrand-Périgord (1832-1910) devenu prince de Sagan en 1909.

La première tient à la fascination qu'il exerça sur le Narrateur, tant par son visage où se lisait « *toute la chevaleresque courtoisie du grand seigneur* », que par sa façon parfaite de présenter ses hommages aux dames.

La seconde, plus spéciale, tient au fait que c'est lui qui permit à la merveilleuse Françoise Quoirez de rencontrer le patronyme qu'elle allait s'approprier pour signer *Bonjour tristesse*.

Impossible, dès lors, de lire les lignes d'où ce prince jaillit...

« *"Odette, Sagan qui vous dit bonjour", faisait remarquer Swann à sa femme. Et, en effet, le prince faisant, comme dans une apothéose de*

*théâtre, de cirque, ou dans un tableau ancien,
faire front à son cheval dans une magnifique apothéose, adressait à Odette un grand salut théâ-
tral et comme allégorique où s'amplifiait toute
la chevaleresque courtoisie du grand seigneur
inclinant son respect devant la Femme, fût-elle
incarnée en une femme que sa mère ou sa sœur
ne pourraient pas fréquenter. »*

... sans penser que Françoise Sagan, déjà proustienne par son prénom, allait en naître.

Rappelons au passage que cette romanesque
Françoise fut, sa vie durant, une proustienne mili-
tante : ne prescrivait-elle pas à ses amis en souffrance
de cœur – et il n'en manquait pas dans son monde... –
plusieurs doses quotidiennes d'*Albertine disparue* ?

Le remède est efficace.

L'un (au moins) des deux auteurs de cet ouvrage
peut en témoigner.

→ *Agrigente (Prince d')*

Sainte-Beuve

Il existe tant (d'excellentes) études sur l'affaire
Proust *versus* Sainte-Beuve – la dernière en date,
due au savant Donatien Grau (*Tout contre Sainte-
Beuve. L'inspiration retrouvée*), résume admirablement cette question de cours – qu'on se contentera
d'y renvoyer les curieux, les érudits et les enfileurs
de perles.

Pour résumer l'état du champ de bataille, signalons :

1/ Que les sainte-beuviens affirment (et ils n'ont pas tort) que, pour comprendre une œuvre, il faut tout savoir de la vie de son auteur.

2/ Que les proustiens de stricte obédience, au contraire, tiennent pour acquis (et ils ont raison) que le « moi social » d'un écrivain n'a rien à voir avec son « moi profond ».

3/ Que les Modernes en pincent plutôt pour la thèse proustienne tandis que les conservateurs n'arrivent pas à renoncer à la thèse sainte-beuvienne.

4/ Que les postmodernes ont dépassé cette querelle d'école en prouvant que Proust était, au fond, sainte-beuvien tandis que Sainte-Beuve, au mépris de toute chronologie, n'était pas aussi opposé qu'on le suppose à la méthode proustienne.

5/ Que (du point de vue d'un sainte-beuvien) Proust ne fut anti-sainte-beuvien que dans la mesure où cela lui permettait de ne pas être son Narrateur tout en l'étant et, par voie de conséquence, de s'attarder sur le monde des invertis sans avoir l'air d'en être.

6/ Que cette *disputatio*, parfumée aux fragrances de colloques et de thèses universitaires, a eu au moins deux mérites : d'abord, fournir des dizaines de sujets de dissertations pour agrégatifs de lettres ; ensuite, permettre à Bernard de Fallois – professeur au lycée Stanislas avant de devenir le grand éditeur que l'on sait – de recomposer un fort et passionnant volume que Proust aurait été bien surpris d'avoir écrit – même s'il est incontestable qu'il en fut l'auteur.

618

Ce dernier point n'est pas un paradoxe puisqu'il est établi, au nom d'une surprenante tradition, que les grands écrivains publient parfois, et longtemps après leur trépas, des inédits qu'ils n'auraient pas imaginé avoir achevés de leur vivant.

Cette affaire est d'ailleurs passionnante et mérite qu'on en rappelle les principaux épisodes : en 1954, donc, Bernard de Fallois retrouve dans les papiers de Suzy Mante-Proust, la fille de Robert, soixante-quinze feuillets de grand format et distribués en six épisodes. À ceux-ci s'ajoutaient des fragments inédits de *Jean Santeuil* ainsi qu'un fatras que Fallois eut l'idée de rassembler sous le titre de *Contre Sainte-Beuve* – titre mentionné par Proust lui-même dans une lettre et destiné, non à ce fatras, mais au roman dont il n'a alors qu'une idée vague. Gallimard publie l'ensemble en 1954, sous le titre en question, et lui procure même une surdose de sacralité en lui ouvrant sa collection de la Pléiade. Le *Contre Sainte-Beuve*, ainsi légitimé par le papier bible et le cuir délicat de l'illustre mausolée, accrédite sans tarder l'hypothèse d'un Proust nativement contre-sainte-beuvien. Et c'est parti : « moi social » – celui qui, selon Jean-François Revel, « dîne en ville » – et « moi créateur » – celui qui, toujours selon Revel, « ne mange jamais » –, thèse et contre-thèse, l'artiste et le snob, le refusé par la NRF et l'auteur d'*À la recherche du temps perdu*, etc.

Cette configuration posthume terrorisa, on s'en doute, des générations de biographes : comment oser établir le moindre rapprochement entre le Narrateur et Proust ? Comment confondre l'œuvre et la vie ?

Heureusement, ce genre d'oukases dura peu, et de vrais savants sont venus préciser par la suite que Proust n'était pas si « contre » que cela, et que Sainte-Beuve ne ressemblait guère à la caricature qu'on en fit.

On méditera cependant, un peu stupéfait, sur ces mots qui deviennent le destin des choses qu'ils désignent. Sur ces titres qui déterminent le sens d'un livre et la vision du monde de son auteur.

Imaginons que Proust, au lieu d'écrire « Contre », ait choisi « Sur », « Après » ou, plus grave, « Pour ». Rien n'interdit d'imaginer la légende qui se serait ensuivie…

→ ***Fatuité (du Narrateur)****, « Je » et « Il », **Marcel**, « **Narraproust** », **Trois détails (concédés aux partisans de Sainte-Beuve)***

Salaïste

C'est le nom étrange que Proust emploie dans sa correspondance (avec Bibesco, Halévy, Dreyfus…) pour désigner les « invertis ». D'après Bibesco, Marcel avait la manie – qui deviendra celle de Charlus – de tenir registre de tous les sodomites de Paris : « *Dreyfusard, antidreyfusard, salaïste, antisalaïste, sont presque les seules choses à savoir d'un imbécile.* » Et : « *le salaïsme m'intéresse comme le gothique* » (lettre à Antoine Bibesco, novembre 1901). Ou encore : « *présente à M. Sala les hommages d'un faux ennemi* » (au même, juillet 1905).

D'où la question : qui est ce « Sala » dont il tire un adjectif – qui, parfois, devient « *joséphiste* » ou, plus classiquement, « *uraniste* » ? La plupart des exégètes en font un nom imaginaire, un « mot de passe » entre initiés ou amis – mais cela semble un peu court.

N'importe quel curieux peut se livrer à une enquête sommaire qui le conduira, infailliblement, jusqu'à un certain Gian Giacomo Caprotti, dit « Salaï » ou « Andrea Salaï », peintre de l'école lombarde, élève et disciple de Leonardo da Vinci depuis l'âge de quinze ans. Précisons que « *salaino* », en italien, signifie « petit diable », et tout indique que Caprotti en fut un, surtout pour Leonardo, dont la légende affirme qu'il fut son amant.

Peu de preuves cependant, mais un océan d'hypothèses : en janvier 2011, par exemple, le professeur Silvano Vincenti, président du Comité national pour la valorisation des biens historiques, fit une communication remarquée dont le but était d'établir « scientifiquement » que le modèle de la Joconde était un homme. Et d'inviter ses collègues à scruter à la loupe le regard éternellement énigmatique du chef-d'œuvre pour constater qu'on y aperçoit, dans chaque œil, un « L » (pour Leonardo) et un « S » (pour Salaï)… « Preuve » supplémentaire : le visage qui servit de modèle à la Joconde se distingue à peine de celui du saint Jean-Baptiste – ce qui permet de supposer que l'hermaphrodisme du « petit diable » servit de modèle aux deux portraits.

Dès lors, il n'est pas impossible que Proust, féru d'art italien, ait eu connaissance de cette affaire ; que le visage de Caprotti, à la fois homme et femme, l'ait durablement intrigué ; et qu'il en ait tiré un patronyme propre à désigner, de façon cryptée, ceux qui, par-delà le pli où la nature les a mis, se plaisent aussi bien dans les deux sexes.

Tout ceci est bel et bon, plausible, donc ni vrai ni faux – mais fragile…

La chronique du Ritz – ce palace qui fut le dernier refuge de Marcel – mentionne pourtant l'existence d'un « comte Sala » qui, paraît-il, y dînait souvent seul, comme Marcel. Olivier Dabescat, maître d'hôtel et confident des dîneurs, a suggéré que celui-ci était aussi attentif que Proust au charme des serveurs qui ne manquaient pas d'être sensibles à l'ampleur déraisonnable et très proustienne de ses pourboires. D'où peut-être, entre Marcel et lui, une sourde rivalité de séducteurs en maraude…

→ *Inversion, Ritz*

Sand (George)

L'espiègle et savante Julia Kristeva note que Marcel, en finissant par préférer Flaubert à George Sand – qui est l'auteur favori de sa mère –, ose donner une version littéraire du matricide dont certaines de ses tentations (« *nous tuons tout ce qui nous aime…* ») indiquent qu'il serait virtuellement coupable.

D'un tel verdict, si finement argumenté, nul n'osera disconvenir – à condition, toutefois, de rappeler que la lecture maternelle de George Sand, et plus particulièrement de *François le Champi*, fut, pour l'enfant de Combray, une douloureuse volupté.

Le choix même de ce titre (dont les *Cahiers* et autres avant-textes suggèrent qu'il aurait pu être *La Petite Fadette* ou *La Mare au diable*) en dit long : en effet, ce roman, moins champêtre que les autres, raconte l'histoire d'un enfant trouvé – tel est, en patois berrichon, le sens de « champi » – qui, recueilli par une meunière du Cormouer, Madeleine (*sic*) Blanchet, devient l'amant puis l'époux de sa mère adoptive.

D'où il ressort que le « matricide » proustien – puisque matricide (littéraire) il y eut – commença par un inceste.

L'affaire se complique sérieusement si l'on se réfère à une nouvelle précédente de Proust, *L'Indifférent*, où un certain Lepré, amateur de prostituées, fait souffrir la femme qui l'aime – et qui se nomme, également, Madeleine (de Gouvres). De cette histoire, dont le thème inversé donnera *Un amour de Swann*, il ressort que, de George Sand à Jeanne Weil, de la mère incestueuse et Blanche(t) à Odette la cocotte, de la farine (Madeleine est meunière) au biscuit semblable à « *une valve rainurée* » qui, trempé dans le thé, procurera au Narrateur l'extase que l'on sait, Proust n'a cessé de jouer à cache-cache avec son inconscient. On frémit en songeant à ce qu'aurait pu être l'émoi du pauvre Marcel devant les crimes que l'université lui attribue à titre posthume.

Et pourtant, en est-il vraiment innocent ?

→ *Blanchisseuse, Matricide*

Saniette

C'est le souffre-douleur des petits dîners entre amis, celui dont le bon cœur et la mauvaise constitution excitent la violence jusqu'au sang, jusqu'à la mort. Chétif, indécis, pleutre, inaudible, haletant, maladroit, désarmé, souffreteux, le Saniette de la *Recherche* est battu parce qu'il est faible – et toléré parce qu'il est battu : « *l'instinct d'imitation et l'absence de courage gouvernent les sociétés comme les foules. Et tout le monde rit de quelqu'un dont on voit se moquer, quitte à le vénérer dix ans plus tard dans un cercle où il est admiré. C'est de la même façon que le peuple chasse ou acclame les rois* », écrit le Narrateur dans une formule qui résume, avant l'heure, la théorie girardienne du bouc émissaire. Qu'est-ce à dire ? Qu'on torture Saniette par intermittence, pour se faire plaisir ou pour se faire accepter. Tout le monde s'essuie les pieds sur lui avant d'entrer dans la conversation. Les Verdurin, qui croient qu'être hautain est un signe de hauteur, sont stupéfaits d'apprendre, un jour, que leur humble tête de Turc est de noble famille. Et ce n'est pas le regret d'avoir été cruel avec lui mais, au contraire, l'envie de l'être encore qui les persuade, apprenant la ruine de Saniette, de lui allouer une pension – comme un bourreau, pour faire durer le supplice, met sous perfusion de sang l'homme dont, de l'autre main, il a cisaillé les veines.

Soucieux de briller – ou, à tout le moins, de ne pas quitter la table sans avoir éveillé un sourire –, Saniette raconte en riant (« *de peur qu'un air sérieux ne fît pas suffisamment valoir sa marchandise* ») et à contre-temps des histoires fausses, inintelligibles et interminables que personne n'écoute et qui tombent à plat

parce qu'il en hâte la fin. « *Un convive doué d'un bon cœur glissait parfois à Saniette l'encouragement, privé, presque secret, d'un sourire d'approbation, le lui faisant parvenir furtivement, sans éveiller l'attention, comme on vous glisse un billet. Mais personne n'allait jusqu'à assumer la responsabilité, à risquer l'adhésion publique d'un éclat de rire. Longtemps après l'histoire finie et tombée, Saniette, désolé, restait seul à se sourire à lui-même, comme goûtant en elle et pour soi la délectation qu'il feignait de trouver suffisante et que les autres n'avaient pas éprouvée.* »
Saniette, c'est un enfant déconsidéré qu'il suffit d'épargner un peu pour gagner une reconnaissance immédiatement convertible en amitié. Ses déboires inspirent au Narrateur une sympathie où n'entre pas que la pitié, mais aussi la tendresse : « *Il avait dans la bouche, en parlant, une bouillie qui était adorable parce qu'on sentait qu'elle trahissait moins un défaut de la langue qu'une qualité de l'âme, comme un reste de l'innocence du premier âge qu'il n'avait jamais perdue.* » Seulement, une telle inclination ne survit pas à l'après-midi qu'ils passent ensemble à Balbec où, guidé par le désir exclusif de montrer qu'il ne souffre pas, Saniette est brusque parce qu'il est timide, indiscret parce qu'il a peur de son ombre et grossier dès qu'il veut montrer qu'il est à l'aise. Saniette, c'est l'homme qui ne vous regarde pas dans les yeux, ou qui regarde ses pieds quand il vous serre la main. Or, ceux qui nous apitoient n'ont pas le droit d'être médiocres car, se privant d'être aimables, c'est nous qu'ils privent de croire que nous les aimons pour eux-mêmes et non par charité.

→ ***Bonté, Maladresses***

Sans nom

Le Narrateur n'a pas de nom. Son prénom, dit-on, est Marcel, mais le reste est silence et c'est tant mieux. S'il avait un nom, il serait moins sensible à la finesse d'autres patronymes que le sien ; et les syllabes orangées de « Guermantes », la diphtongue de « Coutances », le gazouillis de « Quimperlé », la douceur de « Swann » et le mauve de « Parme » lui parviendraient affadis, comme en sourdine, s'il interposait entre eux et lui la barrière d'un nom de famille faussement appelé « nom propre ».

Car rien ne nous appartient moins que le nom (et même le prénom) qui recouvre et résume l'agitation d'une vie. Mon nom, c'est-à-dire le nom que me donnent les autres, ne saurait être le mien. Loin de m'appartenir, mon nom me possède. Appelez-moi Marcel... Pour le Narrateur, comme pour Charles Bovary à qui il faut un courage inouï pour décliner son identité (« Charbovari ! »), rien n'est plus déstabilisant que d'être nommé. Aussi n'est-ce pas seulement parce qu'il doute d'y avoir été invité mais aussi, et d'abord, parce qu'il redoute d'entendre hurler son propre nom qu'il le donne à l'huissier des Guermantes *« aussi machinalement que le condamné à mort se laisse attacher au billot »*, tout en lui recommandant de l'annoncer à mi-voix, et qu'il perçoit le grondement de ses *« syllabes inquiétantes »* comme le vacarme avant-coureur d'un cataclysme possible... Mais c'est à tort qu'il s'affole car le lecteur, heureusement, n'a rien entendu.

→ *Marcel, Naître (prince ou duc), Particule élémentaire, Patronymes (et toponymes)*

Sartre (Jean-Paul)

Officiellement, Sartre déteste Proust – ou, plus exactement, il ne se sent pas autorisé à l'aimer. Vieille rengaine : ne pas désespérer Billancourt, etc. Pauvre Sartre tourmenté et marrane de plusieurs religions (littéraires)...

Stendhalien « sans importance collective » dans sa jeunesse, Sartre s'est déjà privé du beylisme psychologique qui n'aurait pourtant pas nui à ses perceptions de myope ; flaubertien clandestin, il a dissimulé son culte afin de sacrifier aux goûts du jour et du Grand Soir ; baudelairien honteux, mallarméen anti-symboliste, il a préféré, vue l'époque, en pincer pour Frantz Fanon ou pour Saint Genet...

Restait Proust, patron d'emblée récusé, disqualifié et honni aux motifs suivants :

1/ Il lui en voulait (il s'en voulait) du dénouement trop proustien qu'il avait lui-même imaginé, dans *La Nausée*, où Roquentin n'excluait pas une rédemption par l'art – ce qui, en 1947, aurait pu lui valoir un peloton d'exécution progressiste.

2/ Il n'aimait pas qu'*À la recherche du temps perdu* « finît bien », avec la vocation enfin assumée de l'écrivain qui, pour grandir, a eu besoin d'en passer par la mort des femmes (comme Orphée qui ne devient patron des poètes qu'au prix de la mort d'Eurydice ; comme Des Grieux qui survit à Manon pour s'épanouir en commentateur admirable du dernier livre de l'*Enéide*).

3/ Il lui reproche son « irresponsabilité bourgeoise » au nom de laquelle les sentiments d'un « riche oisif (Swann) pour une femme entretenue » sont présentés comme « un prototype de l'amour »...

4/ D'où il ressort que Proust « s'est fait le complice de la propagande bourgeoise, puisque son œuvre contribue à répandre le mythe de la nature humaine »...

5/ ... et qu'il (Proust) contribue au « maintien des privilèges de classe ».

Interdit de rire, voire de sourire : Sartre s'est piégé tout seul. Tant pis pour lui.

Mais il y avait, dit-on, un autre Sartre, plus secret, moins tonitruant, réservé à un cercle d'intimes, qui, à voix basse, tenait en grande ferveur l'auteur de la *Recherche*. Mille témoignages le confirment. Et l'on ne peut qu'éprouver une vague compassion pour le schizophrène – tous les marranes le sont un peu... – qui dut bien souffrir de ne pouvoir célébrer au grand jour son culte clandestin.

Rappelons enfin que Sartre, infidèle à ses propres anathèmes, loue Proust d'avoir été le premier à montrer qu'il n'y a pas de communication (ni de confusion) possible entre la perception et l'imagination (*L'Imaginaire*, 1940, pp. 188-189). Étrange et fascinant Sartre, toujours en querelle avec lui-même...

→ *CQFD (Ceux qui franchement détestent), Lanterne magique*

Schopenhauer (Arthur)

Est-ce parce qu'il propose une version accessible du vertige devant le néant tout en offrant la promesse d'un art consolateur que Schopenhauer est, dans la *Recherche*, « le » philosophe de référence ? Car il l'est, effectivement, pour snobs proustiens dont l'intelligence culmine dans un pessimisme complaisant et des audaces de salon...

Comment, quand on est mondain, ne pas être conquis par le frisson d'une lucidité limpide et radicale dont les diagnostics ont l'étrange propriété de ne pas engager celui qui les formule (de même qu'à force de répéter que « tous les hommes sont mortels » on finit par s'exclure soi-même du lot) ? « *Relisez ce que Schopenhauer dit de la musique* », recommande Mme de Cambremer, ce qui a le mérite d'égayer la duchesse de Guermantes dont le goût tardif pour la fréquentation des intellectuels n'a pas entamé l'insolence : « *Relisez est un chef-d'œuvre ! Ah ! non, ça, par exemple, il ne faut pas nous la faire.* »

Mais loin d'être seulement la caution des gens qui refusent d'être dupes, la pensée de Schopenhauer imprègne en profondeur le système nerveux de la *Recherche*. Parce qu'il remplace la question de la vérité ou de la fausseté d'une affirmation par celle beaucoup plus intéressante de savoir de quelle pathologie nos opinions sont le symptôme et le paravent, Schopenhauer est à la manœuvre 1/ quand le Narrateur, par exemple, observe que le pacifisme ou le bellicisme de Bloch dépendent uniquement de la crainte d'être envoyé au front, 2/ quand il admet, ailleurs, que « *si nous n'avions pas de rivaux, le plaisir ne se transformerait pas en amour* », ou 3/ quand il décrit le baron de Charlus qui, juste avant d'obtenir les faveurs d'un cocher vénal, intime au Narrateur l'ordre de choisir « *la route qui* (conduit) *à la vertu* ».

Proust avait-il lu le chapitre hilarant du *Monde comme volonté et comme représentation* consacré à l'homosexualité que Schopenhauer décrit comme une « invention de la nature » destinée à éviter que les hommes d'âge mûr (dont les enfants sont toujours débiles) ne continuent à se reproduire ? Peu importe. L'essentiel est de savoir que Schopenhauer, pour qui les homosexuels sont les brebis galeuses qu'une nature homéostatique emploie comme des outils de régulation, n'aurait pas renié les pages où le Narrateur présente Jupien comme prédestiné pour que les vieux messieurs « *aient leur part de volupté sur cette terre* ».

Enfin, si Swann attend de ne plus aimer Odette pour l'épouser, ou si l'Albertine dont il coupe les ailes en la séquestrant n'inspire plus au Narrateur que lassitude, si « *l'être de fuite* » insaisissable et (donc) douloureusement désiré n'apparaît plus, une fois qu'on l'a conquis, que comme une esclave dont le maître aurait voulu se débarrasser, n'est-ce pas que la vie, selon Schopenhauer, « oscille, comme un pendule, de droite à gauche, de la souffrance à l'ennui » ? C'est d'un désir indexé sur le manque, où la satisfaction est toujours insatisfaisante (puisque la mélancolie de posséder succède immanquablement à la douleur de désirer), c'est d'un désir que l'absence renouvelle et que la routine anéantit, dont l'objet qu'il se donne n'est jamais désiré pour lui-même mais en vue de l'apaisement que sa possession laisse espérer, que le Narrateur déduit les « *feux tournants de la jalousie* » :

> « *La souffrance dans l'amour cesse par instants, mais pour reprendre d'une façon différente. Nous pleurons de voir celle que nous aimons ne plus avoir avec nous ces élans de sympathie, ces avances amoureuses du début, nous souffrons plus encore que, les ayant perdus pour nous, elle les retrouve pour d'autres ; puis, de cette souffrance-là, nous sommes distraits par un mal nouveau plus atroce, le soupçon qu'elle nous a menti sur sa soirée de la veille, où elle nous a trompé sans doute ; ce soupçon-là aussi se dissipe, la gentillesse que nous montre notre amie nous apaise, mais alors un mot oublié nous revient à l'esprit ; on nous a dit qu'elle était ardente au plaisir ; or nous ne l'avons connue que calme ; nous essayons de nous représenter ce que furent ces frénésies avec d'autres, nous sentons le peu que nous sommes pour elle, nous remarquons un air d'ennui, de nostalgie, de tristesse pendant que nous parlons, nous remarquons comme un ciel noir les robes négligées qu'elle met quand elle est avec nous, gardant pour les autres celles avec lesquelles, au commencement, elle nous flattait. Si, au contraire, elle est tendre, quelle joie un instant ! mais en voyant cette petite langue tirée comme pour un appel, nous pensons à celles à qui il était si souvent adressé que, même peut-être auprès de moi, sans qu'Albertine pensât à elles, il était demeuré, à cause d'une trop longue habitude, un signe machinal. Puis le sentiment que nous l'ennuyons revient. Mais brusquement cette souffrance tombe à peu de chose en*

pensant à l'inconnu malfaisant de sa vie, aux lieux impossibles à connaître où elle a été, est peut-être encore, dans les heures où nous ne sommes pas près d'elle, si même elle ne projette pas d'y vivre définitivement, ces lieux où elle est loin de nous, pas à nous, plus heureuse qu'avec nous. Tels sont les feux tournants de la jalousie. »

Comment sortir de cette impasse ? Comment aimer vraiment, c'est-à-dire sans confondre autrui avec le désir qu'on en a ? Comment passer de l'imagination à la sensibilité ? Comment passer d'une logique de la déception – qui prend la forme d'un pouvoir rendu à l'impuissance, d'une séquestration vaine, d'une surveillance déjouée – à une logique du contentement où l'indiscrétion s'incline devant la sympathie, et la méconnaissance de l'autre s'estompe sous l'attention portée aux signes qui lui échappent ? De la réponse à ces questions dépend la possibilité même de l'art (comme de l'amour), dont l'enjeu est de comprendre que ce n'est pas son intention objective mais précisément ce qui lui échappe qui décide de la valeur d'une personne ou d'une action. « Avoir l'esprit philosophique, écrit Schopenhauer, c'est être capable de s'étonner des événements habituels et des choses de tous les jours, de se poser comme sujet d'étude ce qu'il y a de plus général et de plus ordinaire. » Or, la *Recherche* promet-elle autre chose ?

→ *Déception, Livre circulaire*

Serviette et bottines

On peut classer les souvenirs involontaires de la *Recherche* en trois catégories :

— Ceux qui *rappellent* un épisode enfoui dans les arcanes de la mémoire et dont le récit vient après la découverte qui leur a rendu la vie (ainsi de la Petite Madeleine).

— Ceux qui surviennent des années après le récit de l'épisode en question (comme c'est le cas des bottines ou de la serviette empesée du Grand Hôtel).

— Enfin, les *souvenirs du présent* où un objet s'offre à la perception sous la forme d'un souvenir de lui-même (expériences de déjà-vu, avec les clochers de Martinville ou bien les arbres d'Hudimesnil).

C'est peut-être la deuxième catégorie qui est la plus intéressante car elle offre à la mémoire le contrepoint véritable de l'objet qu'elle exhume, et fait peser sur l'entreprise de la *Recherche* un soupçon d'illusion rétrospective.

Jugez plutôt : lors de son premier voyage à Balbec, le Narrateur laisse sa grand-mère lui enlever ses chaussures tandis qu'il lisse « *ses beaux cheveux à peine gris* ». Deux ans plus tard, soit un an après la mort de sa grand-mère, alors qu'il se penche prudemment pour se déchausser, « *le visage tendre, préoccupé et déçu de* (sa) *grand'mère* » explose à sa mémoire pour lui donner simultanément l'impression de la retrouver et la conscience de l'avoir perdue pour toujours. Le Narrateur eût-il raconté le premier épisode s'il n'avait su qu'il ferait l'objet d'un tel ressouvenir ?

Tout comme l'expérience de la serviette du Grand Hôtel dont il retrouve la « *raideur* » et l'« *empesé* » trente ans plus tard, dans un salon de l'hôtel de

Guermantes, alors qu'il vient de boire une orangeade
et s'essuie la bouche – ou comme Descartes qu'un
doute artificiel conduit faussement au sentiment de son
existence (car Descartes, en vérité, ne chercherait pas
l'existence s'il ne l'avait déjà trouvée) –, le Narrateur
semble s'attarder à dessein sur les épisodes dont il sait
à l'avance qu'ils seront un jour sauvés de l'oubli.

Malhonnêteté ? Mise en scène ? Simple technique
romanesque ? Le Narrateur est-il comme un torero
qui plante des banderilles pour se faciliter l'esto-
cade ? Comme un jardinier qui sème de la réalité pour
en faire de la littérature en y ajoutant l'engrais de la
mémoire ? Jusqu'à un certain degré seulement.

Car la *Recherche*, sans jamais contredire la seconde
loi de la thermodynamique sur l'irréversibilité du
temps, est à la fois le récit (tourné vers l'avenir) d'un
apprentissage et l'histoire (passée) d'une vocation lentement découverte : la fin du récit détermine donc le
début de l'histoire. Les épisodes de la grand-mère qui
délace les bottines et de la serviette du Grand Hôtel
précèdent leur souvenir involontaire, mais leur souvenir involontaire précède et détermine le récit des
épisodes. Ainsi fonctionne la *Recherche*, comme un
cercle ouvert sur lui-même, selon les règles d'une
« *unité vitale et non logique* » à la façon de Wagner
« *tirant de ses tiroirs un morceau délicieux pour le
faire entrer comme thème rétrospectivement nécessaire dans une œuvre à laquelle il ne songeait pas au
moment où il l'avait composé* ».

Aux antipodes des mauvais écrivains qui maquillent
et taillent leurs œuvres pour leur donner après coup
l'apparence d'un système unifié, les expériences du
Narrateur trouvent naturellement, organiquement, une
place à la fois nouvelle et nécessaire dans l'édifice qui

s'ignore et dont elles figurent les fenêtres… Comme il arrive à certains auteurs de noter à l'aveugle des choses apparemment disparates sans douter, pourtant, qu'elles s'intégreront harmonieusement, le moment venu, au grand livre à venir.

→ *Contraire, Déjà-vu, Deleuze (Gilles), Livre circulaire*

Sésame

Petite scène à verser au dossier déjà fourni de ceux qui ont le souci de prouver que le Narrateur ressemble beaucoup à l'auteur de la *Recherche*…

Elle se déroule dans le bordel de Jupien qui, accueillant le Narrateur, lui signale que, s'il veut voir « *je ne dis pas quarante, mais une dizaine de voleurs* », il n'a qu'à lui rendre visite. Et d'ajouter : « *pour savoir si je suis là, vous n'avez qu'à regarder la fenêtre de là-haut, je laisse ma petite fenêtre ouverte et éclairée, cela veut dire que je suis venu, qu'on peut entrer. C'est mon Sésame à moi. Je dis seulement Sésame. Car pour les Lys, si c'est eux que vous voulez, je vous conseille d'aller les chercher ailleurs* ». D'où l'on peut déduire…

1/ Que Jupien est aussi lettré que vil ; il a lu la préface de Proust au livre de Ruskin (qui s'intitule précisément *Sésame et les Lys*) ; y fait une discrète allusion ; on est entre gens du (demi-)monde…

2/ Qu'il connaît parfaitement l'identité de son éventuel visiteur : un écrivain raffiné, un Marcel Proust, et non un « Narrateur » sans sexualité bien définie…

3/ Qu'il s'amuse (avec Proust lui-même), et non sans un sadisme partagé avec son créateur-romancier, à détourner ce « *Sésame* » en mot de passe pour franchir la Porte des Enfers.

4/ Quant aux « *Lys* » (la beauté, la royauté, la noblesse des sentiments et des mœurs...), ils ne poussent pas dans l'établissement de la rue de l'Arcade – qui n'abrite que le vice et l'infamie.

Ainsi, à mesure que son œuvre avance (la citation de Jupien est extraite du *Temps retrouvé*, qui ne fut publié qu'à titre posthume), Proust semble ne plus trop se soucier de prouver à quel point il n'est pas son Narrateur.

Aurait-il rectifié cette allusion transparente s'il avait eu le temps de se relire ? Peut-être...

→ *Arcade (11, rue de l'), « Narraproust », Trois détails (concédés aux partisans de Sainte-Beuve)*

Shéhérazade

Outre la célèbre prisonnière du sultan Sheriar, omniprésente chez Proust, il y a au moins trois Shéhérazade dans les mille et une nuits du temps perdu :

1/ La première est chaste et maternelle et, en une nuit fondatrice, elle lit un roman de George Sand au Narrateur qui s'exerce, pour la première fois, au rôle de tyran.

2/ La deuxième, c'est Albertine, aussi prisonnière que sa sœur mythique, qui tente de sauver sa vie – elle n'y parviendra pas – en enjôlant le geôlier jaloux qui contrôle ses faits et gestes.

3/ La troisième, enfin, a les traits d'Esther, la prisonnière d'Assuérus qui, par ruse d'amour racinien, intercédera en faveur de son peuple captif et bientôt libéré.

4/ À travers ces trois figures (qui n'en font qu'une), c'est le Narrateur qui s'exerce au métier de conteur et entrevoit la possibilité rédemptrice de devenir lui-même écrivain, d'écrire un ouvrage « *aussi long que les Mille et une Nuits peut-être, mais tout autre* », et de vaincre ainsi la mort promise.

Pour y parvenir, il lui faudra « *beaucoup de nuits, peut-être cent, peut-être mille. Et je vivrais dans l'anxiété de ne pas savoir si le Maître de ma destinée, moins indulgent que le sultan Sheriar, le matin quand j'interromprais mon récit, voudrait bien surseoir à mon arrêt de mort et me permettrait de reprendre la suite le prochain soir* ».

Proust-Shéhérazade a donc écrit un immense conte arabe. Mais, alors que sa devancière contait afin de repousser sa mort, il sait, lui, qu'en écrivant, il court éperdument au-devant de la sienne.

→ *Esther, Perse*

Shibboleth

Marcel adore les surnoms, les accents, les gestes codés, les intonations vocales dont la particularité qualifie la position d'un individu, les petits signes qui suggèrent l'appartenance à un groupe, à un clan, à une race, à un vice.

De cette sensibilité (spontanément maçonnique ?), il tire une métaphysique de la perception qui, par-delà ce qui s'expose de façon manifeste, traque sans cesse un arrière-monde secret et décisif. Bref, Marcel est grand amateur de ces *shibboleth* dont la première mention est toute biblique.

En effet, c'est dans le Livre des Juges (12, 4-6) que les membres de la tribu de Galaad utilisent pour la première fois ce terme (qui, au sens propre, signifie « épi », « branche » ou « torrent ») pour démasquer leurs ennemis de la tribu d'Ephraïm. Afin d'identifier ces derniers, qui voulaient traverser le Jourdain en se mêlant à leurs ennemis, les gens de Galaad demandaient de prononcer le mot « *shibboleth* ». Une prononciation incorrecte valait preuve de non-appartenance, et mise à mort s'ensuivait...

Dans la société selon Proust, innombrables sont ainsi les *shibboleth* : ils couvrent un vaste territoire allant des manières de table aux usages mondains ou à la façon de se vêtir – les snobs anglais, qui sont une référence pour Marcel, ont également leurs *shibboleth* classés en « *U* » (de *upper class*) ou « *non-U* ».

Bloch signe sa non-appartenance au monde dans lequel il rêve de s'introduire en disant « *laïft* » au lieu de « *lift* », ou « *Venaïce* » au lieu de « *Venice* ».

Ailleurs, c'est Albertine qui se démasque (moralement) dans *À l'ombre des jeunes filles en fleurs* : « *On ne me permet pas de jouer avec des Israélites* », dit-elle (en apercevant les sœurs de Bloch). « *La façon dont elle prononçait "issraêlite" au lieu d'"izraëlite" aurait suffi à indiquer, même si on n'avait pas entendu le commencement de la phrase, que ce n'était pas de sentiments de sympathie envers le peuple élu qu'étaient animées ces jeunes bourgeoises, de familles dévotes, et qui devaient croire aisément que les juifs égorgeaient les enfants chrétiens.* » Albertine est donc antisémite. Le Narrateur le sait d'emblée.

→ *Angleterre, Du bon usage (de l'antisémitisme d'Albertine), Inversion*

Simonet (Albertine)

Chez cette jeune fille qui fut peut-être un homme, tout déconcerte et semble se contredire : la vulgarité qui, soudain, s'infléchit en finesse ; les jeux sexuels dont la timidité avec le Narrateur est démentie par l'ardeur que ce même Narrateur lui prête lorsqu'il l'imagine en compagnie de qui n'est pas lui ; l'arrivisme si souvent teinté de modestie ; la beauté qui, sous certains angles, se fait laideur ; son grain de beauté lui-même, qui se déplace, au gré des pages, de la lèvre au nez, puis du nez au menton : Albertine est donc, en tout, le contraire d'elle-même. Et c'est à la faveur de cet emboîtement paradoxal que son charme opère. On la supposera, faute de mieux, sous l'emprise astrologique des Gémeaux bien que Proust, moins sensible à la pensée magique que l'auteur de ces lignes, ne précise jamais la configuration de son appartenance céleste.

Plus stable, en revanche, est son identité patronymique puisque Proust y a habilement déposé une allusion incontestable : Albertine, née d'*Albaspina* (« aubépine » en latin) est, d'emblée, en fleur, et elle n'aura guère le temps d'expérimenter sa fanaison.

Plus énigmatique est son nom de famille : Simonet (sur lequel Proust insiste à trois reprises, dans *À l'ombre des jeunes filles en fleurs*, en précisant qu'il n'y faut qu'une seul « n »).

Dans ses esquisses, l'écrivain avait envisagé d'autres noms de famille : Bouqueteau, ou Boucteau, par exemple, dont les sonorités trapues et hoquetées traduisaient assez bien (comme Legrandin ou Verdurin) une certaine conception de la petite-bourgeoisie encore engluée dans l'agriculture ou le commerce.

Or, Bouqueteau et Boucteau s'estompent soudain au profit d'un Simonet dont l'apparition coïncide avec celle des jeunes filles sur la digue.

Pourquoi (s'il y faut une raison) ce Simonet ?

Observons alors l'apparition du joyeux essaim de Balbec : couleurs, pastels, embruns vaporisés autour de silhouettes en mouvement, tenues de bain bouffant au vent, froufrous, volants, ombrelles... On pense aussitôt à une marine de Sisley, ou de Monet... De Sis(ley)Monet... De Simonet.

→ **Albertine, Patronymes (et toponymes)**

Skype

« *Sa voix était comme celle que réalisera, dit-on, le photo-téléphone de l'avenir : dans le son se découpait nettement l'image visuelle.* »

Comment Marcel Proust en est-il venu à imaginer, un siècle avant la mise en service de Skype, un système de communication qui associe un visage à une voix ? À quel don particulier le Narrateur d'*À la recherche du temps perdu* doit-il d'entrevoir « *le photo-téléphone de l'avenir* » ? D'où lui vient l'aptitude prémonitoire à convertir un son en image ?

Aux yeux comme aux oreilles du Narrateur, la réalité ne vaut que par les associations rimbaldiennes qu'elle permet : de fait, les noms offrent « *l'image de l'inconnaissable que nous avons versé en eux, dans le même moment où ils désignent aussi pour nous un lieu réel* » : le nom de Guermantes enferme un trésor sous une « *enveloppe orangée et brillante* », Bayeux scintille du « *vieil or de sa dernière syllabe* », Lamballe « *va du jaune coquille d'œuf au gris perle* », Pont-Aven est « *une envolée blanche et rose de l'aile d'une coiffe légère qui se reflète en tremblant dans une eau verdie de canal* », etc.

Mais à quoi tient, alors, le talent de révéler les splendeurs latentes qu'un patronyme enserre comme un col dans un fermoir de rubis ? Réponse : à l'intuition que la réalité existe d'abord au titre des impressions qu'elle dépose en chacun de ses spectateurs et que, pour renouer avec elle dans sa nudité, sa munificence et, parfois, sa cruauté, il faut être paradoxalement aussi fidèle que possible aux sensations qu'elle suscite, car les sensations, quand elles ne sont pas altérées par le besoin ni faussées par les préjugés, témoignent de l'univers dont elles éveillent le souvenir.

Mieux : puisque, par définition, aucune perception ne fait l'économie d'un sujet percevant, c'est toujours à partir de soi, et malgré soi, que le monde apparaît séparément de tout ce qu'on veut y retrouver. La réalité du monde n'est pas dans la nature mais dans « *le torrent des sensations* ». Tel est le tour de force proustien : voir et entrevoir sans altérer ce qu'on regarde.

Ainsi, comme un regard capte un arôme, comme un raisin se sucre au soleil, comme le bruit du tramway le renseigne sur le temps qu'il fait sans qu'il ait à se lever de son lit ni même à ouvrir les yeux, comme le tintement de Skype (« *Glass* ») annonce le sourire d'un ami, ou comme le goût d'une madeleine contient les fleurs, les nymphéas, les bonnes gens et les petits logis d'un village, la voix d'Albertine dessine-t-elle parfaitement, en écho visuel, dans une synesthésie reconstructrice, les contours du visage « *illuminé par le sang* » que le Narrateur a tant de mal à se représenter quand il l'a sous les yeux. Et un tel écho se prolonge au-delà du présent pour donner à sentir ce que l'avenir lui réserve : « *C'était tout un état d'âme, tout un avenir d'existence qui avait pris devant moi la forme allégorique et fatale d'une jeune fille.* »

Trois conditions sont indispensables aux amples vibrations – qui, au passage, réduisent à néant toute littérature « réaliste » : la première est d'être soi-même un fantôme pour ne pas être encombré de son corps ; la deuxième est de n'être pas encore blasé par l'habitude qui dilue dans l'usage la constante surprise de l'inédit ; la troisième, enfin, est d'avoir un sixième sens qui, ordonnant les autres comme un chef d'orchestre, imprime une cadence aux violons qui pataugent, donne à voir l'avenir dans le présent et l'infini dans le fini.

→ **Téléphone**

Snobisme (de « maman »)

Les gens du monde et les gens du peuple sont, aux yeux du Narrateur, sur un pied d'égalité – c'est-à-dire bien au-dessus de la classe intermédiaire et mal élevée des bourgeois.

Ces derniers sont à l'aristocratie ce que le pouvoir est à la puissance, et au prolétariat ce que l'impolitesse est à la franchise. Malheureusement sa mère – une bourgeoise dont c'est le seul défaut – n'est pas du même avis, car « maman » est « *trop la fille de mon grand-père pour ne pas faire socialement acception des castes* ».

Tout en traitant Françoise avec la même sollicitude que si elle eût été sa meilleure amie, elle s'indigne que son fils dîne avec un mécanicien (« *Il me semble que tu pourrais avoir mieux comme ami* ») et témoigne au valet de chambre qui s'émancipe et se met à vouvoyer le Narrateur au lieu de lui parler à la troisième personne « *le même mécontentement qui éclate dans les "Mémoires" de Saint-Simon chaque fois qu'un seigneur qui n'y a pas droit saisit un prétexte de prendre la qualité d'"Altesse" dans un acte authentique, ou de ne pas rendre aux ducs ce qu'il leur devait et ce dont peu à peu il se dispense* ».

L'égalitarisme et la bonté n'ont, pour « maman », aucune prise sur l'indéracinable sentiment que « *les maîtres sont les maîtres* » et les domestiques des « *gens qui mangent à la cuisine* ». Marcel eût-il été un seigneur s'il n'avait d'abord été le fils de snobs ?

« Soit que… »

La phrase proustienne n'en finit pas de traquer, jusqu'au vertige, des significations simultanées, complémentaires, parfois contradictoires. À cette fin, Proust a choisi de remplacer les « que », propres à la rhétorique du XVIIe siècle – qui étaient sagement en charge d'enchaîner les propositions subordonnées – par des « *soit que...* » qui, à l'énumération simple, multiplient les angles de vision.

Sur ce point, il faut attribuer à Léon Pierre-Quint le mérite d'avoir, le premier, décortiqué (presque sur-le-champ) le mystère de ces enchâssements : « Tel geste, tel sentiment, que notre langue exprime d'un seul mot est en réalité l'effet de désirs et de pensées multiples. Chacun des *soit* de Proust représente un de ces désirs et, de l'ensemble convergeant des *soit*, sort un état de conscience, une décision, comme de plusieurs corps simples, l'oxygène, l'hydrogène, un corps composé et unique, l'eau. »

Exemple, le désir de Swann : le premier soir où il avait possédé Odette, il y avait eu le rituel des catleyas qu'un cahot de calèche avait dérangés dans le corsage de sa déjà bien-aimée. Depuis, chaque fois qu'il la désire, il use du même prétexte, « *soit crainte de la froisser, soit peur de paraître rétrospectivement avoir menti, soit manque d'audace pour formuler une exigence plus grande que celle-là (qu'il pouvait renouveler puisqu'elle n'avait pas fâché Odette la première fois)* ».

Souliers (noirs ou rouges)

C'est une belle scène. Et elle explore, mieux que mille traités, le tréfonds de la vulgarité aristocratique. Entendons-nous : cette vulgarité selon Proust n'est pas celle des manières mais des sentiments – dont le grand monde fait un usage plus rustique que le peuple. Voyons...

Charles Swann vient prendre congé définitif de son amie Oriane à l'instant où celle-ci doit se rendre à un dîner chez Mme de Saint-Euverte. Le duc s'impatiente déjà dans la cour. Oriane est pressée, peu disponible pour écouter comme il se doit les adieux d'un être cher qui lui annonce pourtant que les médecins ne lui accordent que quelques mois de vie :

> « — *Qu'est-ce que vous me dites là ? s'écria la duchesse en s'arrêtant une seconde dans sa marche vers la voiture et en levant ses beaux yeux bleus et mélancoliques, mais pleins d'incertitude. Placée pour la première fois de sa vie entre deux devoirs aussi différents que monter dans sa voiture pour aller dîner en ville, et témoigner de la pitié à un homme qui va mourir, elle ne voyait rien dans le code des convenances qui lui indiquât la jurisprudence à suivre et, ne sachant auquel donner la préférence, elle crut devoir faire semblant de ne pas croire que la seconde alternative eût à se poser, de façon à obéir à la première qui demandait en ce moment moins d'efforts, et pensa que la meilleure manière de résoudre le conflit était de le nier. "Vous voulez plaisanter ?" dit-elle à Swann.*
> *— Ce serait une plaisanterie d'un goût charmant, répondit ironiquement Swann.* »

Jusque-là, rien que de très naturel puisque, dans le monde égoïste d'Oriane, le dîner en ville fait loi. L'imminence d'un trépas, fût-ce celui d'un intime, risque de perturber la liturgie mondaine – qui, précisément, demeure le paravent de vanité qui dissimule l'idée même de notre mort. La frivole n'a donc pas de temps à consacrer au pauvre Swann. D'ailleurs, le duc a faim, il est même « mort de faim »…

Mais l'affaire se complique : en effet, Oriane, ce soir-là, porte une robe rouge qui laisse paraître le bout de ses souliers noirs. Comment est-ce possible ? Son époux ne supporte pas une telle inconvenance et prie la distraite de choisir des souliers rouges, mieux assortis. Le temps manque ? Nous sommes pressés ? Oui, nous le sommes pour écouter les dignes gémissements d'un ami mourant, mais pas au point de contrevenir aux usages de l'élégance. Oriane va donc prendre pour ses souliers les quelques minutes qu'elles n'avait pas eues pour Swann. Coupable (un peu), elle propose à Swann un rendez-vous prochain : « *vous me direz votre jour et votre heure* ». Le jour et l'heure d'un thé ? D'un enterrement ? De toute façon, il faut chasser le noir – du deuil, de la parure. Vite, vite, nous voulons du rouge, sanguin symbole du monde vivant, car Oriane et son époux veulent se croire vivants. D'ailleurs, Swann ne se porte-t-il pas « *comme le Pont-Neuf* » ? C'est ce que le duc lui dit en guise d'adieu. La mondanité ou la mort ? Les Guermantes, soudain privés de leur cœur à hauts branchages, préfèrent celle-là à celle-ci. Ils auront les deux. C'est la malédiction des vulgaires.

Spéculation

On rapporte que Robert de Montesquiou, à l'occasion d'une de ses récurrentes crises de fiel, avait conseillé à Proust (vu « l'énergie naturelle de sa race ») de se consacrer aux affaires plutôt qu'à la littérature – et il faut bien admettre, tristement, que Marcel avait devancé ce mauvais conseil.

Proust était, en effet, un spéculateur-né, un joueur, un boursicoteur... Rentier, il aurait pu se contenter des revenus raisonnables de son portefeuille d'actions géré par les Rothschild, mais cela ne suffisait pas... De plus, son conseiller officiel, Lionel Hauser, renonça bien vite à exercer son influence sur cet imprudent.

Un drôle de type, d'ailleurs, ce Hauser : agent de change et théosophe adepte de la transmigration des âmes et du spiritualisme de Mme Blavatsky ; pragmatique, honnête employé de la banque Warburg, mais anarchiste clandestin et auteur d'un ouvrage ésotérique intitulé *Les Trois Leviers du monde nouveau*...

Longtemps, Proust préféra négliger la sage gestion de Hauser pour dévorer, en adepte des noms de pays, les rubriques financières dont la prose se hérissaient de mots poétiques : « Ural Kaspian », « United Railways », « North Caucasian Oil Fields », « Rio Tinto », « Pins des Landes » ou « Oriental Carpets »...

En 1908, dans une lettre à Reynaldo Hahn, il écrit : *« À l'heure qu'il est, mon esprit subtil que le roulis caresse voyage entre les mines d'or d'Australie et le chemin de fer du Tanganyka et se posera sur quelque mine d'or qui, je l'espère, méritera vraiment son nom. »* En 1913, après être tombé amoureux des titres de « Port de Para », il perdit une fortune en misant trop gros sur « El Banco español del Río de la Plata ». Comment faire, dès lors, pour payer son loyer, ses médicaments, ses cadeaux ? « *Comment en un plomb vil l'or pur s'est-il changé ?* » C'était là une parodie d'*Athalie* – que Lionel Hauser s'efforça de démentir. Proust se crut ruiné. Il l'était. Ce qui, au final, ne changea rien à son mode de survie.

→ *Noms de pays, Onomastique*

Spinoza (Baruch)

À en croire Colerus, son premier biographe, Spinoza avait l'habitude de « chercher des araignées qu'il faisait battre ensemble, ou des mouches, qu'il jetait dans la toile d'araignée, et il regardait ensuite cette bataille avec tant de plaisir qu'il en éclatait quelquefois de rire ». Entre ceux qui, au nom de la vérité, raillent l'arachnophilie du sage, et les autres qui, distinguant la chair et l'âme, négligent l'anecdote et cherchent le vrai dans la pensée pure, se trouve Gilles Deleuze qui, spinoziste et proustien jusqu'au bout des ongles, donc moins soucieux d'exactitude que d'amour, refuse de réduire un auteur à sa biographie et se sert de l'anecdote comme d'une métaphore sur le caractère extérieur de la mort et la relativité des perfections.

Deleuze aurait-il eu le génie d'épargner à Spinoza le procès de ses manies, et aurait-il eu l'idée de partir à la recherche d'un « sens irréductible au sujet qui le saisit » dans son essai sur Proust s'il n'était tombé, dans *La Prisonnière*, sur le passage où le Narrateur, tel Spinoza justement, raconte que le désir intermittent de brouiller entre eux les fidèles de leur petit cercle donne aux Verdurin, ces Thénardier du mercredi, l'allure de deux araignées affamées ? « *M. Verdurin*, écrit-il, *s'y ingéniait à prendre quelqu'un en faute, à tendre des toiles où il pût passer à l'araignée sa compagne quelque mouche innocente.* »

Par-delà les différences de style, de forme, de volume, de méthode et d'objectif, l'*Éthique* et la *Recherche* donnent le sentiment de suivre le même chemin de connaissance : le processus d'apprentissage du Narrateur se fait en trois temps qui correspondent étonnamment aux trois genres de connaissance selon Spinoza.

D'abord, il y a l'enfance, où le sens de l'émerveillement le dispute aux déceptions face aux choses qui, n'étant qu'elles-mêmes, n'arrivent pas au talon de l'espoir qui les précède. C'est l'époque des opinions hâtives, des désirs qu'on prend pour des réalités, mais aussi des associations d'idées et de l'attention portée aux impressions que le monde dépose en nous : *connaissance du premier genre.*

Vient ensuite la puberté, c'est-à-dire l'intelligence, l'observation de lois immuables sous la matière apparemment confuse des rapports humains, la tendance à s'attarder non plus sur la teneur d'un propos mais sur la manière dont il est tenu, le goût de saisir des identités stables malgré les apparences, à travers des lieux et des temps divers, l'oubli de soi au profit des notions communes et des idées adéquates : *connaissance du deuxième genre.*

Enfin, à la faveur d'extases que le Narrateur finit par comprendre au lieu de les subir, advient le temps retrouvé, c'est-à-dire l'éternité des sensations, l'art de mettre en mots l'unicité du monde et la munificence de chaque instant : c'est le *troisième genre de connaissance*, qui s'attache aux détails comme à l'ensemble et remplace le souci du divertissement par « l'amour d'un objet immuable et éternel » dont la possession n'épuise pas le désir. C'est aussi le moment où, parce que « l'homme libre ne pense à rien moins qu'à la mort », la grande peur de la mort s'estompe devant la crainte prosaïque de mourir avant d'avoir extrait le minerai dont le Narrateur est à la fois la source et le trépan : la vocation d'artiste que le Narrateur se découvre est l'autre nom de la « science intuitive » dont Spinoza décrit les bienfaits au terme de l'*Éthique*.

Mais Proust est un Spinoza pascalien qui transcende la connaissance du deuxième genre, méprise les demi-habiles, les médecins, les imbéciles sensés et les snobs convaincus que l'intelligence a toujours le fin mot de l'histoire. De même que Spinoza considère qu'une erreur contient déjà un peu de vérité, de même que Pascal se méfie des lois de la raison quand elles empiètent sur le cœur, « *il y a*, aux yeux du Narrateur, *plus d'analogie entre la vie instinctive du public et le talent d'un grand écrivain, qui n'est qu'un instinct religieusement écouté au milieu du silence, imposé à tout le reste, un instinct perfectionné et compris, qu'avec le verbiage superficiel et les critères changeants des juges attitrés* ».

→ **Deleuze (Gilles), Rats (L'homme aux)**

Stendhal

On peut aisément trouver mille raisons à l'amour contrarié (quoique réel) et à l'antipathie incontestable (quoique variable) de Proust pour l'auteur de *La Chartreuse de Parme*. Aucune, pourtant, ne convainc : ni la théorie beyliste de l'amour, ni le style approximatif du « Milanais », ni ses emportements éternellement adolescents.

Le fond de l'affaire est ailleurs : Proust a compris, tout de suite, que Stendhal ne fut écrivain, et grand écrivain, que par défaut. Et qu'il aurait volontiers bondi dans un autre destin (chef de guerre, héros, ministre, ambassadeur...) s'il avait été plus avenant, plus riche ou courageux, plus heureux dans ses conquêtes et ses ambitions. En d'autres termes, Proust reproche à Stendhal de préférer la vie à la littérature. De solliciter le bonheur, les voyages, les idylles, la conversation ou les soirées de la Scala plutôt que le sacerdoce auquel il s'est, lui, Marcel Proust, voué corps et âme.

La Vie contre l'Art : c'est à cela que se résume leur différend. Et, en ce domaine, l'œcuménisme ne sera jamais que de façade : stendhalien ou proustien ? Littérairement, c'est compatible. Existentiellement, il faut choisir.

→ *Amour, Décristallisation, Flaubert (Gustave), Œil (Histoire de l')*

Style (et gastronomie)

Un billet marcellien (daté de 1909), à l'attention de sa cuisinière :

« *Je voudrais que mon style soit aussi brillant, aussi clair, aussi solide que votre gelée, que mes idées soient aussi savoureuses que vos carottes, et aussi nourrissantes et fraîches que votre viande.* »

→ *Cuisine nouvelle, Menu*

Sucre

Le sucre est le présent condescendant que les puissances supérieures, dans la *Recherche*, proposent aux simples mortels pour atténuer (qui sait ?) l'amertume de leurs existences laborieuses – puissances auxquelles le Narrateur, que tout émerveille, pardonne aisément de traiter les autres avec la tendresse qu'on témoigne aux animaux. Dans la *Recherche*, le sucre tombe toujours de haut : des anges aux coléoptères...

Ainsi, pour remercier son frère cadet, le baron de Charlus, d'avoir été aimable avec sa nouvelle maîtresse, le duc de Guermantes lui exprime sa tendresse comme « *dans le but de créer pour l'avenir des associations de souvenirs salutaires, on donne du sucre à un chien qui a fait le beau* » ; le baron de Charlus lui-même, malgré la répugnance que lui inspire le docteur Cottard (auquel il est reconnaissant d'avoir accepté de lui servir de témoin dans un duel qui, finalement, n'aura pas lieu), lui prend la main et la lui caresse longuement avec « *une bonté de maître flattant le museau de son cheval et lui donnant du sucre* » ; Mme Swann, enfin, plus simplement, demande au Narrateur adolescent combien de sucres il veut dans son « *cup of tea* »...

Mais aucune de ces trois divinités n'arrive au talon de la sœur d'un des deux auteurs de ce livre, qui, quand elle était petite (et donc immense), refusait parfois de lui donner des baisers au motif qu'elle n'avait « plus de sucre »...

Swann (Charles)

À coup sûr, le plus douloureux, le plus émouvant, le plus renié personnage de la *Recherche*... Sa psychologie, ses crises de jalousie, son « *amour* », son goût infaillible, son « *genre* », ses hautes relations et les ingratitudes que son tempérament ou sa « juiverie » font trop partie de la substance proustienne pour être ici revisités. Mais son nom intrigue : d'où vient-il ? De quel obscur cryptage est-il le patronyme ? De Charles Haas, dit-on par habitude, puisque celui-ci portait (en allemand) un nom de « lièvre » qui, par transmutation proustienne, se serait métamorphosé, avec un « n » de plus, en cygne anglais... Il est vrai que Proust estimait fantasmatiquement que le judaïsme, d'essence allemande, ne pouvait accéder à la francité « *mérovingienne* », ou « *rose et blonde* », qu'après avoir transité, comme ce fut le cas pour les Rothschild, par cette zone de décontamination qu'est l'Angleterre. Soit...

Mais une autre hypothèse vient d'être mise en circulation : elle concerne les Baignères, que Proust fréquenta à Trouville entre 1888 et 1892, dont les Goncourt parlent dans leur *Journal*, et qui auraient inspiré la famille Swann. Piste hasardeuse entre toutes, à moins d'emprunter des chemins drolatiques : « *swam* » n'est-il pas (à un jambage près) le prétérit de « *swim* » – qui renvoie à la natation, donc à la baignade, donc aux Baignères ?

→ **Lièvre, Dix points communs (entre Swann et le Narrateur), Reniement**

Swann disparu (en hommage à Georges Perec)

À qui, à quoi, doit-on, dans *La Disparition*, l'irruption d'un individu falot du nom d'Aloysius Swann ?
À Proust ?
Au hasard opportun ? Pourquoi pas...

Car Swann, ici (campant un flic pontifiant dont la Ford Mustang choit dans un ravin pas trop profond), paraît à bon droit la transsubstantiation, sinon l'incarnation, ou la transformation du Swann dont Proust narra l'infini chagrin. Pour sûr, on a connu plus vigilant : sous l'air d'un zombi plutôt fringant, Swann *bis* aplatit d'un coup un dindon dodu, un bichon à poil ras puis un bambin qui n'avait pas six ans... Mais disons pourtant qu'à l'instar du vrai Swann (qui, passant par là, privait l'insistant garçon d'un bisou à sa « maman »), Aloysius Swann, tirant sur l'aigu carillon du tipi où vivait la Squaw, produisit non pas un bruit criard ni un bruit assourdissant, mais un son doux, rond, cristallin qui tinta aux parois du cagibi. Notons aussi qu'Aloysius Swann, s'obstinant à approfondir l'imbroglio d'un Graal sans but, trouva sans mollir un fin mot qui fit chou blanc sans offrir, pour autant, à la combustion un manuscrit important. Notons, pour finir, qu'offrant un brin d'air frais au chagrin narratif du gamin lacrymal à qui « maman » promit trop, Aloysius fut parfois, dans *La Disparition*, l'inconnu qui parvint à unir la mort à un pourquoi.

(Le lecteur aura-t-il remarqué que les lignes précédentes, inspirées par La Disparition *de Georges Perec, ne contiennent aucun « e » ? Dans le doute, nous aurons l'inélégance de le lui signaler.)*

Tadié (Jean-Yves)

La religion proustienne ne compte plus ses papes, ses dévots, ses snobs, ses fétichistes, ses pèlerins, ses experts, ses bavards. Mais s'il fallait désigner son *pontifex maximus*, son banquier central, son exemplaire fournisseur de valeurs ajoutées, ce serait, sans conteste, le savant Jean-Yves Tadié.

Son titre lui fut peut-être disputé, jadis, par Painter le précurseur, par Nathalie Mauriac Dyer la méticuleuse ou par Kolb le Champollion d'une correspondance en vingt et un volumes, mais nul n'oserait désormais discuter une prééminence qui s'autorise de hauts faits d'armes : une analyse des formes romanesques chez Proust, une biographie colossale (de l'œuvre et de l'homme), une édition complète (avec 25 % des brouillons en annexe), sans compter des essais, des articles, etc.

Désormais attelé à une nouvelle édition de la correspondance, Jean-Yves Tadié est l'homme-Proust par excellence. Il serait intéressant de lire, un jour, le récit de *sa propre vie dans Proust* : en quoi cette intimité l'a-t-elle transformé ? Comment voit-il le monde, ses contemporains, ses amis, les politiciens, les barbares, les journalistes, l'édition, à travers son prisme marcellien ? Est-il un sage ? Un inadapté ? Un mélancolique ?

De lui, en conclusion de ses travaux, cette phrase intéressante : « Proust ne se trompe jamais. »

Tante Léonie

Pourquoi les souvenirs d'enfance du Narrateur font-ils une telle place à tante Léonie ? Pourquoi se passionne-t-il pour l'agonie, les discussions et les soliloques d'une personne qu'il n'aime pas particulièrement (tante Léonie n'est pas sa grand-mère, et la perspective de sa mort ne le touche pas autrement que comme l'ultime bizarrerie d'un personnage qu'il se contente de respecter sans effort) ?

Sans doute, parce que cette dame si pieuse, cette maniaque « *toute confite en dévotion* » avec qui il aurait juré n'avoir aucun point commun est aussi, d'abord, et même avant Bergotte, le premier écrivain qui croise la vie du jeune Marcel. Et il n'est pas absurde, à cet

égard, de comparer tante Léonie à Marcel Proust lui-
même dont l'oblomovisme (ou la vie de reclus recouvert de bouillottes et de pelisses) ressemble d'assez
près à l'existence monotone de la vieille bigote.

Est-elle née de Baudelaire, la tante qui cause toute
seule à mi-voix parce qu'elle croit « *avoir dans la
tête quelque chose de cassé et de flottant qu'elle eût
déplacé en parlant trop fort* » ; et dont l'« âme est fêlée,
et lorsqu'en ses ennuis / Elle veut de ses chants peupler
l'air froid des nuits, / Il arrive souvent que sa voix affai-
blie / Semble le râle épais d'un blessé qu'on oublie /
Au bord d'un lac de sang, sous un grand tas de morts /
Et qui meurt, sans bouger, dans d'immenses efforts » ?

Le fait est que tante Léonie, que tout effraie, qui
ne sort pas de chez elle parce que la peur (plus que
la maladie) la rive à la « *pure matière* » de son lit, la
seule personne de sa famille « *qui n'eût pu encore
comprendre que lire, c'était autre chose que de passer son temps à "s'amuser"* », enseigne au Narrateur
les rudiments de son art.

Car tante Léonie, tout à l'ennui qui la comble,
transforme en événements, sans y assister, les péripéties minuscules de son voisinage. C'est elle, ainsi,
qui, des années avant Elstir, lui apprend à contempler une botte d'asperges avec le même intérêt que
le plafond de la Sixtine ; elle qui lui donne le goût
de deviner le temps qu'il fait sans quitter son lit (ni
même ouvrir les yeux) ; elle dont le monologue perpétuel face au portrait de son mari invite son petit-
neveu à rendre la vie aux fantômes par une addition
de sang ; elle enfin dont l'inertie absolue détermine
l'importance extraordinaire qu'un écrivain accorde à
ses moindres sensations... Pas de doute, « *madame
Octave* » (comme l'appelle Françoise) connaît la

musique. Comment s'étonner, dès lors, que la saveur d'une Petite Madeleine (c'est-à-dire le premier temps de sa mémoire involontaire) expédie *illico* le Narrateur dans la chambre de la grabataire ?

Téléphone

Le téléphone est, d'un point de vue proustien, l'instrument d'un supplice spécial : certes, il promet beaucoup, et ressemble à s'y méprendre au magicien des *Mille et Une Nuits* capable de transporter l'aimée dans les bras lointains de son amant ; et, comme l'eucharistie, il offre la fiction crédible d'une présence réelle. Mais il est aussi la méchante technique qui sépare la voix du visage, met l'être chéri à distance, confond son absence et sa présence, produit des sons cruellement éloignés des lèvres et de la gorge qui les modulent.

Le téléphone et son cortège de « *téléphonages* » sont une mécanique antiproustienne qui entre de plein front en résonance avec les effrois enfantins de Combray.

C'est aussi une machinerie propice au leurre. Et une ruse complice de la perte. Dans l'antre du boulevard Haussmann, Françoise est (après la fuite d'Agostinelli)

la seule personne autorisée à se servir du téléphone :
elle reçoit les appels, les transmet. Marcel ne touche
jamais à cet objet un peu diabolique qui exile ce que
l'on voudrait toucher et qui, pour lui, évoque irrémé-
diablement la mort.

D'où les métaphores funèbres qu'il réserve aux pré-
posées des PTT dont le sacerdoce consiste à manipu-
ler cette magie : ce sont des « *Vierges Vigilantes* »,
des « *toutes-puissantes* », des « *Danaïdes de l'invisible qui sans cesse vident, remplissent, se transmet-
tent les urnes des sons* ».

De fait, Proust haïssait le téléphone depuis ce jour
de 1896 où il apprit de sa mère la mort de son grand-
père : « *Dans ce petit morceau de voix brisée, on sent
toute sa vie pour lui donnée à ce moment comme à
tous.* » Dès lors, l'appareil est associé à « *la voix brisée* » de « maman », cette voix qui provient des « *profondeurs d'où l'on ne remonte pas* ».

De plus, à cette voix sans corps manquent encore
les joues et le doux refuge qu'elles procurent. S'ensuit
un rituel quasi funéraire qui entoure la cérémonie des
« *téléphonages* », avec urnes, Parques, absence, distance et peur-d'être-séparé – donc coupé, puisque
Parques il y a...

À Combray, pour parler à sa mère, « *petit loup* »
n'avait que la ressource d'une lettre – qui, par le truchement de Françoise, déjà transmetteuse, lui revenait sans réponse.

Françoise, le premier téléphone de Marcel...

« Ne quittez pas », murmuraient les Parques
début de siècle des standards téléphoniques. Elles ne
croyaient pas si bien dire.

→ *Éléctricité, Eucharistie, Skype*

Tennis (du boulevard Bineau)

Dès que le plus âgé des deux auteurs de ce livre passait la porte Maillot, contournait la petite église orthodoxe qui surplombe le boulevard périphérique et se dirigeait vers le pont de Neuilly, il ne pouvait s'empêcher, en apercevant les courts de tennis du boulevard Bineau, de penser à sa mère – morte, presque centenaire, quelques mois avant l'écriture de cet ouvrage.

Il y avait là, pour lui, une sorte de rendez-vous, une énigme bienveillante qui retenait sa signification afin de l'inviter à remuer les souvenirs qui, sans doute, détenaient la clef de cette association d'idées.

Sa mère, pourtant, ne pratiquait guère le tennis. Et n'avait pas eu, de son vivant, la moindre accointance spéciale avec le quartier où elle semblait pourtant l'attendre.

Or cette apparition maternelle était si tenace, si mystérieuse qu'elle en vint à prendre une importance extrême. Dix fois, il fit un détour pour se retrouver, précisément, dans ce non-lieu – n'est-ce pas l'expression qu'on emploie pour qualifier l'innocence d'un prévenu ? Et, dix fois, sa mère lui revint à l'esprit, douce et rieuse comme le sont volontiers les fantômes protecteurs qu'on a remisés dans une zone obscure de soi-même, mais qui tiennent à se montrer, à prendre l'air, de temps à autre.

Quel fil mystérieux tenait donc, dans le même surgissement, une frontière de Paris et cette si chère vieille dame ? Perplexe, il envisagea plusieurs hypothèses – également décevantes.

Puis vint, à la faveur de ce *Dictionnaire amoureux*, l'évidence :

C'est sur ces courts de tennis que Marcel venait retrouver Jeanne Pouquet, puis Marie de Benardaky – qui furent les deux modèles de Gilberte Swann.

Il existe même une photo attendrissante où le jeune Marcel, d'humeur facétieuse ce jour-là, agenouillé aux pieds de Jeanne qui porte une sorte de chapeau tonkinois, mime le troubadour qui donne une aubade en grattant la raquette qui lui sert de guitare. Il est pommadé, très chic, un peu ridicule et gommeux. Tout indique qu'il ne redoute pas encore les pollens du printemps ni l'ombre odorante des chênes qui se dressent au-delà des hauts grillages.

Gilberte ? C'était le nom romanesque de son premier émoi.

Gilberte ? C'était aussi le prénom de la maman de l'un des deux auteurs de ce livre et, partant, de la grand-mère de son fils.

Ternaire

Proust est, comme Sainte-Beuve et Mme de Cambremer, un maniaque de la période en trois temps, même dans les ordres qu'il donne à Céleste : dites que « *je vis couché, que je ne reçois personne, que je travaille* » ; même dans son amour « *violent mélancolique et doux* » avec Reynaldo Hahn. Et, partout dans les sept volumes de la *Recherche*, il n'omet presque jamais de placer trois adjectifs – fût-ce en *diminuendo* – là où la *doxa* de la NRF n'en aurait mis qu'un.

Mme de Cambremer (experte en diminuendos ternaires) ne s'en plaint pas, qui est « *ravie – heureuse – contente* » de recevoir le Narrateur à dîner. Et le Narrateur lui-même n'est pas fâché d'aborder chaque matin « *spacieux, glacial et pur* ». Mais il n'est pas le seul : Swann, Charlus, Bergotte, et même Jupien, sans doute influencés par leur créateur, n'avancent leurs pions que par trois, et agencent en triade leurs raisonnements afin de ressembler à l'Alexandre de Montesquieu dont « (les) vices étaient extrêmes comme (les) vertus. Il était terrible dans la colère. Elle le rendait cruel ».

Le *temps retrouvé* lui-même, si prestigieux qu'il aurait pu s'en dispenser et brûler les étapes, procède en trois temps : pavé inégal, napperon amidonné, cuillère choquée sur une tasse…

D'où vient, chez Proust, cette pulsion ternaire ?

Du *Mane, Thecel, Phares* des grands mythes testamentaires ?

Du *Mégara, Carthage, Hamilcar* flaubertien ?

Ou bien (hypothèse) d'une sécularisation de la sainte Trinité ?

Théodore

Dans la galaxie d'*À la recherche du temps perdu*, le personnage de Théodore occupe la place quasi nulle d'un phénomène qui, quand on s'y penche avec un microscope, scintille étonnamment. Comme une étoile dont on ignore si le halo qui l'entoure est l'effet de sa propre puissance ou de la fatigue oculaire du spectateur. Comme un secret peut-être décisif, une cause enfouie – un être qui meurt et s'estompe dans l'humus que nourrit son cadavre « *pour que pousse l'herbe non de l'oubli mais de la vie éternelle* ».

Attention : il ne s'agit pas ici du second Théodore de la *Recherche*, cocher de son état, encore plus ténu que le premier, et dont l'unique intérêt est d'être le frère de l'inaccessible femme de chambre de la baronne Putbus, mais du petit Théodore de Combray, le mauvais garçon que les paysannes et les bigotes chérissent au point de lui pardonner de coucher avec Legrandin. À la grande différence des personnages qu'on voit peu parce qu'ils n'ont aucune importance, la figure de ce Théodore, loin d'être anodine, prend insensiblement, à force d'apparaître à peine, ici ou là, d'une façon discrètement cruciale, la valeur d'une origine, les contours impalpables d'un ancêtre.

D'abord, la triple casquette de chantre, d'homme de ménage et de garçon épicier lui donne à Combray l'équivalent d'un « *savoir universel* » : c'est lui qui, à en croire tante Léonie, pourrait dire à Françoise qui est la fillette en compagnie de qui elle a vu se promener Mme Goupil ; c'est lui qui, mémoire et lumière, éclaire d'une bougie le tombeau d'une petite fille sur lequel, dit-on, une lampe de cristal avait, en tombant sans se briser, creusé une profonde valve « *comme la trace d'un fossile* » ; c'est lui qui, portant à sa famille l'huile, le café et surtout la « *brioche bénie* » dont la forme rappelle celle du clocher, fournit à l'abeille narrative l'une des premières transpositions dont elle fera ensuite le miel de ses métaphores.

D'ailleurs, comme par hasard, Théodore est aussi l'enfant dont le Narrateur croit reconnaître l'antique silhouette sur les vitraux de l'église de Saint-André-des-Champs. N'est-ce pas lui qui, donnant un air populaire aux figures de pierre sculptée, témoigne à tante Léonie les égards d'un ange de bas-relief empressé autour de la Vierge défaillante ?

Enfin, c'est le même Théodore qui, selon toute vraisemblance, déroba au Narrateur le pucelage de Gilberte dans les ruines du donjon de Roussainville où, de l'aveu de la fille de Swann, le vilain sujet s'amusait avec toutes les paysannes du voisinage pendant que le petit Marcel se promenait avec ses parents.

De ce personnage insignifiant, épisodique et précis, le Narrateur recevra une lettre (dont le signataire lui est d'abord inconnu), naïve, touchante, d'une écriture populaire et d'un langage charmant. Elle lui est adressée après la parution de son premier article dans *Le Figaro*.

Tissot (James)

C'est en juin 1922 que Paul Brach, un jeune écrivain, offrit à Proust une reproduction du tableau de James Tissot, *Le Cercle de la rue Royale* qui était alors exposé au Louvre dans le cadre d'une exposition consacrée au Second Empire.

Ce tableau – qu'on peut désormais admirer au musée d'Orsay – représentait douze hommes élégants sur un balcon de l'hôtel de Coislin. Chacun de ces douze personnages avait versé 1 000 francs à Tissot, le peintre mondain de l'époque, et était convenu que le propriétaire définitif serait tiré au sort – ce qui fut fait, au profit du baron Hottinger.

Si Brach avait cru devoir offrir cette reproduction à Proust, c'est parce qu'on pouvait y reconnaître Charles Haas, l'un des modèles de Swann. Proust décida alors d'ajouter un béquet au manuscrit de *La Prisonnière* sur lequel il était en train de porter ses ultimes corrections et où, contrairement à ses habitudes, il s'adressa directement à son personnage, Charles Haas…

« … que j'ai si peu connu quand j'étais encore si jeune et vous près du tombeau, c'est déjà parce que celui que vous deviez considérer comme un petit imbécile a fait de vous le héros d'un de ses romans qu'on recommence à parler de vous et que peut-être vous vivrez. Si dans le tableau de Tissot représentant le balcon du Cercle de la rue Royale, où vous êtes entre Galliffet (…) et

*Saint-Maurice, on parle tant de vous, c'est parce
qu'on voit qu'il y a quelques traits de vous dans
le personnage de Swann.* »

Ce qui est intéressant dans ce passage, c'est que
Proust se trompe : Haas-Swann figure effectivement
sur ce tableau, mais il se tient à droite du tableau, à la
limite de l'ombre et de la lumière, et non entre Galliffet
et Saint-Maurice – ce qui, d'ailleurs, était fort compréhensible car Haas, en tant que Juif, n'avait dû être admis
que du bout des lèvres dans ce club très fermé, et que le
peintre l'avait diplomatiquement placé un peu à l'écart
du groupe de Gentils qui lui avait passé commande.

Le personnage que Proust prend pour Swann est,
en vérité, le prince Edmond de Polignac, qu'il admirait sans réserve et auquel il avait songé, en 1918, à
dédier *À l'ombre des jeunes filles en fleurs*.

On peut ainsi supposer (avec Jean-Yves Tadié qui,
dans son *Lac inconnu*, propose une fine analyse de ce
tableau) que Proust commet ici un lapsus qui, comme
d'habitude, en dit long : il confond son personnage
avec un prince. Et, vu ce qu'il en écrit dans le passage précité, s'attribue, par démiurgie romanesque, le
pouvoir de lui dispenser un début d'immortalité. De
la littérature comme revanche...

Afin de rendre à Haas ce qui appartient à Haas,
signalons encore que celui-ci est mentionné une autre
fois, dans *Le Côté de Guermantes*, à propos d'un
« *tube gris de forme évasée* » : il s'agit alors d'un de
ces chapeaux que Delion, chapelier en vogue, ne
confectionnait que pour Swann, « *pour le prince
de Sagan, pour M. de Charlus, pour le marquis de
Modène, pour M. Charles Haas* ». Ce sera là la seule
apparition conjointe du personnage et de son modèle.

→ *Lièvre, Swann (Charles), Trois détails (concé-dés aux partisans de Sainte-Beuve)*

Titres

Dans sa biographie définitive de Marcel Proust, Jean-Yves Tadié donne la liste des titres que Proust, un jour, et avant de trouver *À la recherche du temps perdu*, jeta sur une feuille de papier. Nous la reproduirons ici, sans commentaire, et pieuse-ment, avec le sourire qui s'impose : « Les stalac-tites du passé », « Devant quelques stalactites des jours écoulés », « Reflets dans la patine », « Visite du passé qui s'attarde », « Le passé prorogé », « Le passé tardif », « Le visiteur du passé », « Les reflets du temps », « Les miroirs du rêve », « L'espérance du passé », etc.

Il lui faudra encore cheminer à travers mille tour-ments avant de parvenir à la noble simplicité du temps perdu et retrouvé...

Pauvres « Stalactites », pauvre « Patine », gisant aux limbes...

À partir de quel instant un écrivain de génie com-prend-il le sens du chef-d'œuvre qu'il compose ?

Tomate

L'unique mention de la tomate dans la *Recherche* est fournie par les mésaventures de l'innocent Nissim Bernard, oncle, mécène et souffre-douleur de Bloch, que sa barbe « *annelée* » et son prénom de « *taureau androcéphale* » achèvent de rendre inoffensif.

Il se trouve que le garçon de ferme aux traits abrupts avec lequel le banquier trompe un jeune chasseur du Grand Hôtel ressemble comme deux « *tomates* » à son frère jumeau. Mais la ressemblance, malheureusement pour le vieil homme, n'est « *qu'extérieure* ». Car si « *la tomate n° 1* » ne déteste pas « *condescendre aux goûts de certains messieurs* », la « *tomate n° 2* » met son point d'honneur à « *faire exclusivement les délices des dames* ».

Or Nissim Bernard, « *jouant sans le savoir Amphitryon* », se fait pocher les yeux chaque fois que, prenant l'un pour l'autre, il demande imprudemment au jumeau fémino-dépendant s'il veut lui « *donner rendez-vous pour ce soir* ». Le Narrateur se plaît à croire qu'une telle confusion est à l'origine de la généreuse aversion que Nissim a pour le fruit tomate, fût-il comestible : « *Chaque fois qu'il entendait un voyageur en commander à côté de lui, au Grand-Hôtel, il lui chuchotait : "Excusez-moi, Monsieur, de m'adresser à vous, sans vous connaître. Mais j'ai entendu que vous commandiez des tomates. Elles sont pourries aujourd'hui. Je vous le dis dans votre intérêt car pour moi cela m'est égal, je n'en prends jamais."* »

Cela dit, qui sait si Nissim Bernard ne détestait pas les tomates avant même de coucher avec l'une d'entre elles ? Qui dit, sinon le Narrateur, que le banquier voit bien une tomate dans le visage de son amant ? Peu importe... Nissim Bernard *doit* détester les tomates parce qu'il se trompe de gigolo – comme le duc de Guermantes devient antidreyfusard parce qu'il n'est pas élu à la tête du Jockey-Club et change d'avis parce qu'il veut plaire à une partisane de la révision... Seul compte le fait qu'en indexant un dégoût alimentaire, voire une opinion politique, sur une déconvenue amoureuse, le Narrateur s'exerce, en artiste, à trouver des causes infimes aux décisions majeures, à donner aux passions humaines un contour végétal, à découvrir, enfin, que le réel se laisse parfois saisir et décrire par l'association d'idées – qui est le placenta de la métaphore.

Trois détails (concédés aux partisans de Sainte-Beuve)

Est-ce avec ou sans affectation, sans arrière-pensées ou avec le frisson d'un homme ému par sa propre franchise comme Charlus en colère se régale des modulations de sa voix que l'un des deux auteurs de cet ouvrage, notoirement hostile à la méthode Sainte-Beuve et à sa clique de limiers accorde à l'autre (qui en est le partisan) que, en trois endroits de la *Recherche*, on peut effectivement comparer le Narrateur et Marcel Proust ?

1/ Dans *La Prisonnière*, les premiers mots d'Albertine éveillée sont toujours « *"Mon" ou "Mon chéri" suivis l'un ou l'autre de mon nom de baptême, ce qui, en donnant au narrateur le même nom qu'à l'auteur de ce livre, eût fait : "Mon Marcel", "Mon chéri Marcel".* » Qui parle ici ? Qui propose de donner au Narrateur le même nom qu'à l'auteur de ce livre ? C'est indécidable. « *Marcel* » le Narrateur ? Bizarre. Il dit toujours « *je* ». Et aucun personnage de roman ne connaît les intentions, ni le prénom, de son auteur. « Proust » l'Auteur, alors ? Difficile à

672 *Dictionnaire amoureux de Marcel Proust*

croire. Si « Proust » avait écrit cette phrase, il n'eût pas employé l'irréel du passé (« *eût fait* »), ni présenté comme une hypothèse (mais comme une information) le fait que « *Marcel* » et « Proust » aient le même prénom. Bref, Albertine dit-elle « *mon chéri Marcel* » au Narrateur, ou est-ce l'auteur qui se plaît à l'imaginer ? Et qui écrit ce court passage ? Ni tout à fait Marcel, ni seulement Proust, mais l'un et l'autre, la troisième personne : Marcel Proust.

2/ Dans *Le Temps retrouvé*, le nom des « Larivière » résonne comme l'irruption du factuel dans l'univers de la fiction : « *Dans ce livre, où il n'y a pas un seul fait qui ne soit fictif, où il n'y a pas un seul personnage "à clefs", où tout a été inventé par moi selon les besoins de ma démonstration, je dois dire, à la louange de mon pays, que seuls les parents millionnaires de Françoise ayant quitté leur retraite pour aider leur nièce sans appui, que seuls ceux-là sont des gens réels, qui existent. Et persuadé que leur modestie ne s'en offensera pas, pour la raison qu'ils ne liront jamais ce livre, c'est avec un enfantin plaisir et une profonde émotion que, ne pouvant citer les noms de tant d'autres qui durent agir de même et par qui la France a survécu, je transcris ici leur nom véritable : ils s'appellent, d'un nom si français, d'ailleurs, Larivière.* » À première vue, tout est simple : les personnages de la *Recherche* sont des personnages de fiction, à l'exception des Larivière qui doivent à leur bravoure d'appartenir au même roman que Françoise. Mais ça ne marche pas. Car les Larivière, dit le texte, sont des « *parents* » de Françoise ! Comment peuvent-ils être « *des gens réels, qui existent* » tout en étant apparentés à un être fictif ? Et comment être tellement certain que ces « *millionnaires* » ne « *liront jamais ce livre* » ? Qui les en empêchera, sinon le fait d'être eux-mêmes les personnages fictifs d'un monde où le livre n'existe pas (encore) ? Enfin, « *tout a été inventé par moi* », mais qui est ce « *moi* » ? Si c'est le Narrateur (lui-même fictif), il est mal placé pour affirmer la « réalité » de qui que ce soit. Si c'est l'auteur, comment le croire puisqu'il n'y a pas, dans ce livre, « *un seul fait qui ne soit fictif* », à commencer par le passage même où il écrit cela ? De même qu'on ne peut pas dire qu'« il n'y a pas de faits mais seulement des interprétations » sans laisser entendre que ce qu'on dit est déjà une interprétation, aucune fiction, par définition, n'est en situation de garantir l'existence réelle de ce qu'elle présente comme réellement existant.

3/ Juste après avoir évoqué la mort de Swann et l'entrefilet condoléant du *Gaulois* dont la platitude renseigne sur la vitesse à laquelle un homme sans œuvre est oublié de ses pairs (« *Nous apprenons avec un vif regret que M. Charles Swann a succombé hier à Paris, dans son hôtel, des suites d'une douloureuse maladie. Parisien dont l'esprit était apprécié de tous, comme la sûreté de ses relations choisies mais fidèles, il sera unanimement regretté, aussi bien dans les milieux artistiques et littéraires* »…), le Narrateur se laisse aller à l'une des rarissimes digressions de la *Recherche* qui semble autoriser qu'un personnage de fiction se confonde avec l'être qui lui a servi de modèle, en l'occurrence Charles Swann avec Charles Haas : « *Et pourtant, cher Charles Swann, que j'ai si peu connu quand j'étais encore si jeune et vous près du tombeau, c'est déjà parce que celui que vous deviez considérer comme un petit imbécile a fait de vous le héros d'un de ses romans, qu'on recommence à*

*parler de vous et que peut-être vous vivrez. Si dans le
tableau de Tissot représentant le balcon du Cercle de
la rue Royale, où vous êtes entre Galliffet, Edmond
de Polignac et Saint-Maurice, on parle tant de vous,
c'est parce qu'on voit qu'il y a quelques traits de vous
dans le personnage de Swann.* » Lapsus ! s'écrient les
partisans de l'exactitude en littérature qui rappellent
à juste titre que le tableau de Tissot existe bel et bien
et que c'est Charles Haas et non Charles Swann qu'il
représente. *Ergo*, Proust a écrit « *Swann* » mais il pensait « *Haas* ». Génie ! s'extasient les amateurs d'in-
tertextualité : si le Narrateur s'adresse à « *Charles
Swann* » (au risque de le faire ressembler à lui-même,
ce qui est absurde), c'est qu'à l'intérieur du livre (où
se trouve aussi le tableau de Tissot) il n'y a de place
ni pour l'Auteur, ni pour le moindre personnage réel,
fût-ce Charles Haas.

À quoi doit-on ces trois moments bizarres ? À l'épuisement d'un auteur à bout de forces, qui mélange les
personnages imaginaires et ceux qui, peut-être, les ont
inspirés ? Ou au fait que la *Recherche* pouvant être
lue soit comme la biographie d'un artiste qui s'ignore,
soit comme le retour sur lui-même d'un artiste qui se
connaît, et parce que l'auteur cède à la tentation d'y
injecter le plaisir périssable d'un hommage ou d'un
compte à régler, il arrive que l'artiste en chemin croise
l'auteur dans son fauteuil et que le livre prenne soudain
(et provisoirement) les contours d'une biographie ?

Quoi qu'il en soit, c'est un phénomène très étrange,
un rayon vert littéraire, comparable à un escalier qui
monte quand on le descend, ou à l'improbable point
de tangence entre deux dimensions.

→ « *Je* » *et* « *Il* », *Marcel, Sésame, Tissot (James)*

« Trottoir roulant »

Tel est, selon Marcel, le style de Flaubert. On y avance sans faire le moindre mouvement. On y est poussé, happé, aspiré, entraîné, lors même qu'on voudrait faire une halte afin de contempler le paysage qu'on nous décrit mais qui, à cause de la machinerie trop véloce, défile en accéléré, sous l'impulsion de cet imparfait de narration dont le passé, soudain tassé et écrasé, fait les frais. Flaubert est un touriste moderne qui voyage à la place de son lecteur et lui inflige un de ces trains d'enfer qui peuvent ne pas convenir aux délicats qui prennent leur temps.

Ce style (que Marcel hait et admire…) ressemble aux passions que le passionné ne maîtrise plus et qui l'entraînent là où il n'a pas forcément envie de se rendre.

Est-ce un compliment ? Un vrai reproche ? Les deux, sans doute…

Quand Mme Proust se lassait d'appeler Marcel « *petit loup* », elle le nommait « *Frédéric* », en hommage au pathétique héros de *L'Éducation sentimentale* : c'est le genre de surnom dont un écrivain, qui n'a pas l'intention de rater son œuvre, ne se remet pas.

→ *Flaubert (Gustave)*

« *Tutti frutti* » (à propos d'Anna de Noailles)

Serait-il irrespectueux de nommer ainsi la « *divinement simple et sublimement orgueilleuse* » Anna de Noailles ? Sans doute… Mais André Gide nous en a donné l'éminente autorisation, qui évoquait comme suit la conversation de la poétesse : « Mme de Noailles parle avec une volubilité prodigieuse ; les phrases se pressent sur ses lèvres, s'y écrasent, s'y confondent ; elle en dit trois ou quatre à la fois. Cela fait une très savoureuse compote d'idées, de sensations, un *tutti frutti* accompagné de gestes de mains et de bras, d'yeux surtout qu'elle lance au ciel. »

Depuis cette allusion en forme de dessert, l'auteur(e) des *Éblouissements* et du *Cœur innombrable* (dont les vers, il est vrai, ont moins d'effets sur les imaginations d'aujourd'hui qu'ils n'en eurent sur celles de Barrès ou de Proust) nous est toujours apparu(e) sous son aspect bavard et fruitier. Cette créature, plus complexe qu'il n'y paraît, ne doutait pas de son génie et s'était persuadée que la nature, après lui avoir offert tous les dons, ne lui avait pas accordé le droit de se taire. Du coup, cette femme – qui inspira le personnage d'Astiné Aravian dans *Les Déracinés* de Barrès – ne cessa, sa vie durant, de parler, parler, parler, et cela déclencha, chez Proust, une admiration illimitée.

De quoi parlait-elle ? De tout : elle arrivait (en retard), s'installait, surveillait la qualité des sigisbées prosternés à ses pieds, empoignait les débats, n'importe lesquels, et ne les lâchait plus jusqu'à l'épuisement des convives. Un rien nourrissait son éloquence baroque : la politique, les arts, l'amour, les suffragettes anglaises, la question d'Orient, les guerres, la chasse au renard, la littérature d'Europe centrale…

Proust raffolait de cette athlète de salon qui ne souffrait pas que l'on discutât ses enthousiasmes, et il lui écrivit des lettres dont l'emphase, pour laquelle il manifestait quelques dons, atteint des sommets. Il était, zélé débutant, « *fanatisé par sa personnalité* ». Il enviait à cette créature rococo son aptitude à injecter de l'infini – et du comique – dans le propos le plus modeste d'apparence. De plus, étant souvent alité, comme la poétesse – quand ils sortaient ensemble, effrayés par le moindre courant d'air, ils ressemblaient, d'après Léon Daudet, à « deux Lapons gonflés de fourrures » –, leur correspondance (médicale, mondaine, cancanière, littéraire) est si bien fournie que le dévoué Philip Kolb en fut submergé.

C'est auprès d'Anna de Noailles que Proust s'initia à l'ivresse des mots, à l'expansion du moi, à l'esthétique des mélancolies, à la puissance démiurgique du babil. « *Souvent*, écrira-t-il plus tard, *les moindres vers des* Éblouissements *me firent penser à ces cyprès géants, à ces sophoras roses que le jardinier fait tenir, hauts de quelques centimètres, dans un godet de porcelaine de Hizen. Mais l'imagination qui les contemple en même temps que les yeux, les voit, dans le monde des proportions, ce qu'ils sont en réalité, c'est-à-dire des arbres immenses.* »

Tel est bien le charme de « *Tutti Frutti* » : un mélange d'immense et d'infime, d'essentiel et d'anecdotique, reliés l'un à l'autre par une science implacable du fondu enchaîné. Ne serait-ce pas, déjà, l'esquisse de cette « *miniature géante* » qu'il réalisa lui-même lorsqu'il se décida à devenir un grand écrivain ? Et l'idée du *Contre Sainte-Beuve* ne doit-elle pas un peu à cette excentrique qui se transformait en évaporée dès qu'elle renonçait à son « moi social » ?

On est bien obligé de l'admettre : le génial auteur d'*À la recherche du temps perdu* emprunta beaucoup à la reine d'Amphion – qui, reconnaissante, lui rendit une visite de courtoisie sur son lit de mort.

→ **Dédicaces, Proustifier**

Véritable origine (de Charlus)

D'après Maurice Duplay, dont le témoignage est toujours sincère, Proust, après avoir beaucoup hésité, trouva le patronyme de « *Charlus* » dans « les bas-fonds de la prostitution masculine ».

Il était, nous apprend-il, « porté par un chanteur de beuglant qui exerçait un second métier moins avouable mais plus lucratif ». Cette créature, que Marcel rencontra à plusieurs reprises, avait « un corps d'Hercule et une tête de vieille femme ». Et Duplay, dont les *Souvenirs intimes* se plaisent à décrire les turpitudes avec précision mais sur un ton moralisateur, d'ajouter à son propos : « Jamais on ne vit autant de flétrissures accumulées sur un visage. »

Ce Charlus bien réel sut-il jamais que son nom avait été ainsi recyclé dans un chef-d'œuvre ? Qu'il prit la place de ce « *marquis de Guercy* » qui, à l'origine, devait désigner le flamboyant Palamède ? C'est ce que l'anecdote ne dit pas.

→ *Onomastique, Patronymes (et toponymes)*

Vertèbres (du front)

L'affaire des « vertèbres » est fameuse, colossale, infime, de longue postérité, et elle traumatise encore la République des Lettres : il s'agit, bien sûr, des vertèbres qui causèrent officiellement le refus, par André Gide – donc par la NRF – du roman de Proust.

Passons (pour l'instant) sur le témoignage de Céleste Albaret et les raisons pour lesquelles elle affirma que le paquet contenant le manuscrit n'avait jamais été ouvert...

Passons également sur les raisons extra-littéraires et vivement sainte-beuviennes que Gide aurait eues de ne pas souhaiter fréquenter Proust de trop près – un uraniste mondain, un autre Abel Hermant, un salonnard peut-être croisé dans des établissements particuliers ne risquait-il pas de compromettre le climat de haute spiritualité et d'inversion hédoniste alors en vogue à la NRF ?

Reste le motif avancé : l'auteur de *Et nunc manet in te*, feuilletant le tapuscrit proustien, aurait été scandalisé par la phrase suivante : « *elle* (tante Léonie) *tendait à mes lèvres son triste front pâle et fade sur lequel, à cette heure matinale, elle n'avait pas encore arrangé ses faux cheveux, et où les vertèbres transparaissaient comme les pointes d'une couronne d'épines ou les graines d'un rosaire* ».

Des vertèbres sur un front ? Cela n'avait aucun sens. Qui eut jamais des vertèbres sur le front ? Le Moïse de Michel-Ange a bien des rayons de soleil au même endroit, et certaines figures catalanes de Picasso se décorent de cornes ou d'épis, mais point de vertèbres dans ces parages... Le verdict du pontife tomba sans ménagement : Proust n'a qu'à aller se faire voir ou éditer dans des maisons moins soucieuses de cohérence métaphorique...

D'aucuns prétendirent après coup que Gide avait eu grand tort de ne pas être sensible à l'audace d'une image forte ; qu'on reconnaissait là un janséniste du style, hiératique et conventionnel ; qu'un enfant spontanément poétique peut croire que tel petit os saillant en haut d'un crâne fripé n'est qu'une vertèbre ayant migré à l'intérieur du corps ; etc. En vérité, ces plaidoiries ne valent pas mieux que la bévue gidienne. Et il serait plus sûr, à tous égards, de leur préférer la thèse de bon sens qui, depuis, circule ici et là, selon laquelle ces « *vertèbres* » n'existeraient que par mégarde – c'est-à-dire par coquille.

Remplaçons donc « *vertèbres* » par « *véritables* » : la métaphore proustienne, aussitôt, n'en est plus une : tante Léonie, à son réveil, n'a pas eu le temps de disposer ses mèches postiches dont l'absence, de ce fait, laisse apparaître ses « *véritables* » cheveux – et tout devient limpide. La consultation du manuscrit confirme cette hypothèse : le « t », privé de sa barre horizontale, se confond aisément avec un « i » et la boucle du « l » peut fort bien être prise pour celle d'un « r ».

Reste une énigme : pourquoi Proust n'a-t-il jamais fait savoir à Gide ce qu'il en était ? Il lui aurait été si facile, tout en *proustifiant,* de se moquer du vétilleux en lui décochant quelques flèches de syntaxe... Proust s'est-il retenu par élégance ? Par mépris ? Parce qu'il ignorait lui-même le motif du refus ? Parce que, l'ayant appris, il en devinait les motifs plus indicibles ? Parce que Gide ne lui laissa pas le temps de méditer sa mise au point en lui adressant (le 11 janvier 1914) la lettre d'excuse et de contrition qui le rachète un peu ?

Chacun trouvera, à cette affaire, l'épilogue psychologique qui lui convient.

Mais à cette énigme s'ajoute un mystère : d'après Céleste, c'est Nicolas Cottin, alors employé boulevard Haussmann, qui avait ficelé le paquet expédié à la NRF. Or, Cottin, fort de son expérience de marin, n'avait pas son pareil en nœuds de ficelle et en réalisa, ce jour-là, un qu'il eût été difficile de refaire. Pourtant, le paquet était revenu avec le même nœud – ce qui persuada Céleste que personne n'avait ouvert ce paquet ni, *a fortiori*, lu le manuscrit qu'il contenait. Cela est bien plausible mais rend l'affaire des « vertèbres » encore plus étrange : comment Gide aurait-il eu connaissance de cette coquille s'il n'avait, au moins, feuilleté ledit manuscrit ? De là à supposer que quelqu'un, chez Gallimard – il serait plaisant que ce fût Gide lui-même – ait été expert en nœuds marins…

→ *Éditeur (à propos de Jacques Rivière), Gide (Le rêve de), Papillon*

Vice

C'est le médecin berlinois, Magnus Hirschfeld, qui écrivit l'ouvrage scientifique le plus complet sur la notion de « sexe intermédiaire » (*sexuelle Zwischenstufen*) dont l'œuvre de Proust, surtout dans *Sodome et Gomorrhe*, propose l'équivalent romanesque. Les travaux du sexologue allemand visaient, entre autres, à établir l'existence d'un troisième sexe biologiquement défini et, partant, innocent de tout vice puisque, aussi bien, l'homosexualité ne figure pas dans la fresque de

Giotto (*Les Vices et les Vertus*) qu'il put admirer, à Padoue, dans la chapelle de l'Arena.

En 1921, Paul Morand, en visite à l'Institut de sexologie du professeur Hirschfeld (qu'allait-il donc y faire ?), se procura son gros (plus de quatre mille pages) manuel de référence sur la pédérastie et l'offrit à Proust qui le soupesa avec dépit : « *C'est épouvantable*, se désola-t-il, *toute la poésie de la damnation disparaît... Le vice est devenu une science exacte.* »

De fait, Proust hésita toujours à inscrire l'homosexualité dans la catégorie des vices et, s'il lui arriva de le faire, ce fut en se reprenant aussitôt pour se tourner vers la notion moins immorale d'« *inversion* » – c'est-à-dire, à la lettre, d'un *vice versa*. À l'époque, on nommait d'ailleurs l'homosexualité le « vice allemand » – sans doute à cause du procès Eulenbourg qui vit comparaître devant des tribunaux certains membres homosexuels du gouvernement – et Proust préféra, comme souvent, se tourner vers l'Angleterre, dont la sensibilité moins « médicale », plus allusive, plus puritaine, convenait davantage à son esthétique du mystère.

Quant au début de *Sodome et Gomorrhe* – *Première apparition des hommes-femmes, descendants de ceux des habitants de Sodome qui furent épargnés par le feu du ciel –*, il fait directement écho à *La Descendance de l'homme et la sélection sexuelle* de Charles Darwin – dont Proust était un lecteur attentif et dont les métaphores botaniques lui seront d'un usage constant.

→ *Eulenbourg (L'affaire), Homosexualité, Inversion, Morand (Paul), Poignée de main*

Viennois (selon Charles Dantzig)

Tout individu exposé à un séjour chez les mondains gagnera – s'il maîtrise mal les bases du proustisme – à apprendre par cœur les quelques pages que Charles Dantzig a consacrées à l'auteur de la *Recherche* dans son facétieux *Dictionnaire égoïste de la littérature française*. Il y trouvera, comme un kit de survie, le minimum requis avant de plonger dans l'arène d'un dîner en ville – le tout judicieusement augmenté de cette valeur ajoutée qui, à Paris, fait toute la différence.

En effet, M. Dantzig, dandy savant et polyglotte originaire du Sud-Ouest, n'a pas son pareil pour restituer, à la diable, les règles de la grammaire (morale, esthétique, humaine) que Proust a inventées puis léguées, comme un vaccin, à tous les gladiateurs impréparés. Le *digest* Dantzig est facile d'accès et de mémorisation. Il peut se relire dans le taxi ou dans l'ascenseur qui mènera à ladite arène. On s'y avisera, entre autres, que Marcel était un « romancier austro-hongrois écrivant en français », qu'il avait un « style crémeux », qu'il sut enjamber « l'abîme de la mondanité » tout en veillant à être « assorti aux tissus des canapés », qu'il fut l'inventeur « du leitmotiv en littérature » et que Charles Péguy, avec son « style derviche », fut le seul écrivain qu'il se plut à dénigrer. Est-il nécessaire, dans un premier temps, d'en savoir davantage ?

Plus gravement, Charles Dantzig invite son lecteur à méditer sur le destin d'un « snob qui cessa de l'être pour écrire son roman » (cette observation renforcera le détachement du novice trop vite grisé par le tintement de la belle vaisselle ou par la conversation d'une maîtresse de maison encline aux commerces huppés) et qui fut, au final, aussi promptement rejeté par les écrivains de la rive gauche (Gide, etc.) ou de la rive conservatrice (Claudel, etc.) que par les aristocrates du « Faubourg » au motif que ce petit Juif au génie tardif « n'était pas de leur monde ». La leçon mérite qu'on s'y arrête : à quoi sert le « Faubourg », à quoi sert la rive gauche, huppée ou académique, sinon à fournir un peu de matière à un livre informé ? Et à quoi sert de s'y rendre si, au bout du compte, on y est mal admis ?

Le novice, ainsi défrisé, risque alors de ne pas descendre de son taxi, de tourner le dos à son ascenseur (social), et de s'en revenir chez lui pour s'atteler sans retard au gros œuvre dont il se croit peut-être fécond. Dans ce cas, Charles Dantzig, outre le fait qu'il aura instruit un innocent, aura eu l'immense mérite de lui faire gagner du temps.

Visages

Il existe, à peu près, cent personnages fictifs dans la *Recherche*, et une bonne cinquantaine de personnages réels disposés çà et là, comme des caméos propices à la véracité des situations. Chacun de ces personnages a un corps, des manies, un visage, une façon de parler ou de bouger. Dans une lettre à Antoine Bibesco, Proust n'hésite pas à évoquer le chant XI de l'*Odyssée* où des ombres « *demandent à Ulysse de leur faire boire un peu de sang pour les mener à la vie* ». Il fit donc boire beaucoup de sang, c'est-à-dire beaucoup de mots ou de métaphores, à la plupart de ses propres ombres même si ses descriptions, dilatées par une « *psychologie dans le temps* », ne s'arrêtent pas à quelques contradictions : les yeux noirs de Gilberte deviendront ainsi bleus quelques centaines de pages après leur première apparition, et le grain de beauté d'Albertine migrera sans gêne du menton vers le nez, puis au-dessous de la lèvre inférieure…

Cinq personnages, pourtant, n'ont pas droit à ce traitement homérique et demeurent (à quelques détails près) de simples patronymes sans apparence définie : Elstir, Vinteuil, Françoise, Cottard et Brichot. Pourquoi ne pas avoir offert une apparence incontestable à ces créatures non négligeables ? Manque de temps ? Volonté de les hisser au rang de concepts ? Négligence ? Toutes les hypothèses sont, en l'occurrence, recevables.

→ *Albertine, Bleu et noir, Simonet (Albertine)*

Visconti (Luchino)

Les proustiens cinéphiles portent à jamais le deuil du film que Luchino Visconti ne réalisa jamais, et qui se promettait d'être une adaptation définitive *d'À la recherche du temps perdu*. Ce « film fantôme » les hante. Ils l'ont mille fois visionné, revu, commenté – par l'esprit. C'est là l'une des plus belles de ces rencontres déjouées qui ne sont pas rares dans les limbes du septième art : Garbo ne fut jamais duchesse de Langeais, pas plus que Marilyn Monroe ne fut la Grouchenka des *Frères Karamazov*… Certes, Volker Schlöndorff, Raoul Ruiz, Chantal Akerman – sans oublier le scénario de Pinter pour un

Joseph Losey qui n'y donna pas suite – et quelques autres de moindre envergure ont bien tenté de donner visages et mouvements aux Charlus, Oriane, Albertine et autres Morel, mais comment leurs œuvres, aussi accomplies fussent-elles, pourraient-elles rivaliser avec un film dont la virtualité ravive paradoxalement le culte ?

D'où les questions : pourquoi Visconti, qui était né proustien, crut-il devoir renoncer à l'œuvre qui l'obséda sa vie durant ? Pourquoi, alors qu'il vivait dans et avec la *Recherche* depuis l'enfance (il y a même un marquis Visconti-Venosta à la page 216 d'*Albertine disparue* dans l'édition de la Pléiade), décida-t-il, un jour, d'éviter ce rendez-vous de première importance ? Cette affaire, elle-même fort proustienne, mérite qu'on la détaille.

Au départ, tout semble déjà fait : Visconti entretient avec Proust – qu'il dévore depuis qu'il a vu son père, en larmes, lisant *Du côté de chez Swann* : « Pourquoi pleures-tu ? – Parce que, chaque fois que je tourne une page de ce roman, je me dis que j'en achèverai bientôt la lecture… » – une troublante proximité tissée d'aristocraties en péril, d'invertis, d'amours douloureuses, de dévotions à l'art et à la beauté ;

un producteur mirifique, Robert Dorfmann, ouvre une ligne de crédit illimitée ; Nicole Stéphane, amie de Suzy Mante-Proust, a acquis les droits d'adaptation et les offre avec ferveur au réalisateur de *Mort à Venise*. Puisque tout est prêt, Visconti se prépare donc comme un athlète : avec Suso Cecchi D'Amico, il écrit un scénario dont la lecture, aujourd'hui encore, impressionne par ses fulgurances et sa maîtrise ; avec Piero Tosi, le costumier, il médite sur les damas et les étoffes Fortuny qui feront la parure d'Odette. Les premiers repérages sont faciles, évidents : le musée Nissim de Camondo ou le château de Ferrières feront l'affaire. Mieux : Marlon Brando a donné son accord pour incarner Charlus ; Simone Signoret s'entraîne déjà à être Françoise ; Greta Garbo accepte de prêter sa mythologie muette à la reine de Naples ; et si l'on hésite entre Deneuve et Rampling pour le rôle d'Albertine, celui du Narrateur est promis de longue date à Alain Delon – qui, du coup, s'initie avec perplexité aux énigmes d'une œuvre encore neuve à ses yeux. Les professionnels de la profession retiennent leur souffle. Les échotiers ne savent plus où donner de l'écho.

Or Visconti fait savoir, soudain, qu'il ne réalisera jamais ce film. Il ne fournit aucune explication. C'est un coup de tonnerre. Un mois plus tard, il se lance dans le tournage de *Ludwig*.

Plusieurs hypothèses circulent au sujet de cette volte-face inexplicable :

Primo ; ce projet effrayait Visconti qui, à tort ou à raison, pensait que la mort l'attendait au terme de ce film. Et, même s'il ne s'agissait pas d'une mort véritable, c'était au moins une mort artistique : que pourrait-il, après ce film, accomplir de mieux ? Les artistes sont ainsi faits qu'ils redoutent la perfection d'une œuvre, fût-elle la leur. Ont-ils vraiment tort ?

Secundo : à l'époque, Visconti était follement épris de Helmut Berger, et c'était un amour très « agostinellien », nourri de fuites, de jalousies, de retrouvailles tourmentées. Pourtant, dans le film en préparation, Berger n'était promis qu'au rôle de Morel – où, d'ailleurs, il eût excellé grâce à ses aptitudes à la veulerie et à la corruption spirituelle –, alors que Delon, lui, aurait triomphé en Narrateur. Les témoins (surtout Nicole Stéphane) affirment que Berger aurait alors réussi à dissuader son mentor. Il préférait, à tous égards, que Visconti se consacrât à *Ludwig* où le rôle-titre lui était acquis – ce qui fut fait.

Une troisième hypothèse semble également pertinente : Visconti n'avait jamais eu l'intention de suivre le fil rigoureusement proustien du chef-d'œuvre qu'il voulait adapter. Cela était impossible, il le savait, et mieux valait, pour lui, être fidèle à l'esprit, au style, à l'ampleur proustienne, qu'à un mimétisme voué à l'échec. On peut alors supposer que le cinéaste de *Violence et Passion* préféra être proustien « en dehors » de la *Recherche*, dans des films qui, en apparence, traitaient d'autres sujets mais qui, de fait, racontaient quelque chose qui se tenait à proximité et sous l'influence de Proust. Visconti, contaminé par la *Recherche*, aurait ainsi réalisé quatorze films où il est facile de discerner ce qu'ils doivent au film fantôme qu'il ne réalisa jamais. Ce fut, sans conteste, une façon admirable, et même assez géniale, de dire sa dette et sa fidélité – même si, inconsolable, on rêvera longtemps aux images dont le hasard et la fatalité du sentiment auront privé le proustien-viscontien qui sommeille en chaque lecteur de *Sodome et Gomorrhe*, en chaque spectateur du *Guépard*...

Reste que trois problèmes majeurs se dresseront toujours devant celui ou celle qui, demain, aura l'idée folle de filmer Proust :

1/ Le problème du Narrateur : car, inévitablement, le cinéma aura tendance à confondre celui-ci avec Proust lui-même – ce qui contredirait, par principe, l'esprit de la grande machinerie proustienne où le « je » du récit n'est pas (tout à fait) celui de Marcel.

2/ Le problème de la « théorie » – omniprésente dans le texte, mais impossible à visualiser. Que faire, même si l'on est Visconti, d'un pastiche des Goncourt, d'une nuance de sensation, d'une métaphore trop abstraite ? La *Recherche* n'est pas réductible à une intrigue. L'y assigner serait, *a priori*, en trahir l'esprit.

3/ Le problème de la longueur du texte et des dizaines d'épisodes que n'importe quel réalisateur devrait omettre. Que resterait-il, alors, d'un Proust condamné à ses morceaux de bravoure ?

Vivre (ou écrire ?)

À chaque génération, c'est (avec variantes d'époque) la même question : faut-il jouir sans tarder de l'existence ou se consacrer à une œuvre hypothétiquement géniale ? Faire de sa vie une œuvre d'art ou négliger la vie au profit de l'art ? Plus généralement : est-il préférable de passer sa journée avec un(e) amant(e) merveilleux(se), de faire l'amour ou la révolution, de se pavaner sans désagrément, de savourer la beauté d'un paysage, d'une musique, d'une paresse – ou composer jusqu'à ce que mort s'ensuive, dans une austère mansarde, le roman ou la théorie qui, dans le meilleur des cas, augmentera plus tard l'intelligence du monde, quand nous ne serons plus là pour en empocher le bénéfice ?

Cette question divise depuis toujours la race des écrivains, et ils y répondent diversement.

Les uns (Barrès, D'Annunzio, Malraux…) ont tenté de jouer sur les deux tableaux – et, le plus souvent, n'y sont parvenus qu'au détriment de la vie ou de l'œuvre.

D'autres (c'est la ligne Flaubert-Mallarmé-Svevo) ont fait une croix sur leur jouissance – qui, du coup, s'est déplacée vers des cérébralités compensatrices.

D'autres encore (plus mélancoliques, façon Fitzgerald, Montherlant ou Drieu la Rochelle) ont fait semblant de préférer la vie, mais n'en ont profité que dans la perspective de l'œuvre qu'ils ne purent s'empêcher de mijoter dans leurs alambics.

De toute façon, l'affaire est insoluble. C'est même un jeu à somme nulle qui se confond, pour l'essentiel, avec l'histoire de la littérature.

À cet égard, il est remarquable que Proust soit, à peu près, le seul – avec l'immense Casanova – à avoir réussi à enrichir cette fatale alternative.

Son coup de génie ? *Primo* : vivre (mondanité, snobisme, salons, vanités) ; *secundo* : oublier la vie et s'immoler, corps et âme, à l'œuvre.

Mieux : la première partie de son existence a servi de terreau à la seconde (il n'était donc pas inutile d'y perdre son temps) tandis que la seconde, fixant des saveurs désormais défuntes ou interdites, présente l'avantage de les ressusciter, donc d'en jouir rétrospectivement lors même qu'on s'en prive sur le tard.

→ *Lièvre, Mouettes, Tissot (James)*

Voix

Personne, à ce jour, ne saurait dire quel était exactement le timbre et les modulations de la voix de Proust, tant se contredisent, se chevauchent, s'écoutent discourir, ou métaphorisent à l'infini les témoignages de ses contemporains.

Pour Céleste Albaret, « Monsieur » avait « une voix harmonieuse, parfois triste, jamais pareille » ; François Mauriac, expert en feulements, se souvient plutôt d'une mélodie « étouffée et douce » ; Madame Simone affirme qu'elle était « sourde, hésitante, timide, capitonnée » ; Cocteau, qui enregistra le pastiche d'une « Conversation selon Proust », affirme que « comme la voix des ventriloques sort du torse, la sienne sortait de l'âme », avant d'ajouter bizarrement qu'il « se débarbouillait avec sa voix » – ce qui, on en conviendra, ne signifie à peu près rien ; Simone Maurois, elle, s'installe sur des altitudes vaporeuses : « La voix de Marcel faisait penser à une eau dormante d'où fusait parfois le jet d'eau cristallin d'une sorte d'enjouement. »

Pour en avoir le cœur net, dans l'après-midi du 15 mars 1961, Suzy Mante-Proust rassembla chez elle, quai de Béthune, tout le cénacle de ceux qui avaient jadis bavardé avec son oncle. Chacun y alla poliment de son souvenir. Puis on s'emporta. Cocteau partit en claquant la porte. Marthe Bibesco prit assez mal qu'on ne la crut point sur parole. Emmanuel Berl et Georges de Lauris faillirent en venir aux mains. Pour finir, les convives se quittèrent à la nuit tombée, furieux les uns contre les autres. La voix de Marcel, ce soir-là, avait été recouverte par les cris de ceux qui se flattaient de l'avoir entendue.

Wilde (Oscar)

Proust n'aimait guère, et admirait modérément, ce rival en conversation qui lui semblait en proie à un génie trop paradoxal et à un tempérament trop officiellement débauché. Libre ? Wilde l'était à l'excès. Et son expertise des bas-fonds ou des cimes de la société en faisait un être ontologiquement scandaleux. Circulent, au sujet de ses rendez-vous plus ou moins manqués avec Proust (son cadet de dix-sept ans), deux versions d'une anecdote fameuse...

Dans la première, probablement la plus exacte, Wilde est invité chez Proust en 1891 ; il patiente au salon entre M. et Mme Proust pendant que Marcel, dans sa chambre, achève de boire son café au lait ; on échange des propos empruntés et convenus quand l'auteur de *Salomé* s'exclame au nez de ses hôtes : « Comme c'est laid, chez vous ! » – exclamation qu'on retrouvera, plus tard, dans la bouche du baron de Charlus qui, dans la *Recherche*, la lance avec « *un mélange d'esprit, d'insolence et de goût* »...

Dans la seconde version de ce même épisode (raconté par les Baignères, donc exagérée), c'est Proust qui arrive en retard, chez lui, pour le déjeuner auquel il a convié Oscar Wilde ; « Le monsieur anglais est-il là ? », demande-t-il à un domestique qui lui répond : « Oui, il est arrivé, mais s'est aussitôt enfermé dans le cabinet de toilettes. » Et Proust de cogner à la porte : « Êtes-vous souffrant, Monsieur Wilde ? » « Pas du tout, lui fit savoir celui-ci. Mais j'avais aperçu vos parents dans le salon, et je n'avais pas envie de bavarder avec eux. D'ailleurs, il est temps que je m'en aille... À bientôt, Monsieur Proust... »

C'est ainsi : Wilde nomme un chat un chat, et ses mauvaises manières ne sont pas du goût de Marcel. Mais cette franchise n'explique pas l'antipathie de fond – qui trouve davantage sa source dans le fait que Wilde assumait ce que Proust s'efforçait de dissimuler. C'était un « corydonien » d'avant l'évangile d'André Gide. Pas du tout une « tante » honteuse et tragique, mais un être flamboyant, un mondain qui ne redoutait ni le déclassement, ni le succès, ni la déchéance.

Proust sent bien que ce personnage infréquentable brasse un matériau qui n'est pas le contraire du sien : l'inversion, bien sûr. Et une théorie littéraire pour laquelle c'est la nature qui imite l'art – « *ce n'est que depuis l'école des lakistes qu'il y a des brouillards sur la Tamise* » – n'est tout de même pas le contraire de l'esthétique proustienne. Que se serait-il passé si la France de 1900 avait été plus victorienne ? Si Agostinelli avait été, comme Arthur Douglas, le fils d'un Lord Queensberry ?

Toujours est-il que Proust – qui, contrairement à son collègue britannique, mit beaucoup de génie dans son œuvre et peu de talent dans sa vie – défendit Wilde lors de son procès, et qu'il fit de ce combat une sorte d'affaire Dreyfus plus personnelle – à Gide qui, dans son *Journal*, prend ses distances jansénistes avec ce vénéneux Wilde : « *Vous parlez de lui sur un ton bien dédaigneux... je l'admire fort peu. Mais je ne comprends pas vos rudesses et vos réticences à propos d'un homme malheureux...* » De même, il rendit, paraît-il, de fréquentes visites à Wilde, peu avant sa mort, dans l'hôtel où il séjournait, rue des Beaux-Arts.

Malgré cette solidarité de principe, Proust crut devoir s'indigner avec la dernière véhémence chaque fois qu'un critique littéraire, par la suite, trouva quelques points de ressemblance entre *Le Portrait de Dorian Gray* et *Sodome et Gomorrhe*. Jean-Yves Tadié fait tout de même observer, dans sa biographie de Proust, que le « tableau au gardénia » de Jacques-Émile Blanche fut un peu son portrait de Dorian Gray : Proust, qui possédait peu d'œuvres d'art ou d'objets, le conserva sa vie durant, et au fil de ses transhumances parisiennes. Il voyait, dans les traits immuables du dandy « *aux yeux d'amandes fraîches* », un résumé de sa jeunesse, la matière même de son temps perdu. C'était son Dorian Gray à lui. Sauf que, dans ce cas, le dandy ne se fanait pas davantage que le gardénia, tandis que son modèle s'embroussaillait de barbe et de mort. Notons, à ce propos, que Jacques-Émile Blanche (qui présenta Proust à Wilde) laisse entendre dans ses *Propos de peintre* que c'est Wilde qui choisit la cravate gris tourterelle que le jeune Marcel arbore sur l'illustre tableau. Robert de Billy confirme cette information dans son *Marcel Proust, Lettres et conversations*.

Oscar Wilde aura pourtant une place, certes anonyme, dans la *Recherche*, puisque Proust l'associe à l'épigraphe de *Sodome et Gomorrhe* qui mentionne un vers d'Alfred de Vigny dans *La Colère de Samson* : « *La femme aura Gomorrhe et l'homme aura Sodome.* » Proust y évoque, sans le nommer, un poète dont tout indique qu'il est bien Oscar Wilde : « *Sans honneur que précaire, sans liberté que provisoire, jusqu'à la découverte du crime ; sans situation qu'instable, comme pour le poète la veille fêté dans tous les salons, applaudi dans tous les théâtres de Londres, chassé le lendemain de tous les garnis sans pouvoir trouver un oreiller où reposer sa tête, tournant la meule comme Samson et disant comme lui : "Les deux sexes mourront chacun de son côté".* »

Ailleurs, cette autre apparition clandestine (et transparente) de Wilde, à travers un propos de Charlus :

« *Comment ! vous ne connaissez pas les Illusions perdues ? C'est si beau, le moment où Carlos Herrera demande le nom du château devant lequel passe sa calèche : c'est Rastignac, la demeure du jeune homme qu'il a aimé autrefois.*

Et l'abbé alors de tomber dans une rêverie que Swann appelait, ce qui était bien spirituel, la Tristesse d'Olympio de la pédérastie. Et la mort de Lucien ! je ne me rappelle plus quel homme de goût avait eu cette réponse, à qui lui demandait quel événement l'avait le plus affligé dans sa vie : "La mort de Lucien de Rubempré dans Splendeurs et Misères." »

→ **Blanche (Jacques-Émile)**

Zinedine (de Guermantes)

Pourquoi Zinedine Zidane, lors d'un match mémorable, sous les yeux du monde entier, a-t-il donné un violent coup de tête au défenseur de l'équipe adverse Marco Materazzi ? Et pourquoi l'a-t-il assommé, l'air de rien, en visant le sternum et non la tête, comme s'il espérait ainsi que nul ne remarquerait son geste ? D'où lui est venue l'étrange idée de vouloir être si discret tout en l'étant si peu ?

La réponse est évidente : tout cela vient de *Sodome et Gomorrhe*, pas moins... C'est peut-être (mais à coup sûr) dans la lecture attentive du volume central de la *Recherche* que le footballeur puisa l'inutile inspiration de terrasser son adversaire à la 106e minute d'une finale de Coupe du monde. Ceux qui en doutent n'auront qu'à se reporter aux pages responsables.

On y voit, lors d'une soirée chez le prince et la princesse de Guermantes – à laquelle, n'étant pas certain d'être invité, le Narrateur fait profil bas tout en scrutant ceux qui n'ont pas les mêmes scrupules que lui –, un musicien bavarois dont l'imposante chevelure, l'accent ridicule et le total anonymat ne donnent aucun droit de cette nature, solliciter auprès d'Oriane de Guermantes l'honneur d'être présenté à son mari le duc. Celle-ci, quoique embarrassée par une requête si incongrue, et bien que rendue furieuse par la présence de la nouvelle maîtresse du Jupiter tonnant, ne pouvant « *avoir l'air d'être dépouillée de son droit de présenter à son mari les gens qu'elle connaissait* », s'exécute en disant : « *Basin, permettez-moi de vous présenter M. d'Herweck.* »

Or, à ces mots, le duc de Guermantes, déjà furieux d'avoir vu sa femme dire bonsoir à quelqu'un qu'il ne connaissait pas et dont il soupçonnait la mauvaise réputation, « *resta immobile ainsi quelques secondes, les yeux flambant de colère et d'étonnement, ses cheveux crespelés semblant sortir d'un cratère. Puis, comme dans l'emportement d'une impulsion qui seule lui permettait d'accomplir la politesse qui lui était demandée, et après avoir semblé par son attitude de défi attester toute l'assistance qu'il ne connaissait pas le musicien bavarois, croisant derrière le dos ses deux mains gantées de blanc, il se renversa en avant et asséna au musicien un salut si profond, empreint de tant de stupéfaction et de rage, si brusque, si violent, que l'artiste tremblant recula tout en s'inclinant pour ne pas recevoir un formidable coup de tête dans le ventre* ».

Bibliographie

Œuvres de Marcel Proust

À la recherche du temps perdu, Bibliothèque de la Pléiade, 1987-1989, 4 volumes, édition établie sous la direction de Jean-Yves Tadié.

Jean Santeuil, précédé de *Les Plaisirs et les Jours*, Bibliothèque de la Pléiade, 1971, édition établie sous la direction de Pierre Clarac avec la collaboration d'Yves Sandre.

Contre Sainte-Beuve, précédé de *Pastiches et mélanges*, suivi de *Essais et articles*, Bibliothèque de la Pléiade, 1971, édition établie sous la direction de Pierre Clarac avec la collaboration d'Yves Sandre.

Albertine disparue, Grasset, 1987, édition établie par Nathalie Mauriac et Étienne Wolff.

L'Indifférent, Gallimard, 1978.

Textes retrouvés, Gallimard, 1971 (Cahiers Marcel Proust n° 3).

Le Carnet de 1908, Gallimard, 1976 (Cahiers Marcel Proust n° 8).

Carnets, édités par Florence Callu et Antoine Compagnon, Gallimard, 2002.

Correspondance de Marcel Proust, édition établie par Philip Kolb, Plon, 1970-1993, 21 volumes.

Lettres (1879-1922), édition de Françoise Leriche, Plon, 2004.

Correspondance (Marcel Proust et Gaston Gallimard, 1912-1922), édition établie par Pascal Fouché, Gallimard, 1989.

Mon cher petit, Lettres à Lucien Daudet, édition établie par Michel Bonduelle, Gallimard, 1991.

Ouvrages utilisés ou cités

— Albaret (Céleste) : *Monsieur Proust. Souvenirs recueillis par Georges Belmont*, Robert Laffont, 1973.

— Assouline (Pierre) : *Autodictionnaire Marcel Proust*, Omnibus, 2011.

— Bardèche (Maurice) : *Marcel Proust romancier*, Les sept couleurs, 1971.

— Barthes (Roland) : *Proust et les noms* (in *Nouveaux Essais critiques*), Seuil, 1972. *Proust et la photographie*, dans *La Préparation du roman I et II*, Seuil/Imec, 2003.

— Bataille (Georges) : *Proust et la mère profanée*, Critique, 1946.

— Bayard (Pierre) : *Le Hors-sujet. Proust et la digression*, Éditions de Minuit, 1996.

— Beckett (Samuel) : *Proust*, Éditions de Minuit, 1990.

— Béhar (Serge) : *L'Univers médical de Proust*, Cahiers Marcel Proust n° 1, Gallimard, 1970.

— Benjamin (Walter) : *Sur Proust*, Nous, 2010.

— Benoist-Méchin (Jacques) : *Avec Marcel Proust*, Albin Michel, 1977.

— Berl (Emmanuel) : *Interrogatoire. Entretiens avec Patrick Modiano*, Gallimard, 1976.

— Berto (Sophie) : *Le Roman pictural d'Albertine*, in *Littérature* n° 123, 2001.

— Bibesco (Marthe) : *Au bal avec Marcel Proust*, Gallimard, 1989.

— Billy (Robert de) : *Marcel Proust. Lettres et conversations*, Edition des Portiques, 1930.

— Blanche (Jacques-Émile) : *Propos de peintre, 2ᵉ série*, Émile Paul, 1921.

— Blanchot (Maurice) : *Le Livre à venir* (*L'expérience de Proust*, pp. 19-37), Gallimard, 1959.

— Bloch-Dano (Évelyne) : *Madame Proust*, Grasset, 2004.

— Bolle (Louis) : *Marcel Proust ou le complexe d'Argus*, Grasset, 1966.

— Bonnet (Henri) : *Alphonse Darlu 1849-1921, Le maître de philosophie de Marcel Proust*, Nizet, 1971 ; *Les Amours et la Sexualité de Marcel Proust*, Nizet, 1985.

— Botton (Alain de) : *Comment Proust peut changer votre vie*, 10/18, 1997.

— Bouillaguet (Annick) et Brian G. (Rogers) (sous la direction de) : *Dictionnaire Marcel Proust*, Honoré Champion, 2008.

— Brassaï : *Marcel Proust sous l'emprise de la photographie*, Gallimard, 1997.

— Brunel (Patrick) : *Le Rire de Proust*, Champion, 1997.

— Brunet (Étienne) : *Le Vocabulaire de Proust*, Slatkine-Champion, 1983.

— Buot (François) : *Gay Paris. Une histoire du Paris interlope entre 1900 et 1940*, Fayard, 2013.

— Carassus (Émilien) : *Le Snobisme et les lettres françaises de Paul Bourget à Marcel Proust*, Armand Colin, 1966.

— Cattaui (Georges) : *Marcel Proust et son temps*, Julliard, 1952.

— Chantal (René de) : *Marcel Proust, critique littéraire*, Presses de l'Université de Montréal, 1967.

— Citati (Pietro) : *La Colombe poignardée*, Gallimard, 1997.

— Clausel (Jean) : *Le Marcel de Proust*, Éditions Portaparole, 2009.

— Clermont-Tonnerre (Elisabeth de) : *Robert de Montesquiou et Marcel Proust*, Flammarion, 1925.

— Cocteau (Jean) : *Portraits-souvenir*, Grasset, 1935 ; *Le Passé défini*, 1903, Gallimard.

— Compagnon (Antoine) : *Proust entre deux siècles*, Seuil, 1989.

— Crouzet (Michel) : *Le « contre-Stendhal » de Proust*, in *Stendhal Club* n° 140, 1993.

— Czapski (Joseph) : *Proust contre la déchéance, conférences au camp de Griazowietz*, Éditions Noir sur Blanc, 1987.

— Dantzig (Charles) (sous la direction de) : *Le Grand Livre de Proust*, Les Belles Lettres, 1996.

— Davenport-Hines (Richard) : *Proust au Majestic*, Grasset, 2008.

— Deleuze (Gilles) : *Proust et les signes*, PUF, 1964.

— Descombes (Vincent) : *Proust. Philosophie du roman*, Editions de Minuit, 1987.

— Diesbach (Ghislain de) : *Proust*, Perrin, 1991.

— Doubrovsky (Serge) : *La Place de la madeleine*, Mercure de France, 1974.

— Dreyfus (Robert) : *Souvenirs sur Marcel Proust*, Grasset, 1926.

— Dubois (Jacques) : *Pour Albertine. Proust et le sens du social*, Seuil, 1997.

— Duplay (Maurice) : *Mon ami Marcel Proust, souvenirs intimes*, Cahiers Marcel Proust n° 5, Gallimard, 1972.

— Eells (Emily) : *Proust et Wilde*, in *Le Cercle de Marcel Proust*, Honoré Champion, 2013.

— Erman (Michel) : *Marcel Proust*, Fayard, 1994 ; *Le Bottin proustien* et *Le Bottin des lieux proustiens*, La Table Ronde, 2010 et 2011 ; *Les 100 mots de Proust*, PUF, 2013.

— Fernandez (Dominique) : *L'Arbre jusqu'aux racines*, Grasset, 1972.

— Fernandez (Ramon) : *Proust*, Grasset, 2009.

— Ferrand (Michel) : *Marcel Proust asthmatique*, Arnette, 1939.

— Francis (Claude) et Gontier (Fernande) : *Proust et les siens*, suivi des *Souvenirs de Suzy Mante-Proust*, Plon, 1981.

— Genette (Gérard) : *Proust et le langage indirect*, dans Figures II, Seuil, 1969 ; Figures III, 1972.

— Gide (André) : *Journal (1889-1939)*, Gallimard, 1951.

— Girard (René) : *Vérité romanesque et mensonge romantique*, Grasset, 1961.

— Gracq (Julien) : *Proust*, Éditions Complexe, 1986.

— Gramont (Elisabeth de) : *Les Marronniers en fleur*, Grasset, 1929.

— Grau (Donatien) : *Tout contre Sainte-Beuve. L'inspiration retrouvée*, Grasset, 2013.

— Gregh (Fernand) : *Mon amitié avec Marcel Proust*, Grasset, 1958.

— Grimaldi (Nicolas) : *Essai sur la jalousie. L'Enfer proustien*, PUF, 2010 ; *Proust et les horreurs de l'amour*, PUF, 2008 ; *La Jalousie, essai sur l'imaginaire proustien*, Actes Sud, 1993.

— Grossvogel (D.I.) : *Le Journal de Charles Swann*, Buchet-Chastel, 2009.

— Gury (Christian) : *Le Mariage raté de Marcel Proust et ses conséquences littéraires*, Kimé, 2001.

— Hahn (Reynaldo) : *Correspondance avec Marcel Proust*, Éditions Sillage, 2012 ; *Notes, journal d'un musicien*, Plon, 1933.

— Jaloux (Edmond) : *Avec Marcel Proust*, Editions Palatine, 1953.

— Jouhandeau (Marcel) : *Éloge de la volupté*, Gallimard, 1951 ; *Érotologie, un algèbre des valeurs morales*, Gallimard, 1969 ; *La vie comme une fête*, Pauvert, 1977.

— Kahn (Robert) : *Images, passages. Marcel Proust et Walter Benjamin*, Kimé, 1998.

— Keller (Luzius) : *Proust et l'alphabet*, Zoé, 2012.

— Kosofsky Sedgwick (Eve) : *The Weather in Proust*, Jonathan Goldberg Editor, 2012.

— Kristeva (Julia) : *Le Temps sensible. Proust et l'expérience littéraire*, Gallimard, 1994.

— Lacretelle (Jacques de) : *Souvenirs sur Proust*, La Table Ronde, 1955.

— Laget (Thierry) : *Marcel Proust*, ADPF – Ministère des Affaires étrangères, 2004 ; *ABCdaire de Proust*, Flammarion, 1998.

— Ladenson (Elisabeth) : *Proust lesbien*, Éditions EPEL, 2004.

— Lattre (Alain de) : *Le Personnage proustien*, Éditions José Corti, 1984.

— Lefrançois (Marc) : *Marcel Proust, roi du Kung-Fu*, Portaparole, 2011.

— Le Pichon (Yann) : *Le Musée retrouvé de Marcel Proust*, Stock, 1990.

— Lestringant (Franck) : *Corydon contre Charlus*, in *Le Cercle de Marcel Proust*, Honoré Champion, 2013.

— Lhomeau (Franck) et Coelho (Alain) : *Marcel Proust à la recherche d'un éditeur*, Olivier Orban, 1988.

— *Lire* (Revue) : Hors-série n° 16, mai 2013.

— Mabin (Dominique) : *Le Sommeil de Marcel Proust*, PUF, 1992.

— Macé (Gérard) : *Le Manteau de Fortuny*, Gallimard, 1987.

— Macchia (Giovanni) : *L'Ange de la nuit*, Gallimard, 1993.

— Malaparte (Curzio) : *Du côté de chez Proust*, Aria d'Italia, 1951.

— Margerie (Diane de) : *Le Jardin secret de Marcel Proust*, Albin Michel, 1994 ; *Proust et l'obscur*, Albin Michel, 2010.

— Mauriac (Claude) : *Le Temps immobile* (tome X) : *L'oncle Marcel*, Grasset, 1988 ; *Marcel Proust par lui-même*, Seuil, 1954.

— Mauriac (François) : *Du côté de chez Proust*, La Table Ronde, 1947.

— Mauriac Dyer (Nathalie) : *Proust inachevé, le dossier « Albertine disparue »*, Honoré Champion, 2005.

— Maurois (André) : *À la recherche de Marcel Proust*, Hachette, 1949.

— Meunier (Claude) : *Le Jardin d'hiver de Madame Swann*, Grasset, 1995.

— Michel (François-Bernard) : *Le Souffle coupé. Respirer et écrire*, Gallimard, 1984 ; *Proust et les écrivains devant la mort*, Grasset, 1995.

— Miller (Milton) : *Psychanalyse de Proust*, Fayard, 1977.

— Milly (Jean) : *La Phrase de Marcel Proust*, Honoré Champion, 1983.

— Morand (Paul) : *Le Visiteur du soir*, La Palatine, 1949 ; *Journal d'un attaché d'ambassade*, Gallimard, 1963.

— Murat (Laure) : « *Proust, Marcel, 46 ans, rentier* », in *La Revue littéraire* n° 14, mai 2005, Éditions Léo Scheer.

— Nathan (Jacques) : *La Morale de Proust*, Nizet, 1953.

— NRF : *Hommage à Marcel Proust*, n° 112, janvier 1923.

— Painter (George D.) : *Marcel Proust*, 2 volumes, Mercure de France, 1966 et 1985.

— Péchenard (Christian) : *Proust et les autres*, La Table Ronde, 1999 ; *Proust à Cabourg*, Quai Voltaire, 1994.

— *Philosophie Magazine*, Hors-série consacré à Proust, 2012.

— Picon (Gaëtan) : *Lecture de Proust*, Mercure de France, 1963.

— Pierre-Quint (Léon) : *Marcel Proust*, Éditions du Sagittaire, 1925. *Proust et la stratégie littéraire*, Corrêa, 1954.

— Pinter (Harold), avec la collaboration de Joseph Losey et Barbara Bray : *Le Scénario Proust*, Gallimard, 2003.

— Piroué (Georges) : *Proust et la musique*, Denoël, 1960.

— Plantevignes (Marcel) : *Avec Marcel Proust*, Nizet, 1966.

— Poulet (Georges) : *L'Espace proustien*, Gallimard, 1963.

— Prieur (Jérôme) : *Petit Tombeau de Marcel Proust*, La Pionnière, 2000.

— Raczymow (Henri) : *Le Cygne de Proust*, Gallimard, 1989 ; « *Notre cher Marcel est mort ce soir* », Denoël, 2013.

— Recanati (Jean) : *Profils juifs de Marcel Proust*, Buchet-Chastel, 1986.

— Richard (Jean-Pierre) : *Proust et le monde sensible,* Seuil, 1990.

— Rivanne (Georges) : *Influence de l'asthme sur l'œuvre de Marcel Proust,* Nouvelle Édition, 1945.

— Rivière (Jacques) : *Quelques progrès dans l'étude du cœur humain,* édition de Thierry Laget, Gallimard, 1985.

— Robert (Louis de) : *Comment débuta Marcel Proust,* Gallimard, 1969.

— Roger (Alain) : *Proust, les plaisirs et les jours,* Denoël, 1985.

— Sachs (Maurice) : *Le Sabbat,* Gallimard, 1960.

— Scheikevitch (Marie) : *Souvenirs d'un temps disparu,* Plon, 1935.

— Schneider (Michel) : *Maman,* Gallimard, 1999 ; *Lu et entendu,* PUF, 2013.

— Serça (Isabelle) : *Esthétique de la ponctuation,* Gallimard, 2012.

— Sollers (Philippe) : *L'Œil de Proust,* Stock, 1999 ; *Fleurs,* Hermann, 2006 ; *La Guerre du goût* (pp. 266-282), Gallimard, 1994.

— Tadié (Jean-Yves) : *Proust et le roman,* Gallimard, 1971 ; *Marcel Proust,* Gallimard, 1995 ; *La Cathédrale du temps,* Gallimard, 1999.

— Vallée (Claude) : *La Féerie de Marcel Proust,* Fasquelle, 1958.

— Vendryès (Joseph) : *Marcel Proust et les noms propres,* Klincksieck, 1952.

— White (Edmund) : *Marcel Proust,* Fides, 2001.

— Zagdanski (Stéphane) : *Le Sexe de Proust,* Gallimard, 1994.

Table

Amour 30
Anagrammes 31
Andrée.. 34
Anges et aéroplanes.. 36
Angleterre 37
Antisémitisme (de Charlus)................................... 39
Antisémitisme (dreyfusard) 40
Aquarium 43
Arcade (11, rue de l') 44
Art véritable.. 47
Asperge.. 48
Asperge (*bis*).. 50
Asthme... 51
Astrologie.. 54
Aubépine.. 56
« Au passage »... 59
Autoportrait... 61
Avenir (Double de l') 62

Baiser (du soir).. 65
Balbec au Liban... 68
Barthes (Roland).. 69
Bel et bien.. 71
Bergson (Henri) 73
Berl (Emmanuel) 76
Bestiaire 77
Bestiaire (*bis*)... 78
Blanche (Jacques-Émile) 80
Blanchisseuse... 82
Bleu et noir 84
Bloch (Albert).. 86
Bons sentiments... 89
Bonté.. 91
Breton (André)... 91

Caca.. 97
Cadeau.. 100

Table　　　721

Table 723

Table 725

Table 727

Table 729

À paraître

Catherine CLÉMENT
Dictionnaire amoureux des dieux et des déesses

Didier DECOIN
Dictionnaire amoureux des faits divers

Henri PENA-RUIZ
Dictionnaire amoureux de la laïcité

Gilles PERRAULT
Dictionnaire amoureux de la Résistance

Daniele SALLENAVE
Dictionnaire amoureux de la Loire

P. 146 Reguy / la conversation
24/5 Albertine (titre / définition)

Composition et mise en page

NORD COMPO
m u l t i m é d i a

Achevé d'imprimer par Normandie Roto Impression s.a.s.
Dépôt légal : août 2013 – N° d'édition : 14966
N° d'impression : 134728
Imprimé en France